W0184570

SELWYN HUGHES

Jeder Tag mit Jesus

EIN BIBELSTUDIEN-
ANDACHTSBUCH

Titel der englischen Originalausgabe:
Every Day With Jesus – Water for the Soul
© 1998 by Selwyn Hughes.
Die deutsche Ausgabe erfolgte nach besonderer Übereinkunft mit CWR.

Die englische Originalausgabe ist erschienen bei:
CWR, Waverley Abbey House, Waverley Lane, Farnham, Surrey, England.

Aus dem Englischen übersetzt von Evelyn E. Reuter.

Bibelstellen wurden, soweit nicht anders vermerkt, nach der Revidierten Elberfelder Übersetzung, © 1985/1991 R. Brockhaus Verlag, Wuppertal, zitiert.

1. Auflage 2000

Copyright © der deutschen Ausgabe: 2000 ASAPH Verlag, D-Lüdenscheid

DTP: Verlagsagentur Otto, D-Monheim
Umschlaggestaltung: IMAGE Grafik-Design, D-Landsberg
Druck: EBNER ULM, D-Ulm

ISBN: 3-931025-60-8
Best.-Nr.: 147560

Printed in Germany

Für kostenlose Informationen über unser umfangreiches Lieferprogramm an christlicher Literatur, Musik und vielem mehr wenden Sie sich bitte an:
ASAPH, D-58478 Lüdenscheid
Email: ASAPH@T-Online.de – Internet: www.asaph.net

Vorwort

Als ich 1965 begann, auf Wunsch einiger Christen aus der Gemeinde, in der ich damals Pastor war, eine Reihe von Gedanken zu biblischen Texten aufzuschreiben, dachte ich nicht unbedingt daran, dass sich daraus ein Andachtsbuch entwickeln würde, das heute in 120 Ländern gelesen wird und in etwa zwanzig Sprachen erhältlich ist.

In dieser zweiten Sammelausgabe habe ich einige der Themen zusammengetragen, die sich im Laufe der Jahre bei *Jeder Tag mit Jesus*-Lesern als am beliebtesten erwiesen haben. Welche Themen die Leser am meisten berühren, zeigt sich immer anhand der Briefe, die ich von ihnen erhalte. Die sechs Themenbereiche in diesem Band gehören zu denen, die von all denen, über die ich je geschrieben habe, die meisten Reaktionen auslösten.

So klagen viele Christen darüber, dass sie hin und wieder längere geistliche Durststrecken zu überwinden haben. Hier soll das erste Thema – *Geistliche Frische bewahren* – eine Hilfe sein, die innere Flamme trotz widriger äußerer Umstände am Leben zu halten. In *Zerstörte Mauern wieder aufrichten* vertiefen wir uns in die faszinierende Geschichte von Nehemia. Als ich dieses Thema zu ersten Mal veröffentlichte, erhielt ich darauf von Lesern einige ungewöhnliche Zeugnisse.

Das Wesen Gottes soll einen kleinen Einblick in die Wesensart unseres großen Gottes und seinen Plan geben und dabei helfen, seinem Wesen immer ähnlicher zu werden. Das Buch Rut gehört für die meisten Christen zu den absoluten Lieblingsbüchern der Bibel, und ich hoffe, der Leser wird daher an *Gottes Königsherrschaft* seine Freude haben. Die Themen *Die Frucht des Geistes* und *Die sieben Säulen der Weisheit* wurden bereits für Tausende von Christen zum Segen. Letzeres beschäftigt sich mit Erkenntnissen aus dem Buch der Sprüche und wurde schon mehrmals nachgedruckt.

Es ist mein Gebet und mein großer Wunsch, dass alle diese Themen auch dich beflügeln und dir zum Segen werden – und dir eine Hilfe sein können auf dem Weg zu einer tiefen, erfüllten, bereichernden täglichen Beziehung zu unserem Herrn.

Selwyn Hughes

Wie Sie möglichst großen Gewinn aus diesem Buch ziehen

Jeder Tag mit Jesus ist ein klassisches Andachtsbuch und zugleich ein Hilfsmittel zur täglichen Bibellese. Die Andachten sind undatiert, lediglich die Tagesfolge ist vorgegeben. Die Andachten decken sechs große Themenbereiche zu je etwa 60 Tagen ab. Um die Gedankenfolge, die der Autor innerhalb dieser Themenbereiche entwickelt, nachvollziehen zu können, sollte der Leser, wenn er nicht sowieso bei Tag 1 anfängt, beim ersten Tag des jeweiligen Themas beginnen.

Der einleitende Bibelvers ist immer dem längeren Schriftabschnitt „Zum Lesen & Nachdenken" entnommen. Es empfiehlt sich, diesen längeren Abschnitt zuerst im Zusammenhang zu lesen.

Das der Andacht folgende, kursiv kenntlich gemachte Gebet soll eine Hilfe darstellen, den Inhalt der Andacht in das eigene Leben zu integrieren. Dem Leser, dem vorformulierte Gebete nicht liegen, kann es als Grundlage für eigene Gebete dienen.

Die mit 

gekennzeichneten Abschnitte sollen zu weiterem Studium anleiten. Sie erweitern jeweils das Thema, das in der Andacht besprochen wurde. Auch hier steht die Anwendung auf das persönliche Leben im Mittelpunkt.

Der Verlag

INHALT

Die Fragen und weiterführenden Bibelstellen am Ende einer jeden Andacht wurden von Trevor J. Partridge und David Gurney (Tag 60-121) zusammengestellt.

Über den Umgang mit der Bibel

Vor allem junge Christen fragen mich immer wieder: Warum muß ich eigentlich die Bibel lesen?

Es ist notwendig, die Bibel zu lesen, um die tägliche Gemeinschaft mit Gott zu erneuern und um Gottes Gedanken über die Zukunft kennenzulernen. Gott benutzt sein Wort, um Menschenleben zu verändern – um diese veränderten Menschen dann in eine engere Gemeinschaft mit sich selbst zu bringen und um eine größere Übereinstimmung mit seinem Willen zu erreichen. Über vier Jahrzehnte habe ich nun wöchentlich viele Stunden damit zugebracht, die Heilige Schrift zu lesen und zu studieren. Gott hat dieses Buch benutzt, um mein Leben zu verändern und mir ein Gefühl der Geborgenheit in einer sich beständig ändernden und unsicheren Welt zu geben.

Wie lesen wir die Bibel? Beginnen wir bei 1. Mose und lesen uns bis zur Offenbarung durch? Es gibt viele Möglichkeiten. Laß mich die drei beliebtesten beschreiben.

- Eine Möglichkeit besteht darin, nach einem Studienplan zu lesen, der in einer Studienbibel enthalten ist (Beispiel „Die Jahresbibel"). Der große Vorteil liegt darin, daß ein Leseplan für dich bereits vorbereitet ist. In gewissem Sinne erhältst du eine Anleitung. Du bist nicht der Laune eines unsicheren Zufalls ausgeliefert: Was werde ich heute lesen? Wo soll ich beginnen und wo enden?
- Eine zweite Möglichkeit ist, einen roten Faden durch die Schrift zu finden, indem du ein bestimmtes Thema verfolgst. Es ist ganz erstaunlich, wie viele Themen sich in der Schrift finden lassen und welch großen geistlichen Gewinn du daraus ziehen kannst, wenn du dich mit ihnen vertraut machst. Als ich 1965 mit der Herausgabe von *Jeder Tag mit Jesus* begann, beschloß ich, nach einem thematischen Ansatz vorzugehen, und fragte mich, wie lange ich das wohl durchhalten könne. Jetzt – über dreißig Jahre später – schreibe ich noch immer und entfalte immer neue Themen der Bibel. Ich habe herausgefunden, daß es mehr biblische Themen gibt, als man in einem Menschenleben durcharbeiten kann!
- Ein dritter Weg ist, ein ganzes biblisches Buch zu lesen. Das hilft dir, das Denken des Verfassers kennenzulernen und seine Botschaft zu verstehen. Jedes Buch der Bibel hat etwas Einzigartiges und Besonderes mitzuteilen. Wie bei allen Büchern, kann ich das nur herausfinden, wenn ich es vom Anfang bis zum Ende ganz durchlese.

Jedes Lesen der Bibel sollte mit Gebet begonnen werden. Dies bringt dich in eine Haltung der geistlichen Aufnahmefähigkeit für das, was Gott dir durch sein Wort sagen will. Jedermann kann die Bibel lesen, doch verstanden wird sie nur von denen, deren Herzen mit Gott im Einklang sind – die zu einer persönlichen Beziehung zu ihm gefunden haben und diese Beziehung durch tägliches oder regelmäßiges Gebet aufrechterhalten. Die Bibel formuliert es so: „Der Mensch kann von sich aus, mit seinen natürlichen

Fähigkeiten, nicht erfassen, was Gottes Geist sagt. Für ihn ist das alles Unsinn, denn Gottes Geheimnisse erschließen sich nur durch Gottes Geist" (1. Kor 2,14).

Das Gebet vor dem Öffnen der Bibel sollte keine Formalität sein. Die Bibel wird nicht durch einen Akt des *Willens* lebendig, sondern aufgrund einer bestimmten *Einstellung*. Das Gebet gibt uns die Möglichkeit, uns der Schrift mit einem demütigen Geist zu nähern. Der Wissenschaftler, der nicht mit einem offenen Geist vor den Fakten des Universums sitzt – der nicht bereit ist, jede vorgefaßte Meinung fahrenzulassen und dem zu folgen, wohin die Natur ihn führt, wird wenig oder nichts entdecken. Dasselbe gilt für das Lesen der Heiligen Schrift. Zu ihr müssen wir mit einem demütigen und aufnahmebereiten Geist kommen, oder wir werden überhaupt nichts entdecken. Durch das Gebet kommen wir zu der Haltung: „Sprich, Herr, ich höre" (1. Samuel 3,10).

Wenn wir im christlichen Leben wachsen wollen, müssen wir mehr tun als die Bibel nur zu *lesen* – wir müssen sie *studieren*. Das heißt, wir müssen uns die Zeit nehmen, über ihr zu brüten – darüber nachzudenken, was sie uns sagen will, und ihre Lehren und Ideen in unser Herz und in unseren Geist aufnehmen.

⇒ b) Ich habe bereits darauf hingewiesen, daß eine Möglichkeit des Bibellesens darin besteht, sich ein Thema vorzunehmen und es durch die verschiedenen Bücher der Bibel zu verfolgen. Die Freude, die das vermittelt, kann noch unendlich gesteigert werden, wenn wir das Thema als Leitfaden für das regelmäßige Bibelstudium verwenden. Wenn wir die Bibel mit Hilfe von Konkordanzen, Lexika usw. studieren, füttern wir unseren Geist – wenn wir sie jedoch voller Andacht studieren, wenden wir das Wort Gottes auf unser Herz an. Beides ist erforderlich, wenn wir ausgewogen leben wollen. Das andachtsvolle Studium ist es jedoch, das unsere Herzen und uns selbst für die Ressourcen Gottes öffnet.

⇒ a) Gern ermutige ich dich, einen Bibelleseplan als Grundlage für dein weiteres Studium einzusetzen. Indem du ihm folgst, lernst du in einer bestimmten Zeit die ganze Bibel kennen. Diejenigen, die damit schon gearbeitet haben, berichten von erstaunlichem geistlichen Gewinn. Eine Frau, die die ganze Bibel in einem Jahr durchgelesen hatte, sagte mir: „Es kostete mehr Disziplin, als ich anfangs meinte aufbringen zu können, aber der Gewinn war enorm." Als ich sie bat, das zu konkretisieren, sagte sie: „Bisher hatte ich einen begrenzten Überblick über die Absichten Gottes, weil ich hier und da einmal in die Bibel eingestiegen bin – wie es mir gerade einfiel. Jetzt kommt es mir so vor, als habe ich Gott über die Schulter geblickt, während er das Universum schuf, und ich fühle mich sicher in dem Wissen, daß er in diesem wunderbaren Plan auch einen Platz für mich hat." Durch das Lesen der ganzen Bibel in einer festgesetzten Zeit gewinnt man ohne

Zweifel eine Perspektive, die außerordentlich positive geistliche Konsequenzen hat.

Die dritte Studienart – ein ganzes Buch der Bibel durchzulesen – hat den Vorteil, daß du die Einheit und die Vielfalt der Bibel verstehen lernst. Es ist erstaunlich, daß so viele verschiedene Autoren, die ihre Gedanken zu verschiedenen Zeiten in der Geschichte weitergegeben haben, zusammengenommen zu ähnlichen Aussagen kommen und eine gemeinsame Grundlinie haben. Das zu lesen und zu bedenken weckt in dir eine große Wertschätzung der Weisheit Gottes, der sie alle in diesem einen wunderbaren Band zusammengefaßt hat. Das beflügelt die Seele und bringt augenblicklich Lobpreis und Anbetung auf deine Lippen.

Die beste Art, ein ganzes Buch der Bibel zu studieren, ist – meiner Erfahrung nach –, es zuerst einmal ganz durchzulesen und dann noch einmal von vorn zu beginnen, um mir dabei Notizen zu machen von allem, was mich unmittelbar anspricht: z. B. von einem Prinzip, das umgesetzt werden muß; einer Einsicht, die ich in meinem Herzen verankern muß; oder einem Gedanken, den ich mit jemandem teilen sollte, der gerade zu kämpfen hat.

Eins ist sicher: Die mit der Bibel verbrachte Zeit ist nicht verschwendet. Je mehr du Gott liebst, desto mehr wirst du die Bibel lieben. Und je mehr du die Bibel liebst, desto mehr wirst du Gott lieben. Denke immer daran, dieser einzigartige Band – Gottes einziges veröffentlichtes Werk – gibt seine Schätze nur dem preis, der ihn liest, ihn studiert und ihm gehorcht.

Selwyn Hughes

Geistliche Frische bewahren

12 Methoden:

1.) tägliche Zeit der Stille vor Gott — Tag 2
2.) die Entscheidung, denen zu vergeben, die uns verletzt haben und Groll und Bitterkeit im Keim zu ersticken — Tag 6
3.) das Entsagen von allem, was Jesus nicht gut heißt — Tag 11
4.) Offenheit für den Heiligen Geist — Tag 16
5.) indem wir uns um unseren Körper kümmern — Tag 21
6.) lernen, Frustrationen und Enttäuschungen zu verarbeiten — Tag 26
7.) empfangen und weitergeben — Tag 31
8.) Gemeinschaft mit anderen Christen — Tag 36
9.) uns in Kontaktfreudigkeit u. Kreativität üben — Tag 41
10.) die Kunst des Studierens der Schrift — Tag 46
11.) versteckte „Denkfallen" — Tag 51
12.) unsere Augen auf Jesus richten — Tag 56

... this water flows there and makes the salt water fresh;
so where the river flows everything will live.

Fruit trees of all kinds will grow on both banks of the river.
Their leaves will not wither, nor will their fruit fail.
Every month they will bear,
because the water from the sanctuary flows to them.
Their fruit will serve for food
and their leaves for healing. Ezek 47:9b.12

Joh. 4, 10 lebendiges Wasser
14 der Durst wird endgültig gestillt
es wird zur Quelle in mir, die ins ewige Leben fließt.

13 im Ggs.: Everyone who drinks this water, will be thirsty again.

If anyone is thirsty, let him come to me and drink.
Whoever believes in me, as the Scripture has said,
streams of living water will flow from within him.
Jn. 7:37b.38

For the lamb at the centre of the throne will be their shepherd;
he will lead them to springs of living water.
And God will wipe away every tear from their eyes. Rev. 7:17

Frisches Wasser

„Dieses Wasser … gelangt ins Meer, in das salzige Wasser, und das Wasser wird gesund werden“ (Vers 8).

Zum Lesen & Nachdenken – Hesekiel 47,1-12

Das Thema, mit dem wir uns beschäftigen wollen – *Geistliche Frische bewahren* – , ist anspruchsvoll und wird unsere Gedanken beflügeln. Inspiriert dazu hat mich ein Brief, den ich vor einiger Zeit erhielt, und in dem es hieß: „Ich spüre, wie mein Christsein seit einem Jahr oder länger schal und abgestanden geworden ist, und ich leide sehr darunter. Die Frische und Spontaneität von einst ist verloren gegangen. Wo ist der Funke, der mein geistliches Leben neu entfachen kann? Können Sie mir helfen?“

Auf den folgenden Seiten möchte ich zwölf Methoden vorstellen, die uns helfen können, unsere geistliche Frische zu bewahren, auch wenn alles um uns herum schal und vertrocknet erscheint. Ich selbst wende sie seit über vierzig Jahren an. Aber können wir überhaupt erwarten, dass wir uns ständig in einem Zustand geistlicher Lebendigkeit und Frische befinden? Ist das nicht unrealistisch und zu optimistisch? Was sagt die Bibel dazu? Dort lesen wir, dass Menschen, die zu Gott gehören, wie blühende Gärten mitten in der Wüste sein sollen. Der Prophet Jesaja schreibt: „Dann wirst du sein wie ein bewässerter Garten und wie ein Wasserquell, dessen Wasser nicht versiegen“ (Jes 58,11).

In unserem heutigen Bibellesetext spricht Hesekiel von dem Fluss, der „immer weiter nach Osten“ fließt, „bis er in die Jordanebene kommt; dann ergießt er sich in das Tote Meer und macht das Salzwasser süß“ (Gute Nachricht). Ist das nicht faszinierend? Der Strom Gottes fließt in unser „Totes Meer“ und füllt es mit frischem Wasser. Was auch immer der Grund sein mag, weshalb unser Leben an geistlicher Frische verloren hat, die Bibel zeigt, dass dies nicht so bleiben muss. Gott macht uns das wunderbare Angebot, unsere Schwäche durch seine Stärke zu ersetzen, unsere Schalheit durch seine Frische. Tag für Tag. Wir brauchen sein Angebot nur zu ergreifen.

Der Strom aus dem Heiligtum verwandelt, was tot ist, unfruchtbar, unlebbar!
Joh. 7,39: „Ströme lebendigen Wassers“ – das sagte er aber von dem Geist, den die
empfangen sollten, die an ihn glaubten.

Himmlischer Vater, zu Beginn dieser Andachten komme ich zu dir, mit der Bitte und Hoffnung, dass du den vertrockneten Garten meines Leben mit frischem Wasser tränkst. Lass deine Ströme lebendigen Wassers in mein „Totes Meer“ fließen und erquicke und belebe so mein ganzes Dasein – jeden Tag neu. Amen

Joh 4,1-29; 7,37-38; Offb 7,17
Wie ist das Wasser, das Jesus uns gibt?
Wie beschreibt er das Wasser der Frau?

In der Morgenfrühe

„Und frühmorgens, …, stand er (Jesus) auf und ging hinaus und ging fort an einen einsamen Ort und betete dort“ (Vers 35).

Zum Lesen & Nachdenken – Markus 1,32-45

Gestern haben wir die Entdeckung gemacht, dass geistliche Schalheit – was immer die Ursache sein mag – nicht sein muss. Wir alle können täglich aus der Quelle schöpfen, die uns geistliche Frische schenkt. Dies bewahrt uns nicht davor, dass auch wir von Zeit zu Zeit Anfechtungen erleben und schwierigen Situationen ins Auge sehen müssen. Aber es bedeutet, dass, ganz gleich, wie entmutigend uns unsere Lebensumstände scheinen, unsere Erfahrung der Gegenwart Gottes frisch und dynamisch bleiben kann.

1.) Was ist dann die erste wichtige Voraussetzung, wenn wir unsere geistliche Frische bewahren wollen? – Die tägliche Zeit der Stille vor Gott, um „aufzutanken“ und unsere „geistlichen Batterien“ wieder aufzuladen. Manche Christen sträuben sich innerlich gegen diesen Gedanken. Sie sagen: „Der Herr ist so oder so die ganze Zeit bei mir; warum sollte ich dann extra eine bestimmte Zeit mit ihm in meinen Tagesablauf einplanen? Eine streng festgelegte „Stille Zeit“ grenzt an Gesetzlichkeit.“ Ich bin mir dieser Gefahr bewusst, und dennoch möchte ich betonen, dass dies nicht der Fall sein muss. Es gab Phasen in meinem Leben, da war meine Stille Zeit nichts weiter als ein Ritual, doch dies lag an mir und nicht an der Stillen Zeit.

Die frühen Morgenstunden, bevor der Alltag uns einholt, sind meiner Meinung nach die beste Zeit für die Zwiesprache mit Gott. Andere mögen den Abend vorziehen, Hausfrauen und Mütter vielleicht den späteren Vormittag, wenn alle aus dem Haus sind und Ruhe einkehrt. Es gibt kein allgemein gültiges Patentrezept. Jeder muss für sich selbst die beste Zeit herausfinden, um sich aus dem Tagesgeschehen auszuklinken und seine Kraftreserven aufzufüllen. Denn wer den Tag gut beginnt, dessen Tag wird auch gut enden.

Very early in the morning, while it was still dark, Jesus got up, left the house and went off to a solitary place, where he prayed. Mk. 1:35

In the morning, O LORD, you hear my voice;
In the morning I lay my requests before you and wait in expectation. Ps. 5:3

Three times a day he got down on his knees and prayed, giving thanks to his God, just as he had done before. Dan. 6:10

O, Gott, hilf mir zu erkennen, dass ich mir für meine geistliche Nahrung ebenso regelmäßig Zeit nehmen muss wie für die täglichen Mahlzeiten. Hilf mir, das nicht nur zu erkennen, sondern auch wirklich umzusetzen. Darum bitte ich dich in Jesu Namen. Amen.

Ps 119,137-148; 5,1-3; 1. Mo 28,18; Dan 6,10
Um welche Tageszeit betete der Psalmist?
Welches ist für dich die beste Zeit?

Der Kammerton

„Lass mich am Morgen hören deine Gnade, denn ich vertraue auf dich!“ (Vers 8).

Zum Lesen & Nachdenken – Psalm 143,1-12

Wir wollen weiter darüber nachdenken, wie wichtig eine tägliche Stille Zeit für unsere geistliche Frische ist. Jesus hatte sich drei einfache Dinge zur Gewohnheit gemacht: (1) Wenn er las, stand er auf; (2) zum Beten ging er auf einen Berg; (3) er lehrte den Menschen die Heilige Schrift; „wie er gewohnt war“ (Mk 10,1). Diese grundsätzlichen Dinge – das intensive Beschäftigen mit dem Wort Gottes, die Zwiesprache mit Gott im Gebet und das Teilen unserer Erkenntnisse mit anderen – gehören so klar zum geistlichen Leben, wie zwei mal zwei vier sind. Und wenn selbst Jesus nicht darauf verzichten konnte, wie sollten wir es können?

In Interviews wird mir oft die Frage gestellt, was ich für mein geistliches Leben tue. Gewöhnlich antworte ich, dass das Wichtigste die tägliche Zeit der Stille vor Gott ist. Natürlich gibt es auch Tage, die ich nicht mit einer morgendlichen Stillen Zeit beginnen kann, doch meistens fängt für mich der Vormittag im „stillen Kämmerlein“ an – allein mit Gott im Gebet. In einer Broschüre las ich einmal von einem Tagungszentrum, das als „Ort der Einkehr in ruhiger, ländlicher Umgebung“ beschrieben wurde, „für alle, die sich geistlich leer und ausgebrannt fühlen und neue Kraft tanken möchten“. Meine Stille Zeit ist ein solcher „Ort der Einkehr“.

Ein australischer Schafzüchter besaß eine Geige, die verstimmt war. Da er keine Stimmgabel im Haus hatte, schrieb er an den lokalen Radiosender mit der Bitte, ihm den Kammerton anzugeben. Der Radiosender unterbrach extra sein Programm und spielte für ihn den Ton ein. So konnte der Schafzüchter seine geliebtes Instrument wieder stimmen. Genauso hilft uns unsere tägliche Zeit der Stille, Gottes „Kammerton“ zu hören und unser Leben auf seine Tonart einzustimmen.

He and his family were devout and God-fearing;
he gave generously to those in need and prayed to God regulary.
... "Your prayers and gifts to the poor have come up as a memorial offering before God. ..." Acts 10:2.4

One of those days Jesus went out to a mountainside to pray, and spent the night praying to God. Lk 6:12

He did what was right in the eyes of the LORD. 2. Ch. 29:2

Herr, ich weiß, dass es nichts Besseres gibt als das, was ich in dir gefunden habe – außer vielleicht das, was du in Zukunft für mich bereithältst. Hilf mir heute, deinen „Kammerton“ zu hören und alle Bereiche meines Lebens darauf abzustimmen. Amen.

Apg 10,1-8; Lk 6,12; 2. Chr 29,2
Was wird uns von Cornelius berichtet?
Wie wird uns König Hiskia beschrieben?

„Kinder der Morgenröte“

„HERR, sei uns gnädig! Auf dich hoffen wir. Sei unser Arm jeden Morgen, ja, unsere Rettung zur Zeit der Not!“ (Vers 2).

Zum Lesen & Nachdenken – Jesaja 33,1-24

Wer morgens oder tagsüber keine Zeit findet, um seine geistlichen Reserven aufzufüllen, spürt vielleicht abends das Bedürfnis, mit Gott zu sprechen und über den Tag zu reflektieren, ihm für Dinge zu danken oder um Vergebung zu bitten.

Ein Bergsteiger im Himalaya-Gebiet beschreibt seine Eindrücke, als er eines morgens ganz früh aufstand und sah, wie auf den schneebedeckten Gipfeln die Sonne aufging: „Als die Morgenröte heraufzog, sahen wir, wie sich vor unseren Augen in einem vollkommenen Halbkreis zwanzig Gipfel erhoben, jeder über 6000 m hoch und von weißem, jungfräulichem Schnee bedeckt. Eine halbe Stunde lang war die Sicht völlig klar, und wir waren von Staunen ergriffen über so viel Schönheit der Schöpfung. Dann kroch der Nebel aus den Tälern und verschleierte nach und nach die Berge, bis sie verschwunden waren. Verschwunden? Nein, nicht wirklich – denn ihr Anblick hatte sich für immer in unser Gedächtnis eingegraben.“

Ähnliches geschieht bei unserer Stillen Zeit am Morgen. Die Nebelschwaden weltlicher Verpflichtungen werden aufsteigen und die Gegenwart Gottes verwischen, doch die Zeit mit ihm ist unauslöschlich in unserer Erinnerung eingraviert. Der Nebel verdichtet sich, doch das geistliche Erlebnis bleibt bestehen – vor unserem inneren Auge. Es ist so, als lebten wir auf einmal in zwei Welten, in der äußeren Welt, die uns umgibt, und der inneren, aus der wir geistliche Kraft von oben empfangen. Blaise Pascal, der große französische Philosoph und Christ, sagte: „Nahezu alles Übel in der Welt hat eine einfache Wurzel: dass wir die Stille nicht mehr suchen.“ Wenn wir Gott in der Stille begegnen, erfahren wir eine große, heilende Kraft. Stevenson sprach einmal von „glücklichen Morgengesichtern“. Werden wir zu Kindern der Morgenröte!

The LORD is good to those whose hope is in him,
to the one who seeks him;
it is good to wait quietly for the salvation of the LORD. Lam. 3:25-26

I waited patiently for the LORD; He turned to me
and heared my cry. Ps. 40:1

Yes, LORD, walking in the way of your laws, we wait for you;
your name and renown are the desires of our hearts. Jes. 26:8

Himmlischer Vater, schenke mir die Weisheit, täglich eine erfrischende Pause einzulegen und immer wieder neu von deinem lebendigen Wasser zu trinken, der ewigen Quelle. Darum bete ich in Jesu Namen. Amen.

Kla 3,22-26; Ps 40,1; Jes 26,8
Was ist das Zeugnis des Psalmisten?
Was tat der Psalmist?

In der Schleusenkammer

„Nur auf Gott vertraue still meine Seele, denn von ihm kommt meine Hoffnung“ (Vers 5).

Zum Lesen & Nachdenken – Psalm 62,1-12

Jemand hat die Stille Zeit am Morgen folgendermaßen beschrieben: „Den richtigen Sender einstellen, bis wir auf Gottes Wellenlänge sind und seine Stimme hören können.“ Doch wie gelingt uns das? Wie gestalten wir unsere Stille Zeit am besten?

Als Erstes sollten wir die Zeit festlegen, die wir der Stille vor Gott widmen möchten. Es ist gut, diese Zeit mit dem Lesen eines Bibeltextes zu beginnen. Dabei sollten wir den Text möglichst langsam lesen und Wort für Wort in uns aufnehmen. Vielleicht gibt es Worte oder Verse, die uns besonders ansprechen und über die wir länger meditieren möchten. Sie werden uns neue Erkenntnisse offenbaren. Es lohnt sich, solche Erkenntnisse und Gedanken niederzuschreiben. Danach sollten wir unsere Gedanken loslassen, uns entspannen und innerlich öffnen für alles, was Gott uns sagen will. Dabei ist es wichtig, dass wir *lernen, zu hören*. Menschen, die erfahren, dass Gott regelmäßig zu ihnen redet, sagen, dass auch dieses Hören wachsen und sich entwickeln muss. Sie halten inne, warten und lernen immer besser, ihre eigenen Gedanken von der Stimme Gottes zu unterscheiden. Den Abschluss unserer Stillen Zeit sollte ein Gebet bilden, in dem wir Gott erzählen, was uns bewegt, und ihm für seine Antwort danken. Er antwortet immer – sei es mit „Ja“, „Nein“ oder „Warte ab“. Dabei ist Gottes „Nein“ genauso wichtig und berechtigt wie sein „Ja“ – und manchmal sogar besser für uns.

Nicht weit von unserem Haus entfernt fließt die Themse vorbei. Hin und wieder gehe ich am Flussufer spazieren und sehe den Booten beim Schleusen zu. Sie kommen aus den Nebenflüssen und müssen, bevor sie die Themse befahren können, zuerst eine Schleuse passieren, die den Wasserspiegel der Flüsse ausgleicht. Genauso ist es mit der Stillen Zeit. Sie ist wie eine Schleusenkammer. In ihr befinden wir uns allein mit Gott, abgeschlossen von der übrigen Welt. Dann beginnen auf einmal aus der Tiefe Gottes Kräfte zu wirken, steigen nach oben und heben uns langsam, mühelos, auf eine höhere Ebene empor. Dieses Emporgehoben-Werden ist das Ergebnis der Zeit, die wir allein mit Gott verbringen.

Out of the depths I cry to you, O LORD;
I wait for the Lord, my soul waits, and in his word I put my hope. Ps. 130:1.5
Wait for the LORD, be strong and take heart and wait for the LORD. Ps. 27:14
Be still before the LORD and wait patiently for him Ps. 37:7

Vater, hilf mir, mir fest vorzunehmen, täglich die Zeit der Stille vor dir zu suchen. Und ich wünsche mir, dass meine Stille Zeit die offene Tür sein wird, durch die ich Zugang zu einer tieferen Beziehung zu dir und einer neuen Ebene des Lebens finden kann. Amen.

Ps 130,1-8; 27,14; 37,7; Jes 30,18… blessed are all who wait for him!
Was kostet uns oft die meiste Überwindung?
Nimm dir heute Zeit, genau dies zu tun.

TAG 6

Sand im Getriebe des Lebens

„Jetzt aber legt auch ihr das alles ab: Zorn, Wut, Bosheit, Lästerung, schändliches Reden aus eurem Mund“ (Vers 8).

Zum Lesen & Nachdenken – Kolosser 3,1-15

2) Eine weitere wichtige Voraussetzung, wenn wir unsere geistliche Frische behalten wollen, ist die Entscheidung, den Menschen zu vergeben, die uns verletzt haben und Groll und Verbitterung im Keim zu ersticken. Denn Bitterkeit wird uns immer tiefer in den Strudel negativer Gefühle hineinziehen.

Einige Jahre nach dem Zweiten Weltkrieg hielt ein japanischer Christ einen bewegenden Vortrag zum Thema „Der Lohn der Arbeit“. Als die Atombombe auf Nagasaki fiel, waren seine Eltern umgekommen, ihr Haus wurde in Schutt und Asche gelegt. Er war der Älteste von drei überlebenden Geschwistern. Gemeinsam knieten sie neben den Trümmern ihres Hauses nieder und beteten, was sie nun tun sollten. Danach sagte eines der Kinder: „Ich weiß es – wir können arbeiten.“ Also machten sie sich an die Arbeit, trugen Holz und Blech zusammen und bauten sich eine kleine Hütte, in der sie überleben konnten, bis Hilfe kam. Anstatt über ihre trostlose Lage zu verzweifeln, machten sie sich an die Arbeit und lernten zu vergeben und zu vergessen.

Wer seine geistliche Frische behalten will, der kann es sich nicht leisten, bitter zu werden, denn ein lang gehegter Groll vergiftet Leib und Seele. Ein Arzt drückte es so aus: „Verbitterte Menschen leben auf Kriegsfuß mit ihrem Geist und Körper; sie finden keinen Frieden.“ Und Walter Alvarez, Arzt und Seelsorger, sagte einmal: „Ich sage meinen Patienten oft, dass sie es sich nicht leisten können, Zorn und Hass zu kultivieren. Denn das zermürbt und macht krank. Ich habe erlebt, wie ein Mann sich Stück für Stück umbrachte, bloß dadurch, dass in seinen Gedanken nichts anderes mehr Raum hatte als sein Hass auf einen Verwandten, der ihn verklagt hatte. Nach zwei Jahren war er tot.“ Hass und Verbitterung sind Sand im Getriebe des Lebens.

... to be made new in the attitude of your minds;
and to put on the new self, created to be like God in true righteousness and holiness.
... and do not give the devil a foothold.
Eph. 4; 23 f. 27

See to it that no-one misses the grace of God
and that no bitter root grows up to cause trouble and defile many.

Herr, lehre mich, wie ich die Stacheln des Grolls und der Bitterkeit in meinem Körper und meiner Seele loswerden kann. Hilf mir, aktiv mitzuhelfen, dass nicht der Sand der Verbitterung, sondern das Öl der Liebe den Weg ins Getriebe des täglichen Lebens findet. Amen.

Eph 4,21-32; Röm 3,14; Hebr 12,15
Was sollte nicht aus unserem Mund kommen?
Was sollen wir tun?

„Er bringt mich zur Weißglut“

„Darum lasst uns Festfeier halten, nicht mit … Bosheit und Schlechtigkeit, sondern mit … Lauterkeit und Wahrheit!“ (Vers 8).

Zum Lesen & Nachdenken – 1. Korinther 5,1-13

Macht lang gehegter Groll wirklich körperlich krank? Ein Bekannter regte sich einmal fürchterlich darüber auf, wie sich ein anderer Christ ihm gegenüber verhalten hatte. Im Gespräch mit ihm fragte ich ihn, ob er nicht die ganze Sache vergeben und vergessen könne. Seine Antwort lautete: „Das will ich ja, aber jedes Mal, wenn ich ihn sehe, bringt er mich zur Weißglut.“ Ich erwiderte: „Weil du die Sache nicht ruhen lassen willst, kommst du selber nie zur Ruhe.“ Dann erzählte ich ihm die Geschichte von dem sadistischen Farmer, der einem Falken eine Stange Dynamit auf den Rücken band, ihn fliegen ließ und darauf wartete, dass der Vogel mitten in der Luft explodierte. Doch der Falke flog geradewegs in die Scheune des Farmers, und die Explosion setzte nicht nur die Scheune in Brand, sondern auch einen Teil des angrenzenden Wohnhauses.

Mein Bekannter hörte mir zu, doch ich spürte, meine Worte erreichten ihn nicht wirklich. Alles, woran er denken und wovon er reden konnte, war, wie er es seinem „Feind“ heimzahlen könnte. Seine Frau erzählte mir, dass er gesundheitliche Probleme bekam, den Appetit verlor und nachts nicht mehr schlafen konnte. Ein paar Monate später war er tot.

Natürlich kann man dagegenhalten: „Sein Tod kann doch ganz andere Gründe gehabt haben!“ Als ich hingegen mit seinem Arzt sprach, der ein guter Freund von mir ist, sagte er, seiner Meinung nach sei der Mann an „zu viel angestautem Ärger“ gestorben. So etwas wird natürlich nie auf einem Totenschein stehen. Doch viele Ärzte wissen um solche psychosomatischen Zusammenhänge, dass Groll und Ärger, der sich im Inneren aufstaut, wie ein Krebsgeschwür wuchert und nicht nur die Seele, sondern auch den Körper krank macht. Ein Missionar erlitt einen gesundheitlichen Zusammenbruch, weil er sich jahrelang darüber geärgert hatte, dass ihn das Missionswerk, das ihn ausgesandt hatte, nicht genügend unterstützte. – Groll und Verbitterung führen zu Krankheiten und manchmal sogar zum Tod. Und das gilt für Nichtchristen genauso wie für Christen.

Vater, ich weiß genau, dass mir meine Verletzungen umso mehr wehtun, wenn ich sie nicht loslassen kann. Hilf mir, nicht starrsinnig an meinem verletzten Stolz festzuhalten, sondern bereit zu werden, meine inneren Blockaden zu durchbrechen, ganz gleich, wie schmerzlich das sein mag. Darum bitte ich dich in Jesu Namen. Amen.

1. Joh 2,1-11; Spr 10,12; Jes 59,9-10
Was treibt uns zurück in die Finsternis?
Was ist die Folge unseres Lebens in der Finsternis?

Wir ernten, was wir säen

„Antworte dem Toren nicht nach seiner Narrheit, damit nicht auch du ihm gleich wirst!" (Vers 4).

Zum Lesen & Nachdenken – Sprüche 26,1-12

Gewisse Abneigungen und Ressentiments haben schwer wiegende Auswirkungen auf unser psychisches Gleichgewicht und unsere Persönlichkeit. Karl Menninger sagte: „Aus meiner medizinischen Praxis weiß ich, dass bei manchen Frauen das Ausmaß ihrer Beschwerden in der Schwangerschaft und bei der Geburt eng damit zusammenhängt, wie gut sie ihre Rolle als Frau in dieser Phase annehmen können oder ablehnen."

Groll und Verbitterung haben manchmal auch eine unbewusste Ebene. Ein Arzt sagte einmal: „Es ist sehr schwer, Menschen davon zu überzeugen, dass Krankheit der Preis ist, den sie für die unbewusste Ablehnung der Menschen und Dinge bezahlen, die sie zu lieben behaupten." Eine 65-jährige Frau, die zum Glauben kam, sagte: „Seit meine Mutter mir ins Gesicht sagte, sie würde mich hassen, weil ich ihr nach dem Tod meines Vaters keine neue Beziehung gegönnt hätte, lebte ich mit einer schweren Last. Nun spüre ich, wie dieser Felsbrocken mir buchstäblich vom Herzen fällt. Zum ersten Mal in nahezu fünfzig Jahren fühle ich mich davon frei."

Ein Mann gab einem Golfball den Namen eines verhassten Feindes und schlug dann mit aller Kraft zu – doch der Ball landete im Rough. Wer Hass im Herzen trägt, kann nicht mehr geradeaus sehen. Und man kann niemanden verletzen, ohne dabei nicht auch sich selbst zu verletzen. In einer chinesischen Redensart heißt es: „Wer gegen den Wind spuckt, der spuckt sich selbst ins Gesicht." Wir ernten, was wir säen. Was wir austeilen, das fällt auf uns zurück. Wenn wir Gutes mit Bösem vergelten, werden wir selbst böse und verbittert werden. Vergelten wir dagegen Böses mit Gutem, wird das positive Auswirkungen auf unser Leben und unsere Persönlichkeit haben. Und es ist unmöglich, geistlich frisch und lebendig zu bleiben, solange wir unbereinigte Probleme und Bitterkeiten mit uns herumtragen.

Himmlischer Vater, ich weiß, dass ich nicht Gleiches mit Gleichem vergelten kann, wenn ich mich ungerecht behandelt fühle. Vielmehr möchte ich ein Spiegel deiner Liebe sein und Menschen mit deinen Augen sehen. Allein deine Gnade gibt mir die Kraft dazu. Um diese Gnade möchte ich dich nun bitten. Amen.

Röm 12,1-17; 3. Mo 19,18; Spr 20,22
Wovor sollen wir uns hüten?
Was sollen wir nicht sagen?

Versöhnung duldet keinen Aufschub

„Die Sonne gehe nicht unter über eurem Zorn" (Vers 26).

Zum Lesen & Nachdenken – Epheser 4,22-32

Geistliche Frische und Lebendigkeit ist unmöglich, wenn Groll und Verbitterung wie eine eiternde Wunde in unserem Inneren schwären.

Als Christen haben wir gelernt, dass, wenn unsere Beziehung zu unseren Mitmenschen getrübt ist, auch die Beziehung zu Gott darunter leiden wird. Jesus lehrt uns: „Wenn du nun deine Gabe darbringst zu dem Altar und dich dort erinnerst, dass dein Bruder etwas gegen dich hat, so lass deine Gabe dort vor dem Altar und geh vorher hin, versöhne dich mit deinem Bruder; und dann komm und bring deine Gabe dar!" (Mt 5,23-24). Alle frommen Bemühungen sind nutzlos, sagt Jesus, solange du dich versuchst, dich mit deinem Bruder zu versöhnen.

Was sollen wir tun, wenn eine Schuld zwischen uns und einem Mitmenschen steht? Jesus sagt: „Wenn dein Bruder – und das gilt entsprechend für die Schwester – ein Unrecht begangen hat, dann geh hin und stell ihn unter vier Augen zur Rede" (Mt 18,15; Gute Nachricht). Wann immer wir gegen unseren Bruder gesündigt haben oder er gegen uns, sind wir verpflichtet, den Streit zu schlichten oder *zumindest den ersten Schritt zur Versöhnung tun.* Ob der andere darauf eingeht oder nicht, liegt nicht in unserer Macht. Aber als Christen sollten wir uns nach Kräften bemühen, den Streit aus der Welt zu schaffen – und zwar nicht nur halbherzig. Groll und Bitterkeit dürfen in unserem Herzen keinen Platz haben. Lassen wir den heutigen Bibeltext auf uns wirken – und die Sonne nicht über unserem Zorn untergehen. Denn sonst werden wir am nächsten Morgen mit dem gleichen Zorn aufwachen, und er wird uns innerlich aushöhlen.

O, Gott, hilf mir, denn ich bin mir bewusst, dass Ärger und Verbitterung mich so verblenden können, dass ich deinen Weg nicht mehr sehen kann. Schenke mir die Kraft, jeglichen Groll und negative Gefühle, die in mir sein mögen, loszulassen – jetzt in diesem Augenblick. Ich danke dir für deine Gnade. Amen.

Mt 5,38-48; Spr 24,29; 1. Petr 3,9
Wie sollen wir Böses vergelten?
Wie sollen wir unsere Feinde behandeln?

Die Rache ist des Herrn

„Der Geist des Herrn ist auf mir, … auszurufen ein angenehmes Jahr des Herrn" (Verse 18-19).

Zum Lesen & Nachdenken – Lukas 4,14-30

Das Thema „Groll und Verbitterung" ist mir sehr wichtig geworden, denn ich habe festgestellt, dass es sich lohnt, daran zu arbeiten.

Eine Frau, mit der ich ein längeres Gespräch über die Unfähigkeit zu vergeben geführt hatte, schrieb mir in einem Brief: „Oft habe ich in *Jeder Tag mit Jesus* Ihre Worte über Vergebung gelesen, und ich wusste, eines Tages würde ich die Herausforderung der Vergebung annehmen müssen. Die heutige Bibellese zerschlug alle meine Widerstände. Rational gesehen, konnte ich dem, was Sie über die Notwendigkeit der Vergebung schreiben, voll und ganz zustimmen. Ich wusste, innere Heilung war unmöglich, solange ich nicht den Menschen, die mich verletzt hatten, vollständig vergeben konnte. Doch bei diesem ‚Kopfwissen' blieb es dann auch. Es war, als ob eine Stimme in meinem Unterbewusstein flüsterte: ‚Eines Tages wirst du vergeben, aber du bist noch nicht soweit.' Dann trafen mich die heutigen Worte wie ein Blitz aus heiterem Himmel: ‚Gewöhnlich gibt es einen Grund, weshalb wir Groll und Verbitterung nicht loslassen wollen – wie zum Beispiel der, dass wir diese Gefühle brauchen, um unser Selbstmitleid zu nähren.' Mir wurde klar, dass genau dies auch für mich zutraf – und plötzlich konnte ich loslassen. Es war, als ob ein Geschwür aufbrach. Alle angestauten Giftstoffe wurden ausgeschwemmt, und ich war ein neuer Mensch. Inzwischen befinde ich mich auf einem regelrechten Feldzug gegen die persönlichen Missverständnisse, unter denen ich jahrelang gelitten hatte."

So wie dieser Frau kann es jedem von uns gehen – jederzeit. Was auch immer vorgefallen sein mag – Vergebung ist nötig. Zu Beginn seines Wirkens und Lehrens ging Jesus nach Nazareth, wo er in der Synagoge aus dem Buch des Propheten Jesaja vorlas. Nachdem er von dem „Tag der Rache des Herrn" gesprochen hatte, rollte er die Schriftrolle zusammen. Das Thema war damit für ihn beendet. Ziehen auch wir hier einen Schlussstrich. Überlassen wir die Rache dem Herrn.

Vater, hilf mir zu erkennen, dass nichts, was mir Menschen jemals angetan haben, vergleichbar ist mit dem, was ich dir angetan habe. Du hast mir vergeben – hilf mir, meinen Mitmenschen zu vergeben. Und zwar nicht zähneknirschend, sondern freudig und aus freien Stücken.
In Christi Namen. Amen.

Mk 11,18-25; Lk 11,4; 17,4; Mt 18,21-22
Wie sollen wir beten?
Wie oft sollen wir vergeben?

Ordnungsgemäß entsorgt

„Wir, die wir der Sünde gestorben sind, wie werden wir noch in ihr leben?“ (Vers 2).

Zum Lesen & Nachdenken – Römer 6,1-14

Wir wollen nun einen weiteren Aspekt zum Thema *Geistliche Frische bewahren* betrachten – das Entsagen von allem, was Jesus nicht gutheißen würde. Wir haben bereits gesehen, wie wichtig es ist, Groll und negative Gefühle loszulassen. Nun wollen wir noch einen Schritt weitergehen und allen alten Ballast abwerfen, der unsere Beziehung zu unserem Herrn belastet. Das heißt, wir müssen uns ganz bewusst von allem trennen, was Gott uns zeigt. Das gilt auch für so genannte „Bagatellsachen“.

Ein Gärtner, der in einem christlichen Konferenzzentrum beschäftigt ist, macht immer wieder die Beobachtung, dass die Besucher in den ersten zwei, drei Konferenztagen brav die Schilder „Bitte keine Abfälle auf den Rasen werfen“ befolgen. Kein Weg zum Papierkorb scheint ihnen zu weit. Nach vier oder fünf Tagen jedoch stellt er regelmäßig fest, dass sich eine gewisse Nachlässigkeit einschleicht und die Abfalleimer immer weniger Beachtung finden. Papier und anderer Müll landet im Gebüsch. Offensichtlich geht das Bewusstsein noch so weit, den Abfall „versteckt“ – wenn auch nicht ordnungsgemäß – zu entsorgen.

Lassen wir uns beim „Entsorgen“ der Dinge, die Gott missfallen, nicht dabei ertappen, dass wir solche faulen Kompromisse schließen. Werfen wir dagegen einen Blick in die versteckten Winkel, in denen wir unsere Sünden verborgen halten, und bringen wir sie ans Tageslicht. Und zwar jede einzelne – auch wenn es mühselig und schmerzhaft ist. Beruhigen wir nicht unser Gewissen damit, dass unsere Sünden schließlich für niemanden mehr sichtbar sind. Dies genügt nicht. Sie müssen aus der Welt geschafft werden – ordnungsgemäß entsorgt. Wenn ich in einem Wort zusammenfassen müsste, was unsere geistliche Lebendigkeit am meisten beeinträchtigt, würde ich sagen: das Aufschieben. Deshalb – gehen wir die Dinge an, heute noch!

Lieber Vater, ich habe meine Hand an den Pflug gelegt und will nicht zurückschauen. Ich will keine halben Sachen machen. Hilf mir, all das vor dich zu bringen, was keinen Tag länger Aufschub duldet. Um Jesu Willen. Amen.

Apg 24,1-25; Jer 8,20; Hebr 3,7-15
Welchen Fehler beging Felix?
Welche Lektion können wir von dem Volk Israel lernen?

Offensiv leben

„Und wenn deine Hand dir Anlass zur Sünde gibt, so hau sie ab!" (Vers 43).

Zum Lesen & Nachdenken – Markus 9,38-50

Wir denken weiter über die Notwendigkeit nach, mit allem zu brechen, was nicht im Sinne Gottes ist. Gestern ging es um die Christen, die ihre Sünden zwar verbergen, aber nicht gewillt sind, wirklich von ihnen loszukommen. Machen wir uns darüber keine Illusionen: Niemand kann geistlich lebendig bleiben, solange er zulässt, dass die Sünde in seinem Leben Wurzeln schlägt.

Geistliche Frische ist nicht das Ergebnis eines Lebens in der Defensive, sondern einer offensiven Lebenseinstellung. Dazu gehört das bewusste Treffen von Entscheidungen – etwa solcher wie ein klares „Ja" zu allem, was Christus uns schenken will und ein klares „Nein" zu den Verlockungen der Sünde. Jemand sagte einmal: „Christsein besteht nicht aus Verboten, sondern aus Privilegien." Dem kann ich nur zustimmen, auch wenn es meiner Meinung nach nicht ohne den Aspekt der Verbote geht. In unserem heutigen Bibeltext sagt Jesus, dass wir nicht tatenlos zusehen dürfen, wenn unsere „Hand" oder unser „Auge" uns zum Bösen verführen. Mit anderen Worten, wir dürfen nichts dulden, was uns vom Ziel unseres Lebens abbringen will. Denn wir sollen von Kopf bis Fuß Christus gehören.

Auch die Reihenfolge – Hand, Fuß, Auge – in diesen Versen ist wichtig. Die „Hand" bedeutet das böse Tun, der „Fuß" die Schritte in Richtung des Bösen und das „Auge" das Sehen und Begehren des Bösen aus der Ferne. Was will uns der Text sagen? Er sagt ziemlich eindeutig, dass die Sünde in jedem Stadium ausgemerzt werden muss. Dies fängt mit dem „Auge" – dem Wunsch – an. Wer hier bereits einen Riegel vorschiebt, der erspart sich viel Ärger mit den „Händen" und „Füßen".

Himmlischer Vater, bewahre mich vor Unentschlossenheit. Schenke mir Eindeutigkeit und hilf mir, die richtigen Entscheidungen zu treffen – besonders, wenn es um die Sünde geht. Zeige mir, von welchen Dingen im Leben ich mich lossagen muss und hilf mir, es auch wirklich zu tun. Amen.

Mt 16, 21-27; Lk 14,26-27; Mk 10,28
Was bedeutet es, „sein Kreuz auf sich zu nehmen"?
Wie lautet die Behauptung des Petrus?

Wer die Kobra töten will, ...

„Die Lampe des Leibes ist das Auge; wenn nun dein Auge klar ist, so wird dein ganzer Leib licht sein" (Vers 22).

Zum Lesen & Nachdenken – Matthäus 6,19-34

Gestern konnten wir feststellen, dass es am Besten ist, die Sünde gleich im Anfangsstadium, im „Augen-Stadium" zu bekämpfen. Das kann sich auf das tatsächliche Sehen beziehen oder aber auf unsere Fantasie, das Sehen mit unserem „geistigen Auge". In einem alten indischen Sprichwort heißt es: „Wer die Kobra töten will, der tötet sie am Besten in ihrem Ei."

Eine Sünde kann sich entwickeln, wenn man versäumt, sie im Keim zu ersticken. Wenn sich ein sündiger Gedanke aufdrängt, tut man gut daran, möglichst rasch seine „Augen" abzuwenden – und wird die Entdeckung machen, dass der Gedanke schnell verschwindet. Hier geht es um eine Willensentscheidung, die wir ganz bewusst treffen. In einem solchen Augenblick hilft auch das schlichte Gebet des Petrus, als ihn die Wellen des Sees Genezareth zu verschlingen drohten: „Herr, rette mich!"

Hilfreich ist es auch, bei sündigen Gedanken oder Wünschen seine Aufmerksamkeit auf etwas anderes zu lenken. Ich kannte einmal einen alten Bergarbeiter aus Wales. Er erzählte mir, er sei als junger Mann eines Tages beim Spazierengehen von einem sündigen Gedanken überfallen worden. Daraufhin habe er einen schweren Stein aufgehoben, ihn geschultert und nach Hause getragen. Da er sich nun voll und ganz auf das Gewicht des Steines konzentrieren musste, vergaß er den sündigen Gedanken. Sicherlich kein allgemein gültiges Rezept, das sich auf jeden Menschen anwenden lässt. Aber manchen hat es geholfen. Eine subtilere, aber genauso wirkungsvolle Art der Ablenkung ist es, seinen inneren Blick auf das Bild von Jesus am Kreuz zu richten. Es ist nahezu unmöglich, an Jesus und gleichzeitig an etwas Böses zu denken.

O Herr, hilf mir, alle sündigen Gedanken auszutricksen, die sich mir aufdrängen wollen. Schenke mir eine reine Seele, in der nur du allein wohnen sollst. Das erbitte ich in Jesu Namen. Amen.

Jes 33,10-17; Ps 119,59; Spr 15,26; Röm 8,6
Was geschieht, wenn wir das Böse aus unseren Gedanken verbannen?
Worauf will ich heute meinen Blick richten?

Die Sünde soll nicht über euch herrschen

„… sondern zieht den Herrn Jesus Christus an“ (Vers 14).

Zum Lesen & Nachdenken – Römer 13,1-14

Jede Sünde kann man ablegen. Hüten wir uns davor, irgendeine Ausnahme zu machen. Sonst wird diese Ausnahme zum schwachen Glied, das die Brücke zum Einsturz bringt.

Eine bedauerliche Zeiterscheinung in manchen heutigen Gemeinden ist ein gewisser Fatalismus, wenn es um persönliche Sünden geht. Immer wieder hören wir: „Was sollte ich denn tun? Ich bin auch nur ein schwacher Mensch.“ Daraus könnte man schließen, dass die Sünde eben zur menschlichen Natur gehört, und es für Menschen unmöglich ist, ihr zu widerstehen. Doch die klare Botschaft des Evangeliums drückt sich in dem Vers aus: „Denn die Sünde wird nicht über euch herrschen, …“ (Röm 6,14).

In der „Gute Nachricht“-Übersetzung lautet der heutige Bibeltext: „Lasst Jesus Christus, den Herrn, euer ganzes Leben bestimmen, und hätschelt nicht eure alte selbstsüchtige Natur, damit die Begierden keine Macht über euch gewinnen.“ Wichtig ist der Satz „hätschelt nicht eure alte selbstsüchtige Natur“. Wir sollen uns davor hüten, unseren Leib mit seinen Begierden und Wünschen in den Mittelpunkt zu stellen, und vielmehr auf Jesus schauen. Er allein soll unsere Mitte sein – fest und unumstößlich. Es ist gefährlich, so zu tun, als ob wir den Kampf gegen die Sünde aus eigener Kraft gewinnen könnten. Noch größer ist meiner Meinung nach jedoch die Gefahr, die Sünde in unserem Leben zu „hätscheln“. Die Herrschaft des fatalistischen Denkens, dass wir, solange wir im Fleisch wandeln, der Sünde hilflos ausgeliefert seien, muss gebrochen werden. Leben wir stattdessen unser Christsein aus der Überzeugung, dass wir der Sünde widerstehen können.

Mein Gott und mein Vater, hilf mir zu begreifen, dass ich durch dich nicht nur erkenne, was Sünde ist, sondern du mich von der Sünde befreien willst. Und ich möchte diese wunderbare Freiheit mehr und mehr erfahren. Amen.

Röm, Kap. 7 und 8; Röm 6,11; Joh 8, 34
Was machte Paulus frei?
Wozu sind wir verpflichtet?

Wo ist dein Kopf?

„Den Schuldschein, der uns wegen der nicht befolgten Gesetzesvorschriften belastete, hat er für ungültig erklärt“ (Vers 14; Gute Nachricht).

Zum Lesen & Nachdenken – Kolosser 2,6-19

Unser Kampf gegen die Sünde und das Böse ist eine bereits geschlagene Schlacht. Jesus hat den Feind und jede Sünde am Kreuz besiegt – ohne jegliche Ausnahme. Wann immer uns Sünden quälen, sollten wir uns den Rat von E. Stanley Jones zu Herzen nehmen: „Wenn die Sünde mich einschüchtern will, sage ich ihr, sie solle ihren Kopf beugen. Danach zeige ich triumphierend auf den Fußabdruck des Gottessohnes an ihrem Hals. Meine Verzagtheit schwindet, denn ich weiß: Jesus ist Sieger, er kämpft und siegt mit mir.“ Dieses bildhafte Beispiel mag uns befremden, doch seine Aussage ist von bestechender Klarheit: Durch die Erlösungstat Christi auf Golgatha brauchen wir keine Angst mehr zu haben, denn unser Feind ist bereits besiegt.

Eine etwas unwahrscheinlich anmutende, aber sehr anschauliche Geschichte aus Afrika erzählt von einem Krieger, der in einem Gemetzel enthauptet wurde und kopflos weiterkämpfte. Es gelangt ihm sogar, in seinem Zustand noch etliche Feinde zur Strecke zu bringen, bis jemand rief: „Wo ist dein Kopf? Du bist tot!“ Erst dann fiel er zu Boden und starb. Ähnlich ist es mit der Sünde. Wenn sie uns angreifen will, brauchen wir nur zu rufen: „Du hast keinen Kopf mehr! Unser Herr hat dich längst am Kreuz besiegt. Mach, dass du fort kommst!“ Das Böse hört nicht auf zu kämpfen, doch es ist kopflos, ohne Substanz. Es stützt sich allein auf Vorurteile, alte Gewohnheiten und vielleicht vor allem auf unsere Wankelmütigkeit. Wenn es also noch irgendwelche Sünden in deinem Leben gibt, die es zu bereinigen gilt, dann nimm getrost den Kampf auf, in der Gewissheit, dass sie bereits bezwungen sind. Und dann trenne dich ein für alle Mal von allem, was Jesus missfällt.

O Gott, ich danke dir, dass du mich daran erinnerst, dass ich mich vor der Sünde nicht zu fürchten brauche – weil du das Böse längst besiegt hast. Lass mein Leben von dem großen Sieg von Golgatha durchdrungen sein. Darum bete ich in dem mächtigen Namen Jesu. Amen.

1. Joh, Kap. 1; Spr 28,13; Apg 3,19
Was steht unserem Erfolg im Wege?
Wie sollen wir mit der Sünde umgehen?

Die wichtigste Kraftquelle

„… werdet voller Geist“ (Vers 18).

Zum Lesen & Nachdenken – Epheser 5,15-27

Ein weiterer wichtiger Punkt, wenn es um den Erhalt unserer geistlichen Frische geht, ist unsere Offenheit für den Heiligen Geist. Wir sollten unser innerstes Wesen täglich für die Gegenwart und die Kraft des Heiligen Geistes öffnen.

Ich kenne Christen, die sich scheuen, über den Heiligen Geist zu reden, damit sie bloß nicht als „charismatisch“ abgestempelt werden. Und manchmal erhalte ich Briefe, in denen es heißt: „Aus Ihren Büchern geht nicht klar hervor, ob Sie Charismatiker oder Nicht-Charismatiker sind. Welche Richtung vertreten Sie?“ Meine Antwort lautet gewöhnlich, dass ich mich weigere, mich in irgendeine Schublade stecken zu lassen, außer in die mit der Aufschrift „Kind des lebendigen Gottes“. Ich weiß, dass ich, wann immer ich über den Heiligen Geist spreche, Gefahr laufe, einige meiner Zuhörer oder Leser vor den Kopf zu stoßen. Denn es gibt Leute, die der Meinung sind, aufgrund der Überbetonung des Heiligen Geistes in manchen christlichen Kreisen sei es wohl das Beste, ihn überhaupt nicht zu erwähnen.

Die Bibel lehrt uns jedoch, dass der Heilige Geist unsere wichtigste Quelle ist, wenn es darum geht, unsere geistliche Frische zu erhalten. Wenn die Verbindung zu ihm abreißt, wird es unserem Leben an geistlicher Lebendigkeit und Gesundheit mangeln. Es gibt Christen, die glauben, es genüge, wenn man irgendwann in der Vergangenheit einmal vom Heiligen Geist erfüllt worden sei. Das ist leider ein Trugschluss. Vielmehr müssen wir uns immer wieder neu mit dem Geist Gottes erfüllen lassen, damit die Kraftquelle nicht versiegt. Als man Billy Graham fragte, warum er täglich um den Heiligen Geist bete, antwortete er: „Weil ich undicht bin.“

Barmherziger Vater, erfülle mich mit deinem Geist. Hilf mir, zu erfahren, dass meine Reserven täglich neu aufgefüllt werden können. Lass mich offen werden für deine Gaben – besonders dafür, womit du mich durch deinen Geist beschenken willst. Amen.

Apg, Kap. 2; Apg 1,8; Joel 2,28
Was hat Jesus verheißen?
Was waren die Auswirkungen davon?

Was wäre, wenn ...?

„Aber ihr werdet Kraft empfangen, wenn der Heilige Geist auf euch gekommen ist; und ihr werdet meine Zeugen sein" (Vers 8).

Zum Lesen & Nachdenken – Apostelgeschichte 1,1-11

In einer Jugendgruppe wurde darüber diskutiert, was der Heilige Geist sei. Ein Junge sagte: „Ich glaube, das ist es, was dem Christsein den besonderen Kick gibt." Damit lag er gar nicht so falsch. Er benutzte lediglich das falsche Pronomen – „es" anstatt „Er". Die Bibel spricht vom Heiligen Geist nicht von einer abstrakten Kraft, sondern von einer Person.

Was wäre, wenn es den Heiligen Geist nicht gäbe? Dann hätten wir eine staubtrockene Religion ohne den „besonderen Kick". Wir hätten zwar die vier Evangelien und die Apostelgeschichte, aber ohne den „Obersaal", in dem die Jünger um den Heiligen Geist beteten. Das Evangelium wäre zwar nach wie vor unvergleichlich, aber wenig dynamisch. Nehmen wir zum Beispiel das Markus-Evangelium. Ohne das Pfingstereignis würde die Botschaft Christi mit den Worten enden: „Und sie gingen hinaus und flohen von der Gruft. Denn Zittern und Bestürzung hatte sie ergriffen, und sie sagten niemand etwas, denn sie fürchteten sich" (Mk 16,8).

Welch trostloser Zustand! Obwohl Jesus auferstanden war, obwohl er sein Werk der Erlösung verbracht hatte, hätte die beste Nachricht der Welt nie Verbreitung gefunden, denn die Jünger hätten, vor Angst und Entsetzen gelähmt, mit niemandem darüber geredet. Es wäre der Anfang vom Ende des Christentums gewesen – kein Evangelium, das die Welt verändert. Die Jünger wären durch keine noch so hieb- und stichfeste Argumentation zu überzeugen gewesen. Sie brauchten etwas anderes – den Heiligen Geist.

O Gott, hilf mir, nicht in einer Grauzone zwischen Auferstehung und Pfingsten zu leben. Ich will die Fülle in meinem Leben erfahren. Verwandle mich von einer flackernden Kerze in eine hell lodernde Fackel. In Jesu Namen. Amen.

Joh 16,1-16; 14,26; 15,26-27
Was sagt Jesus über den Heiligen Geist?
Mit welchen anderen Namen wird der Heilige Geist bezeichnet?

Das Zeitalter des Heiligen Geistes

„Und sie wurden alle mit Heiligem Geist erfüllt und fingen an, in anderen Sprachen zu reden“ (Vers 4).

Zum Lesen & Nachdenken – Apostelgeschichte 2,1-21

Es war also der Heilige Geist, der die verängstigten und entmutigten Jünger in unerschütterliche, glühende Nachfolger Christi verwandelte.

Zöge man eine Trennlinie durch das Neue Testament, so fände man auf der einen Seite ziemlich viel geistliche Schalheit, auf der anderen eine übersprudelnde geistliche Frische. Die Linie zieht sich geradewegs durch den „Obersaal“, wo eine Gruppe Menschen in kindlichem Vertrauen darauf wartete, dass die Verheißung ihres Meisters in Erfüllung gehe (siehe Apg 1,13-14). Wir lesen, sie „beteten beharrlich um das Kommen des Heiligen Geistes“ (Gute Nachricht). Die Ausgießung des Heiligen Geistes bildete die Wasserscheide der moralischen und geistlichen Entwicklung der Menschheit. Sie kennzeichnet ein neues Zeitalter – das Zeitalter des Heiligen Geistes.

Bevor sich das Pfingstwunder ereignete, waren die Jünger sprunghaft und unzuverlässig. Manchmal gehorchten ihnen die Dämonen, dann wiederum mussten sie sich fragen: „Warum haben wir ihn (den bösen Geist) nicht austreiben können?“ Es gab Zeiten, da wären sie für Jesus in den Tod gegangen, dann wiederum brachen sie einen kindischen Streit vom Zaun, wem wohl der erste Platz im Himmel gebühre. Simon Petrus zog beherzt sein Schwert und schlug dem Knecht des Hohenpriesters das Ohr ab; andererseits bekam er es mit der Angst zu tun, als eine Dienerin des Priesters ihn erkannte. Dann kam Pfingsten. Gottes Kraft manifestierte sich auf überwältigende Weise. Die Jünger wurden zu neuen Menschen, innerlich gefestigt, mit einem neuen Auftrag. Auf welcher Seite der Wasserscheide stehen wir? Sind wir „vor-pfingstliche“ Christen, wankelmütig und unbeständig, oder „nach-pfingstliche“ Christen – dynamisch und von neuer Kraft erfüllt?

Herr, verzeih mir, dass ich mich so oft hinter verschlossenen Türen verstecke, anstatt mutig mit deiner Botschaft auf die Straße zu gehen. Hilf mir, ein „nach-pfingstlicher“ Christ zu werden. Darum bitte ich dich im Namen Jesu. Amen.

2. Kor 3,1-6; Joh 6,63; Röm 8,11; 1. Petr 3,18
Was bewirkte der „Buchstabe“?
Wodurch wurde dies geändert?

Leben aus dem Überfluss

„Wer an mich glaubt, … aus seinem Leibe werden Ströme lebendigen Wassers fließen" (Vers 38).

Zum Lesen & Nachdenken – Johannes 7,25-39

In unserem heutigen Text heißt es, dass – als Nachfolger Christi – lebendiges Wasser aus unserem Inneren strömen soll. Die „Hoffnung für alle" übersetzt diese Passage folgendermaßen: „Wer an mich glaubt, wird erfahren, was die Heilige Schrift sagt: Wie ein Strom wird Leben schaffendes Wasser von ihm ausgehen. Damit meinte er den Heiligen Geist, den alle bekommen würden, die an Jesus glauben."

Doch wie sieht es in unserem Leben wirklich aus? Sprudelt dieses lebendige Wasser täglich aus uns wie eine frische Quelle? Oder ist es nur ein klägliches Rinnsal? Warum das so ist? Die Antwort ist einfach: Es kann nur dort etwas hinausfließen, wo auch etwas hineinfließt. Das ist der Rhythmus des Heiligen Geistes – Einströmen und Ausströmen. Wenn mehr hineinströmt als hinaus, hört das Einströmen auf; wenn mehr hinausströmt als hinein, hat das Ausströmen ein Ende. Die Schleusentore öffnen sich nach innen, um zu empfangen – doch nur, um sich anschließlich nach außen zu öffnen, um zu verströmen.

Wenn wir über ein geisterfülltes Leben sprechen, dürfen wir uns den Geist Gottes nicht als eine Art Wasserspeicher mit begrenzten Reserven vorstellen. Unser Leben ist ein Kanal, verbunden mit unendlichen Reserven. Je mehr wir sie anzapfen, desto mehr fließt nach. Diese Quelle ist unerschöpflich. Wir brauchen unseren Wasservorrat nicht einzuteilen oder aufzusparen, denn je mehr wir austeilen, desto mehr wird uns gegeben. Dieses „Leben aus dem Überfluss" ist es, was vielen Menschen heutzutage fehlt. Doch wir können „überfließen", denn die Fülle, aus der wir schöpfen, ist grenzenlos. Jesus verspricht uns diese Fülle, wenn wir den Heiligen Geist empfangen. Und aus unserem Leib werden „Ströme lebendigen Wassers fließen". Keine mageren Rinnsale, keine kleinen Bäche oder Flüsschen – sondern Ströme. Ströme!

O Gott, befreie mich von einem begrenzten Leben zu einem Leben grenzenloser Fülle. Hilf mir, meine „Wasserleitung" mit deinem unendlichen Reservoir zu verbinden. Durchströme mich, bis ich selbst zu einem fließenden, ja, überfließenden Strom werde. Amen.

Apg 10,34-38; 1. Kor 3,16; 6,19; 2. Tim 1,14
Welchen Zusammenhang sieht Petrus zwischen dem Wirken Christi und dem des Heiligen Geistes?
Wozu hat uns Gott bestimmt?

Kein kurzer geistlicher Höhenflug

„Ihr kennt ihn, denn er bleibt bei euch und wird in euch sein“ (Vers 17).

Zum Lesen & Nachdenken – Johannes 14,15-27

Das Kommen des Heiligen Geistes in unser Leben ist gleichermaßen von Einmaligkeit und Fortdauer geprägt.

Ich kann dies vielleicht am Besten am Beispiel einer Ehe illustrieren. Genauso wie eine Eheschließung ein einmaliges Ereignis ist – Eheleute heiraten einander nicht jeden Tag von neuem –, gibt es doch in der Ehe neben dem großen, einmaligen Versprechen unzählige kleine Absprachen, die Tag für Tag getroffen werden müssen. Eine gute Ehe muss wachsen und reifen, und das braucht seine Zeit. Die Ehepartner werden sich annähern, sich mehr und mehr vertrauen und lernen, sich einander ganz hinzugeben. „Hingabe“ ist das Schlüsselwort in jeder Beziehung – zu Gott oder zu Menschen. Andere wichtige Worte sind „Nachgiebigkeit“ oder „Gegenüber sein“.

Indem wir uns Gott öffnen, uns ihm hingeben, werden wir für ihn zum Gegenüber, jemand, der auf seine Weisungen hört und seine Gebote befolgt – zumindest sollte es so sein. Ein solches Gebot ist auch, dass wir uns von seinem Geist erfüllen lassen. D. L. Moody sagte: „Epheser 5,18 ist mehr als eine schöne Erfahrung, an der wir uns erfreuen dürfen, sondern ein Gebot, dass wir befolgen sollen. Wenn wir uns nicht täglich für die Begegnung mit dem Heiligen Geist öffnen, sind wir ungehorsame Christen.“

Ein letzter Rat: Wenn du Gott bittest, dich täglich mit seinem Geist zu erfüllen, dann vergewissere dich, dass du dir nicht einen kurzen „Höhenflug“ erhoffst, der dich aus einem geistlichen Tief herausholt. Der Heilige Geist will kommen – um bei dir zu bleiben.

Vater, vergib mir, dass ich den Heiligen Geist wie einen Besucher behandle und nicht wie einen Weggefährten. Das soll von heute an anders werden. Ich möchte den Heiligen Geist einladen, in mir zu wohnen und mein Leben zu bestimmen. Darum bete ich in Christi Namen. Amen.

Apg 10,39-48; Ri 6,34; 14,6; 1. Sam 10,10; 16,13
Welche biblischen Persönlichkeiten des Alten Testaments waren mit dem Heiligen Geist gesalbt?
Welchen Unterschied machte Pfingsten?

Der Tempel des Heiligen Geistes

„... einen Leib aber hast du mir bereitet“ (Vers 5).

Zum Lesen & Nachdenken – Hebräer 10,1-10

Mein nächster Vorschlag, wie man sich seine geistliche Frische erhält, mag ungewöhnlich klingen: Indem wir uns um unseren Körper kümmern.

Eine der verhängnisvollsten Trennungen, die jemals im Christentum stattfanden, war die zwischen körperlichen und geistlichen Belangen. Im Frühchristentum waren Körper und Geist eins. Als die Jünger Männer suchten, die sich um die Verteilung der Lebensmittel an Bedürftige in den ständig wachsenden Gemeinden kümmerten, war Stephanus einer der ersten, auf den ihre Wahl fiel, ein „Mann voll Glaubens und Heiligen Geistes“ (Apg 6,5). Glaube und der Heilige Geist wurde für notwendig erachtet, nicht nur um für das geistliche, sondern auch das körperliche Wohl der Menschen zu sorgen. In den Urgemeinden hatte das leibliche Wohl durchaus seine Berechtigung.

In der jüngeren Vergangenheit der Gemeinde Christi dagegen wurde alles Körperliche mit gebührendem Misstrauen betrachtet. In meiner Jugend hörte ich Moralpredigten über den „Leib der Niedrigkeit“ (Phil 3,21), in denen von der Kanzel herab propagiert wurde, der Körper sei der Feind der Seele. Es wurde die Meinung vertreten, der Leib sei möglichst zu ignorieren, bis zu dem Tag, an dem wir ihn als sterbliche Hülle ablegen und einen neuen Auferstehungsleib erhalten werden. Was solchen Predigern offensichtlich nicht klar war, ist, dass die Formulierung „Leib der Niedrigkeit“ sich lediglich auf unsere menschliche Vergänglichkeit bezieht und damit nichts Schlechtes, Anstößiges assoziiert wurde. Lassen wir diese krankhafte Vorstellung, die sich in manchen Gemeinden bis heute hält, ein für alle Mal hinter uns! Unser Körper ist kein Fluch, sondern ein Tempel des Heiligen Geistes.

Lieber Herr Jesus, hilf mir, meinen Körper mit deinen Augen zu sehen – nicht als etwas Schändliches, sondern als etwas Nützliches. Zeige mir, welche Schritte ich tun soll, um an Leib und Seele zu gesunden. Amen.

Röm 12,1-8; 6,13; 2. Kor 6,16
Was sollen wir Gott zur Verfügung stellen?
Womit sollen wir Gott ehren?

Körper und Seele als Einheit

„… möge euer Geist und Seele und Leib untadelig bewahr werden bei der Ankunft unseres Herrn Jesus Christus!“ (Vers 23).

Zum Lesen & Nachdenken – 1. Thessalonicher 5,12-24

Über Jahrhunderte haben Missverständnisse zur Trennung von Leib und Seele geführt. Eine Trennung, die noch heute in einigen Glaubensprägungen deutlich wird. Jesus hingegen schenkte seinem Körper als etwas Nützliches sehr wohl Beachtung: „einen Leib aber hast du mir bereitet“ (Heb 10,5). Bei ihm waren Leib und Seele im Einklang. Er hat seinen Körper weder vernachlässigt noch vergöttert, sondern ihn Gott zur Verfügung gestellt, als Werkzeug für den Willen und den Plan des Vaters. Und er hielt seinen Körper für Gott in Form. Die Bibel erwähnt zwar, dass Jesus manchmal müde war – aber kein einziges Mal krank. Heutzutage wird niemand mehr bestreiten, dass Leib und Seele eine Einheit bilden, und dass eine kranke Seele auch körperliche Folgen haben wird.

Ein gesunder Geist hat positive Auswirkungen auf den Körper. Umgekehrt kann ein gesunder Körper viel zur seelischen Ausgeglichenheit und Stabilität beitragen. Wir Christen neigen dazu, den inneren, geistlichen Aspekt des Leben zu sehr in den Mittelpunkt zu stellen und die Bedeutung körperlicher und äußerer Faktoren wie hormonelle Schwankungen und Stoffwechselprozesse, Ernährung, das Wetter oder die Wasser- und Luftverschmutzung zu unterschätzen.

Durch unsere Ignoranz des Zusammenspiels von Körper und Seele verbreitern wir die Kluft zwischen diesen beiden Elementen nur noch mehr. Was in Traugottesdiensten Mann und Frau zugesprochen wird, sollte auch für Leib und Seele gelten: „Was nun Gott zusammengefügt hat, soll [der] Mensch nicht scheiden“ (Mt 19,6). Ein guter Pianist mag in der Lage sein, selbst aus einem schlechten Instrument noch eine Menge herauszuholen, doch es wird ihm nicht gelingen, seiner Musik denselben künstlerischen Ausdruck zu verleihen. Genauso können wir die leiblichen Aspekte des Lebens nicht ignorieren, wenn wir geistlich lebendig bleiben wollen.

Vater, hilf mir zu erkennen, dass ich dir mit meinem Körper dienen kann. Bringe bei mir Leib, Geist und Seele in Einklang, so dass ich mich dir ganz zur Verfügung stellen kann – mit allem, was ich bin und habe. Amen.

1. Kön, Kap. 19; Röm 8,11; 1. Kor 3,16
Was war Elias Problem?
Wie kümmerte sich der Engel um ihn?

Die tödlichsten Waffen

„Ob ihr nun esst oder trinkt oder sonst etwas tut, tut alles zur Ehre Gottes!“ (Vers 31).

Zum Lesen & Nachdenken – 1. Korinther 10,23-33

Die Missachtung der leiblichen Seite des Lebens ist zum Teil mit Schuld an der geistlichen Dürre, die wir vielfach erfahren. Hier ist unser Umdenken gefordert und ein bestimmtes Maß an Disziplin. Aber welcher Art von Disziplin?

Zunächst ist da einmal die Disziplin in unseren Ernährungsgewohnheiten. Was essen wir und wie viel? Jede Mahlzeit sollte ein Opfer sein, dargebracht auf dem Altar eines gesünderen, besseren Lebens. Ärzte warnen uns, dass übermäßiges Essen – genauso wie Mangelernährung – die Gehirnfunktionen beeinträchtigen kann. Der Inhalt unserer Gedanken wird nicht zuletzt oft von unserem Mageninhalt bestimmt. Die Bibel sagt zwar: „Denn das Reich Gottes ist nicht Essen und Trinken“ (Röm 14,17). Dennoch sollen wir uns gesund und fit halten, um für das Reich Gottes einsatzfähig zu bleiben.

Seneca sagte einmal: „Der Mensch stirbt nicht; er bringt sich um.“ Und Dr. R. L. Greene, Ernährungswissenschaftler und Professor der Chemie, drückte es folgendermaßen aus: „Die tödlichsten Waffen, um Selbstmord zu begehen, sind Löffel, Messer und Gabel.“ Auch wer an keiner Weise an Selbstmord denkt, trägt vielleicht durch falsche Ernährung Stück für Stück zu seinem verfrühten Tod bei.

Disziplin ist auch erforderlich, wenn wir sicher sein wollen, dass wir wenigstens die Mindestmenge der Vitamine zu uns nehmen, die wir zum Leben brauchen. Vitamine sind lebensnotwendig; und sie sind Gottes Geschenk. Gott, unser bester Arzt, hat unseren Körper so geschaffen, dass er nur unter bestimmten Voraussetzungen richtig funktionieren kann. Wenn wir uns nicht an Gottes Anweisungen halten und seine Rezepte verschmähen, setzen wir unsere körperliche Funktionstüchtigkeit aufs Spiel – und somit möglicherweise auch unsere geistliche.

Himmlischer Vater, hilf mir zu erkennen, dass körperliche Vitalität meiner geistlichen Vitalität zuträglich ist. Ich möchte mit dem Leib, den du mir geschenkt hast, verantwortlich umgehen und deine ewigen Gesetze achten – auch, was die leibliche Gesundheit betrifft. Amen.

Spr 23,1-21; Pred 6,7; Phil 3,19
Was sagt die Bibel über Völlerei?
Wie könnte man „Völlerei“ definieren?

Das gestimmte Instrument

„Da stand er auf und aß und trank, und er ging in der Kraft dieser Speise vierzig Tage und vierzig Nächte“ (Vers 8).

Zum Lesen & Nachdenken – 1. Könige 19,1-8

Die Menge und Qualität der Speisen, die wir zu uns nehmen, können einen entscheidenden Einfluss auf unser Wohlbefinden und unsere Gesundheit haben. Sind die Nerven durch Vitaminmangel unterversorgt, reagieren sie mit körperlicher Depression, genauso wie ein unterernährter Geist mit seelischer Depression reagiert. Deshalb ist richtige, ausgewogene Ernährung so wichtig.

Unsere Disziplin ist auch gefragt, wenn es um körperliche Ertüchtigung geht. Gott hat unseren Körper so geschaffen, dass er auf Bewegung angelegt ist. Wer sich zu wenig bewegt, wird mit der Zeit träge. Und dann? Ein träger Körper bewirkt leicht, dass auch der Geist träge wird. Im seelsorgerlichen Gespräch mit depressiven Menschen rate ich unter anderem immer wieder dazu, sich sportlich zu betätigen. Nach jahrelanger Untätigkeit sollte man natürlich nicht plötzlich mit exzessivem Joggen oder Squash spielen beginnen, ohne zuvor einen Arzt zu konsultieren. Doch ich bin immer wieder erstaunt, wie selbst ein kurzer Spaziergang in flottem Tempo für die Seele Wunder wirken kann.

In unserer Gesellschaft ist es „in“, sportlich zu sein. Allerdings sollten wir uns vor einem übertriebenem Fitness- und Schlankheitswahn hüten. Es ist gut, Sport zu treiben, doch wenn der Sport einen zu hohen Stellenwert in unserem Leben einnimmt, kann er leicht zum Götzen werden und geistliche Interessen verdrängen. Bei allem kommt es auf das richtige Gleichgewicht an: Eine ausgewogene Ernährung hält uns gesund, Völlerei führt zu Übergewicht und Krankheit; ausreichender Schlaf erfrischt uns, zu viel Schlaf macht träge und faul. Unser Körper ist wie ein Instrument: Ist er richtig „gestimmt“, wird die Musik des Schöpfers aus jeder Faser unseres Daseins klingen.

Herr, du Schöpfer meines Leibes und meiner Seele, ich komme zu dir, weil ich beides unter deine erlösende Gnade und deine Führung stellen will. Ich wünsche mir, dass sich die Gesundheit meiner Seele auf den Körper überträgt und die Gesundheit meines Körpers auf die Seele. Darum bitte ich dich im Namen Jesu. Amen.

Phil 3,1-16; 1. Kor 9,24; Gal 2,2; Hebr 12,1
Welches Bild benutzt Paulus?
Wie viel Sport treibst du?

Schweine im Wohnzimmer

„Und er sprach zu ihnen: Kommt, ihr selbst allein, an einen öden Ort und ruht ein wenig aus!" (Vers 31).

Zum Lesen & Nachdenken – Markus 6,30-44

Die Gleichgültigkeit gegenüber unseren leiblichen Bedürfnissen kann sich also auch auf unser geistliches Leben niederschlagen. Auch wenn unser seelischer und geistlicher Zustand nicht zwangsläufig von unserer körperlichen Verfassung abhängt, ist beides eng miteinander verknüpft.

Ein dritter wichtiger Bereich, in dem unsere Disziplin gefordert ist, sind regelmäßige Zeiten der Ruhe und Erholung. Es gibt Freizeitbeschäftigungen, die sind keine Erholung, sondern verursachen nur zusätzlichen Stress. Andere schaden unserem seelischen und geistlichen Befinden mehr als sie ihm nutzen. So geht es mir zum Beispiel beim Fernsehen. Manche Sendungen sind bereichernd und erbaulich, nach anderen fühle ich mich innerlich leer und schmutzig. Sie verletzen das Feingefühl, trampeln die zartesten Blumen des Geistes nieder und betrüben die Seele. Ich lerne, bei Filmen und Fernsehsendungen selektiver zu sein. Wir sollten uns nicht irgendwelchen Bildern aussetzen, die uns geistlich und seelisch aushöhlen – nicht, wenn wir höhere Werte schätzen. Wir lassen ja auch keine Schweine in unser Wohnzimmer.

Dasselbe gilt für andere Möglichkeiten der Freizeitgestaltung, wie etwa für das Lesen. Nicht jede Lektüre tut uns gut. Wir sollten uns frei machen von dem Glauben, wir müssten alles lesen, was uns in die Hände fällt, nur, um informiert zu sein und mitreden zu können. Gerade in diesem Bereich brauchen viele junge Menschen unsere Hilfe. Muss man sich selber im Dreck wälzen, um zu verstehen, was Schmutz ist? Muss ein Arzt sich selbst mit Krankheitserregern infizieren, um zu verstehen, wie sie wirken? Erholung ist außerordentlich wichtig, wenn wir uns unsere geistliche Frische bewahren wollen. Doch es kommt darauf an, ob wir diese Zeiten der Erholung sinnvoll gestalten.

Vater, du willst, dass ich ein gesundes, ausgewogenes Leben führe. Hilf mir, sensibel dafür zu sein, was ich tun und lassen soll, um meine seelische und körperliche Gesundheit zu erhalten. Ich möchte dich ehren, in allem, was ich tue – auch bei der Gestaltung meiner Freizeit. Amen.

Hebr 4,1-11; 2. Mo 33,14; Mt 11,29
Wozu sind wir aufgefordert?
Wie können wir dies praktisch umsetzen?

Nie wieder frustriert?

„Jeden Gedanken, der sich gegen Gott auflehnt, nehme ich gefangen und unterstelle ihn dem Befehl von Christus“ (Vers 5; Gute Nachricht).

Zum Lesen & Nachdenken – 2. Korinther 10,1-14

Wir wollen uns weiter damit beschäftigen, wie wir dazu beitragen können, unsere geistliche Frische zu behalten. Eine andere Voraussetzung dafür ist: Wir müssen lernen, Frustration und Enttäuschungen zu verarbeiten. Immer wieder spreche ich mit Menschen, die mich fragen: „Was ist nur mit mir los? Ich fühle mich geistlich so leer. Meines Wissens lebe ich nicht in Sünde. Warum komme ich einfach nicht aus meinem geistlichen Tief heraus?“ Vielfach stelle ich dann fest, dass dabei eines der grundsätzlichen Probleme die Unfähigkeit ist, mit den Widrigkeiten des Lebens umzugehen.

Einer der leuchtendsten Christen, die mir je begegnet sind, war ein Kaufmann in West Wales mit Namen Mordecai Price. Durch Kinderlähmung hatte er die Kraft in seinen Beinen verloren und fuhr mit einem handgesteuerten Spezialfahrzeug zu den entlegenen Farmen, wo er Saatgut an die Bauern verkaufte. Manchmal brauchte er eine Stunde, um aus dem Wagen zu steigen und ein Torgatter zu öffnen und zu schließen – doch er beklagte sich nie.

Eines Tages fragte ich ihn: „Bist du nicht manchmal schrecklich frustriert? Wie schaffst du es, immer weiter zu machen? Viele andere an deiner Stelle hätten sich längst mit ihrer Invalidenrente zur Ruhe gesetzt.“ Mordecai ist seit über dreißig Jahren beim Herrn, doch seine Antwort hat sich für immer in mein Herz eingegraben: „Ich nehme jeden Gedanken gefangen und unterstelle ihn dem Befehl von Christus – auch den Gedanken an meine Behinderung.“ Er hatte gelernt, das Beste aus seinem Leben zu machen, und sein Leben brachte viel Frucht. Wenn auch wir lernen könnten, aus jeder Situation das Beste zu machen und Schlechtes in Gutes zu verwandeln, Hässliches in Schönes, würden uns Leid und Enttäuschung nicht länger in die Knie zwingen. Das Geheimnis des Lebens ist, was wir mit Gottes Hilfe daraus machen. Wer dies begriffen hat, der wird nie wieder frustriert sein.

Herr, lehre mich, wie ich Hässliches in Schönes umwandeln und Schlimmes zu Gutem wenden kann. Ich möchte lernen, alle schlechten Gedanken „gefangen zu nehmen“ und sie dir zu unterstellen. Dies erbitte ich im Namen deines einzigen Sohnes. Amen.

2. Kor 4,1-10; Ps 44,5; Röm 8,35-37
Was bezeugt Paulus?
Wie können wir „mehr als Überwinder“ sein?

Was ist Frustration?

„Wenn gerühmt werden muss, so will ich mich [der Zeichen] meiner Schwachheit rühmen“ (Vers 30).

Zum Lesen & Nachdenken – 2. Korinther 11,16-30

Gestern haben wir festgestellt, dass Frustration und Enttäuschungen mit verantwortlich sind, wenn unsere geistliche Frische verloren geht. Doch was verbirgt sich eigentlich hinter dem Schlagwort „Frustration“? Im Lexikon fand ich Synonyme wie: „Unzufriedenheit, Ernüchterung, Unlust, Desillusionierung, Verdrossenheit, Missmut, Verwirrung und Kraftlosigkeit.“ Gibt es eine Strategie, mit der wir uns wirkungsvoll dagegen wappnen können?

Als ich nach dem Studium meinen Predigtdienst antrat, wurde ich mit so vielen Problemen konfrontiert, dass ich immer frustrierter wurde. Theoretisch kannte ich alle Methoden, um geistlich lebendig zu bleiben – der Sünde absagen; tägliches Beten und Bibellesen; den Herrn in jeder Lebenslage loben; alles, was geschieht, von seinem Standpunkt aus zu betrachten; und so weiter. Das theoretische Wissen aus dem Predigerseminar schien mir jedoch im Alltag nicht weiterzuhelfen. Im Gegenteil, wenn ich auf diese Jahre zurückblicke, kommt es mir vor, als hätte ich vieles über einen authentischen christlichen Lebensstil gelernt – außer, wie man mit Frustrationen fertig wird. Ich weiß noch, wie ich immer wieder zu Gott schrie: „Herr, ich kann nicht mehr! Was soll ich nur tun?“

Und Gott lüftete dieses Geheimnis für mich mithilfe einer gläubigen Frau, die eine große Zufriedenheit ausstrahlte, obwohl sie mehr als genug Grund gehabt hätte, mutlos und frustriert zu sein. Ich fragte sie eines Tage: „Mir scheint, dir hat das Leben ziemlich übel mitgespielt. Wie schaffst du es, in deiner Situation so fröhlich und geistlich lebendig zu bleiben?“ Sie entgegnete: „Ich lebe ein glückliches, zufriedenes Leben, auch wenn es vielleicht äußerlich nicht so aussieht. Man hat mir zwar Schmerzliches zugefügt, aber meine Wunden heilen schnell.“ – „Kannst du mir sagen, wie du das machst?“, fragte ich. Sie verriet es mir. Auf den folgenden Seiten werde ich mehr darüber erzählen.

Vater, du hast mir zahlreiche Geheimnisse enthüllt. Lass mich auch hinter das Geheimnis kommen, wie ich alles, was im Leben auf mich zukommt, aus deiner Hand annehmen und das Gute darin sehen kann. Schenke mir einen Geist, der sich vor dir beugt, ohne zu zerbrechen. Amen.

?

Apg 16,1-10; Phil 4,11-12; 1. Tim 6,6
Was war eine Schlüsselerkenntnis in Paulus' Leben?
Wie ging er mit frustrierenden Situationen um?

Gottes Instrument

„Denn er lässt seine Sonne aufgehen über Böse und Gute und lässt regnen über Gerechte und Ungerechte." (Vers 45).

Zum Lesen & Nachdenken – Matthäus 5,38-48

Diese leuchtende Christin, von der ich gestern sprach, erzählte mir, wie sie mit Frustrationen umgeht. Ich muss dazusagen, dass sie keine dickfellige, gefühllose Person ist, die nichts an sich heranlässt, sondern ein äußerst sensibler Mensch mit großer geistlicher Tiefe. Ich versuche nun, den Inhalt der Gespräche mit ihr so gut wie möglich wiederzugeben:

Zunächst sollten wir uns klar machen, dass wir als Christen nicht von Leid verschont bleiben werden. Bestenfalls bleiben uns viele selbst verschuldete Probleme erspart, die sich Nichtchristen durch ihre weltliche ethische Einstellung oder ihren Lebensstil schaffen. Doch abgesehen davon sind Christen Gefahren wie Krankheiten oder schweren Unfällen genauso ausgesetzt wie Menschen, die Jesus nicht kennen. Vor einigen Jahren kamen 58 Christen, die unterwegs zu einer Konferenz waren, bei einem Flugzeugabsturz in den Alpen ums Leben. Unser Glaube ist niemals eine „Garantie", dass wir vor Leid und Unglück behütet werden.

Zweitens sollten wir nie vergessen, dass wir als Christen getrost alles aus Gottes Hand nehmen dürfen, im Vertrauen, dass er es zum Guten wenden kann – Ungerechtigkeit in Gerechtigkeit, Schmerz in Freude.

Bei Kiefern gibt es Bäume, deren Krone nicht aus einer einzelnen Spitze besteht, sondern aus mehreren, gefächerten Ästen, was an eine Harfe oder Leier erinnert. Angeblich entsteht so etwas, wenn die Baumkrone durch Sturm oder Blitzschlag abbricht. Der Baum begnügt sich danach nicht mit einer einzigen Spitze, sondern treibt mehrere neue Äste gleichzeitig aus. Genauso ist es bei manchen Menschen nach einem Schicksalsschlag. Dann verwandeln sich Tränen in Musik und ein einsamer Baumwipfel wird zu Gottes Instrument.

Vater, lass diese Erkenntnis tief in meinem Inneren Wurzeln schlagen, so dass ich alle meine einsamen Baumwipfel in Musikinstrumente verwandeln kann. Wecke in mir heute das Bewusstsein, dass ich mit deiner Hilfe Leid, Frustration und Enttäuschung überwinden kann. Amen.

1. Petr 1,1-7; 4,12-13; Joh 16,33; 2. Kor 4,17; Röm 5,3
Was ist der Zeitrahmen des Leides im menschlichen Leben? Welchen Schluss ziehst du daraus für deine eigene Lebenssituation?

Er schenkt uns Kraft

„Er gibt aber [desto] größere Gnade." (Vers 6).

Zum Lesen & Nachdenken – Jakobus 4,1-10

Ein dritter Aspekt, wenn es um den Umgang mit Frustrationen geht, ist folgender: Wir dürfen erwarten, dass Gott uns die Kraft gibt, alles, was uns begegnet, zum Teil seines großen Planes für unser Leben werden zu lassen.

„Erwarte, dass Gott dir die Kraft schenkt" – das ist das Geheimnis. In unserem Leben als Christen bekommen wir, was wir erwarten. Von einer Frau wird erzählt, sie habe nach einer Predigt über den Text: „… so werdet ihr zu diesem Berg sagen: Hebe dich weg von hier dorthin!" beschlossen, ihre Glaubensstärke an einem Berg in ihrer Nähe zu testen. Bevor sie schlafen ging, schaute sie aus dem Fenster und sagte zu dem Berg: „Hebe dich hinweg!" Am nächsten Morgen nach dem Aufstehen schaute sie als Erstes hinaus, sah, dass der Berg noch da war und seufzte: „Dachte ich's mir doch!" Als Christen bekommen wir, was wir erwarten.

Ferner wird Gott uns Kraft schenken, damit alle Ereignisse und Situationen zum Teil des Plans werden können, den er für unser Leben hat. Das hat Jesus erfahren. Der Evangelist Lukas schreibt: „Dann ging er allein weiter. Einen Steinwurf von ihnen entfernt kniete er nieder und betete: ‚Vater, wenn es dein Wille ist, dann erspare es mir, diesen Kelch trinken zu müssen. Aber dein Wille soll geschehen, nicht der meine!' Da erschien ihm ein Engel vom Himmel und gab ihm Kraft" (Lk 22,41-43; Gute Nachricht). Gottes Antwort war nicht, dass er Jesus den Kelch ersparte, sondern er gab ihm Kraft, diesen bitteren Kelch in den Erlösungskelch zu verwandeln, den er an die dürstenden Lippen der Menschheit halten würde. Gott erhörte sein Gebet nicht, indem er Bewahrung schenkte, sondern die Kraft, das Kommende durchzustehen. So sollten auch wir, wenn wir von Gott auf die Probe gestellt werden, nicht nur beten, dass er den Kelch an uns vorübergehen lässt, sondern vielmehr auch darum, dass er uns Kraft gibt, Leid und Traurigkeit zu ertragen.

Vater, lass mich die Lektion nie vergessen, dass ich zwar manchmal die Umstände nicht ändern kann, aber sehr wohl meine Einstellung dazu. Hilf mir zu erkennen, dass du zwar nicht immer eingreifst, aber mir für jede Lebenslage die nötige Kraft schenken willst. Dafür danke ich dir von ganzem Herzen. Amen.

Jes, Kap. 40; 41,10; 2. Kor 12,9
Was ist denen versprochen, die auf den Herrn hoffen?
Zu welcher Erkenntnis ist Paulus gelangt?

Ein dankbares Herz

„Und der Friede des Christus regiere in euren Herzen … Und seid dankbar!“ (Vers 15).

Zum Lesen & Nachdenken – Kolosser 3,12-25

Die vierte Erkenntnis, die ich aus den Gesprächen mit dieser Frau gewann, ist: Versuche, in allem, was zunächst schlecht erscheint, etwas Gutes zu entdecken. Manchmal denke ich, jeder Christ sollte sich diesen Satz hinter die Ohren schreiben.

Heute ist es mir schon fast zur zweiten Natur geworden, dass ich in negativen Situationen das Positives suche. Das war bei Weitem nicht immer so. Wenn früher etwas schief ging, war meine übliche Reaktion: „O nein, nicht schon wieder! Es lief doch alles gerade so gut. Warum passiert das immer mir?“ Irgendwann lernte ich dann, trotz allem das Positive zu sehen. Seitdem hat sich mein privates und berufliches Leben völlig verändert. Dazu gehört auch, zu lernen, Gott zu danken für das Gute, das er uns zeigen will, anstatt in dumpfes Brüten darüber zu versinken, warum es so und nicht anders gekommen ist. Ein dankbares Herz ist offen für Gottes Handeln. In einem dankbaren Herzen kann er alles bewirken, doch wenig oder gar nichts in einem verbitterten Herzen voller Selbstmitleid, denn es bleibt seiner Gnade verschlossen.

Und zu guter Letzt lernte ich von ihr: Wenn du Menschen kennst, die eine schwere Zeit durchmachen, dann versuche, ihnen zur Seite zu stehen. Jemand sagte einmal: „Kummer weitet die Seele für die Freude.“ Für die Freude? Ja – die Freude, sich nützlich zu machen und kreativ sein zu können. Gott gebraucht frustrierende Lebensumstände, um uns, ähnlich einem Obstbaum, „zurückzuschneiden“, damit wir Frucht bringen können. Und die Erkenntnisse, die er uns schenkt, werden sich noch vertiefen, wenn wir sie mit anderen teilen. Wer sich ausdrückt, vertieft seine Eindrücke. Geteiltes Leid ist halbes Leid. Und geteilte Freude ist doppelte Freude. Und der Segen, den wir empfangen, vervielfältigt sich in dem Maß, wie wir ihn weitergeben.

O Gott, hilf mir, nicht in Selbstmitleid zu versinken, sondern dich in jeder Situation zu loben und zu preisen. Hilf mir, zu allen Dingen im Leben eine dankbare Einstellung zu gewinnen und dir damit zu dienen. Dies erbitte ich in dem kostbaren Namen Jesu. Amen.

Röm 8,1-7; Ps 29,11; Phil 4,7
Wodurch erhalten wir Frieden und das ewige Leben?
Was wird der Friede Gottes tun?

Empfangen und weitergeben

„Und sie sprachen zueinander: Brannte nicht unser Herz in uns … Und sie erzählten, was auf dem Weg [geschehen war]“ (Verse 32 & 35).

Zum Lesen & Nachdenken – Lukas 24,13-35

Wir wollen heute den Gedanken des Teilens unserer Erkenntnisse mit anderen weiter verfolgen. Ist mein Christsein nur eine Art eingeschworene Gemeinschaft von Gott und mir? Etwas, das nur Gott und mich und sonst niemanden etwas angeht? Natürlich nicht. Es ist ein geistliches Gesetz, dass alles, was wir für uns behalten, früher oder später versiegt.

Der große Bibelausleger Campbell Morgan sagte: „Es gibt zwei Arten, den Dienst eines Predigers kaputt zu machen: seine Erfahrungen mit dem Wort Gottes zu untergraben oder seine Verkündigung des Wortes Gottes zu untergraben.“ Sterben seine Erfahrungen mit Gott, wird sein ganzer Dienst von den Auswirkungen dieses abgestorbenen Glaubens betroffen sein. Wie ein Fluss ohne Quelle oder eine Wirkung ohne Ursache. Deshalb sagte Paulus zu Timotheus: „Habe acht auf dich selbst und auf die Lehre“ (1. Tim 4,16). Erst „auf dich selbst“, danach „auf die Lehre“. Etwas Ähnliches riet er auch den Ältesten der Gemeinde in Ephesus: „Habt acht auf euch selbst und auf die ganze Herde“ (Apg 20,28).

Krankt die Verkündigung, hat dies ähnlich gravierende Folgen. Ein Prediger, der daran gehindert wird, das weiterzugeben, was Gott ihm offenbart hat, ist wie ein Fluss, dessen Wasser zurückgehalten wird. Wenn der Druck zu groß wird, sucht er sich einen anderen Weg. Und was für den Verkündiger gilt, gilt für jeden Christen. Die Erfahrung mit Gott – das Einströmen – und das Weitergeben – das Ausströmen – bilden den Zweiklang des christlichen Herzens.

Vater, ich weiß, wenn eines dieser beiden Elemente – das Empfangen oder das Weitergeben – zu leiden beginnt, schwindet meine geistliche Frische und Vitalität. Hilf mir, eine gesunden Balance zu halten – heute und zu jeder Zeit. Amen.

Phil 2,1-13; Mt 10,32; Lk 12,8
Was sollen wir tun?
Wem kannst du heute etwas weitergeben?

Wie können wir Zeugnis geben?

„So sind wir nun Gesandte an Christi Statt, indem Gott gleichsam durch uns ermahnt; …" (Vers 20).

Zum Lesen & Nachdenken – 2. Korinther 5,11-21

Diese beiden Aspekte des christlichen Lebens, die wir gestern betrachtet haben – Empfangen und Weitergeben – sind außerordentlich wichtig, denn das eine kann nicht ohne das andere bestehen. Wir wollen uns zunächst mit dem Weitergeben beschäftigen. Ist dieser Teil unseres Christseins versiegt, wird auch unser geistliches Leben bald schal und abgestanden sein.

Zwei junge Männer, beide noch reichlich neu im Glauben, gingen nach einer Predigt über Evangelisation zum Pastor und fragten ihn: „Wir haben noch nie unseren Glauben weitergegeben – wie macht man das?" Der Pastor schlug vor, sie sollten von Haustür zu Haustür gehen und den Leuten von Jesus erzählen. Am nächsten Abend machten sich die beiden mit klopfendem Herzen auf den Weg. Sie klingelten an der Tür des ersten Hauses in der Straße, die sie zu evangelisieren beschlossen hatten. Es war das Haus eines stadtbekannten Rechtsanwalts. Sie waren zuerst leicht entsetzt, als sie das feststellten, und als der Anwalt öffnete, platzten sie heraus: „Wir möchten Sie gern in unsere Kirchengemeinde einladen." – „Das haben schon viele versucht", antwortete der Mann, „habt ihr nichts Besseres zu bieten?" – „Doch", entgegneten sie mutig, „Sie könnten Jesus Christus in Ihr Leben einladen." Der Rechtsanwalt bat sie schließlich herein. Es folgte ein längeres, intensives Gespräch, und am Schluss vertraute er Jesus sein Leben an. „Wo geht ihr als Nächstes hin?", fragte er dann. „Ich möchte euch gern begleiten." Und bevor der Abend zu Ende ging, wurde er Zeuge, wie sich noch zwei weitere Menschen bekehrten. So etwas geschieht nur, wenn Christen ihren Glauben weitergeben.

Lieber Vater, hilf mir, dass ich in meinem Leben als Christ in jeder Situation, in der du für jemanden eine besondere Botschaft hast, sagen kann: „Hier bin ich, Herr – sende mich." Darum bitte ich dich in Jesu Namen. Amen.

Apg, Kap. 2; 5,20; 18,9; 22,15
Was war das Kennzeichen des Urchristentums?
Nimm dir vor, heute jemandem Zeugnis zu geben.

Eine neue Dimension des Glaubens

„… und bete für euch alle mit Freuden wegen eurer Teilnahme am Evangelium vom ersten Tag an bis jetzt“ (Verse 4-5).

Zum Lesen & Nachdenken – Philipper 1,1-11

Christsein ist nicht nur eine Konzeption, sondern vielmehr eine Infektion. Wenn das Christsein nicht mehr ansteckend ist, gehen leicht auch seine Inhalte verloren.

Ein amerikanischer Pastor und alter Freund sagte einmal: „Dass sich das Christentum nicht wie eine Epidemie ausbreitet, liegt vielleicht daran, dass wir Christen nicht mehr ansteckend genug sind.“ Bei einem seiner England-Aufenthalte besuchten wir die Westminster Abbey. Er sah sich aufmerksam in der Kathedrale um und fragte dann laut hörbar: „Ist hier in letzter Zeit irgendjemand zum Glauben gekommen?“ Ich erwiderte, ich sei nicht sicher, worauf er antwortete: „Eine Kirche, die nicht evangelistisch ist, ist keine richtige Kirche.“ Recht hatte er – trotzdem beeilte ich mich, mit ihm so schnell wie möglich das Gebäude zu verlassen.

„Nichts gehört uns jemals wirklich“, sagte C. S. Lewis, „wenn wir es nicht teilen.“ Denn in dem Augenblick, in dem wir unsere Erfahrungen mit Gott mit jemandem teilen, erhält der Glaube für uns eine neue Dimension. Die „Hoffnung für alle“ überträgt den heutigen Bibeltext folgendermaßen: „Immer bin ich meinem Gott dankbar, wenn ich an euch denke, und das tue ich in jedem meiner Gebete mit großer Freude. Denn ihr habt euch vom ersten Tag an bis heute mit mir für das Evangelium eingesetzt“ (Verse 3-5). Von dem Tag an, an dem sie Christus angenommen hatten, begannen diese Leute, sich für die Gute Nachricht einzusetzen – sie weiterzusagen. Und zwar nicht, weil sie es so gelernt hatten, sondern aus einem inneren Bedürfnis heraus. Es war für sie so natürlich wie der erste Schrei eines Babys nach der Geburt. Anderen Menschen vom Glauben zu erzählen, ist nichts, was wir tun oder lassen können. Wir haben keine Wahl. Denn das Weitergeben des Glaubens ist das Wesen des Glaubens.

Himmlischer Vater, hilf uns, zu sein wie die Gläubigen der Gemeinde in Philippi, die vom ersten Augenblick an den Wunsch verspürten, das Evangelium weiterzusagen. Darum bitten wir dich im Namen Jesu Christi. Amen.

Mk 5,15-20; Apg 1,8; 2. Tim 1,8
Wozu forderte Jesus den Mann auf?
Wozu ermahnte Paulus Timotheus?

Die vier Worte des Evangeliums

„Die Frau nun … sagt zu den Leuten: Kommt, seht einen Menschen, der mir alles gesagt hat, was ich getan habe!“ (Verse 28-29).

Zum Lesen & Nachdenken – Johannes 4,27-42

Gestern haben wir festgehalten, dass es für Christen das Natürlichste der Welt sein sollte, von ihrem Glauben zu erzählen. Genauso war es bei dieser Frau am Brunnen. Nachdem sie Christus als Messias erkannt hatte, lief sie los und sagte es den Leuten weiter.

Ich weiß, dass dieses Thema unbequem ist. Bei manchen Christen wird es Schuldgefühle auslösen, vor allem bei jenen, die sich mit dem Zeugnisgeben schwer tun. Hoffentlich versteht mich niemand falsch. Es geht hier nicht darum, dass wir jedem, der uns über den Weg läuft, das Evangelium aufdrängen, ganz gleich, ob er es hören will oder nicht. Vielmehr sollen wir unseren Mitmenschen aufmerksam zuhören und sensibel dafür werden, ob und wann sich eine Gelegenheit bietet, vom Glauben zu erzählen. Die vier Worte, die das Evangelium ausmachen, befinden sich in unserem heutigen Bibeltext: „Komm … sieh … geh … sage (weiter).“ Wir erhalten ein Wissen aus erster Hand – „Komm und sieh“ und folgen dann dem Impuls „Geh und erzähle“. Bleibt dieser Impuls aus, haben wir entweder verlernt, dem „Komm und sieh“ zu gehorchen oder es hatte vielleicht nie einen besonders hohen Stellenwert in unserem Leben.

Ich erhielt einmal einen Brief von einer Frau, in dem es hieß: „Ich hatte eine echte Begegnung mit Gott. Doch ich habe nie jemandem davon erzählt, und irgendwann verblasste diese Gotteserfahrung.“ So etwas ist tragisch. Interessant sind die Worte im 2. Korintherbrief: „Der aber Samen darreicht dem Sämann …“ (2. Kor 9,10). Daraus lässt sich folgern, dass Gott nur demjenigen das Saatgut gibt, der es auch gebrauchen will – dem Sämann. Wer nicht aussäen will, bekommt auch keinen Samen. Entweder brennt unsere Flamme hell oder sie ist nur noch ein schwaches Glimmen, das schließlich ganz erstirbt. Nur wer hell brennt, kann ein lebendiges Zeugnis für Gott sein.

Gott, mein Vater, ich danke dir, dass ich dir begegnen durfte. Ich bitte dich heute um den Mut, anderen von dieser Begegnung zu erzählen. Hilf mir, die Saat in die Herzen zu säen, die du selber vorbereitet hast. Amen.

1. Petr 3,1-16; Ps 66,16; Jes 63,7
Wozu sollen wir jederzeit bereit sein?
Wie kamen Jesaja und der Psalmist dieser Aufforderung nach?

Wer gibt, dem wird gegeben

„Da redeten die miteinander, die den HERRN fürchteten“ (Vers 16).

Zum Lesen & Nachdenken – Maleachi 3,1-18

Wie wir bereits gesehen haben, bilden die Erfahrungen mit Gott und das Weitergeben dieser Erfahrungen den Zweiklang des christlichen Herzens. Ist dieser gleichmäßige Rhythmus des Herzschlags gestört, hört das Herz irgendwann ganz auf zu schlagen und unser Glaube wird zu einem toten Gerüst mit toten Ritualen und toten Gebeten.

Dieses Weitergeben beschränkt sich nicht nur auf Evangelisation, sondern gilt genauso für den Gedankenaustausch mit anderen Christen, in dem wir mit ihnen teilen, was Gott uns enthüllt hat. Haben wir heute aus seinem Wort eine besondere Erkenntnis gewonnen, dann sollten wir sie nicht für uns behalten, sondern andere daran teilhaben lassen. Wie eben C. S. Lewis so treffend sagte – uns gehört nichts, solange wir es nicht teilen. Wer sich ausdrückt, vertieft seine Eindrücke. Wenn wir also unsere geistliche Frische bewahren wollen, sollten wir uns angewöhnen, über manche Themen und Fragen mit christlichen und nicht-christlichen Freunden zu sprechen. Viele Christen tun das nicht. Sie halten zwar regelmäßig Stille Zeit und lesen die Bibel, doch sie haben sich nie anderen mitgeteilt. Jemand hat einmal einen Christen folgendermaßen definiert: „Jemand, der mit Wort und Tat sagt: ‚Darf ich dir meinen Retter vorstellen?‘“ Es gibt wohl kaum eine treffendere Definition.

In einer Zeitschrift sah ich einmal eine Zeichnung, die eine junge Frau zeigte, die ein Kleidungsstück um den zitternden Körper eines Kindes legte. Hinter ihr stand Jesus und legte ihr einen warmen Mantel um die Schultern. Darunter stand: „Ein Schneeball-Effekt“. So ist es in der Tat. Wer gibt, dem wird gegeben. So war es damals zur Zeit Jesu. Und so ist es bis heute.

Mein Vater, mit einer Hand strecke ich mich zu dir hin; die andere strecke ich nach den Menschen aus, die mich brauchen. Schenke mir heute ein Wort, das ich an einen ungläubigen oder gläubigen Menschen weitergeben kann. Darum bitte ich dich in Jesu Namen. Amen.

?

Jer 20,1-9; Apg 4,20; 2. Kor 4,13
Was bekennt Jeremia?
Was bewirkt der Glaube?

Gemeinschaft

„… und zwar ist unsere Gemeinschaft mit dem Vater und mit seinem Sohn Jesus Christus“ (Vers 3).

Zum Lesen & Nachdenken – 1. Johannes 1,1-10

Um geistlich lebendig zu bleiben, brauchen wir die Gemeinschaft mit anderen Christen. Daniel Rowlands, ein walisischer Erweckungsprediger, sagte einmal: „Der Zweck der christlichen Botschaft lässt sich in einem einzigem Wort zusammenfassen: Gemeinschaft.“

Wie meinte er das? Unser heutiger Bibeltext bietet die Erklärung: „Was wir so gesehen und gehört haben, das verkünden wir euch, damit ihr in Gemeinschaft mit uns verbunden seid. Und die Gemeinschaft, die uns miteinander verbindet, ist zugleich Gemeinschaft mit dem Vater und mit Jesus Christus, seinem Sohn“ (1. Joh 1,3; Gute Nachricht). Hier scheint es zunächst, diese Gemeinschaft beziehe sich nur auf das „mit uns“, doch Johannes ergänzt schnell die Worte „Gemeinschaft mit dem Vater und mit Jesus Christus“.

Lies hier bitte aufmerksam weiter, denn was ich nun schreibe, kann leicht missverstanden werden: Wer die Gemeinschaft mit Gott nicht kennt, der kann auch keine echte Gemeinschaft mit anderen erleben. Wohlgemerkt, ich benutze hier den Begriff „Gemeinschaft“ in besonderem, christlichen Sinn. Wer diese Gemeinschaft mit Gott nie erfahren hat, wird – bewusst oder unbewusst – spüren, dass er von den Wurzeln seines Daseins abgeschnitten ist; er wird sich wie eine geistliche Waise fühlen. Deshalb werden unsere „horizontalen“, menschlichen Beziehungen ohne die Erfahrung der „vertikalen“ Beziehung zu Gott immer unvollständig bleiben. Erst wenn wir mit Gott versöhnt sind – und nur dann –, haben wir das Potential, um mit uns selbst und unseren Mitmenschen versöhnt zu leben.

Vater, ich habe erkannt, dass ich mit niemandem echte Gemeinschaft erleben kann ohne die Gemeinschaft mit dir. Hilf mir, diese Gemeinschaft mit dir zu vertiefen, damit ich sie auch zu meinen Brüdern und Schwestern vertiefen kann. Amen.

2. Mo 19,1-22; 20,21; 24,2; 25,22; 33,9
Was war der Schlüssel zu Moses Dienst?
Welche Konsequenz hatte dies?

Der Herzschlag des Universums

„Sie verharrten aber in der Lehre der Apostel und in de Gemeinschaft, …“ (Vers 42).

Zum Lesen & Nachdenken – Apostelgeschichte 2,37-47

In einem Buch las ich neulich den guten Satz: „Wir können uns selbst und andere nur so weit kennen lernen, wie wir uns auf den Herzschlag des Universums einstimmen.“

Hier versucht ein Psychologe, der kein Christ ist, eine der tiefsten Wahrheiten der Heiligen Schrift in Worte zu fassen – nämlich, dass allein die Gemeinschaft mit Gott uns ermöglicht, Gemeinschaft mit Menschen zu haben. Wie schade, dass er nicht sehen kann, dass der „Herzschlag des Universums“, wie er ihn nennt, in Wirklichkeit das Herz ist, das am Kreuz für uns brach. Ist es nicht traurig, dass so viele Philosophen und Wissenschaftler der Wahrheit, die über sämtliche Galaxien im Weltall hinaus geht, so nahe kommen und dennoch dem letzten Schritt ausweichen, eine persönliche Beziehung zu Gott zu wagen? Sie tun alles, um die Geheimnisse des Universums zu erforschen, doch das „offene Geheimnis“ des Schöpfers des Universums, der sich in Christus offenbart, sehen sie nicht. Stattdessen definieren sie Beziehungen durch psychologische Prozesse und dringen in Wirklichkeit nie zum Kern echter Gemeinschaft vor.

Auch der erstaunliche Aufschwung der Gruppentherapien beweist das Bedürfnis des Menschen nach Gemeinschaft. Nahezu jedes Land der Welt erlebt einen raschen Anstieg von Therapiemethoden mittels Gesprächsgruppen, in denen man sich regelmäßig trifft, um Austausch, Ermutigung, Korrektur und Stärkung der emotionalen Stabilität zu erfahren. Die Welt erkennt mehr und mehr, dass der Mensch auf Gemeinschaft angelegt ist. Wenn sie doch nur begreifen würde, dass Gemeinschaft zuerst bei Gott beginnt.

Vater, ich bin so dankbar, dass du mir gezeigt hast, dass Gemeinschaft nicht durch Ausprobieren, sondern durch Vertrauen entsteht. Sie beginnt und endet bei dir. Umfange mich ganz fest mit deiner Liebe, so dass ich diese Liebe an andere weitergeben kann. Um Jesu Willen. Amen.

1. Joh 1,1-7; Röm 1,11-12; 12-5
Was ist der Zweck der Gemeinschaft?
Mit wem hast du Gemeinschaft?

Durch ein Loch im Dach

„Denn wer seinen Bruder nicht liebt, den er gesehen hat, kann nicht Gott lieben, den er nicht gesehen hat“ (Vers 20).

Zum Lesen & Nachdenken – 1. Johannes 4,7-21

Die Erfahrungen, die wir in der Gemeinschaft mit anderen Christen machen, münden in eine Vertiefung unserer Gemeinschaft mit Gott.

Diese Erkenntnis verdanke ich Norman Grubb, dem ehemaligen Direktor von Worldwide Evangelistic Crusade, einer Organisation, die ich sehr schätze. Er erzählte einmal folgende Parabel: „Stell dir einmal vor, man hätte dich nach deiner Geburt in ein Haus ohne Fenster und Türen gebracht. Durch ein Wunder gelingt es dir, zu überleben und das Erwachsenenalter zu erreichen. Zwanzig Jahre lebst du so völlig isoliert von deiner Umwelt. Dann sägt Gott eines Tages ein Loch in das Dach des Hauses und offenbart sich dir. Von da an tritt er täglich durch dieses Loch mit dir in Kontakt und du lernst ihn immer besser kennen. Irgendwann hörst du plötzlich zum ersten Mal im Leben draußen vor dem Haus Stimmen – Stimmen von Menschen wie dir. Du sehnst dich danach, mit ihnen zu kommunizieren, aber da es keine Türen und Fenster gibt, bist du in dem Haus gefangen. Doch als du dich gegen eine Wand stemmst, merkst du, dass sie recht instabil ist; du verstärkst den Druck und die Wand fällt in sich zusammen. Dadurch stürzen auch die anderen Wände ein und mit ihnen das Dach. Um nicht von den Trümmern erschlagen zu werden, flüchtest du ins Freie. Dort begrüßt du freudig die Menschen, deren Stimmen du hören, aber die du nie zuvor sehen konntest.“

Norman Grubb fuhr fort: „Nun, da die Wände eingestürzt sind, ist auch das Dach nicht mehr da. Das heißt, dass dein Kontakt zu Gott nicht mehr auf das Loch im Dach beschränkt ist – über dir öffnet sich der Himmel. Indem wir die Gemeinschaft zu anderen suchen, erweitern wir damit zugleich unseren Zugang zu Gott.“

O Herr, ist das wirklich wahr? Kann ich dir näher kommen, indem ich meinen Bruder oder meine Schwester besser kennen lerne? Hilf mir, besser zu verstehen, was die Bibel dazu sagt. Darum bete ich in Jesu Namen. Amen.

1. Petr 3,1-8; 1. Kor 1,10; Eph 4,3-5
Welche fünf Dinge werden genannt, die für eine gute Gemeinschaft notwendig sind?
Worum sollen wir uns bemühen?

Gott begegnet uns in anderen Menschen

„An jenem Tag werdet ihr erkennen, dass ich in meinem Vater bin und ihr in mir und ich in euch" (Vers 20).

Zum Lesen & Nachdenken – Johannes 14,1-21

Dass wir Gott näher kommen und ihn besser kennen lernen, indem wir die Gemeinschaft zu anderen suchen, war eine der größten und aufregendsten Entdeckungen in meinem Leben. Je mehr ich mich für meine Brüder und Schwestern in Christus öffnete, desto besser lernte ich, Gott zu verstehen.

Ich will damit nicht sagen, dass wir, um Gott kennen zu lernen, erst andere Menschen kennen lernen müssten – das wäre ein verheerender Fehler. Wir können Gott in der Schöpfung erkennen, in seiner Vorsehung und so weiter, aber *kennen lernen* können wir ihn nur durch seinen Sohn Jesus Christus. „Niemand hat Gott jemals gesehen; der eingeborene Sohn, der in des Vaters Schoß ist, der hat [ihn] kundgemacht" (Joh 1,18). Wenn wir jedoch bereits auf diese Weise mit ihm in Beziehung getreten sind, dann kann unser Gottesverständnis und die Gemeinschaft mit ihm vertieft werden durch die Beziehung mit anderen Christen.

Wie das funktioniert? Je mehr ich lernte, wirklich zu hören und meinen Brüdern und Schwestern zuzuhören, desto mehr stellte ich fest, dass ich dadurch auch immer besser auf Gott hören konnte. Und je mehr ich über das Wirken Gottes in ihrem Leben nachdachte, desto mehr enthüllte sich mir die Tiefe und Herrlichkeit seines Wesens. Obwohl ich Gott im Laufe der Jahre durch das Gebet sehr nahe gekommen bin, glaube ich sagen zu können: Ich konnte ihn noch besser kennen lernen, da er mir in anderen Menschen begegnet ist.

Vater, ich kann dir nicht genug danken für die Gemeinschaft mit meinen Schwestern und Brüdern in Christus. Im Greifbaren sehe ich das Ungreifbare, durch das Sichtbare lässt du mich das Unsichtbare schauen. Dafür bin ich dir unendlich dankbar. Amen.

Gal 2,1-20; Kol 1,27; 1. Joh 3,24
Wie beschreibt Gott den Reichtum seiner Herrlichkeit?
Haben andere dir von diesem Reichtum erzählt?

Das Maß der geistlichen Reife

„… wir sahen jemand Dämonen austreiben in deinem Namen, und wir wehrten ihm, weil er [dir] nicht mit uns nachfolgt“ (Vers 49).

Zum Lesen & Nachdenken – Lukas 9,46-56

Ich habe nicht den geringsten Zweifel, dass meine Gemeinschaft mit anderen Christen mehr als Tausend Worte dazu beigetragen hat, mein Gottesverständnis zu erweitern und mir geholfen hat, geistlich frisch zu bleiben. Wenn ich einmal, aus welchem Grund auch immer, keine Gelegenheit habe, Gemeinschaft zu pflegen, schwindet meine geistliche Lebendigkeit. Dies ist eine Gesetzmäßigkeit des christlichen Lebens, und indem wir sie missachten, schaden wir uns selbst.

Dr. E. Stanley Jones sagte: „Unsere geistliche Reife misst sich an unserer Fähigkeit und Bereitschaft zu echter Gemeinschaft.“ Wichtig sind hier die Worte „Fähigkeit“ und „Bereitschaft“. Das heißt nicht, dass wir unbedingt mit noch mehr Leuten Gemeinschaft haben müssten – obwohl manche gern ihren Wirkungskreis vergrößern –, doch wir sollen bereit dazu sein, falls Gott das von uns verlangt.

Ich weiß, es gibt in Gemeinden, Bruderschaften und Denominationen viele Christen, die ich in meinem irdischen Leben nie persönlich kennen lernen werde, doch ich habe die Fähigkeit und Bereitschaft, mit ihnen Gemeinschaft zu haben, falls das Gottes Wille ist. Unsere geistliche Reife lässt sich daran ablesen, ob wir willens und imstande sind, Gemeinschaft mit anderen zu haben. Anders ausgedrückt, wenn wir mit Glaubensgeschwistern keine Gemeinschaft haben können oder wollen, sind wir unreife Christen. Kirchen und Glaubensrichtungen haben ihre eigenen Regeln und Richtlinien darüber, ob und mit wem sie sich zusammentun, doch was die Gemeinschaft zu einzelnen Christen angeht, sollte immer gelten: Wir als Nachfolger Christi gehören zusammen.

Gnädiger und liebender Vater, ich habe erkannt, dass ich, wenn ich meinen Bruder ausschließe, dich ausschließe. Dann wird mein geistliches Leben abgestanden und schal. Hilf mir, beide Bereiche der Gemeinschaft zu vertiefen – meine Gemeinschaft mit dir und meine Gemeinschaft mit anderen. In Jesu Namen. Amen.

Joh 13,31-35; Röm 12,5; 1. Kor 10,17; Gal 3,28
Was ist die Botschaft Jesu für die Welt?
Womit vergleicht Paulus den Leib Christi?

Neue Horizonte

„Wenn es nun irgendeine Ermunterung in Christus [gibt], …"
(Vers 1).

Zum Lesen & Nachdenken – Philippper 2,1-11

Wir können noch etwas anderes tun, damit unser geistliches Leben dynamisch bleibt: uns in Kontaktfreudigkeit und Kreativität üben. Es ist nie zu spät, ein kreativer Mensch zu werden. Wir sind das Ebenbild unseres Schöpfers, nach seinem Bild geschaffen – mit großem schöpferischem Potential.

Kagawa, ein berühmter japanischer Christ, bezeichnete Jesus gern als den „großen Ermutiger". Als ihn Studenten fragten, wie er auf diesen Ausdruck gekommen sei, antwortete er: „Weil Christus uns ermutigt, schöpferisch zu sein. Er weckt das kreative Element in uns. Zuerst öffnet er unsere Augen für Gott und dann für die unendlichen Möglichkeiten, die wir als Kinder Gottes haben." Als Schüler hatte ich damals Mühe, den Unterrichtsstoff zu bewältigen, und obwohl ich alle Prüfungen bestand und später aufs College ging, war meine Versetzung meistens knapp. Dann fand ich zu Jesus, und der „große Ermutiger" veränderte meine Situation von Grund auf. Er schenkte mir eine neue Einstellung zum Lernen, so dass ich innerhalb von Monaten vom Schlusslicht der Klasse zu den Klassenbesten aufrückte.

Neulich traf ich bei einem Seminar in Birmingham einen Freund, der seit kurzem dort lebt. „Wie findest du Birmingham?", fragte ich ihn. Seine Antwort war typisch für ihn: „Ich wohne sei drei Monaten hier", sagte er, „und jeden Tag erschließen sich mir neue Horizonte." Genauso ist es, wenn wir mit Jesus leben. Mit ihm werden wir weiter sehen, ein stärkeres Mitgefühl für unseren Nächsten haben, entschlossener handeln und immer wieder neue Abenteuer erleben – mit ihm erschließen sich täglich neue Horizonte. Weshalb das so ist? Weil ein schöpferischer Gott seinen Geschöpfen dieselben schöpferischen Impulse gibt.

Mein Herr und mein Gott, ich bitte dich, ermutige mein ganzes Wesen und lass mich täglich neue Horizonte sehen. Hilf mir, auf meinem Lebensweg meine Augen nicht auf den Boden zu heften, sondern auf dich. Um deines Namens willen. Amen.

Joh 1,1-18; 1. Kor 8,6; Kol 1,16
Wer steht im Mittelpunkt der Schöpfung?
Was geschieht, wenn er zum Mittelpunkt unseres Lebens wird?

Kreativität im Alltag

„… und sie erwählten Stephanus, einen Mann voll Glaubens und Heiligen Geistes, und Philippus …“ (Vers 5).

Zum Lesen & Nachdenken – Apostelgeschichte 6,1-8

Wir wollen weiter darüber nachdenken, wie wichtig es ist, aufgeschlossen und kreativ zu sein. Und dafür ist es, wie gesagt, nie zu spät. Ein Mann, der mit der Diagnose leben musste, in kürzester Zeit senil zu werden, betete: „Herr Jesus, erfülle meine Seele, meinen Körper, Geist und jede einzelne Gehirnzelle und hilf mir, dass ich für meine Umwelt nicht zu einer Belastung werde, sondern eine Bereicherung sein kann.“ Jesus erhörte sein Gebet, und der Mann erfreut sich heute bester Gesundheit und ist ein engagierter Mitarbeiter im Reich Gottes.

Vielleicht sind einige, die diese Worte lesen, so sehr in ihrem Alltagstrott gefangen, dass sie meinen, für Kreativität bliebe da keine Zeit. Ich gebe zu, der Alltag mit seinen Pflichten und Routinearbeiten kann einen ganz schön in Anspruch nehmen und jegliche Kreativität zunichte machen. Doch wir können – und das ist der Punkt – lernen, das Alltägliche zum Forum unserer Kreativität zu machen. Wie das gehen soll? Indem wir initiativ werden und unserer schöpferisches Potential einsetzen.

Jemand hat den Evangelisten Philippus einmal mit folgenden Worten beschrieben: „ein Mann drittklassigen Ranges in einem zweitklassigen Dienst, der erstklassige Arbeit tat.“ Er war ganz anders als der Jünger Philippus, der zu den Zwölfen gehörte. Er hatte nicht das Privileg, in den Apostellisten genannt zu werden; er war „einer von den Sieben“ – der sieben Diener, die andere bei Tisch bedienten. Er hätte resigniert sagen können: „Ich mache schließlich nur stumpfsinnige Routinearbeiten. Wie soll ich jemals aus diesem Trott herauskommen?“ Stattdessen verrichtete er seine alltäglichen Arbeiten treu und engagiert und stemmte sich behutsam aber stetig gegen alle Barrieren, bis sie nachgaben. Seine Kreativität macht ihn zu einem der bedeutendsten Charaktere des Neuen Testaments.

O Herr, hilf mir, auch im Alltag schöpferisch zu sein. Schenke mir eine solche Einstellung wie die des Philippus, der über seine Routinearbeiten hinaus wuchs und zum Segen für viele wurde. Darum bitte ich dich im Namen Christi. Amen.

Kol 3,1-10; 2. Kor 5,17; Röm 12,2
Nach welchem Bild ist der „neue Mensch“ gemacht?
Nenne einen Bereich, in dem du kreativ bist.

Schranken überwinden

„Philippus aber ging hinab in eine Stadt Samarias und predigte ihnen den Christus“ (Vers 5).

Zum Lesen & Nachdenken – Apostelgeschichte 8,1-13

Philippus hat mit seiner Kreativität mehr Schranken zum Einsturz gebracht als irgendein anderer Mann seiner Zeit. Um welche Schranken handelte es sich?

(1) Er war das, was man heutzutage als „Laien“ bezeichnen würde und hatte die Aufgabe eines Dieners und Almosenpflegers. In seiner „Arbeitsplatzbeschreibung“ war Predigen – der Dienst der Apostel – nicht vorgesehen. Die Zwölf sagten: „Es ist nicht gut, dass wir das Wort Gottes vernachlässigen und die Tische bedienen“ (Apg 6,2). Doch der Verkündigungsdienst des Philippus war so überzeugend, dass er als Einziger im Neuen Testament mit „der Evangelist“ bezeichnet wird (siehe Apg 21,8).

(2) Philippus war der erste Missionar – der Erste, der das Evangelium außerhalb von Jerusalem verkündigte. Unser heutiger Bibeltext lautet in der „Gute Nachricht“-Übersetzung: „Unter ihnen war auch Philippus. Er kam nach Samaria, der Hauptstadt von Samarien, und verkündete, dass in Jesus der versprochene Retter gekommen sei.“ Als die Apostel hörten, dass viele Leute aufgrund von Philippus’ Predigtdienst zum Glauben gekommen waren, schickten sie Petrus und Johannes nach Samarien, um für die Neubekehrten zu beten und ihnen die Hände aufzulegen, so dass sie den Heiligen Geist empfingen.

War damit der Dienst des Philippus erschöpft? Bei weitem nicht. Sein Herz war offen für alles, was Gott ihm zeigen mochte. Der ließ ihm durch einen Engel verkünden, er solle sich Richtung Gaza aufmachen. Unterwegs begegnete Philippus dem Eunuchen aus Äthiopien und legte ihm das Evangelium aus. Der Äthiopier ließ sich taufen und trug – laut Überlieferung – die Frohe Botschaft weiter in sein Land. Philippus hatte nicht deshalb Erfolg, weil er gegen seine alltäglichen Routinearbeiten aufbegehrte, sondern weil ihn sein kreativer Geist beflügelte und darüber erhob.

Herr, ich bitte dich um kreative Gedanken und einen schöpferischen Geist, damit ich alle hinderlichen Schranken überwinden kann, die das Leben mir auferlegt. Darum bitte ich dich in Jesu Namen. Amen.

Phil 3,1-14; Ps 92,13; Spr 4,18
Welches ist die Grundhaltung des Paulus?
Wie ist das Leben der Gerechten?

Kreativität ist ansteckend

„Dieser aber hatte vier Töchter, Jungfrauen, die weissagten“ (Vers 9).

Zum Lesen & Nachdenken – Apostelgeschichte 21,1-14

Alles, was Philippus anpackte, wurde von seinem kreativen Geist belebt. In seinem Leben gibt es keine Anzeichen von geistlicher Ermüdung, im Gegenteil, er sprudelte vor geistlicher Frische und Vitalität. In unserem heutigen Text erfahren wir, dass er vier unverheiratete Töchter hatte, die die Gabe der Prophetie besaßen. Offensichtlich wirkte der Heilige Geist im Leben dieser vier jungen Frauen. Aber auch Philippus hat sicherlich durch seinen kreativen Einfluss seinen Teil beitragen. Nicht umsonst heißt es in einer Redewendung „Wie der Vater, so der Sohn“ – in diesem Fall: „Wie der Vater, so die Töchter“. Kreativität ist ansteckend.

Wenn man bedenkt, dass diese vier Mädchen in einer von Männern dominierten Gesellschaft aufwuchsen, ist die Aussage „vier Töchter …, die weissagten“ umso erstaunlicher. Wie schafften es diese jungen Frauen, gesellschaftliche Schranken zu durchbrechen und ihre prophetische Gabe auszuüben? In der damaligen Zeit war es üblich, dass Frauen im Hintergrund blieben. Dienste in der Öffentlichkeit waren gewöhnlich den Männern vorbehalten. Ohne Zweifel war es der Heilige Geist, der sie zu ihrem prophetischen Dienst befähigte, doch meiner Meinung nach haben die Töchter auch einen Teil des kreativen Potentials ihres Vaters geerbt.

Nun blieben diese unverheirateten jungen Frauen nicht etwa zu Hause und vergingen vor Selbstmitleid, weil sie keinen Mann abbekommen hatten. Stattdessen setzte ihre Ehelosigkeit auf geistlicher Ebene neue Kräfte frei. Sie hatten zwar keine leiblichen Kinder, doch ihre „geistlichen Kinder“ vollbrachten Großes im Reich Gottes.

Vater, ich will dir heute danken für alle Unverheirateten, die durch ihren Dienst in deinem Reich mit Liebe und Kreativität tätig sind. Wir schätzen ihr großes Engagement und wir wollen dir die Ehre geben. Amen.

?

1. Kor, Kap. 7; Mt 19,12
Was lehrt Jesus über Ehelosigkeit?
Wie unterstreicht Paulus diese Aussage?

Das Leben ist eine Baustelle

„… und jage auf das Ziel zu, hin zu dem Kampfpreis der Berufung Gottes nach oben …“ (Vers 14).

Zum Lesen & Nachdenken – Philipper 3,1-14

Auf dem Grabstein eines alpinen Bergsteigers war zu lesen: „Er starb beim Aufstieg“. Dies sollte auf dem Grabstein jedes Christen stehen.

Vor ein paar Jahren hörte ein Missionar in den mittleren Jahren bei einer christlichen Konferenz, wie jemand über ihn sagte: „John hat sein Pulver verschossen.“ Darüber war er so bestürzt, dass er die Veranstaltung verließ und beschloss, sich einige Tage in die Stille zurückzuziehen. Gestärkt und mit einer neuen Vision ging er aus dieser Zeit des Gebets hervor. Heute, fünfunddreißig Jahre später, erzählt er seinen Zuhörern, wie sein geistliches Leben damals mit Anfang fünfzig einen neuen Auftrieb erhalten hatte.

Als ich neulich mit einem Freund über Land fuhr, kamen wir an einem Schild „Ende der Bauarbeiten“ vorbei. Ich sagte zu ihm: „Auf das Leben bezogen, ist das ganz schön ernüchternd. Wenn das Leben eine Baustelle ist, auf der plötzlich alle ihre Werkzeuge niederlegen, bewegt sich nichts Neues mehr. Das ist dann wirklich das Ende.“ Das Leben ist ein ständiger Prozess der Erneuerung und Umgestaltung. Doch wir müssen zulassen, dass der Heilige Geist uns neue Horizonte aufreißt, neue Herausforderungen aufzeigt, Grenzen, die es zu überschreiten und Neuland, das es zu erobern gilt.

Ein französischer Philosoph hat einmal gesagt: „Leben bedeutet Veränderung, Veränderung bedeutet Reife, Reife bedeutet, sich unaufhörlich neu zu schaffen.“ Ich würde dem nur noch hinzufügen: „sich unaufhörlich neu zu schaffen – in Christus.“ Ein berühmter Architekt, damals schon dreiundachtzig Jahre alt, wurde gefragt, welches er als sein bestes Bauwerk betrachte. Seine Antwort lautete: „Mein nächstes.“ Als Christen kennen wir kein Ende, nur immer wieder einen neuen Anfang – in alle Ewigkeit. Heute kann ein solcher Anfang sein.

Mein Herr und mein Gott, hilf mir heute, eine Grenze zu überschreiten und einen neuen Horizont zu entdecken. Mache mich sensibel für deine kreativen Impulse, die durch mich fließen. Und lehre mich, den Unterschied zwischen deinen und meinen eigenen Impulsen zu erkennen. Amen.

2. Tim 4,1-8; 2. Kor 4,16; Eph 4,24
Was bezeugt Paulus?
Was sollen wir „anziehen“?

Geistliche Verdauung

„Glücklich der Mann, der … seine Lust hat am Gesetz des HERRN und über sein Gesetz sinnt Tag und Nacht!" (Verse 1-2).

Zum Lesen & Nachdenken – Psalm 1,1-6

Im Zusammenhang unseres Themas *Geistliche Frische bewahren* kommen wir nun zu einem der wichtigsten Punkte – der Kunst des Studierens der Schrift. Aus verschiedenen Gründen ist die Kunst des Bibelstudiums vielen Christen abhanden gekommen. Eine Umfrage unter Christen in den Vereinigten Staaten ergab, dass nur einer von Zehntausend behauptete, mit diesem „Meditieren" oder „Nachsinnen über die Schrift" wirklich vertraut zu sein.

Woraus besteht dann die Kunst des Bibelstudiums? Ist damit das möglichst langsame, sorgfältige Lesen einzelner Abschnitte gemeint, so dass jedes Wort eine bestimmte Gewichtung bekommt? Nein. Oder geht es um das Studieren eines Bibeltextes mithilfe eines Kommentars, der eine präzise Auslegung bietet? Auch nicht. Ist es das Auswendiglernen bestimmter Bibelstellen, damit wir sie in Zeiten der Not parat haben? Auch das nicht. All diese Dinge sind hilfreich, doch sie treffen nicht den Kern des „Nachsinnens über Gottes Wort". Andrew Murray beschreibt es folgendermaßen: „Das Wort Gottes in unseren Gedanken und Herzen bewegen, bis es jeden Bereich unseres Lebens durchdrungen hat."

Meine eigene Definition lautet: „Der Prozess, bei dem wir das Wort Gottes dem Verdauungssystem unserer Seele übergeben, wo es in Glaube und geistliche Kraft umgewandelt wird." Der heutige Psalm enthält ein Bild voller Frische und Vitalität: „Er ist wie ein Baum, gepflanzt an Wasserbächen, … dessen Laub nicht verwelkt; alles was er tut, gelingt ihm." Was ist das Geheimnis dieser ewigen Frische? – Das Nachsinnen über Gottes Wort und seine Gebote. Um aus der Bibel die Kraft und Inspiration zu gewinnen, die wir brauchen, um geistlich lebendig zu bleiben, bedarf es mehr als des Lesens, Studierens oder Auswendiglernens. Gottes Wort muss unser innerstes Wesen durchdringen.

Vater, ich möchte die Kunst des Nachsinnens über dein Wort lernen. Wecke in mir den Wunsch, dein Wort in meinem Herzen zu bergen, so dass es die verborgene Quelle all meines Handelns wird und alles bestimmt, was ich bin und tue. Darum bitte ich dich im Namen Jesu. Amen.

?

Jos 1,1-9; 24,31
Was war Gottes Verheißung für Josua?
Welches war die Bedingung und was folgte daraus?

Sollen Christen meditieren?

„Seid stille und erkennet, dass ich Gott bin!“ (Vers 11; Luther 84).

Zum Lesen & Nachdenken – Psalm 46,1-12

Wir leben in einem Zeitalter der zunehmenden Verunsicherung. In einer Zeit, in der das regelmäßige Bibelstudium und Meditieren über Gottes Wort die einzige klare Orientierung bietet. Viele Christen fürchten sich vor dem Wort „meditieren“, da es für sie den Beigeschmack von Gurus, mystischen Ritualen oder fernöstlichen Religionen hat. Christen, die biblische Meditation als etwas Nützliches bezeichnen, das sie im Glauben stärkt und ihnen Kraft gibt, werden schief angeschaut.

Biblische Meditation unterscheidet sich von der Meditation fernöstlicher Religionen wie Tag und Nacht. Die fernöstliche Philosophie zielt darauf ab, den Geist leer werden zu lassen, dem biblischen Verständnis nach geht es darum, den Geist zu füllen – mit Gottes Wort und seiner Wahrheit. David Ray, ein amerikanischer Autor und Pastor einer großen Gemeinde, sagte: „Früher habe ich die Christen, die über der Bibel meditierten, mit Argwohn betrachtet und dachte: ‚Wie wirklichkeitsfremd diese Leute sind. Ich für meinen Teil brauche Aktivität und Arbeit, die ich anpacken kann. Mit aufgeschlagener Bibel auf dem Schoß vor sich hin zu starren, ist Zeitverschwendung.‘“ Bis ihn jemand in die Geheimnisse der biblischen Meditation einführte. Er lernte, sich einen Bibelvers auf der geistlichen Zungenspitze zergehen zu lassen und seine erfrischende, belebende Wirkung zu spüren.

Der Text, den er sich dafür ausgesucht hatte, war unser heutiger Vers: „Seid stille und erkennet, dass ich Gott bin.“ Wir sollten einmal versuchen, diesen Text mit in den Tag zu nehmen und ihn uns, wann immer wir eine freie Minute haben, ins Gedächtnis zu rufen und ihn auf unserer geistlichen Zunge zergehen zu lassen. Dann werden wir die Freude erfahren, aus Gottes Wort die Kraft zu schöpfen, die er hineingelegt hat.

Vater, ich spüre, dass ich hiermit zum Kern der Frage der geistlichen Frische vorgestoßen bin. Schenke du, dass ich mir keine einzige Lektion entgehen lasse, die du mich zu diesem Punkt lehren möchtest. Amen.

1. Petr 3,1-4; Hiob 37,14; Ps 131,2; Jes 32,17
Was ist unser größter Schmuck?
Welchen Rat erhält Hiob?

Bibelworte wiederkäuen

„Ein fauler Jäger fängt nie ein Wild!“ (Vers 27; Gute Nachricht).

Zum Lesen & Nachdenken – Sprüche 12,14-28

Wir wollen uns weiter mit den Geheimnissen der biblischen Meditation beschäftigen. Ein Synonym für „meditieren“ ist „über etwas nachsinnen“. Das englische Wort „to ruminate“ bedeutet auch „wiederkäuen“. Viele Tiere, wie etwa Kühe, Ziegen und Schafe sind Wiederkäuer und haben einen Magen mit verschiedenen Kammern. Die Verdauung solcher Tiere ist faszinierend. Kühe zum Beispiel schlingen das grob gekaute Futter hinunter, so dass es durch die Speiseröhre in die erste Magenkammer, den Pansen, gerät. Dort wird die Nahrung durch Gärungsvorgänge aufgeschlossen, tritt dann in die zweite Kammer, den Netzmagen, ein und wird von da in kleinen Ballen in das Maul zurückbefördert. Die zum zweiten Mal gekaute Nahrung durchläuft dann die dritte und vierte Magenkammer, bis sie gründlich verdaut worden ist und ihre Nährstoffe in den tierischen Blutkreislauf aufgenommen werden können.

Wenn wir als Christen einen Bibeltext in uns aufnehmen, gelangt sein Inhalt in unseren geistlichen Verdauungstrakt und wird dort so lange bewegt, bis wir seine Wahrheit in unser Leben aufnehmen können und er ein Teil von uns wird. Was ist mit dem Frühstück passiert, das wir heute zu uns genommen haben? Es wird inzwischen verdaut, und seine Nährstoffe werden zu einer bestimmten Zeit in unser Blut gelangen und uns Kraft und Energie spenden. Genauso ist es mit dem Text, über dem wir meditieren. Wie ein Wiederkäuer seine Nahrung zweimal kaut, um ihm alle wichtigen Nährstoffe zu entziehen, so können wir die Leben spendende Kraft des Bibelwortes aufschlüsseln und herausfiltern, indem wir den Text im Laufe des Tages „heraufholen“ und immer wieder darüber nachdenken. Wer die Bibel liest, ohne über das Gelesene zu meditieren, ist wie jemand, der auf seinem Frühstück herumkaut, ohne zu herunterzuschlucken.

Vater, je mehr ich sehe, welch ein Segen die biblische Meditation ist, desto mehr brenne ich darauf, sie zu lernen. Hilf mir, dieses Feuer zu bewahren, denn ich weiß, der Satan wird alles tun, um mich davon abzubringen. In Jesu Namen. Amen.

Ps 119,1-176

Lies diesen Psalm. Wie oft kommen darin Synonyme zu „meditieren“ vor, wie etwa „sinnen“, „forschen“ oder „nachdenken“. Worüber sann der Psalmist nach?

Der Schlüssel zum Wort Gottes

„Wo immer ihr etwas Gutes entdeckt, … darüber denkt nach“ (Vers 27; Hoffnung für alle).

Zum Lesen & Nachdenken – Philipper 4,4-13

„Um das Beste aus dem Leben zu machen“, sagte Pascal, „muss man über große Dinge *zweimal* nachdenken.“ Wer über biblische Inhalte meditiert, der denkt zweimal – oder mehrere Male – über sie nach. Denn sie erschließen sich uns nicht unbedingt durch Lesen, Studieren oder Auswendiglernen. Dies alles sind hauptsächlich intellektuelle Übungen, durch die geistliche Ergebnisse erzielt werden. Das „Nachsinnen“ dagegen geschieht nicht in erster Linie auf intellektueller Ebene, sondern in einer Haltung der Andacht und Anbetung. Dabei wird das Wort Gottes, wie gesagt, in unser geistliches Verdauungssystem befördert und dort in geistliche Nahrung und Energie umgewandelt. Ich möchte damit keinesfalls sagen, das Bibellesen, Studium oder Auswendiglernen der Schrift seien weniger wert. All dies sind wichtige geistliche Übungen. Doch durch sie werden wir nicht unbedingt aus der Bibel die geistliche Nahrung erschließen, die Gott für uns hineingelegt hat. Dies geschieht größtenteils durch das Nachsinnen über sein Wort.

Weil diese Erkenntnis so wichtig ist, möchte ich sie noch einmal zusammenfassen: Biblische Meditation ist der Prozess, in dem wir einen Text, Satz oder Gedanken aus dem Wort Gottes in unserem Kopf hin und her bewegen, ihn loslassen und wieder ins Bewusstsein rufen, über ihn staunen, ihn ganz und gar in uns aufnehmen, bis die ihm innewohnende Kraft unsere ganze Persönlichkeit durchdringt. Dies ist der Schlüssel zu den Geheimnissen, die im Wort Gottes verborgenen sind.

O Vater, wenn man über Großes zweimal nachdenken soll, dann hilf mir, in mich zu gehen und mir Zeit zu nehmen, über die Wahrheiten nachzusinnen, die sich in deinem Wort verbergen. Um Jesu Willen. Amen.

Kol 3,1-16; 5. Mo 6,6; Spr 4,20-21; Jer 15,16
Was bedeutet das Wort „bewahren“?
Wie drückt Jeremia das aus?

Der unsichtbare Bildhauer

„Mein Herz ist entbrannt in meinem Leibe; wenn ich daran denke, brennt es wie Feuer" (Vers 4; Luther 84).

Zum Lesen & Nachdenken – Psalm 39,1-13

Heute wollen wir der Frage nachgehen: Was erschließt sich uns konkret aus der biblischen Meditation? Fest steht, dass Worte nicht ausreichen, um ihre Segnungen zu beschreiben. Ich möchte trotzdem einige Beispiele aus der Bibel nennen, was denen versprochen ist, die sich Zeit nehmen, über das Wort Gottes nachzusinnen: (1) Erfolg – (Josua 1,8); Verständnis – (Psalm 119,99) und (3) die Fähigkeit, zwischen Gut und Böse zu unterscheiden – (Psalm 119,11). Und, wie wir bereits in Psalm 1 gesehen haben – geistliche Frische.

Dieser Psalm offenbart uns, dass es zu den Geheimnissen geistlicher Vitalität gehört, durch biblische Meditation unsere Wurzeln tief in das Wort Gottes einzugraben. Als Jugendlicher lernte ich einmal einen Mann kennen, von Beruf Bergarbeiter, dessen sprühende geistliche Lebendigkeit so ansteckend war, dass durch ihn zahlreiche Menschen zum Glauben an Jesus Christus fanden. Vor seinem Tod besuchte ich ihn noch einmal und sprach längere Zeit mit ihm. „Was ist das Geheimnis Ihrer geistlichen Frische?", fragte ich ihn. „Sie strahlen so viel innere Kraft und Freude aus … wie machen Sie das?" Er antwortete mit einem Satz: „Ich meditiere über dem Wort Gottes."

Im weiteren Gesprächsverlauf sagte er noch (dies ist kein wörtliches Zitat, aber inhaltlich trifft es, so weit ich mich erinnere, seine Aussage ziemlich genau): „Beim Nachdenken über Gottes Wort wird dein Herz zur Werkstatt des unsichtbaren Bildhauers, der im Verborgenen die lebendigen Formen meißelt, die dazu dienen, dass sich unser Charakter entwickelt und wir Jesus immer ähnlicher werden." Jener alte Mann ist heute längst beim Herrn. Doch er war eines der größten Zeugnisse geistlicher Frische und Fruchtbarkeit, die mir je begegnet sind. Auch wir können so werden wie er – wenn wir uns das Nachsinnen über Gottes Wort zu Eigen machen.

Lieber Vater, hilf mir, die Kunst des Meditierens über dein Wort zu erlernen, so dass die Menschen, denen ich begegne, durch mich das lebendige Wort kennen lernen. Amen.

Röm 10,1-9; 5. Mo 11,18; Spr 6,23; 2. Kor 3,3
Was geschieht, wenn das Wort in unserem Herzen wohnt?
Wie bezeichnet Paulus die Gemeinde in Korinth?

Versteckte Denkfallen

„Wenn nun der Sohn euch frei machen wird, so werdet ihr wirklich frei sein“ (Vers 36).

Zum Lesen & Nachdenken – Johannes 8,28-36

Wenn wir spüren, dass unsere geistliche Lebendigkeit verloren geht, sollten wir uns fragen, ob es in unserem Leben „versteckte Denkfallen“ gibt. Ich meine damit negative Erfahrungen der Vergangenheit, die unser Verhalten in der Gegenwart beeinflussen.

Im Laufe der Jahre sprach ich mit unzähligen Christen und höre immer wieder Worte wie: „Ich weiß, dass Jesus mich erlöst und von der Sünde befreit hat. Trotzdem habe ich das Gefühl, manches aus meiner Vergangenheit holt mich immer wieder ein. Was soll ich bloß tun?“ Durch solche Gespräche begriff ich, dass Ängste, Verletzungen und negative Erlebnisse der Vergangenheit auch noch Jahre später unser Leben beherrschen können. Wir mögen zwar überzeugt sein, Gott habe die Herrschaft über unser Leben, doch zutiefst in unserem Inneren werden wir durch Erfahrungen der Vergangenheit bestimmt, die nie verarbeitet wurden.

In meiner Kindheit hörte ich ständig den Satz: „Jungen weinen nicht.“ So glaubte ich mit der Zeit, es sei unmännlich, zu weinen oder Gefühle zu zeigen. Als ich dann Christ wurde, hatte ich hin und wieder das Bedürfnis, in Gottes Gegenwart zu weinen, doch ich erlaubte es mir nicht. Es gab auch Zeiten, da hätte ich gern mit einem Bruder oder einer Schwester im Herrn geweint, um das Leid mit ihm oder ihr zu teilen („weint mit den Weinenden“; siehe Röm 12,15), aber ich konnte es nicht. Ich wurde beherrscht von der versteckten Denkfalle meiner Jugend: „Jungen weinen nicht.“ Bis ich eines Tages all dies bei Gott abgab und es in seine Hände legte. Und er machte mich frei.

Himmlischer Vater, ich komme noch einmal zu dir, um dich zu bitten, mich frei zu machen von sämtlichen negativen Einflüssen der Vergangenheit, die mich einholen mögen. Ich möchte Schritte nach vorn gehen – nicht zurück. Sei du mein Rettungsanker. Amen.

1. Kor 13,1-11;14,20; Gal 4,3
Zu welcher Einstellung gelangte Paulus?
In welchem Zusammenhang steht dies mit dem Rest von 1. Korinther 13?

„Streng dich an!“

„Also bist du nicht mehr Sklave, sondern Sohn“ (Vers 7).

Zum Lesen & Nachdenken – Galater 4,1-7

Von welchen „versteckten Denkfallen“ wird dein Leben bestimmt? Gibt es Dinge, von denen du weißt, dass sie dich in deiner geistlichen Entwicklung und Lebendigkeit behindern? Viele Menschen sind sich bewusst, dass es ungesunde gefühlsmäßige Impulse in ihrem Leben gibt, die sie manchmal in eine Richtung drängen, die sie gar nicht einschlagen wollten. Man lebt nicht mehr – man wird gelebt.

Ein Pastor erzählte, dass eine solche Denkfalle aus seiner Kindheit sein Leben neunundvierzig Jahre fest im Griff hatte. „Lange Zeit war mein Christsein von zahlreichen Höhen und Tiefen geprägt. Ich war labil und sprunghaft, verfolgte mal diese, mal jene Ziele und war ständig unzufrieden, da ich glaubte, nie genug getan zu haben. Eines Tages schenkte mir der Heilige Geist eine Erkenntnis: Mir wurde klar, dass mein Leben nicht wirklich von der Liebe zu Gott bestimmt wurde, sondern durch einen Ausspruch aus meiner Kindheit, den mir meine Eltern schon in frühester Jugend eingebläut hatten: ‚Streng dich an!‘ Dahinter steckte: ‚Je besser du bist, desto mehr lieben wir dich.‘“

Der Heilige Geist half diesem Mann, seine Denkfalle aufzudecken, und er begriff, dass diese drei Worte „Streng dich an“ auch im Erwachsenenalter seine Beziehungen bestimmten, einschließlich der Beziehung zu Gott. Er tat alles, um sich Gottes Liebe durch Leistung zu verdienen. In Wirklichkeit sah er nicht, dass Gott ihn bereits liebte – so, wie er war. Anstatt aus der heilenden Kraft des Evangeliums lebte er im Schatten einer versteckten Denkfalle seiner Kindheit.

Vater, ich bin mir bewusst, wie leicht uns versteckte Denkfallen der Vergangenheit davon abhalten, die Fülle deines erlösenden Evangeliums zu er-fahren. Hilf mir bitte, solche Einflüsse in meinem Leben zu erkennen und auszumerzen. Darum bitte ich dich in Jesu Namen. Amen.

Gal, Kap. 5; Joh 8,32; Röm 8,2
Was macht uns frei?
Welche „Denkfalle der Vergangenheit“ machte den Christen in Galatien zu schaffen?

Wer oder was bestimmt unser Leben?

„Denn so viele durch den Geist Gottes geleitet werden, die sind Söhne Gottes“ (Vers 14).

Zum Lesen & Nachdenken – Römer 8,1-17

Wir bleiben weiter bei unseren „versteckten Denkfallen“. Wenn ich mit Menschen spreche, die in seelischen Schwierigkeiten stecken, macht es mich immer wieder traurig, zu sehen, dass viele Christen geistlich unfrei sind, weil sie sich nicht von den Fesseln ihrer Vergangenheit lösen können. Anstatt aus der befreienden Kraft des Evangeliums zu leben, sind sie gefangen in Erfahrungen und Erlebnissen ihrer Kindheit. Darunter sind einige, die wahre Experten in der Auslegung der Schrift sind, doch ihr Leben wird von einem inneren Manuskript diktiert, das ihrem geistlichen Wachstum im Weg steht. Sie bekennen sich zwar zu Jesus, aber in Wirklichkeit werden sie von den Altlasten ihrer Vergangenheit regiert – von Ängsten, Verletzungen, negativen Gefühlen oder falschen Schlussfolgerungen.

Unser heutiger Bibeltext sagt uns, dass die Söhne und Töchter Gottes vom Heiligen Geist geleitet werden. Erfährst du die Führung des Heiligen Geistes in deinem Leben? Oder sind es Impulse aus der Vergangenheit, die dich treiben? Rufen wir uns noch einmal das gestrige Beispiel ins Gedächtnis. Der Pastor, der in seiner frühesten Kindheit gelernt hatte: „Je mehr du leistest, desto mehr wirst du geliebt“, diente Gott mehr aus Angst als auch Liebe. Jahrelang hatte er geglaubt, sein Leben würde von Jesus Christus bestimmt, doch eigentlich war die Denkfalle seiner Kindheit zu seinem Gott geworden und regierte sein Leben wie ein unbarmherziger Diktator. Anstatt Gott zu dienen, weil er erlöst war, diente er Gott, weil er erlöst werden wollte. Ich will damit nicht sagen, dass wir uns für Gott nicht anstrengen und unser Bestes geben sollten. Doch seine Liebe zu uns ist nicht an solche Bedingungen geknüpft.

Mein Gott und Vater, lass das Wunder dieser Wahrheit heute tief in mein innerstes Wesen eindringen. Hülle mich ein in das Wissen, dass du mich liebst, weil ich dein Kind bin – nicht darum, weil ich etwas für dich tue. Dies erbitte ich in deinem heiligen Namen. Amen.

Joh 10,1-11; Gal 5,18; 1. Petr 2,21
Was ist das Merkmal des guten Hirten?
Was ist das Merkmal der Schafe?

Der Staatsstreich

„… da wir dies erkennen, dass unser alter Mensch mitgekreuzigt worden ist, damit der Leib der Sünde abgetan sei, …" (Vers 6).

Zum Lesen & Nachdenken – Römer 6,1-14

Eine Frage, die mir oft gestellt wird, lautet: „Wie kann ein wirklich wieder geborener Christ noch auf ‚versteckte Denkfallen' hereinfallen? Räumt Jesus nicht ein für alle Mal mit solchen Dingen auf, wenn er in unser Leben kommt?"

Paul Tournier erklärt dies sehr anschaulich in seinem Buch *The Person Reborn*. Er vergleicht die Bekehrung mit einer Revolution, bei der ein neuer Herrscher durch einen Staatsstreich an die Macht kommt. In der Menschenmenge, die ihm zujubelt, befinden sich auch die Anhänger des gestürzten Königs. Auf den ersten Blick scheinen sie die eifrigsten Befürworter des neuen Regimes, doch ihr Sinneswandel ist nicht ehrlich. In Wirklichkeit sind sie ihrem alten König treu geblieben und planen, seine Macht heimlich zu untergraben.

Ganz ähnlich sei es, sagt Tournier, wenn wir zum Glauben an Jesus Christus kommen. Feindselige Elemente aus der Vergangenheit stimmen zunächst in den Jubel über unseren Sieg mit ein. Allerdings haben sie nicht wirklich kapituliert und können später diesen Sieg mit Erfolg sabotieren, wenn sie nicht entlarvt werden. Dieser Prozess des Entlarvens erfordert Zeit und manchmal die Hilfe eines erfahrenen Seelsorgers. Auch ich stoße selbst heute, nachdem ich schon seit vierzig Jahren Christ bin, hin und wieder auf eine versteckte Denkfalle in meinem Leben, die entlarvt werden will. Dann übergebe ich die Situation meinem Herrn und bitte ihn, diese „Falle" unschädlich zu machen. Und ich kann – gemeinsam mit Tausenden von anderen Christen – bestätigen, dass er solche Gebet erhört.

Vater, ich brauche deine Hilfe, um „versteckte Denkfallen" aufdecken zu können, die in meinem Leben noch wirksam sein mögen. Zeige mir, welche Probleme ich angehen muss und hilf mir, sie dir zu Füßen zu legen. Dies bitte ich dich im Namen Jesu Christi. Amen.

Röm 8,12-28; Ps 139,23-24; Kol 2,20; 1. Petr 2,24
Was sollen wir mithilfe des Heiligen Geistes tun?
Formuliere das Gebet des Psalmisten mit deinen eigenen Worten.

Katargeo

„Als ich ein Kind war, redete …, dachte …, urteilte wie ein Kind; als ich ein Mann wurde, tat ich weg, was kindlich war“ (Vers 11).

Zum Lesen & Nachdenken – 1. Korinther 13,1-13

Heute wollen wir uns die Frage stellen: „Wie gehen wir mit den Denkfallen der Vergangenheit um, die unser Handeln und Denken in der Gegenwart beherrschen?“

Dabei gilt es zunächst, herauszufinden, wo sie ihren Ursprung haben. Der Grundstein für solche „Fallen“ wird bereits in den prägenden Jahren der frühen Kindheit gelegt und somit bestimmt, welches Bild wir später vom Leben haben. In dieser Phase sind wir besonders sensibel für – gute und schlechte – Einflüsse, Meinungen und Erfahrungen. Negative Erlebnisse graben sich manchmal tief in unsere Seele ein und werden zu dominierenden Kräften in unserem Leben. Nur mithilfe des Heiligen Geistes kann es gelingen, manch hartnäckigen Denkfallen auf die Spur zu kommen. Sind sie einmal entlarvt, sollten wir ihnen auf reife, erwachsene Weise begegnen.

Wie können wir das tun? Lesen wir noch einmal den heutigen Bibelvers. Da heißt es: „als ich ein Mann wurde, tat ich weg, was kindlich war.“ Das griechische Wort für „wegtun“ ist *katargeo*. Es ist ein starkes Wort und hat unter anderem die Bedeutung von „ablegen, sich von etwas trennen, ausschalten, unwirksam machen.“ Denkfallen aus der Kindheit fallen nicht einfach von uns ab wie die Blätter im Herbst von den Bäumen, sondern wir müssen sie ablegen – *katargeo* – und uns von kindlichen Verhaltensmustern trennen. Wenn der Heilige Geist solche Verhaltensmuster in deinem Leben aufgedeckt hat, dann bringe sie heute vor ihn und lege sie ihm zu Füßen. Und dann ziehe bewusst einen Schlussstrich darunter. Klettere aus dem Kindersitz und setz dich hinter das Lenkrad. Denk daran – bei Gott sind alle Dinge möglich.

O Herr, schenke mir den Sieg über alle inneren Feinde, die in mir sein mögen. Katargeo sie – schalte sie aus, ein und für alle Mal. Amen.

Heb 12,1-13; Jes 55,7; Eph 4,22
Was sollen wir ablegen?
Was bedeutet „verlassen“?

Den Blick auf Jesus richten

„Wir alle aber schauen … die Herrlichkeit des Herrn an und werden [so] verwandelt in dasselbe Bild“ (Vers 18).

Zum Lesen & Nachdenken – 2. Korinther 3,7-18

Wir kommen nun zum letzten Gesichtspunkt unseres Themas *Geistliche Frische bewahren*: Unsere Augen auf Jesus richten. Denn niemand war geistlich lebendiger als er. In der ganzen Bibel lesen wir kein einziges Mal, dass Jesus mit geistlicher Lauheit zu kämpfen hatte oder gestehen musste, den „Draht nach oben“ verloren zu haben. Sein Vertrauen in Gott war unerschütterlich, und stets tat er am richtigen Ort zur richtigen Zeit die richtigen Dinge. Selbst nach einer ausgedehnten Fastenzeit in der Wüste, in der er den härtesten Versuchungen widerstand, kehrte er nicht etwa ausgelaugt und entkräftet zurück, sondern „in der Kraft des Geistes“. Seine geistliche Stärke war nicht zu übertreffen.

Unser heutiger Text vermittelt uns, dass wir mehr und mehr in das Bild Jesu verwandelt werden, wenn wir unseren Blick mit „unverhülltem Gesicht“ auf ihn richten. Eine faszinierende Vorstellung – und gleichzeitig so einfach. Darin liegt eine große geistliche Tiefe. Wer über sich selbst hinaus auf Ihn sieht, der wird befreit von allen egozentrischen Sorgen. Ist es nicht erstaunlich, wie viele spirituellen Sekten und Strömungen ihre Anhänger lehren, den Blick ausschließlich nach innen, auf das eigene, göttliche Selbst zu richten? Die Folge davon ist, dass sie sich letztendlich nur um sich selbst und ihre Emotionen und Wünsche drehen. Jemand sagte einmal: „Wenn ich das Göttliche in mir anbete, bete ich mich letzten Endes selbst an.“

Der Bibeltext für heute dagegen lenkt unseren Blick in die richtige Richtung – auf das Angesicht Christi. Ihm soll unsere ungeteilte Aufmerksamkeit gelten. Und das ist wichtig, denn was immer unsere Aufmerksamkeit gefangen nimmt, nimmt uns gefangen. Deshalb: richten wir unseren Blick auf Ihn – und nicht auf unsere Probleme.

Lieber Herr Jesus, wenn ich mich selbst betrachte, fühle ich mich unwürdig und unzulänglich. Doch wenn ich dich ansehe, weiß ich: Alles ist möglich. Hilf mir, nicht nur hin und wieder einen kurzen Blick auf dich zu werfen, sondern immer auf dich zu schauen und meine Augen nicht von dir abzuwenden. Amen.

Röm 8,29-39; Joh 1,36; Kol 2,2-3
Was ist Gottes Plan für uns?
Was bezeugte Johannes?

„Bitte erlöst aussehen!"

„Sie blickten auf ihn und strahlten, …" (Vers 6).

Zum Lesen & Nachdenken – Psalm 34,1-23

Gestern haben wir gesehen, wie wichtig es ist, unser Augenmerk auf Jesus zu richten. Es kann zwar manchmal durchaus hilfreich sein, den Blick nach innen zu lenken, aber wir sollten uns nicht zu lange damit aufhalten. Jemand drückte es folgendermaßen aus: „Wenn du lange auf dich schaust, verlässt dich der Mut. Wenn du lange auf andere schaust, wirst du vom Wesentlichen abgelenkt. Doch wenn du lange auf Jesus schaust, wirst du seinem Bild immer ähnlicher werden."

Was wir ständig ansehen, das färbt auf uns ab. Mir begegnen zahlreiche Menschen, deren Gesichter eine große Leere widerspiegeln – weil sie ihren Blick auf gar nichts gerichtet haben. Ihre Züge sind ausdruckslos, zeigen keine besonderen Merkmale oder Regungen. In unserer heutigen Gesellschaft sind viele Menschen immer auf dem Sprung, hetzen rastlos von einem Termin zum anderen, von einer Attraktion zu nächsten. Dabei fühlen sie sich innerlich zunehmend leer und hohl.

Dann wiederum begegnen mir Menschen, deren Gesichter ganz deutlich zeigen, dass sie das Antlitz Jesu sehen – sie leuchten. Diese Gesichter werden zum Segen für andere. Ein Bettler sagte einmal zu einem Christen: „Du da mit dem Himmel in deinem Gesicht, gib mir einen Groschen." Und von dem Philosophen Nietzsche stammt die Aussage: „Wenn die Christen uns zum Glauben bekehren wollen, dann müssen sie schon selbst etwas erlöster aussehen." Viel zu wenige von uns sehen wirklich „erlöst" aus – nur diejenigen, die ihren Blick unablässig auf Jesus gerichtet haben. Man sagt, dass Ehepaare, die lange Jahre miteinander verheiratet sind, mit der Zeit ähnliche Züge annehmen. Sie haben sich so lange ins Gesicht und in die Seele geschaut, dass sie sich auch in ihrer äußeren Erscheinung angeglichen haben.

Herr Jesus, präge du mein Herz – und mein Gesicht. Lass es deinem Angesicht immer ähnlicher werden. Lass das Licht deiner Herrlichkeit durch mich hindurch leuchten. Das erbitte ich in deinem heiligen Namen. Amen.

Apg 3,1-16; Joh 16,24; 1. Petr 1,8
Was war die Botschaft des Petrus?
Was sollten unsere Gesichter widerspiegeln?

„Ich will nur bei dir sein“

„… sahen sie niemand als ihn, Jesus, allein“ (Vers 8).

Zum Lesen & Nachdenken – Matthäus 17,1-13

Wenn wir auf das Antlitz Jesu blicken und ihn zum Zentrum unseres Interesses und unserer Liebe machen, werden wir allmählich äußerlich und innerlich in sein Bild verwandelt. Dabei ist der Heilige Geist, der in uns wohnt, der stille Bildhauer, der uns formt.

Ein junger Mann hatte so große Ähnlichkeit mit seinem Vater, dass er oft darauf angesprochen wurde. Seine Mutter sagte: „Das Seltsame ist, dass Andrew, als er klein war, eher mir ähnlich sah. Dann, ab etwa fünf Jahren, war er ganz begeistert von seinem Vater und verbrachte jede freie Minute mit ihm. Manchmal ging er ins Arbeitszimmer, wo sein Vater am Schreibtisch saß, und setzte sich still ihm gegenüber. Wenn er ihn dann fragte: ‚Andrew, was möchtest du?‘, antwortete der Junge: ‚Nichts. Ich will nur bei dir sein.‘ So saß er dort eine ganze Weile und schaute seinen Vater an. Und ich glaube ganz bestimmt, dass er ihm deshalb heute so ähnlich sieht.“

In der Fotografie gilt der Grundsatz: „Der Einfallswinkel entspricht dem Reflexionswinkel.“ Mit anderen Worten: Wenn man eine *en face*-Wiedergabe haben will, muss man mit zugewandtem Gesicht in die Kamera schauen. Und im Leben gilt der Grundsatz: Wir werden zum Abbild dessen, worauf wir unseren Blick richten.

Mein Herr und mein Gott, vergib mir, dass ich dich so oft nur kurz oder halbherzig anschaue, anstatt dich immerzu zu betrachten. Hilf mir, meinen Blick fest auf dich zu richten, damit ich verwandelt werde von dem, was ich bin, in das, was du bist. Amen.

Mk 5,1-20; Lk 23,44-49; Mt 27,55-56
Was tat der römische Hauptmann?
Was tat der Besessene, als er Jesus sah?

Die Herrlichkeit Christi

„Meine Brüder, habt den Glauben Jesu Christi, unseres Herrn der Herrlichkeit, …" (Vers 1).

Zum Lesen & Nachdenken – Jakobus 2,1-13

Was könnte sinnvoller sein, als darüber nachzudenken, wie man Jesus immer ähnlicher werden kann? Der Ausgangspunkt dabei ist das „unverhüllte Gesicht": „Wir alle sehen mit unverhülltem Gesicht die Herrlichkeit des Herrn wie in einem Spiegel. Dabei werden wir selbst in sein Bild verwandelt und bekommen mehr und mehr Anteil an seiner Herrlichkeit. Das bewirkt der Herr durch seinen Geist" (2. Kor 3,18; Gute Nachricht).

Wohlgemerkt, wir müssen zuerst den Vorhang lüften, der uns die Sicht versperrt, wenn wir in sein Bild verwandelt werden wollen. Als Jesus gekreuzigt wurde, riss der Vorhang des Tempels entzwei. Gott hat sich selbst in Jesus offenbart; unsere Antwort darauf sollte sein, dass wir unsere Gesichter offen legen, die Masken fallen lassen und staunend und anbetend vor ihm stehen. Vielleicht müssen wir zuerst viele Schleier lüften – Schleier der Unaufrichtigkeit, Scheinheiligkeit, Gesetzlichkeit und des Stolzes – doch sind sie erst einmal beseitigt, ist der Weg frei für Jesus.

Stellen wir uns dies einmal bildhaft vor: Wir, die wir aus Staub entstanden sind, werden nach und nach umgestaltet in das schönste Bild, das es je auf Erden gab – das Bild Christi. Das Wunder dieser Verwandlung lässt sich nur mit einem Wort beschreiben: „Herrlichkeit". Die Trostlosigkeit, Schalheit, Stumpfheit des Lebens wird ersetzt durch Frische und Lebendigkeit. Können wir uns unsere geistliche Frische bewahren? Ja – in der Kraft des Geistes und mit seiner Hilfe. „Gnade" und „Herrlichkeit" sind im Neuen Testament oft eng miteinander verknüpft – wer die Gnade empfängt, empfängt auch die Herrlichkeit. Welch wunderbares Leben wartet auf uns – in der Herrlichkeit Christi!

Vater, hilf mir, in meinem Leben jeden Schleier zu lüften, damit das Licht deiner Herrlichkeit hineinströmen kann. Du bist das Licht und du willst, dass auch ich Licht sein kann in dieser dunklen Welt. Erleuchte mit deinem Strahlen jeden dunklen Winkel meines Daseins – heute und für alle Zeit. Amen.

Joh 1,10-14; Kol 1,6; 2. Petr 3,18
Was waren die Merkmale der Herrlichkeit Christi?
Nimm dir vor, sie in diesem Jahr zu Merkmalen deines Lebens zu machen.

Zerstörte Mauern wieder aufrichten

Neue Horizonte für unseren Dienst

„Geschichte Nehemias, des Sohnes Hachaljas. Und es geschah im Monat Kislew ..., als ich in der Burg Susa war“ (Vers 1).

Zum Lesen & Nachdenken – Nehemia 1,1-11

Wir wollen uns nun einem neuen Thema zuwenden und gemeinsam das Buch Nehemia genauer betrachten. Die wichtigsten Ereignisse jener Epoche fallen in das Frühjahr und den Sommer des Jahres 445 v. Chr. Während dieser Zeit reiste Nehemia von Susa am Persischen Golf nach Jerusalem, um dort die Stadtmauer wieder aufzubauen. Seine Geschichte wird vielfach als eine der lebendigsten Geschichten der Bibel bezeichnet. Und ich stimme mit Dr. Martyn Lloyd-Jones überein, der einmal sagte: „Kaum eine andere Figur des Alten Testaments ist so fesselnd wie Nehemia.“

Der heutige Bibeltext will eine Einführung in unser Thema sein. Ab morgen werden wir dann Nehemias Aufzeichnungen Vers für Vers verfolgen.

Als junger Mann wurde mir gesagt, dass ich – egal, welche berufliche Laufbahn ich einmal einschlagen würde – dem Herrn nicht wirklich dienen könne, ohne die im Buch Nehemia dargelegten Gedanken zu beherzigen. Und ich musste feststellen, dass es stimmt. Es ist verblüffend, wie sich die grundlegenden Prinzipien, die sich hier erschließen, auf das Arbeitsleben übertragen lassen – ganz gleich, ob im weltlichen oder christlichen Bereich. Und ich kann auch denen, die dem Herrn bereits treu dienen, versprechen: Das Studium des Buches Nehemia wird ganz neue Horizonte für ihren Dienst erschließen.

Mein Vater und mein Gott, hilf mir, noch besser zu verstehen, dass mein Leben nur dann gelingen kann, wenn es in Einklang mit deinem Willen ist. Und lehre mich alles, was ich darüber wissen muss. In Jesu Namen. Amen.

1. Mo 24,34-49; Dan 6,6-16
Weshalb erhört Gott das Gebet von Abrahams Knecht?
Wie konnte Daniel angesichts dessen, was ihm drohte, so ruhig bleiben?

Die richtigen Prioritäten

„Da kam Hanani, einer von meinen Brüdern, er und einige Männer aus Juda. Und ich fragte sie …“ (Vers 2).

Zum Lesen & Nachdenken – Nehemia 1,1-2

Nehemia diente als Mundschenk (Weinverkoster) im Palast von Susa, dem Hauptsitz und der Winterresidenz der Perserkönige. Er war Jude, vermutlich aus dem Stamm Juda, und hatte als Mundschenk des Königs eine Vertrauensstellung von hohem Ansehen. Nehemias Bericht beginnt damit, dass sein Bruder Hanani ihm bei einem Besuch erzählte, dass die Mauern Jerusalems in Trümmern lagen. Der Tempel, der unter Haggai und Sacharja wieder aufgebaut wurde, war zwar immer noch intakt. Doch die Stadtmauern wurden von den Bewohnern, als Folge ihrer Gleichgültigkeit und des allgemeinen geistlichen Verfalls, nie repariert. Hinzu kam, dass Plünderer die Befestigungsanlage in Schutt und Asche gelegt hatten. Jerusalem, die Stadt Gottes, befand sich in einem erbarmungswürdigen Zustand. Nehemias Reaktion auf diese Neuigkeiten lässt darauf schließen, dass ihm Gottes Plan für die Heilige Stadt wichtiger war als seine gute Stellung am Hof des Perserkönigs.

Als ich dies las, fragte ich mich: Wie reagieren wir, wenn wir sehen, dass unsere heutigen „Stadtmauern“, die Gott errichtet hat, sich in einem baufälligen Zustand befinden? Nehmen wir zum Beispiel einmal das Thema Ehe und Familie. Das Mauerwerk, das sie zusammenhält, wird von allen Seiten untergraben. „Die Ehe ist eine altmodische Institution“ hieß es in einem Zeitungsartikel und „Der Ehering ist eine Fessel.“ Wie begegnen wir der Missachtung der Gebote Gottes, der mutwilligen Zerstörung seiner „Festungsanlagen“? Stellen wir nicht allzu oft unsere persönlichen Interessen über Gottes Interessen? Nehemia setzte die richtigen Prioritäten.

O Herr, vergib uns, wenn wir unsere persönlichen Wünsche und Ziele über die Dinge gestellt haben, die deinem Reich dienen. Schenke uns denselben Geist, den Nehemia hatte, so dass wir deine Prioritäten zu unseren Prioritäten machen können. Darum bitten wir dich im Namen Christi. Amen.

Mt 5,27-32; 1. Kor 5,1-13; Offb 21,10-27
Wie können Gemeinden die „zerstörten Mauern“ wieder aufrichten?
Welche Lösung sieht Johannes?

Der Realität ins Auge sehen

„… ‚Die Menschen in der Provinz Juda, die der Verschleppung entgangen sind, leben in großer Not und Schande'" (Vers 3).

Zum Lesen & Nachdenken – Nehemia 1,3

Was tat also Nehemia, als er erfuhr, dass die Stadtmauern Jerusalems noch immer in Trümmern lagen und die Stadttore bis auf die Grundmauern abgebrannt waren? Er gibt zu: „(Ich) setzte ich mich hin, weinte und trauerte tagelang" (Vers 4). Ich kann mir vorstellen, dass einige meiner christlichen Bekannten, wären sie damals dabei gewesen, ihm kameradschaftlich auf die Schulter geschlagen und gesagt hätten: „Ist doch alles halb so wild, Nehemia. Hör auf zu weinen. Gott ist allmächtig, und er wird seine Sache zum Ziel führen, egal, wie düster die Lage jetzt aussieht." Natürlich ist Gott allmächtig und kann jederzeit Böses zum Guten wenden, doch wir sollten dieses Argument nicht missbrauchen, um berechtigte Sorgen abzuwerten. Vielmehr gilt es, eine Notlage oder einen Verlust als solches ernst zu nehmen.

Manche Christen sind der Ansicht, als „Teilhaber der göttlichen Natur" dürften wir nie traurig sein. Und wenn doch, dann sollten wir es uns gefälligst nicht anmerken lassen. Doch so verleugnen wir unsere wahren Gefühle. Eine krankhafte Entwicklung, die dazu führte, dass nicht-christliche Psychologen in den Vereinigten Staaten den Ausdruck „ekklesiogene Neurose" prägten.

Auch geistliche Reife schützt uns nicht vor Schmerz, wenn uns ein Schicksalsschlag trifft. So zu tun, als könnte uns keine Krise anfechten, ist kein Zeichen der Reife, sondern der Unreife. Das heißt nicht, dass wir bei jeder Gelegenheit in Selbstmitleid versinken sollen, doch wir müssen schmerzliche Gefühle zulassen, denn unterdrückte Gefühle machen krank. Leben bedeutet, der Realität ins Auge zu sehen – und das schließt auch Unerfreuliches mit ein. Nehemia war nicht weniger geistlich, weil er offen seine Emotionen zeigte. Im Gegenteil, es war eine sehr gesunde Reaktion.

Vater, hilf mir zu erkennen, dass es kein Zeichen von Kleinglauben ist, wenn ich Gefühle wie Schmerz und Trauer empfinde. Befreie mich von der Verunsicherung, die ich bei diesem Thema empfinde. Darum bete ich im Namen des Herrn Jesus Christus. Amen.

Hebr 10,32-39; 1. Petr 3,15-17; 4,12-19
Worauf sollten diejenigen, die viel gelitten haben, ihre Zuversicht werfen?
Wie sollen wir, laut Petrus, dem Leid begegnen?

Weinen über Ruinen

„Und die Mauer von Jerusalem ist niedergerissen und seine Tore sind mit Feuer verbrannt“ (Vers 3).

Zum Lesen & Nachdenken – Nehemia 1,3

Nehemia weinte über Jerusalem. Doch er war nicht der Einzige, der über die heilige Stadt Tränen vergoss. Auch Jesus weinte über Jerusalem. Es ist kein Zeichen von Schwäche oder mangelndem Glauben, wenn wir zulassen, dass uns Dinge emotional berühren. Natürlich sollten wir dabei nicht in Selbstmitleid abgleiten. Aber wir dürfen wissen: Gott schenkt uns seine Kraft nicht, damit wir unsere Gefühle besser verbergen können, sondern um schwere Zeiten durchzustehen.

An Nehemias starker gefühlsmäßiger Reaktion auf die Nachricht über die trostlose Lage Jerusalems lässt sich ein wichtiges geistliches Prinzip erkennen: Bevor jemand gesegnet werden kann, muss ein anderer bereit sein, eine Last zu tragen. Wir können niemals die Last unserer Mitmenschen mittragen, wenn uns ihr Kummer nicht selbst tief berührt. Nehemia konnte keine Pläne zum Wiederaufbau der Mauer schmieden, ohne zuvor über die Stadt zu weinen. Genauso können wir Gottes Werk nur dann vollenden, wenn wir der Realität ins Auge gesehen und akzeptiert haben, wie die Lage wirklich ist.

Vielleicht sollten wir heute einmal versuchen, die Dinge, mit denen wir konfrontiert werden, so zu sehen, wie sie wirklich sind – nicht so, wie wir sie gern hätten. Gibt es da vielleicht auch ein paar „Ruinen“? Vielleicht zerstörte „Mauern“ unseres Gebets-, Familien- oder Gemeindelebens. Oder wäre es an der Zeit, heute einmal bewusst um etwas zu trauern? Vielleicht um ein Versagen, das wir bisher nicht zugeben wollten. Doch dabei dürfen wir nicht vergessen: Niemand kann eine zerfallene Mauer erneuern, der darüber keinen Schmerz empfinden konnte.

O Herr, zeige mir, wie ich die Wirklichkeit so sehen kann, wie sie ist – nicht so, wie ich sie gern hätte. Hilf mir, die „Ruinen“ in meinem Leben zu entdecken, und lehre mich, über sie zu weinen. Amen.

2. Mo 3,7-12; 4,10-16; Jer 1,4-9
Warum machten Mose und Jeremia Ausflüchte, als Gott sie in seinen Dienst rief?
Was war das gemeinsame Element bei ihrem Ruf?

Die richtige Einstellung

„Und ich fastete und betete vor dem Gott des Himmels“ (Vers 4).

Zum Lesen & Nachdenken – Nehemia 1,4-7

Ohne eine realistische Wahrnehmung der Tatsachen ist kein geistliches Wachstum möglich. Zerstörte Mauern können nicht wieder aufgerichtet werden, wenn uns das Ausmaß ihrer Zerstörung nicht bewusst ist. Was geistliche Trümmer angeht, stehen wir ihnen oft hilflos gegenüber. Doch was sollen wir in einem solchen Fall tun? Dasselbe, das Nehemia tat – uns im Gebet an Gott wenden.

Wenn wir Nehemias Gebet betrachten, wird deutlich, dass er ein Mann war, der Gottes Wort tief in seine Seele aufgenommen hatte. Aus seinen Worten geht hervor, dass sich ihm der Gott der Bibel ganz deutlich offenbart hat – ein Merkmal aller großen Gebetsstreiter. Er spricht von Gottes Größe und der Ehrfurcht, die dem Allmächtigen gebührt, und erinnert ihn an seine Treue zu seinem Bund. Er steht anbetend vor Gott und erkennt seine königliche Herrschaft an. Je größer Gott für ihn wird, desto kleiner scheinen ihm im Vergleich dazu seine Probleme. Danach fühlt er sich geführt, die Sünden seines Volkes zu bekennen, wobei er zugibt, dass sich die Israeliten aufgrund ihres Ungehorsams ihre Probleme selbst zuzuschreiben haben. Sünde ist gewöhnlich die Ursache für unser Scheitern. Wo Sünde ist, da muss sie bekannt werden.

Wichtig ist die Haltung, die Nehemias Gebet zugrunde liegt: Eine Haltung der Ehrfurcht und Demut vor Gott. Jemand hat einmal gesagt: „Die Selbständigen beten nicht; sie führen lediglich Selbstgespräche. Die Selbstzufriedenen werden nicht beten; sie wissen nicht, dass sie das Gebet brauchen. Und die Selbstgerechten können nicht beten; sie haben keine Basis, um sich Gott zu nähern.“ Wo die Ehrfurcht vor Gott fehlt, da wird es auch an Antworten von Gott fehlen.

Vater, hilf mir, Gebet nicht durch meine Worte zu definieren, sondern durch meine Einstellung dazu. Denn die Intensität des Betens hängt von der inneren Einstellung ab. Herr, lehre mich beten, so wie du es einst deine Jünger gelehrt hast. Amen.

Joel 2,12-13; 2. Chr 7,14; Ps 66,18
Wie sollen wir unsere Klagen vor Gott bringen?
Wann erhört Gott Gebet?

Er hält sein Versprechen

„Ach, Herr, lass doch dein Ohr aufmerksam sein auf das Gebet deines Knechtes …" (Vers 11).

Zum Lesen & Nachdenken – Nehemia 1,8-11

Nehemia war stark im Gebet. Indem er Gott an seinen Plan für sein Volk erinnert, enthüllt uns Nehemia hier ein weiteres geistliches Prinzip: Gebet soll auf die Verheißungen Gottes gegründet sein. „Denke doch an das Wort, das du deinem Knecht Mose geboten hast", sagt er. Dabei wiederholt er die Zusage Gottes an das Volk Israel und bezieht sich damit auf die Erfüllung der Verheißung. Nehemias Vertrauen, dass der Herr sein Versprechen halten wird, ist grenzenlos. Er weiß, er muss sich um Einzelheiten keine Gedanken machen. Gott hat den Überblick. Und er schließt sein Gebet mit der Bitte, dass der persische König – König Artaxerxes – ihm gnädig sein möge. Denn Nehemia ahnt, dass der König ihn nicht gerne gehen lassen wird. Doch er ist gewiss, dass bei Gott alle Dinge möglich sind.

Viele Bibelausleger weisen darauf hin, dass die Struktur von Nehemias Gebet deutliche Parallelen zu dem Gebet unseres Herrn in Lukas 11 aufweist. Doch ein Gebet wird nicht dadurch zum „guten Gebet", dass es einem bestimmten Muster folgt. Es heißt nicht umsonst: „Gott hört nicht so sehr, was unser Mund betet, sondern wie unser Herz betet". Gott weiß, ob das, was wir beten, uns wirklich ein persönliches Anliegen ist. Nehemia betete inständig weiter – vier Monate lang! [November/Dezember (1,1) bis März/April (2,1)]. Unsere Beharrlichkeit im Gebet ist gefragt!

Beter wie Nehemia sind leider heutzutage rar geworden. Viele unserer Gebete sind standardisierte Gebete, in denen es darum geht, dass Gott dies oder jenes segnen soll. Das ernsthafte Gebet dagegen entspringt der realistischen Einschätzung der Dinge. Und der realistischen Einschätzung Gottes – er wird sein Versprechen halten.

Mein Gott und mein Vater, schenke mir die Gabe, die Dinge so zu sehen, wie sie wirklich sind, und dich so zu sehen, wie du wirklich bist. Und dann hilf mir, beides zu verbinden und diese Gabe in ernsthaftes, inständiges Gebet münden zu lassen. Amen.

Lk 18,1-8; Mt 6,7-8; Pred 5,2
Wie lassen sich die verschiedenen Anweisungen zum Gebet miteinander vereinen?
Wann sind Wiederholungen sinnlos?

Gottes Timing

„Und der König sagte zu mir: Warum [sieht] dein Gesicht s traurig [aus]? Du bist [doch] nicht etwa krank?“ (Vers 2).

Zum Lesen & Nachdenken – Nehemia 2,1-2

Noch immer wartet Nehemia auf eine Antwort auf sein Gebet. Seit er von dem Zustand Jerusalems gehört hat, sind schon vier Monate vergangen, vier Monate des Weinens und Trauerns, des Fastens und Betens. Als ihm die Notwendigkeit klar wird, die Stadtmauer wieder aufzubauen, stürzt er sich nicht unüberlegt in diese Aufgabe. Er weiß: Um das, was er für Gott tun will, erfolgreich ausführen zu können, braucht er nicht nur Gottes Segen und seine Führung, sondern auch die Zustimmung des Königs.

Bei einem königlichen Bankett reicht er Artaxerxes den Becher mit Wein. Etwas in Nehemias Gesichtsausdruck lässt den König besorgt nach seinem Gesundheitszustand fragen, ja, er erkundigt sich ganz direkt, warum er denn so traurig sei. Nun braucht Nehemia die Last auf seinem Herzen nicht länger zu verbergen. Was nun geschieht, liegt nicht mehr in seiner, sondern in Gottes Hand.

Wann immer wir etwas für Gott tun wollen, ist der richtige Zeitpunkt ausschlaggebend. Viele haben schon geistlichen Schiffbruch erlitten, weil sie zu impulsiv und überstürzt gehandelt haben. Ich kenne Menschen, die heute in einem großartigen Dienst stehen könnten, wenn sie die Prüfung des Wartens bestanden hätten. Sie spürten zwar die Notwendigkeit zu handeln, aber sie warteten nicht auf Gottes deutliche Weisung. Es gibt Leute, die überzeugt sind, der Handlungsbedarf allein sei bereits der Ruf. Doch bei allem, was wir tun, sollten wir Gottes Zeitplan berücksichtigen. Denn was richtig schien, kann plötzlich falsch sein, wenn der Zeitpunkt ungünstig gewählt ist. Gottes Timing ist immer perfekt – im Gegensatz zu unserem.

Vater, zeige mir noch viel deutlicher, wie wichtig es ist, meine innere geistliche Uhr nach der deinigen zu stellen. Hilf mir, nicht nur zu erkennen, was ich tun soll, sondern auch, wann der richtige Zeitpunkt gekommen ist. Darum bitte ich dich im Namen Jesu. Amen.

1. Mo 12,4; 25,7; 2. Mo 7,7; 5. Mo 34,7; Lk 3,23
Welches Zeitverständnis herrscht in der Bibel?
Bist du bereit, auf Gottes perfektes Timing zu warten?

Stoßgebete

„Da betete ich zu dem Gott des Himmels“ (Vers 4).

Zum Lesen & Nachdenken – Nehemia 2,3-5

Auf die Frage des Königs, warum er so traurig aussähe, ergreift Nehemia die Gelegenheit und fragt um Erlaubnis, nach Jerusalem gehen zu dürfen, um seinem Volk zu helfen, die Stadt in ihrem alten Glanz wieder aufzubauen. Zuvor schickt er ein Stoßgebet zum Himmel. Obwohl der König den ersten Schritt getan hatte, spürt Nehemia, dass er beim Vortragen seines Anliegens Gottes Hilfe braucht.

Wie anders könnten viele Dinge verlaufen, wenn wir lernen würden, in unseren Herzen Gott anzurufen, wann immer wir vor einer schwierigen Situation stehen. Ich meine damit keine leere „magische“ Gebetsformel noch eine bestimmte Wortwahl, sondern eine geistliche Haltung, die sagt: „Herr, schenke du mir Weisheit in dieser Situation. Sei du meine Kraftquelle.“ Allerdings war Nehemias detailliert vorgetragene Bitte nicht das Ergebnis eines Stoßgebets, sondern vielmehr der Stunden, die er vier Monate lang in der Fürbitte verbracht hatte. Wie beharrlich muss er nach dem Willen Gottes gefragt, wie inständig ihn angefleht haben!

Stoßgebete haben ihre Berechtigung, doch sie können niemals ein Ersatz sein für das intensive, fürbittende Gebet. Wir alle würden gern spontane, wunderbare Gebetserhörungen erleben. Aber auch hier gilt manchmal: Ohne Fleiß keinen Preis.

Vater, ich weiß, es gibt eine Zeit für Stoßgebete und eine Zeit für das ausdauernde, inständige Gebet. Hilf mir, die Notwendigkeit beider zu erkennen und beides zu seiner Zeit anzuwenden. In Jesu Namen. Amen.

1. Mo 32,22-30; Lk 6,12
Worin liegt die Stärke der Gebete Jakobs und Jesu?
Im Gebet mit Gott ringen und trotzdem in ihm geborgen sein – wie lässt sich das vereinbaren?

„Gesandt, sicher und versorgt"

„Und der König gewährte es mir, weil die gute Hand meines Gottes über mir war" (Vers 8).

Zum Lesen & Nachdenken – Nehemia 2,6-9

Wie wichtig diese vier Monate des Fastens und Betens für Nehemia waren, zeigt die durchdachte Art, in der er seine Bitte vor den König bringt. Göttliche Weisheit und Eingebung ermöglichen ihm, sein Anliegen klar und deutlich zu formulieren.

Nur einer verfügte damals über die notwendigen Mittel, um Jerusalem wieder aufzubauen – König Artaxerxes. Im Gebet wurde Nehemia klar, wie er diesen großen Plan verwirklichen konnte und was er dazu brauchte, wie etwa ein amtliches Schreiben des Königs, das ihm die sichere Durchreise durch die verschiedene Provinzen garantieren würde. Deshalb ist auch dieser Punkt in seiner Bitte enthalten. Einer der Wälder des Königs befand sich in der Nähe Jerusalems; daher bat Nehemia auch um einen amtlichen Brief an den königlichen Oberforstverwalter. Verlangte er zu viel? Keineswegs! Der König war sehr wohl in der Lage, ihm sämtliche Bitten zu erfüllen, und alle diese Vorkehrungen waren notwendig, um die einmal begonnene Aufgabe zu Ende zu führen.

Dies sollte uns Mut machen, unsere Anliegen ruhig ausführlich und nicht zu bescheiden vor Gott zu bringen. Doch obwohl Nehemia sich mit all seiner Kraft für seine Pläne eingesetzt hatte, schrieb er es nicht sich selbst zu, dass der König ihm seine Bitte erfüllte, sondern der „guten Hand Gottes über ihm" (siehe Vers 8). Danach konnte er beruhigt seine Reise antreten, denn der König hatte ihn gesandt und gewährte ihm Begleitschutz und eine sichere Durchreise. Er wusste, für alle seine Bedürfnisse war gesorgt. Dies gilt auch für uns, wenn wir einen Plan im Reich Gottes ausführen wollen: Wir sind gesandt, sicher und für uns ist gesorgt.

O Vater, schenke mir die demütige Haltung Nehemias, so dass ich mich nie der Dinge rühme, die du durch mich tust, als hätte ich sie ohne deine Hilfe vollbracht. Dies erbitte ich im Namen Jesu Christi. Amen.

1. Mo 45,1-15; 1. Kön 17,1-16; Mt 2,13-23
Was ist die Erfahrung von Josef, Elia und dem Josef des NT? Wann wurde ihnen klar, dass sie „gesandt, sicher und versorgt" sind?

Wie viele Überstunden macht der Teufel?

„Und als Sanballat … und Tobija … [davon] hörten, bereitete es ihnen großen Verdruss, …" (Vers 10).

Zum Lesen & Nachdenken – Nehemia 2,10

In diesem Vers erfahren wir, dass Sanballat, der Statthalter der persischen Provinz Samarien, und sein Bevollmächtigter Tobija nicht besonders begeistert waren, als sie hörten, dass Nehemia auf dem Weg nach Jerusalem sei. Diese beiden Männer werfen einen dunklen Schatten über die Ereignisse. Als einflussreiche Persönlichkeiten stellten sie sich gegen Nehemia und versuchten, ihm bei allem, was er tat, Steine in den Weg zu legen. Sanballat und Tobija wussten genau, welches Ziel Nehemia verfolgte – die Wiederherstellung der heiligen Stadt. Als Feinde Gottes war nicht nur Gott selbst, sondern auch sein Knecht Nehemia die Zielscheibe ihres Hasses.

Aus der Geschichte der Christenheit wird eines ganz deutlich: Wann immer Christen am Reich Gottes bauen, tritt der Satan auf den Plan, in der Absicht, sie zu hindern. Damals lebten etwa 50 000 Juden in Juda, aber sie schienen sich wenig um den Zustand Jerusalems und das zerstörte Erbe ihres jüdischen Glaubens zu kümmern. Als jedoch bekannt wurde, dass Nehemia kommen wollte, um die Stadt wieder aufzubauen, wurde in der unsichtbaren Welt der Krieg erklärt. Denn sobald sich jemand entschließt, aktiv zu werden und Dingen, die im Argen liegen, den Kampf anzusagen, beginnt eine geistliche Schlacht.

Und ich frage mich: Wie viele Überstunden muss der Teufel machen, weil wir die Initiative ergreifen, um etwas für Gott zu tun? Oder, anders ausgedrückt: Wie bekannt sind wir in der Hölle? Auf jeden Fall können wir davon ausgehen: Sobald wir als Bürger des Reiches Gottes aktiv werden, wird der Satan nicht tatenlos zusehen. Wenn wir den geistlichen Kampf fürchten, dann sollten wir lieber passiv bleiben.

O Herr, wie kann ich passiv bleiben, wenn so viel auf dem Spiel steht? Manche Stadtmauern deines Königreichs wurden durch Unglauben und Gleichgültigkeit zerstört. Gib mir den Mut, den Nehemia hatte – den Mut, mich zu meiner Überzeugung zu bekennen und den Kampf aufzunehmen. Amen.

Eph 6,10-18; Offb 12,7-12; Lk 10,17-20
Wie bereiten wir uns auf den geistliche Kampf vor?
Worüber sollen wir uns freuen, wenn wir unseren Sieg feiern?

Bestandsaufnahme

„Ich hatte aber keinem Menschen mitgeteilt, was mein Gott mir ins Herz gegeben hatte, für Jerusalem zu tun“ (Vers 12).

Zum Lesen & Nachdenken – Nehemia 2,11-16

Nach einer ungefähr zweimonatigen Reise erreicht Nehemia Jerusalem. Obwohl er ein Mann der Tat ist, nimmt er sich Zeit, um sich vor Ort ein genaues Bild zu machen. Er wartet zunächst drei Tage, bevor er sich zu Pferd aufmacht und die Stadtmauern inspiziert. Um bei den Feinden Israels kein Aufsehen zu erregen, unternimmt er seine Erkundungen bei Nacht.

Seine Exkursion führt ihn durch das Taltor. An manchen Stellen ist der Weg derart durch Trümmer verbaut, dass er absteigen und zu Fuß weitergehen muss. Nachdem er die Stadt umrundet hat, kehrt er durch dasselbe Tor wieder zurück. Wir können nur vermuten, was Nehemia bei diesem Erkundungsritt empfand. Jerusalem war einst eine mächtige Festung mit hohen, scheinbar uneinnehmbaren Mauern. Was sich ihm nun bot, war ein Bild des Jammers. Wie schwer ums Herz muss ihm gewesen sein, als er das sah!

Wann immer es für Gott eine Aufgabe zu erfüllen gilt, brauchen wir treue Christen mit einer Last auf der Seele, die eine ähnliche Reise antreten. Menschen, die sich ein Bild von der Lage machen, die über die Zerstörung weinen, die in einem dunklen Garten Gethsemane im Gebet ringen. Manche Christen sind der Meinung, dass man negative Umstände von vornherein ausklammern sollte, da sie den Glauben schwächen. Was für ein Glaube ist das, der den Tatsachen nicht standhalten kann? Natürlich sollte uns das Schreckliche nicht völlig absorbieren, doch wir dürfen uns der Realität nicht verschließen. Alle großen Dinge, die Gott durch Menschen tut, beginnen damit, dass jemand – wie Nehemia – beherzt genug ist, den Tatsachen ins Auge zu sehen, eine Bestandsaufnahme zu machen und dann mutig anzupacken.

Mein Vater und mein Gott, hilf mir zu lernen, wie ich realistisch sein kann, ohne pessimistisch zu werden. Lehre mich, meinen Blick wieder rechtzeitig von den Problemen abzuwenden, um auf dich zu schauen. Dies bitte ich dich im Namen Jesu. Amen.

1. Sam 3,1-18; 26,7-12
Was empfing Samuel, während Eli schlief?
Welches Argument führt David ins Feld, angesichts des schlafenden Saul?

Lieber heute als morgen!

„Kommt und lasst uns die Mauer Jerusalems [wieder] aufbauen, damit wir nicht länger geschmäht werden“ (Vers 17).

Zum Lesen & Nachdenken – Nehemia 2,17-18

Nach drei Tagen und dem nächtlichen Erkundungsritt Nehemias war man sicherlich neugierig, was der wahre Hintergrund seines Besuches sei. Als strategischer Denker wusste Nehemia das Interesse der Leute zu wecken, indem er seine Absichten möglichst lange geheim hielt.

Nachdem er sich einen Überblick von der Lage vor Ort verschafft hatte, hielt er es für an der Zeit, die Bewohner Jerusalems zu informieren: „Ihr seht selbst unser Elend. Die Stadt ist ein einziger Trümmerhaufen. Kommt, lasst uns die Mauer wieder aufbauen, damit diese Schande aus der Welt geschafft wird!“ Das war genau die Motivation, die die Leute von Jerusalem brauchten.

Manchmal wird unsere Sicht in geistlichen Dingen von dem allzu Bekannten verschleiert. Dann brauchen wir jemanden mit einer klaren geistlichen Perspektive, der uns den Kopf zurechtrückt und sagt: „Wenn du denkst, dies hier sei der Normalzustand, dann liegst du falsch.“ Wie sieht es in deinem Leben aus? Gibt es da „Mauern“ in Schutt und Asche, die dringend wieder aufgebaut werden müssten? Vielleicht ist das Feuer, mit dem du einst für Gott branntest, weitgehend erloschen, und du begründest heute deine Glaubenserfahrungen eher rational: „Das Leben ist eben so. Man kann nicht immer nur geistliche Höhenflüge haben.“ Eine solche Einstellung kann gefährlich sein.

Stattdessen möchte ich dir Mut machen und sagen: „Sieh dich um. Siehst du die Trümmer um dich herum? Zerstörte Stadtmauern machen Gott keine Ehre. Komm, lass sie uns wieder aufbauen – lieber heute als morgen!“

Vater, dein Wort trifft meine Seele wie ein Pfeil und dringt tief in sie ein. Ich will deinem Ruf nachkommen, Zerstörtes wieder aufzubauen. Bitte, hilf mir, noch heute die ersten Schritte zu unternehmen. Amen.

Gal 1,6-9; 3,1-9; 5,7-10; Hebr 3,12-14; 6,1-2; 10,22-25
Welche Stellen aus dem Galaterbrief sprechen dich an? Inwiefern können die Verse aus dem Hebräerbrief eine Ermutigung für dich sein?

Dem Teufel die Stirn bieten

„Der Gott des Himmels … lässt es uns gelingen" (Vers 20).

Zum Lesen & Nachdenken – Nehemia 2,19-20

Wie wir bereits gesehen haben, mobilisiert der Satan seine Streitkräfte, sobald wir mit dem Wiederaufbau beginnen wollen.

Sanballat, Tobija und Geschem, der Araber (ein weiterer einflussreicher Mann) sind drauf und dran, Nehemias Plan zu durchkreuzen. „Da habt ihr euch etwas Großes vorgenommen!", spotten sie. „Eine Nummer zu groß für euch! Wollt ihr euch am Ende noch gegen den König auflehnen?" (Vers 19). Hier wird darauf angespielt, dass sich die Juden in Jerusalem schon von alters her immer wieder gegen die Könige aufgelehnt hatten, und ein Wiederaufbau schon einmal durch König Artaxerxes verhindert worden war (Esra 4,11-23). Sanballat, Tobija und Geschem versuchen also, die Leute mit solchen Mitteln einzuschüchtern. Aber sie haben die Rechnung ohne Nehemia gemacht! Noch bevor die Juden reagieren können, antwortet Nehemia: „Der Gott des Himmels wird es uns gelingen lassen. Wir, seine Diener, machen uns ans Werk und bauen die Mauer auf. Euch aber geht Jerusalem nichts an; denn ihr habt hier weder Grundbesitz noch irgendeinen Rechtsanspruch, ihr habt euch auch nie um die Stadt verdient gemacht!" (Vers 20; Gute Nachricht).

Wie dringend brauchen wir heute in der Gemeinde Jesu Männer und Frauen, die sich zu Wort melden und dem Teufel die Stirn bieten! Menschen, die sagen: „Mit deinen Drohungen kannst du uns nicht einschüchtern, Satan. Du wirst uns nicht von unserem Ziel abbringen, am Reich Gottes zu bauen und unseren König zu verherrlichen!" Nehemia gründete sein Vertrauen nicht auf seine Bevollmächtigung durch König Artaxerxes, sondern auf den Auftrag des himmlischen Königs. Das allein verlieh ihm die Kraft, den Feinden Gottes entgegenzutreten und – sinngemäß – zu sagen: „Ich stehe auf heiligem Boden. Dies ist Gottes Territorium! Ihr habt hier kein Wegerecht." Der Satan ist dreist genug, seine Zelte im Herrschaftsgebiet Gottes aufzuschlagen. Und es wird Zeit, dass wir ihn hinauswerfen.

O Vater, vergib uns unsere Zaghaftigkeit angesichts des Satans und seiner Streitkräfte. Wir wissen, dass wir es allein mit ihm nicht aufnehmen können, doch mit dir sind wir unschlagbar. Hilf uns, uns ihm mutig entgegenzustellen. Amen.

Lk 11,24-26; 7,18-23

Was lehrt uns Jesus über den Satan und seine Mächte?

Können die Zeichen und Wunder, von denen die Bibel berichtet, eine Ermutigung für uns sein?

Wichtige Prinzipien

„Und der Hohepriester Eljaschib machte sich mit seinen Brüdern, den Priestern, auf, und sie bauten das Schaftor“ (Vers 1).

Zum Lesen & Nachdenken – Nehemia 3,1-2

Nehemias Aufruf „Kommt, lasst uns die Mauer wieder aufbauen!“ bleibt nicht ohne Folgen: Es scheint so, als ob sich alle Bewohner Jerusalems angesprochen fühlen und die Ärmel hochkrempeln. Unter Nehemias weiser Leitung bauen zuerst die Priester. Gerade sie hätten sich leicht vor dieser Pflicht drücken und sich damit entschuldigen können, sie hätten schließlich andere, heiligere Dinge zu tun. Umso mehr spricht es für sie, dass sie sich als Erste an den Arbeiten beteiligen. Und indem sie das Mauerstück dann dem Herrn weihen, setzen sie einen wichtigen geistlichen Akzent als Vorbild für die anderen. Wer in Kapitel 3 weiterliest, wird feststellen, dass es in jedem Absatz um ein anderes Stadttor geht, angefangen mit dem Schaftor und dann entgegen dem Uhrzeigersinn um die Stadt herum.

Es muss ein ungewöhnlicher Anblick gewesen sein, wie der Hohepriester Eljaschib und die anderen Priester voller Begeisterung auf einer Baustelle arbeiteten. Management-Experten wissen, dass Koordination eines der wichtigsten Prinzipien der Leiterschaft ist. Dazu gehört, Menschen und ihre Aufgaben so miteinander zu verknüpfen, dass das Ergebnis ein sinnvolles Ganzes bildet. Wir werden feststellen, dass dieses Prinzip in diesem Kapitel noch öfter zum Tragen kommt.

Die Kirche Christi ist kein Wirtschaftsunternehmen; dennoch kann sie sich einige Strategien aus der Wirtschaft zunutze machen. So ist eine gute Koordination in der Gemeinde Jesu genauso vonnöten wie in der Geschäftswelt. Gemeinden, in denen der Pastor die Rolle des „Alleinunterhalters“ spielt, können sich nicht weiterentwickeln. Eine solche Einstellung erstickt die Gaben im Keim, die Gott jedem Christen geschenkt hat. Ohne Koordination ist kein Wachstum möglich – weder für den Einzelnen noch als Gemeinschaft.

Vater, mir ist bewusst, dass es überall richtige und falsche Vorgehensweisen gibt – sei es in der Gemeinde oder in der Geschäftswelt. Berufe ganz viele heutige Nehemias, die helfen, die brach liegenden Fähigkeiten und Gaben in deiner Kirche zu entdecken und zu koordinieren. Amen.

Mt 5,23-24; Mk 3,31-35; 10,17-22; Lk 9,57-62; 14,25-27
Welche wichtigen Prinzipien werden hier dargestellt? Welche gelten für die Gemeinde genauso wie für den Einzelnen?

Welches ist deine Gabe?

***„Und daneben besserte Meschullam aus ....
Und daneben ... Zadok“ (Vers 4).***

Zum Lesen & Nachdenken – Nehemia 3,3-4

Die Formulierung in unserem heutigen Vers – „daneben“, bzw. „neben ihnen“ oder „neben ihm“ – wird uns in diesem Kapitel noch öfter begegnen. Nehemia wusste, wo er seine Leute einsetzen konnte, und wer für welche Arbeit am Besten geeignet war. Wie anders könnte es in unseren Gemeinden heute aussehen, wenn die geistlichen Leiter dem Einzelnen helfen würden, seine Gaben zu entdecken! Wie viel zufriedener wären unsere Mitarbeiter, wenn sie etwas tun könnten, was wirklich ihren Gaben entspricht, anstatt manchmal widerwillig und aus reinem Pflichtgefühl irgendeinen Dienst zu versehen.

Hast du schon für dich entdeckt, wo dein Platz im Leib Christi ist? Schon viele Jahre lang beobachte ich mit Besorgnis, dass zahlreiche Christen keine Ahnung haben, welche geistliche Gabe (oder Gaben) sie besitzen. Meiner Meinung nach hat jeder Christ *wenigstens eine* geistliche Gabe. Wird sie nicht entdeckt und entwickelt, sind Minderwertigkeitsgefühle, Entmutigung und Enttäuschung die Folge. Wer geistlich wachsen will, muss jedoch seine Motivation einer gründlichen Prüfung unterziehen. Geistliche Reife lässt sich nicht durch passives Treibenlassen erreichen, sondern nur durch Gebet und ernsthaftes Nachdenken.

Wer seine Gaben nicht kennt, läuft Gefahr, mit einem Minimum an Effizienz und einem Maximum an Frustration durchs Leben zu gehen. Wer dagegen um seine Gaben weiß, der wird mit einem Minimum an Erschöpfung und Widerwillen ein Maximum an Erfolgen erzielen.

Vater, zeige mir, welche Dienste ich aus reinem Pflichtgefühl erfülle, obwohl sie mir nicht entsprechen und hilf mir, meine wirklichen Gaben zu entdecken. Darum bitte ich dich in Jesu Namen. Amen.

Lk 19,11-26; Apg 9,36-39; 1. Kor 12,4-11; 12,27; 14,5; 14,12
Wer hat darunter zu leiden, wenn wir unsere geistlichen Gaben nicht einsetzen?
Welche Gaben wurden dir anvertraut?

Der unbeugsame Nacken

„Aber die Vornehmen unter ihnen beugten ihren Nacken nicht zum Dienst für ihren Herrn“ (Vers 5).

Zum Lesen & Nachdenken – Nehemia 3,3-5

Wenn wir unsere Rolle als Glieder des Leibes Christi nicht kennen oder missverstehen, ist auch mit unserem Dienst für den Herrn nicht viel los. Progressive, dynamische Gemeinden haben Leitungspersönlichkeiten, die dieses Prinzip begriffen haben und ihren Gemeindegliedern helfen, ihre Gaben zu entwickeln.

Schauen wir uns einmal den heutigen Text genauer an. Zunächst sehen wir die Söhne Senaas, die das Fischtor ausbessern. Dieses Tor war einer der strategischen Punkte Jerusalems, und zweifellos arbeiteten die Männer besonders sorgfältig an seiner Rekonstruktion. In Vers 5 heißt es dagegen plötzlich: „Und daneben besserten die Tekoiter aus. Aber die Vornehmen unter ihnen beugten ihren Nacken nicht zum Dienst für ihren Herrn.“ Auch der Prophet Amos stammte aus Tekoa, und ich frage mich, was er wohl gesagt hätte über diese Aristokraten, die sich weigerten, sich am Wiederaufbau zu beteiligen.

Ich denke, ihr Problem war weniger ihre Faulheit als vielmehr ihr Stolz. Das Bild, sie „beugten ihren Nacken nicht“ weckt die Vorstellung eines Ochsen, der sich sträubt, das Joch zu tragen. Der unbeugsame Nacken ist ein Sinnbild des Stolzes in der Bibel. Und wir dürfen nicht vergessen, dass Stolz die allererste Sünde war. Stolz wurde dem Satan, dem „gefallenen Engel“, zum Verhängnis und sein Verderben. Stolz ist Gift für unser geistliches Wachstum. Deshalb – wenn Christus in uns leben soll, muss der Stolz in uns sterben.

Herr Jesus Christus, hilf mir, diese Aussage in ihrer ganzen Tragweite zu verstehen: Wenn der Stolz in mir nicht stirbt, kannst du nicht in mir leben. Befreie mich von meinem „unbeugsamen Nacken“ und einer überheblichen Haltung. Um deines Namens Willen. Amen.

2. Mo 32,1-14; 32,30-33; Mt 5,3-10
Was tat Mose, damit das Volk Vergebung empfangen konnte?
Was ist denen verheißen, die ihren Stolz abgelegt haben?

T-e-a-m-w-o-r-k

„Und ihnen zur Seite besserte Melatja, der Gibeoniter, aus und … Männer aus Gibeon und Mizpa, die zum Amtsbereich des Statthalters diesseits des Stromes gehörten“ (Vers 7).

Zum Lesen & Nachdenken – Nehemia 3,6-7

In den vergangenen Tagen konnten wir uns von Nehemias Stärken als Führungspersönlichkeit überzeugen. Nach dem Prinzip der Koordination wies er jedem die Arbeit zu, für die er am Besten geeignet war. Ein anderes wichtiges Prinzip ist die Kooperation. Selbst wer dieses dritte Kapitel nur oberflächlich liest, wird bemerken, dass hier Nehemias Gabe zutage tritt, Menschen zur Zusammenarbeit anzuleiten. Mit Gottes Hilfe stellt er eine leistungsstarke Truppe von Arbeitskräften unterschiedlichster Herkunft zusammen: Priester, Leviten, hohe Verwaltungsbeamte und gewöhnliche Bürger, Kaufleute, Tempeldiener, Wachen, Bauern und Goldschmiede.

Ein Manager sagte einmal: „Das Wort ‚Erfolg‘ wird ‚T-e-a-m-w-o-r-k‘ buchstabiert.“ Er hatte die Beobachtung gemacht, dass „der Erfolg des Einzelnen mit dem Erfolg des Ganzen verknüpft ist“. Beachtenswert ist auch, dass an der Rekonstruktion des Jeschana-Tors Männer aus Gibeon und Mizpa beteiligt waren. Ihnen brachte die Instandsetzung der Stadtmauer Jerusalems keinen Vorteil ein, da sie weit entfernt von der Stadt lebten. Es wäre für sie ein Leichtes gewesen, ihre eigenen Interessen in den Vordergrund zu stellen und sich von einem Projekt, das sich für sie persönlich nicht lohnt, zu distanzieren. Doch nach Gottes Plan sollten die Mauern Jerusalems ein Symbol der Rettung sein und seine Stadttore ein Symbol des Lobpreises. Und ich bin überzeugt, dass es diesen Männern – obwohl sie nicht in Jerusalem wohnten – am Herzen lag, dass diese Wahrzeichen der Herrlichkeit Gottes wiederhergestellt wurden.

Wenn wir zu Christus gehören, dann sollten sämtliche persönlichen Belange und Interessen zweitrangig sein. An erster Stelle sollte immer das Bauen am Reich Gottes stehen.

Vater, ich möchte mir diese Erkenntnis wirklich zu Herzen nehmen. Hilf mir, meine Zeiteinteilung und alles, was ich tue, im Licht deines Königreichs zu sehen. Schenke mir die Gnade, deine Prioritäten zu den meinigen zu machen. Dies erbitte ich im Namen Christi. Amen.

Jos 6,1-5; 6,15-16; 6,20; Lk 10,1-3; 10,17-20
Welche Bedeutung hat die Geschichte der Eroberung Jerichos heute?
Was können wir von Lukas über Teamwork lernen?

Seite an Seite

„Und daneben besserte Schallum … aus, … er und seine Töchter“ (Vers 12).

Zum Lesen & Nachdenken – Nehemia 3,8-12

Nehemia besaß also zweifellos die Gabe, Männer und Frauen mit unterschiedlichen Voraussetzungen und Begabungen zur gemeinsamen Arbeit an der Jerusalemer Mauer zu motivieren. Dass diese Menschen Seite an Seite an dem großen Projekt mitwirkten, ist keine Selbstverständlichkeit. Ausreden hätte es genug gegeben: Die Priester hätten sich (wie wir bereits feststellten) auf ihren geistlichen Lorbeeren ausruhen können; die Goldschmiede hätten darauf verweisen können, dass ihre Hände zu solch groben Arbeiten nicht geeignet seien; die führenden Beamten hätten darauf bestehen können, eine eher überwachende und organisatorische Aufgabe zu übernehmen. Stattdessen arbeiteten sie Schulter an Schulter.

In unserem heutigen Textabschnitt sehen wir zum Beispiel, wie ein Goldschmied und ein Salbenmischer Hand in Hand arbeiteten, um das Jeschana-Tor zu reparieren. Schallum, dem die zweite Hälfte des Bezirks Jerusalem unterstand, wurde von seinen Töchtern unterstützt. Diese jungen Frauen zeigten, dass sie sich nicht scheuten, ihre Hände durch harte Männerarbeit schmutzig zu machen. Wie schaffte es Nehemia, diese unterschiedlichen Menschen alle unter einen Hut zu bringen? – Durch seine Gabe der Leiterschaft und sein ansteckendes Beispiel. Gottes Geist befähigte ihn, den Menschen seine Vision zu vermitteln und sie von der Wichtigkeit dieser Aufgabe zu überzeugen.

Die Gemeinde Christi braucht dringend solche geistlichen Leiter. Sollten wir nicht heute verstärkt um starke christliche Führungspersönlichkeiten beten?

Vater, hilf mir, daran teilzuhaben, für die leitenden Persönlichkeiten im christlichen und weltlichen Bereich zu beten, die wir dringend brauchen. Vielleicht ist etwas dran, dass wir immer die Führungskräfte bekommen, die wir verdienen. Bitte hilf uns in Jesu Namen. Amen.

Ri 6,11-16; 7,2-7; 7,16-21; Lk 5,1-11
Welche Eigenschaften brauchen leitende Persönlichkeiten?
Was sind die Anforderungen und Ergebnisse, wenn Menschen Seite an Seite arbeiten?

Anerkennung und Lob

„Sie bauten … [weiter] tausend Ellen an der Mauer bis zum Aschentor“ (Vers 13).

Zum Lesen & Nachdenken – Nehemia 3,13-14

Heute wollen wir uns mit einer weiteren Voraussetzung erfolgreicher Leiterschaft beschäftigen – Wertschätzung und Lob. Gemeint ist in dem Zusammenhang die Bereitschaft, den Einsatz seiner Mitarbeiter zu würdigen und ein persönliches Interesse für die Menschen, für die man verantwortlich ist, an den Tag zu legen. Obwohl in diesem Kapitel nicht beschrieben wird, dass Nehemia herumgeht und die Leute lobt, wird doch deutlich, dass er Interesse für sie zeigt.

Man mag die Aufzählung all der Namen derer, die an den verschiedenen Toren arbeiteten, langatmig und ermüdend finden, doch dies spricht für die Wahrnehmung Nehemias, der die Leute kannte und genau wusste, wer mit welcher Aufgabe betraut war. Auch das oft wiederholte Verb „bessern, ausbessern“ lässt darauf schließen, dass Nehemia alles, was getan wurde, bemerkte und schätzte. Am deutlichsten kommt dies meiner Meinung nach in Vers 13 zum Ausdruck, wo es heißt, dass Hanun und die Einwohner von Sanoach ein Mauerstück von rund 500 Metern ausbesserten, während neben ihnen Malkija, der allein arbeitete, nur das Aschentor reparierte (Vers14). Nehemia würdigte die kleinen Arbeiten genauso wie die großen. In seinen Augen war jeder Mensch wertvoll und durfte weder manipuliert noch ausgebeutet werden.

Wir alle bedürfen der Anerkennung. Wir brauchen das Gefühl, etwas wert zu sein. Ich weiß, dass es mir so geht, und ich denke, ich spreche da nicht für mich allein. Die Bibel lässt keinen Zweifel daran, dass wir für Gott wertvoll sind. Aber es ist schön, auch hin und wieder von Menschen gesagt zu bekommen, dass sie uns schätzen und achten.

Herr, vergib mir, wenn ich mich manchmal wertlos fühle und dann dies als Ausrede benutze, anderen meine Wertschätzung nicht zu zeigen. Ich weiß, dass dir dieses Verhalten missfällt. Schenke mir die Fähigkeit, lieber zu geben als zu empfangen. Amen.

1. Mo 41,1-16; 41,28-45; Mt 25,14-23; Lk 17,11-19
Wenn wir gelobt werden, warum gebührt dann Gott die Ehre? Lass die vergangene Woche vor deinem geistigen Auge vorüberziehen. Wofür kannst du Gott danken?

„Gute Arbeit, Malkija!“

„Und das Aschentor besserte Malkija … aus, der Oberste des Bezirks von Bet-Kerem“ (Vers 14).

Zum Lesen & Nachdenken – Nehemia 3,14-27

Wie „Koordination“ oder „Zusammenarbeit“, so kommen auch „Lob“ oder „Wertschätzung“ in unserem Text nicht wörtlich vor. Doch wenn wir zwischen den Zeilen lesen, ist diese Grundhaltung unübersehbar.

Nehemia kannte jeden einzelnen Arbeiter beim Namen. Wir dagegen leben heutzutage in einem Zeitalter der zunehmenden Entfremdung. Das Leben ist anonymer geworden. Kundennummern, Mitgliedsnummern und Bankverbindungen zählen mehr als Namen. Manche Einzelhändler (nicht alle) interessiert vor allem, dass der Kunde kaufkräftig ist – nicht so sehr, ob er für sein Geld einen reellen Gegenwert bekommt. Kürzlich las ich einen Bericht über eine psychologische Studie, bei der eine Gruppe Freiwilliger von der Umwelt isoliert und nur noch mit einer Nummer angesprochen wurde anstatt mit Namen. Nach vier Wochen litten alle Teilnehmer an mehr oder weniger ausgeprägten Depressionen und einem vorübergehenden Verlust des Selbstwertgefühls. Ich bin so froh, dass wir in der Ewigkeit keine Nummern sein werden, sondern einen neuen Namen empfangen (Offb 2,17).

Ich bin überzeugt, dass ein Mann, der sich die Mühe machte, die Namen all derer aufzuschreiben, die beim Wiederaufbau der Mauer mithalfen, seine Anerkennung auch täglich mit Worten zum Ausdruck brachte. „Gute Arbeit, Malkija!“, höre ich ihn sagen. Mark Twain sagte einmal, von einem ehrlichen Lob lebe er einen ganzen Monat lang. Und es ist traurig, dass uns Kritik so viel schneller über die Lippen kommt als Lob.

Vater, befreie mich davon, dass ich eher nach Kritikpunkten Ausschau halte als nach Gelegenheiten für ein ehrliches Lob. Hilf mir, mich mit meiner Kritik zurückzuhalten und lass mein Lob von Herzen kommen. Darum bitte ich dich im Namen Jesu Christi. Amen.

Joh 1,1-2; 1. Joh 1,1-3; Phil 2,5-11; Offb 19,11-16
Was bedeutet es, dass Jesus als „das Wort“ bezeichnet wird? Warum gab Gott ihm diesen Namen ?

Geistliche Renovierungsarbeiten

„Oberhalb des Rosstores besserten die Priester aus, jeder seinem Haus gegenüber“ (Vers 28).

Zum Lesen & Nachdenken – Nehemia 3,28-32

In unserem heutigen Text kommen die Worte „oberhalb“ und „gegenüber“ vor. Daraus lässt sich schließen, dass Nehemia die Bauarbeiten so organisierte, dass die Leute in der Nähe ihrer Wohnhäuser eingesetzt wurden. So ersparte er ihnen, jeden Tag quer durch die Stadt zu fahren – was Zeit raubend und wenig effizient gewesen wäre. Ein weiterer Vorteil war, dass die Männer es sicherlich als beruhigend empfanden, im Falle eines feindlichen Überfalls in der Nähe ihrer Familien zu sein. Nehemia wusste um die Bedeutung von Heim und Familie als Kernzelle, in der jedes Wirken Gottes beginnt und verankert sein soll.

Ein erschreckender Trend in unserer heutigen Gesellschaft ist der Rückgang christlicher Werte in den Familien. Natürlich gibt es viele gläubige Familien, aber christliche Elternhäuser, in denen Jesus im Mittelpunkt steht und nach biblischen Richtlinien gelebt wird, sind selten geworden.

Und wir sollten uns ernsthaft fragen: Welche „Festungsmauern“ stärken unser persönliches Familienleben? Wie steht es mit dem gemeinsamen Gebet, der Familienandacht, mit unserer Glaubwürdigkeit als Eltern, mit gegenseitiger Solidarität und Offenheit? All diese Elemente können geistliche „Mauern“ sein, die eine Familie zusammenhalten. Jemand sagte einmal: „Wenn du einen Christen wirklich kennen lernen willst, dann beobachte, wie er sich zu Hause verhält.“ Vielleicht sollten wir uns, bevor wir uns das nächste Mal mit unserer Familie zu Tisch setzen, überlegen, welche geistliche Renovierungsarbeiten an unserem Zuhause notwendig sind. Lassen wir Jesus unser Familienoberhaupt sein!

Himmlischer Vater, mein Zuhause soll dein Zuhause sein. Hilf mir, zerstörte Mauern unseres Familienlebens wieder aufzubauen. Dabei möchte ich mit meiner eigenen Beziehung zu dir beginnen, und zwar noch heute. Dies erbitte ich in dem teuren Namen deines Sohnes. Amen.

Eph 5,22-6,4; 2. Tim 1,3-9; 1. Petr 3,1-7
Nimm diese Textstellen zu Hilfe, um deine familiären Beziehungen zu prüfen.
Bete für Familien in deinem Bekanntenkreis.

Führungsqualitäten

„Und zwischen dem Obergemach an der Ecke und dem Schaftor besserten die Goldschmiede und die Händler aus“ (Vers 32).

Zum Lesen & Nachdenken – Nehemia 3,28-32

Wie wir bereits gesehen haben, wendete Nehemia – lange bevor Management-Seminare für Führungskräfte wie Pilze aus dem Boden schossen – schon damals Taktiken an, die von Fachleuten heute als kennzeichnend für einen guten Führungsstil betrachtet werden. Er koordinierte die Arbeitseinsätze, förderte die Zusammenarbeit der Einzelnen durch die Vermittlung seiner klaren Vision und lobte sie für ihre gute Leistung. Heute kommen wir zum vierten Prinzip in der Liste der Führungsqualitäten: Kommunikation. Dazu gehört auch die Einweisung und sachkundige Anleitung jedes einzelnen Arbeiters, so dass jeder wusste, was er zu tun hatte und wo sein Platz war. Eingeschlossen war auch die Möglichkeit, Verantwortung zu delegieren, so dass bei Entscheidungen nicht jedes Mal die „oberste Instanz“ eingeschaltet werden musste.

In den verschiedenen Arbeitstrupps gab es je einen „Chef“. In Vers 17 lesen wir zum Beispiel: „Nach ihm besserten die Leviten aus [unter] Rehum.“ Nehemia koordinierte die Aufgaben, indem er die Stadtmauer in etwa vierzig Teilabschnitte untergliederte, wobei die Arbeiter jeweils einem bestimmten Abschnitt zugeordnet waren. Indem er das Projekt auf diese Weise strukturierte, behielt Nehemia den Überblick über die Arbeitsvorgänge und konnte mit den einzelnen Gruppen kommunizieren. Ein großes Projekt lässt sich besser managen, wenn es in mehrere, überschaubare Teilprojekte gegliedert ist. Gute Führungspersönlichkeiten wissen das und machen sich dieses Prinzip zunutze, um schwierige Aufgaben zu vereinfachen.

Diese Methoden können in jedem Arbeitsfeld angewendet werden, in das Gott uns beruft. Und ich wünsche mir, dass wir bei der Entwicklung unser eigenen Führungskompetenzen aus diesen Schilderungen Nehemias lernen. Hier noch einmal die vier Standbeine erfolgreicher Leiterschaft: Koordination, Kooperation, Anerkennung und Lob und Kommunikation. Wer sie beherzigt, wird ein Leiter nach dem Vorbild Nehemias sein.

Vater, mir ist bewusst, dass manche Dinge nicht von selbst passieren, sondern auf bestimmten Prinzipien beruhen. Lehre mich, wichtige geistliche Prinzipien zu erkennen und sie praktisch auf mein Leben anzuwenden. In Christi Namen. Amen.

Apg 6,1-7; 15,22-23
Was bewirkte die gute Kommunikation der Apostel? Welche Auswirkung hatte die Kommunikation für die Gemeinde in Antiochia?

Spott und Sarkasmus

„Wollen sie die Steine aus den Schutthaufen wieder zum Leben bringen? Sie sind doch verbrannt!“ (Vers 34).

Zum Lesen & Nachdenken – Nehemia 3,34-35

Wir haben bereits festgestellt, dass der Satan immer dann auf den Plan tritt, wenn Menschen etwas für Gott tun wollen. Dies ist für den Teufel ein guter Grund, jemandem den Krieg zu erklären.

Als Sanballat erfuhr, dass Jerusalems Mauern wieder aufgebaut werden sollten, wurde er zornig und erboste sich: „Was bilden sich diese elenden Juden eigentlich ein?“, gefolgt von dem spöttischen Kommentar Tobijas: „Sie sollen nur bauen! Wenn ein Fuchs an ihre Mauer springt, dann stürzt die ganze Herrlichkeit zusammen!“ (Verse 34 u. 35; Gute Nachricht). Das müsste eine ziemlich wacklige Mauer gewesen sein, wenn sie ein Fuchs hätte zum Einsturz bringen können! Sarkasmus, Spott und beleidigende Worte sind die beliebtesten Waffen Satans, wenn er die Gläubigen mürbe machen will.

Und ich frage mich, wie viele Christen heute am Arbeitsplatz wieder den abfälligen Bemerkungen von Seiten der Kollegen über ihren Glauben ausgesetzt sind. Oder vielleicht sogar von der eigenen Familie. Denn der Satan bedient sich besonders gern der Menschen, die uns nahe stehen, um uns zu kränken und zu entmutigen. C. S. Lewis schrieb in seinem Buch *Gott auf der Anklagebank*: „Die eigene Familie empfindet es als überaus störend, wenn Sie sonntags in aller Frühe aus den Federn springen, um zum Gottesdienst zu gehen. Würden Sie aus irgendeinem anderen Anlass früh aufstehen, wäre das nicht halb so schlimm. Doch wenn der Grund ist, dass Sie zur Kirche gehen möchten, wird man Ihnen vorwerfen, Sie seien egoistisch und nähmen keine Rücksicht auf den sonntäglichen Rhythmus der Familie.“ Es gibt Christen, die sind der Meinung, Gott sollte uns vor solchen Anfechtungen bewahren. Doch das ist nicht seine Art. Er beschützt uns nicht vor Anfechtungen, aber er steht uns in Anfechtungen bei. Wenn wir lernen, dies zu akzeptieren, werden uns die spitzen Pfeile des Teufels nichts mehr anhaben können.

Herr, hilf mir zu lernen, mich nicht darauf zu verlassen, dass du mir unbequeme und schmerzliche Situationen ersparen wirst. Lass mich vielmehr darauf vertrauen, dass du mir in solchen Situationen beistehen willst. Spott und Sarkasmus tun mir weh. Schenke mir die Gnade, dass ich allen Angriffen des Teufels gewachsen bin. Amen.

Apg 7,51-60; 12,1-17
Warum griff Gott deiner Meinung nach in Stephanus' Situation nicht rettend ein?
Warum tat er es dann bei Petrus?

Darf man so beten?

„Und decke ihre Schuld nicht zu, und ihre Sünde werde vor deinem Angesicht nicht ausgelöscht!“ (Vers 37).

Zum Lesen & Nachdenken – Nehemia 3,36-37

Als Reaktion auf Kritik und Spott tut Nehemia das, was wir alle in einem solchen Fall tun sollten: er schüttet Gott im Gebet sein Herz aus. Doch was für ein Gebet! Dieses Gebet hat von jeher die Gemüter bewegt, und Christen schämen sich dafür bis zum heutigen Tag, denn es scheint alles, was das Neue Testament über die Feindesliebe lehrt, mit Füßen zu treten. Warum lässt Gott dann zu, dass ein solches Gebet auch noch schriftlich festgehalten wird?

Dafür gibt es verschiedene Erklärungen. Eine lautet, Nehemias Reaktion sei eben typisch für die hitzige Mentalität der Völker des Mittleren Ostens – eine Auslegung, die Nehemia als einen Mann darstellt, der allein von seinen fleischlichen Impulsen bestimmt wird. Eine andere stützt sich darauf, die Lehre, seinen Feinden zu vergeben, sei ein neutestamentliches Motiv, weshalb man ein solches Denken im Alten Testament nicht erwarten könne. Aber entspricht das den Tatsachen? Bereits bei Mose (siehe 2. Mo 23,4-5), David und vielen anderen finden wir die Aufforderung zum fairen Verhalten und zur Nächstenliebe gegenüber den Feinden.

Ich weiß noch, wie ich auf dem College einen Tutor fragte, warum Gott zuließ, dass dieses Gebet ohne Zensur durchgehen konnte. Seine Antwort gab mir zu denken: „Nur ein wirklich geistlicher Mensch kann so beten.“ Manche Psalmen bedienen sich einer ähnlichen Sprache (z. B. Ps 35, 79, 109). Nehemia ging nicht eigenmächtig gegen die Leute vor, die sich ihm entgegenstellten, sondern er bat Gott, diese Ungerechtigkeit aus der Welt zu schaffen. Viele von uns sind geneigt, in ähnlichen Situationen auf diese Weise zu beten. Allerdings sollten wir uns dabei über unsere Beweggründe klar werden: Gilt unsere Empörung der Tatsache, dass man uns persönlich beleidigt hat – oder sind wir ehrlich bekümmert darüber, dass die Sache Gottes in den Schmutz gezogen wird?

Vater, hilf mir heute, mich beim Gebet nicht länger von persönlichen Verletzungen leiten zu lassen, sondern von einem echten Anliegen für andere und von dem Bestreben, dir zu dienen. Dies erbitte ich im Namen Jesu Christi. Amen.

Ps 79,1-13; 83,1-18; 94,1-23; 137,1-9; Röm 12,14-21
Worum bat der Psalmist?
Was lehrt Paulus in Bezug auf die Feindesliebe?

Wenn die Angst an deine Tür klopft...

„… ‚und das Volk war mit [ganzem] Herzen an der Arbeit!“ (Vers 38).

Zum Lesen & Nachdenken – Nehemia 3,38-4,1-5

Trotz der Anfeindungen von Sanballat und Tobija treiben die Bewohner Jerusalems, unter der starken Leitung Nehemias, die Bauarbeiten weiter voran. Bald schon ist die Höhe der Mauer zur Hälfte erreicht, denn die Leute sind „mit ganzem Herzen an der Arbeit“. Als die Feinde Judas erfahren, dass der Wiederaufbau voranschreitet, beschließen sie, gegen Jerusalem zu Felde zu ziehen.

Wie reagiert Nehemia auf diese beunruhigende Nachricht? Wieder sucht er Hilfe im Gebet. Doch diesmal besteht auch akuter Handlungsbedarf. „Da beteten wir zu unserem Gott und stellten eine Wache gegen sie auf, Tag und Nacht [zum Schutz] vor ihnen“, lesen wir (Neh 4,3). Es gibt Zeiten, da genügt das Gebet allein, und es gibt Situationen, in denen Beten und Handeln gleichermaßen wichtig sind, in denen sich der Glaube mit Taten verbinden muss.

Obwohl die Judäer unerschrocken und mit Eifer bei der Sache waren, kam der Augenblick, in dem einige von ihnen angesichts der Drohungen von Sanballat und seinen Anhängern den Mut verloren und aufgeben wollten. Dies ist erstaunlich, denn die Leute aus Juda waren bekannt für ihre Tapferkeit und Unerschrockenheit. Von ihnen heißt es im 1. Buch Mose: „Juda, du, dich werden deine Brüder preisen! Deine Hand wird auf dem Nacken deiner Feinde sein … Juda ist ein junger Löwe; … wer will ihn aufreizen?“ (1. Mo 49,8-9). Als Grund für ihre Entmutigung gaben sie körperliche Erschöpfung an, doch Nehemia wusste, dass sie in Wirklichkeit Angst hatten. Deshalb erinnerte er sie daran, auf den Herrn zu schauen, „den großen und furchtbaren“ (Vers 8). Angst kann nur durch Glauben überwunden werden – nicht durch den Glauben an sich selbst, sondern den Glauben an Gott. Deshalb: Wenn die Angst an deine Tür klopft, dann begegne ihr mit Jesus an deiner Seite. Und wundere dich nicht, wenn niemand mehr da ist, wenn du die Tür aufmachst.

Herr Jesus Christus, in deinem Herzen war keine Angst, die dich lähmte. Du hattest ein unerschrockenes Herz. Schenke mir auch ein solches furchtloses Herz, um deines heiligen Namens willen. Amen.

Lk 8,49-56; Jak 2,14-26
Was steht der Furchtlosigkeit im Wege?
Was ist das Ergebnis der Trennung von Glauben und Werken?

Mit Schwert und Maurerkelle

„Unser Gott wird für uns kämpfen!" (Vers 14).

Zum Lesen & Nachdenken – Nehemia 4,6-14

Nehemias dreifacher Schutzschild – Gebet, starke Wachen und der Auftrag, stets auf den Herrn zu schauen – bewährt sich so gut, dass er schreibt: „... da konnten wir alle zur Mauer zurückkehren, jeder an sein Werk" (Vers 9). Allerdings geht die Arbeit nun wesentlich langsamer voran, da nur noch die Hälfte der Arbeitskräfte zur Verfügung steht, denn die andere Hälfte muss die Speere griffbereit halten und Wache schieben. Ein Wächter steht bereit, um im Falle eines Angriffs sämtliche Leute durch das Blasen seines Widderhorns zusammenzurufen. Und in Vers 11 heißt es: „Die Träger trugen mit der einen Hand die Last, in der andern hielten sie eine Waffe" (Gute Nachricht).

Vielleicht hat der Satan unsere geistlichen Festungsmauern eingerissen, oder sie sind aufgrund unserer Vernachlässigung eingestürzt. Wenn wir sie wieder aufbauen wollen, müssen wir uns bewusst sein, dass es hier nicht um bloße Reparaturarbeiten geht, sondern um eine geistliche Schlacht. Die Bibel sagt, dass unser Widersacher, der Teufel, umher geht „wie ein brüllender Löwe und sucht, wen er verschlingen kann" (1. Petr 5,8). Und: „Denn unser Kampf ist nicht gegen Fleisch und Blut, sondern gegen die Gewalten, gegen die Mächte, gegen die Weltbeherrscher dieser Finsternis, gegen die geistigen [Mächte] der Bosheit in der Himmelswelt" (Eph 6,12). Mit dem Schwert in der einen und der Maurerkelle in der anderen Hand müssen wir uns an die Arbeit machen. Zusätzlich zu den Gaben, die Gott uns geschenkt hat, um sein Reich in dieser Welt zu bauen, brauchen wir ein Schwert, um uns gegen den Satan zu verteidigen. Das Schwert des Geistes ist das Wort Gottes. Je mehr wir Gottes Wort verinnerlichen, desto besser können wir dem Teufel und seinem Heer Widerstand leisten.

Dennoch sollten wir aufpassen, dass nicht das Kämpfen das Bauen ersetzt. Das Eine darf nicht auf Kosten des anderen stattfinden. Die Mauern müssen weiter wachsen – komme, was mag.

O Gott, hilf mir, dass die geistliche Kampfführung mich nicht so sehr gefangen nimmt, dass ich darüber den Blick für das Bauen an deinem Reich verliere. Zeige mir die Aufgabe, die du mir zugedacht hast und rüste mich aus, ihr auch im Kampf gegen den Feind gerecht zu werden. Amen.

1. Sam 17,37-40; 2. Kön 6,8-17
Warum konnte es David getrost ablehnen, Samuels Rüstung zu tragen?
Was wird in der Textstelle aus 1. Samuel deutlich?

Flexibilität ist Trumpf

„So arbeiteten wir an dem Werk – die Hälfte von ihnen hielt die Lanzen bereit – vom Aufgang der Morgenröte an, bis die Sterne hervortraten“ (Vers 15).

Zum Lesen & Nachdenken – Nehemia 4,15-17

Die letzten Verse dieses Kapitels zeigen, dass Nehemias Mut machende Worte und die Maßnahmen, die er ergriffen hat, einen positiven Einfluss auf seine Leute ausüben. Ihre Erschöpfung und Niedergeschlagenheit weicht einem entschlossenen Tatendrang. Hier wird keine Sekunde Tageslicht verschwendet. Die Wächter sind rund um die Uhr aktiv – vom Morgengrauen bis zum Einbruch der Dunkelheit. In diesen Versen wird vielleicht mehr als in allen anderen deutlich, weshalb Nehemia so erfolgreich war: Er war mit seinen Leuten solidarisch. Er war bereit, dieselben Entbehrungen zu erleiden, dasselbe Risiko einzugehen und sich denselben Gefahren auszusetzen wie sie. Derek Kidner schreibt in seinem Kommentar über Nehemia: „Er war kein Verfechter der Gleichheit für alle, doch durch seine besondere Führungsqualität und seinen persönlichen Einsatz war er die moralische Stütze schlechthin.“

Heutige Führungspersönlichkeiten könnten von Nehemias Verhalten in dieser Extremsituation viel lernen. Wann immer Schwierigkeiten auftauchten, begegnete er ihnen nüchtern und voller Vertrauen, dass nichts geschehen könne, was er nicht mit Gottes Hilfe bewältigen konnte. Er hatte sowohl ein Gespür für die Bedürfnisse seiner Leute als auch für die Intrigen jener, die ihn zu Fall bringen wollten. Auch wenn er manchmal enttäuscht gewesen sein mag, dass man sein Vorhaben zu durchkreuzen versuchte, verlor er nie den Blick für die Realität und war flexibel genug, seine Pläne darauf abzustimmen.

Die Bereitschaft, unsere Prioritäten neu zu setzen, wann immer es notwendig ist, ist etwas, wofür wir alle offen sein sollten, ganz gleich, ob wir in einer leitenden Funktion stehen oder nicht. Fehlt diese Bereitschaft, bewegen wir uns auf einem eingefahrenen Gleis.

O Herr, befreie mich von Unflexibilität – von einer Geisteshaltung, die notwendige Veränderung scheut. Zeige mir, wo in meinem Leben eine Neuorientierung dran ist und hilf mir, dann mit deiner Kraft die nötigen Schritte zu tun. Darum bitte ich dich im Namen Jesu. Amen.

Hebr 2,9-18; 4,15-16
Warum wurde Jesus Mensch wie wir?
Was bedeutet es für uns, dass er versucht wurde wie wir?

Arm und Reich

„Und es entstand ein großes Geschrei [der Leute aus] dem Volk und ihrer Frauen gegen ihre jüdischen Brüder" (Vers 1).

Zum Lesen & Nachdenken – Nehemia 5,1-5

In diesem Kapitel verschieben sich plötzlich die Perspektiven. Die Sorge um die Feinde Israels und den Wiederaufbau der Jerusalemer Stadtmauer weicht einem akuteren, vordringlicheren Problem – dem interner Spannungen unter dem Volk. Die Leute sind aufgebracht über die Zustände in der Stadt, verursacht durch die große Zahl der Zugereisten aus anderen jüdischen Stämmen: Die Lebensmittel sind knapp geworden, die Steuern übermäßig hoch und Ausbeutung und Sklaverei an der Tagesordnung. Manche reichen Stammesbrüder bessern skrupellos ihre eigenen Finanzen auf, indem sie ihren Landsleuten Darlehen mit überhöhten Zinsen gewähren und Häuser, Felder und Weinberge zu halsabschneiderischen Bedingungen pfänden. Wer die verpfändeten Ländereien und Häuser nicht auslösen konnte, war gezwungen, seine eigenen Kinder als Sklaven an die Kredithaie zu verkaufen (siehe Vers 5).

Das größte Problem in unserer heutigen Gesellschaft ist es, die klaffende Lücke zwischen Arm und Reich zu überbrücken, die Kluft zwischen den Privilegierten und den Unterprivilegierten. Auch Jakobus prangerte diese Zustände an (siehe Jak 2,1-13). Gott hatte bestimmt, dass die Reichen für die Armen sorgen und ihnen gegen ein Pfand leihen sollten, soviel sie brauchten (siehe 5. Mo 15,7-11), und zwar ohne Zinsen zu fordern (2. Mo 22,25; 3. Mo 25,36). Doch niemand hielt sich mehr an diese weisen Vorkehrungen Gottes.

Und es kann nicht lange gut gehen, wenn wir Gottes Lebensregeln, die uns durch die Bibel gegeben sind, missachten. Es gibt nur zwei Möglichkeiten: Wir können seine Weisungen befolgen oder wir müssen die Konsequenzen tragen.

O Gott, öffne mir die Augen, so dass ich erkenne, dass Segen darauf liegt, deine Gebote zu befolgen und deinen guten Weg zu gehen. Und dass ich, wenn ich eigene Wege gehe, auch bereit sein muss, die Folgen zu tragen. Hilf mir, immer den richtigen Weg einzuschlagen. Amen.

5. Mo 15,4-11; Jak 2,1-13

Wie ist der vermeintliche Widerspruch zwischen 5. Mose 15,4 und 15,11 zu deuten?

Arm und reich – wie begegnen wir dieser Ungleichheit?

Wie gehen wir mit unserem Zorn um?

„Da wurde ich sehr zornig, als ich ihr Klagegeschrei und diese Worte hörte" (Vers 6).

Zum Lesen & Nachdenken – Nehemia 5,6

Wie reagiert Nehemia, als er mit diesen internen Spannungen konfrontiert wird? Er wird „sehr zornig". Zorn ist etwas, wogegen selbst reife Christen nicht gefeit sind. Nur wenige von uns gehen durchs Leben, ohne dass sie ab und zu ihrem Ärger Luft machen müssen.

Im Laufe der Jahre habe ich beobachtet, wie Menschen auf unterschiedliche Art mit ihrer Wut umgehen. Manche versuchen, ihren Ärger zu unterdrücken oder wollen sich ihn nicht eingestehen. Sie verleugnen ihre Emotionen. Doch unterdrückte Gefühle suchen sich ein anderes Ventil und äußern sich dann manchmal in körperlichen Beschwerden. Andere wiederum lassen ihre Wut an jedem Menschen aus, der ihnen gerade in die Quere kommt. Wieder anderen gelingt es, ihren Zorn eine Weile zu unterdrücken, um ihn später auf jemanden zu projizieren, den sie damit einschüchtern können. Was tat Nehemia? Er stand zu seinem Zorn (Vers 6). Er gestand sich seine Gefühle ein und versuchte nicht, sie abzuwerten. Er ließ seine Wut auch nicht an anderen aus, sondern wusste sich zu beherrschen. Danach nahm er sich Zeit, alles gründlich zu durchdenken (Vers 7), und kam nach sorgfältigem Abwägen zu einem weisen Schluss, wie er in dieser Situation handeln sollte.

Wie anders würde unser Leben oft verlaufen, würden wir Nehemias Beispiel folgen! Wenn es uns leichter fiele, uns unseren Ärger einzugestehen, Selbstbeherrschung zu üben und dann die Situation vor den Herrn zu bringen und in unserem Herzen zu bewegen. Leichter gesagt als getan? Das mag sein. Doch es käme auf einen Versuch an!

Mein Gott und mein Vater, hilf mir, das nächste Mal, wenn ich negative Gefühle wie Zorn in mir aufsteigen fühle, so zu reagieren wie Nehemia. Präge diese Reaktion tief in meine Seele ein, so dass sie für mich so natürlich wird wie das Atmen. Darum bitte ich dich im Namen Jesu. Amen.

Joh 2,12-23; Mt 6,24; Eph 4,17-32
Durch welche Umstände ist Zorn gerechtfertigt?
Wie können wir verhindern, dass uns unser Zorn zur Sünde reizt?

Mutig vorpreschen

„Und ich sagte: Nicht gut ist die Sache, die ihr da tut! Solltet ihr nicht in der Furcht unseres Gottes leben, …?“ (Vers 9).

Zum Lesen & Nachdenken – Nehemia 5,7-11

Gestern haben wir gesehen, wie Nehemia auf konstruktive Weise mit seinem Zorn umging. Heute wollen wir uns mit der Lösung beschäftigen, zu der er nach reiflicher Überlegung kam.

Nehemia weiß, dass die Machenschaften der „Kredithaie“ unter dem Volk den Weisungen Gottes widersprechen, und er stellt die Schuldigen mutig zur Rede. Dabei wendet er sich zuerst gezielt an die führenden Männer Jerusalems und beruft dann eine Volksversammlung ein, so dass die ganze Sache an die Öffentlichkeit kommt. Hier bringt er seine Einwände noch einmal vor und fordert die führenden Männer auf, zu Gott zurückzukehren und nach seinen Richtlinien zu leben. Er wirft den Schuldigen vor, ihre eigenen Landsleute zu Sklaven gemacht zu haben, und sie schweigen betreten. Sie haben nichts zu ihrer Rechtfertigung vorzubringen, als er ihnen weiter ins Gewissen redet und sie auffordert, „in wahrer Gottesfurcht“ (V. 9, Gute Nachricht) zu leben und die gepfändeten Häuser und Ländereien den Eigentümern so schnell wie möglich zurückzugeben.

Manchmal gehört mehr dazu, als ein Problem objektiv zu durchdenken. Dann ist unser Mut gefragt, die Betreffenden zur Rede zu stellen. Doch meistens geben wir uns damit zufrieden, im Recht zu sein (wenn wir meinen, es zu sein). Nur dann, wenn man uns extrem provoziert, melden wir uns zu Wort und diskutieren mit der Gegenpartei über den Grund unseres Ärgers. Doch anstatt mutig vorzupreschen, hüllen wir uns am liebsten in Schweigen oder ziehen uns beleidigt zurück. Eine Ausrede, um Dinge nicht zu tun, die getan werden müssten, ist immer leicht zu finden.

Vater, bewahre mich davor, mich bei etwas, das dringend angesprochen werden müsste, selbstzufrieden zurückzulehnen. Und stärke meinen Entschluss, solche Dinge in Angriff zu nehmen – nicht, weil ich provoziert werde, sondern weil ich sicher bin, das Richtige zu tun. Amen.

2. Kön 12,1-15; 1. Kor 5,1-5
Was kann unsere guten Vorsätze lähmen?
Wann darf eine Gemeinde hart durchgreifen?

„So sei es"

„Und die ganze Versammlung sprach: Amen! Und sie lobten den HERRN" (Vers 13).

Zum Lesen & Nachdenken – Nehemia 5,12-13

Nach Nehemias scharfer Zurechtweisung machen die betrügerischen Pfandleiher einen Rückzieher und geloben, von ihren erpresserischen Methoden Abstand zu nehmen. Doch Nehemia kennt die menschliche Natur allzu gut, um sich auf bloße Versprechungen zu verlassen und lässt deshalb die Männer schwören, ihr Wort zu halten. Und wir werden Zeugen, wie sämtliche Beamten und Führungspersönlichkeiten der Stadt den feierlichen Eid leisten, ihren Landsleuten ihren Besitz zurückzugeben und sie nicht länger schamlos auszunutzen.

Auch hier begegnet uns Nehemia wieder als weiser Führer. Wir alle wissen, wie leicht Menschen versprechen, sich zu ändern, und wie schnell die guten Vorsätze vergessen sind und man wieder in alte Verhaltensmuster zurückfällt. Darauf angesprochen, bekommt man oft die lapidare Antwort: „Das habe ich nicht gewollt." Nehemia dagegen war Realist und überließ nichts dem Zufall. Deshalb fordert er von den Betreffenden, ihren Entschluss in der Öffentlichkeit zu bezeugen. Als sie den Schwur leisten, bekräftigt er ihn durch eine symbolische Handlung: Er schüttelt alles aus, was er in seinem Gewand trägt, zum Zeichen, dass Gott jeden hinauswerfen wird, der seinen Eid bricht.

Darauf antwortet die ganze Versammlung mit einem laut vernehmlichen „Amen" – „Ja, so sei es". In 5. Mose 27,15-26 begegnet uns dasselbe „Amen" als bekräftigende liturgische Formel, mit der das Volk seine Zustimmung ausdrückt. In unserem Fall, nachdem Nehemia gesprochen hat, antworten die Leute nicht nur mit „Amen", sondern sie loben und preisen den Herrn. So endet ein Tag, der sorgenvoll beginnt, in geistlicher Freude und Lobpreis. Das geschieht immer dann, wenn Unrecht aus der Welt geschafft und Gottes Gebote hochgehalten werden.

Mein Vater und mein Gott, hilf mir, nie einen Tag zu Ende gehen zu lassen, ohne zuvor Falsches richtig zu stellen, Vergebung zu üben und mein Leben nach deinem Wort auszurichten. Dies erbitte ich um deines heiligen Namens willen. Amen.

1. Kön 18,25-39; Lk 24,13-35
Was bedeuteten die Ereignisse auf dem Berg Karmel?
Was richtete die niedergeschlagenen Jünger wieder auf?

Die „Furcht vor Gott“

„Ich aber, ich machte [es] nicht so, aus Furcht vor Gott“ (Vers 15).

Zum Lesen & Nachdenken – Nehemia 5,14-15

Wir haben gesehen, wie die offensichtliche Einmütigkeit zu Anfang der Bauphase durch die Ausbeutung der Armen in ihren Grundfesten erschüttert wurde. Durch die Habgier der Reichen wurde eine schwere Krise heraufbeschworen. Nehemia löste dieses Problem durch seine Weisheit und Offenheit, mit der er den Verantwortlichen ihre Schuld vor Augen führte. Allerdings hätten sich die Leute wohl kaum von ihm irgendwelche Vorschriften machen lassen, wäre sein eigener Lebenswandel nicht vorbildlich und untadelig gewesen. In unserem heutigen Textabschnitt erzählt uns Nehemia, dass er trotz seiner vorrangigen Stellung in der Provinz Juda nie seine Position ausgenutzt hatte, um andere zu übervorteilen oder sich selbst zu bereichern. Er sagt: „Weil ich Gott ernst nahm, tat ich dies alles nicht“ (Vers 15; Gute Nachricht).

Seine Gottesfurcht war es, die Nehemias Handeln bestimmte. Dies gilt für alle Christen. Wenn wir Gott nicht fürchten und ihm nicht die Ehre geben, werden wir es in geistlicher Hinsicht nicht weit bringen. Die Bibel lehrt uns, dass Gottesfurcht der Anfang aller Erkenntnis und Weisheit ist (siehe Ps 111,10; Spr 1,7). Wer eine Grundhaltung der Gottesfurcht oder, wie es in anderen Bibelübersetzungen heißt, der „Furcht des HERRN“ besitzt, führt ein Leben der Heiligung. Nur wer „unschuldige Hände und ein reines Herz hat“, darf auf den Berg des Herrn steigen (siehe Ps 24,3-4). Und ohne Heiligung wird niemand den Herrn schauen (siehe Hebr 12,14).

In der heutigen Zeit des allgemeinen Werteverfalls, in der die absolute Wahrheit als „intolerant“ gilt, ist es so leicht, Dinge mit dem Argument zu relativieren: „Das machen doch alle so.“ Doch gesegnet sind Menschen wie Nehemia, die mutig gegen den Strom schwimmen und sich für Wahrheit und Gerechtigkeit stark machen und sagen: „Ich mache das nicht – weil ich Gott liebe und seine Gebote achte.“

O Gott, schenke mir heute eine neue Sicht für deine Heiligkeit und hilf mir, zu begreifen, was es bedeutet, dich zu ehren und in Gottesfurcht zu leben. Und ich wünsche mir, dass sich diese Gottesfurcht in allem widerspiegelt, was ich tue und sage. Amen.

1. Mo 22,1-18; Mt 3,13-17
Was empfing Abraham, weil er Gott gehorsam war?
Was empfing Jesus, als er den Willen Gottes tat?

Sag Ja

„Gedenke, mein Gott, mir zugute, all dessen, was ich für dieses Volk getan habe!" (Vers 19).

Zum Lesen & Nachdenken – Nehemia 5,16-19

„Das Geheimnis des Christseins", erklärte mir einmal ein alter, gottesfürchtiger Pastor, „ist nicht so sehr, zu allem Falschen Nein zu sagen, sondern zu den richten Dingen Ja zu sagen." In unserem gestrigen Text sagte Nehemia Nein zu einem Verhalten, das ein Verstoß gegen Gottes Gebot war; in unserem heutigen Abschnitt sagt er Ja zu Gottes Plänen. Er bekennt: „Meine ganze Kraft habe ich für den Bau der Mauer eingesetzt" (Vers16; Gute Nachricht). Es reicht nicht aus, dass wir uns als Christen vom Bösen abwenden – wir müssen uns auch dem Guten zuwenden: dem Willen Gottes und seinem Plan für uns.

Nehemias Entscheidung, sich mit ganzer Kraft für den Wiederaufbau der Mauer einzusetzen anstatt einem luxuriösen Lebensstil zu frönen, zeigt, dass er zielstrebig und mit ganzem Herzen dieser Aufgabe nachging. Er kannte keine Interessenkonflikte. Er ließ sich nicht von privaten Unternehmungen oder Nebensächlichkeiten von seinem Vorhaben ablenken. Stattdessen konzentrierte er sich auf eine Sache. Und auch alle seine Diener halfen tatkräftig bei der Arbeit mit.

Aus Nehemias Beispiel lässt sich ein weiteres elementares Prinzip für die Arbeit im Reich Gottes ableiten: Zielstrebigkeit. Ganz gleich, in welchen Dienst Gott uns ruft, wir werden ihn nur dann erfolgreich ausüben können, wenn wir dieses Ziel konsequent verfolgen. Wie leicht lassen wir uns von anderen „wichtigen" Dingen, die an sich gut sind, davon abhalten, uns mit ganzer Kraft für die eine Sache einzusetzen, zu der Gott uns berufen hat. Manchmal müssen wir das Gute links liegen lassen, um das Beste zu erreichen. Und noch etwas kennzeichnet Nehemias Wesen: Bevor er etwas Großes anpackte, erhob er seine Seele zu Gott im Gebet.

Gnädiger, liebender Vater, lass mich immer am Gebet festhalten – und meine Seele zu dir erheben, so natürlich und leicht, wie eine Feder vom Wind empor getragen wird. Und lass mich mehr und mehr erfahren, wie sehr ich deiner bedarf. Um Jesu willen. Amen.

Mt 21,28-32; Phil 3,7-14
Was geschieht, wenn Menschen Ja sagen, aber nicht danach handeln?
Was ist der Zweck unserer Zielstrebigkeit als Christen?

Eine Falle des Teufels

„Ich führe gerade ein großes Werk aus und kann nicht hinabkommen“ (Vers 3).

Zum Lesen & Nachdenken – Nehemia 6,1-4

Endlich war, trotz aller Schwierigkeiten, der Mauerbau vollendet. Zwar fehlten noch die Torflügel, aber dies war, im Vergleich zu den anderen Arbeiten, eine Kleinigkeit.

Als Sanballat, Tobija und Geschem erfahren, dass Jerusalems Stadtmauern wieder aufgebaut waren, packt sie die Wut und sie beschließen, Nehemia ein für alle Mal das Handwerk zu legen. Sie schicken einen Boten zu ihm mit der Einladung, sie in Kefirim im Tal von Ono zu treffen (siehe Vers 2). Als er ablehnt, bleiben sie hartnäckig und wiederholen ihre Einladung dreimal. Doch Nehemia weiß, dass sie Böses gegen ihn im Schilde führen und lässt ihnen viermal dieselbe Antwort überbringen: „Ich habe eine große Aufgabe zu bewältigen und kann unmöglich kommen. Meine Arbeit würde liegen bleiben, wenn ich sie verließe, um euch zu treffen“ (Vers 3, Gute Nachricht). Er weiß, dass er in dieser entscheidenden Phase die Stadt nicht verlassen kann, weil seine Leute ihn brauchen. Ohne seine Leitung würden sie in ihre alte Lethargie zurückfallen. Sein Platz ist in Jerusalem, und nichts würde ihn davon abbringen.

Wer am Reich Gottes baut, dem sind solche Anfechtungen nicht fremd. Da ist zum Beispiel die Versuchung, etwas aus Gründen der Höflichkeit aufzugeben oder zu unterbrechen. Ich weiß aus eigener Erfahrung, wie stark solche Versuchungen sein können. Der Teufel flüstert uns ins Ohr: „Unterbrich deine Arbeit und erkläre anderen, was du da tust. Durch Diplomatie und gegenseitigen Austausch wirst du schneller zum Ziel kommen.“ Natürlich haben Austausch und Diplomatie ihre Berechtigung, doch zuvor sollten wir sorgfältig abwägen, was in der jeweiligen Situation angebracht ist. Manch scheinbar gut gemeinter Vorschlag ist eine Falle des Teufels, um uns von unserer Aufgabe im Reich Gottes abzubringen.

Herr, hilf mir, auf der Hut zu sein und die Fallen des Satans zu erkennen, mit denen er mich davon abhalten will, etwas für dich zu tun. Schenke mir ein Herz, das für die Vorschläge und Meinungen anderer offen, doch dabei immer dir gehorsam ist. Darum bitte ich dich in Christi Namen. Amen.

Lk 4,1-13; 1. Petr 5,6-11
Womit wies Jesus den Teufel in seine Schranken?
Welche vier Dinge müssen wir beherzigen, wenn wir dem Teufel Widerstand leisten wollen?

Vertrauen

„Und nun, stärke meine Hände!" (Vers 9).

Zum Lesen & Nachdenken – Nehemia 6,5-9

Nachdem ihre Bemühungen, Nehemia in einen Hinterhalt zu locken, fehlgeschlagen waren, wenden Sanballat und seine Mitverschwörer eine neue Taktik an: Sanballat schickt Nehemia einen unversiegelten Brief, in dem er ihn beschuldigt, einen Aufstand gegen König Artaxerxes zu planen. Mit dem unverschlossenen Brief wollte er bezwecken, dass der Inhalt nicht lange geheim bleiben würde. Die vermeintliche Verwicklung in einen Verrat würde einen Schatten auf Nehemias Integrität werfen und seinen Einfluss untergraben. Damit machen sich die Verschwörer die durchaus menschliche Tendenz zunutze, stets das Schlimmste über den anderen zu denken. Wie schnell macht ein Skandal in einem Büro, einer Organisation und selbst einer Gemeinde die Runde! Besteht auch nur der geringste Hinweis darauf, jemand habe sich daneben benommen, bekommt er den Stempel „schuldig" aufgedrückt.

Die Andeutung, Nehemia sei in verräterische Machenschaften verwickelt, grenzte an Rufmord. Intrigen dieser Art können jedoch nur funktionieren, wenn die Person, um die es geht, leicht zu verunsichern ist. Nehemia dagegen streitet alles, was man ihm vorwirft, rigoros ab und wendet sich erneut im Gebet an Gott. Wenn man böswilligen, falschen Anschuldigungen ausgesetzt ist, gibt es nur diese zwei Möglichkeiten: sie entschieden zu dementieren und die Situation im Gebet vor Gott zu bringen. Worum betete Nehemia? Dass sein Ruf nicht geschädigt würde und sich die Leute nicht um die Gerüchteküche kümmern mochten? Nein, er betete darum, dass Gott seine Hände stärken möge, so dass die Arbeit weiter vorangehen konnte. Damit legte er sein Schicksal und seine Zukunft voller Vertrauen demjenigen in die Hand, dem er diente. Ein solches Gottvertrauen wünsche ich mir für uns alle.

Barmherziger Vater, vergib mir, dass ich unter dem Druck falscher Anschuldigungen so oft ins Wanken gerate. Ich möchte dich so gut kennen lernen, wie Nehemia dich kannte und mein ganzes Vertrauen in dich setzen. Amen.

1. Mo 39,1-23; 2. Tim 1,7-12
Was war das Geheimnis von Josefs Gottesvertrauen?
Worauf gründete sich das Vertrauen des Apostels Paulus?

Die Hinterhältigkeit der Feinde

„Gedenke es, mein Gott, dem Tobija und dem Sanballat nach diesen ihren Taten" (Vers 14).

Zum Lesen & Nachdenken – Nehemia 6,10-14

Als der Mauerbau so gut wie abgeschlossen ist – nur noch die Tore müssen eingesetzt werden – besucht Nehemia das Haus Schemajas. Schemaja erzählt ihm, sein Leben sei in Gefahr, denn die Feinde Nehemias seien schon unterwegs, um ihn zu ermorden. Er drängt ihn, mit ihm zum Tempel zu kommen und sich im Inneren des Gotteshauses einzuschließen. Da Schemaja Zugang zum Tempel hatte, wird angenommen, dass er Priester war. Die biblische Bezeichnung für „Tempel" bezieht sich hier auf das Heiligtum – das nur Priester betreten durften.

Doch Nehemia antwortet ohne Umschweife: „Ein Mann in meiner Stellung flieht nicht. Und wie dürfte ich es wagen, in den Tempel einzudringen? Ein solches Vergehen müsste ich mit dem Leben bezahlen" (Vers 11; Gute Nachricht). Er spürt, dass Schemaja nicht im Auftrag Gottes spricht, sondern in Wirklichkeit von Sanballat und Tobija bestochen worden ist. Ihm ist klar, dass sie ihn mit dem Plan, ihn in den Tempel zu locken, in Misskredit bringen wollen. Ginge Nehemia auf Schemajas Vorschlag ein, würde er sich gleich zweier Vergehen schuldig machen: Der Feigheit und der Gesetzesübertretung, unerlaubt das Heiligtum betreten zu haben.

Dieses Zusammentreffen mit Schemaja löst in Nehemia ein tiefes Gefühl der Verletzlichkeit aus. Wieder wendet er sich in seiner Verzweiflung an den Herrn. Er weiß, dass Gott sein Leben und seinen Ruf bewahrt hat, weil er seine Gebote gehalten hat. Wenn wir tun, was in Gottes Augen das Richtige ist, können wir getrost alles Weitere ihm überlassen. Der Prophet Jesaja schrieb: „Keine Waffe wird etwas ausrichten, die man gegen dich schmiedet; jede Zunge, die dich vor Gericht verklagt, strafst du Lügen" (Jes 54,17; Einheitsübersetzung). Lass dir dieses Wort von Jesaja für heute eine Ermutigung sein.

Vater, ich möchte dir dafür danken, dass ich alles Weitere dir überlassen kann, wenn ich nur deinen Willen tue. Denn du bist allmächtig und wirst alle Feinde besiegen. Darüber will ich dich loben und preisen. Amen.

Jos 2,1-15; Apg 9,20-30

Warum tat Rahab das Richtige, als sie den Spionen zur Flucht verhalf?

Inwiefern tat Saulus das Richtige gegenüber seinen Feinden?

Krisenfeste Charaktere

„Und die Mauer wurde am 25. des [Monats] Elul, in 52 Tagen fertig gestellt“ (Vers 15).

Zum Lesen & Nachdenken – Nehemia 6,15-19

Das gesamte Projekt des Wiederaufbaus der Mauer dauerte, so erfahren wir, nur zweiundfünfzig Tage – eine beachtliche Leistung. Als Nehemias Feinde das hörten, wurden sie auf einmal ganz kleinlaut, denn sie erkannten, dass ein solches Unterfangen niemals ohne Gottes Hilfe gelingen konnte. Doch obwohl sie sahen, dass hier ganz offensichtlich Gott seine Hand im Spiel hatte, nahmen die Intrigen der Feinde – innerhalb und außerhalb Jerusalems – noch immer kein Ende. Tobija, der Ammoniter, hatte dadurch, dass er mit einer jüdischen Frau verheiratet war (der Tochter Schechanjas), viele Verwandte in der Stadt. Sein Sohn war seinem Beispiel gefolgt und hatte ebenfalls eine Jüdin zur Frau genommen, die Tochter Meschullams (siehe Vers 18). Daher besaßen sie zahlreiche Kontakte in Jerusalem. Briefe wurden hin und her geschickt zwischen Tobija und den einflussreichen Familien der Stadt. Diese rühmten die Verdienste Tobijas in Nehemias Gegenwart und hinterbrachten Tobija alles, was Nehemia gesagt hatte. Die Drohungen und Briefe nahmen kein Ende, in denen Tobija versuchte, Nehemia einzuschüchtern und seinen Widerstand zu brechen.

Die letzten Sätze dieses Kapitels demonstrieren abermals die geistliche Größe Nehemias. Trotz all dem Druck, dem er ausgesetzt war, verlor er nie sein grenzenloses Vertrauen in Gott. Ein Mann von anderer Gesinnung und schwächerem Charakter hätte längst aufgegeben. Es heißt nicht umsonst: „Der Charakter eines Mannes zeigt sich am Besten in einer Krise.“ Wir dürfen nie vergessen, dass unser Charakter das Fundament unseres geistlichen Erfolges bildet. Ohne einen festen Charakter nutzen alle anderen Vorzüge nicht viel.

Gütiger Vater, lege deine eigenen Charakterzüge in mich hinein, so dass ich für Krisenzeiten gerüstet bin. Was auch geschehen mag – möge das Licht deines Sohnes durch mich nach außen strahlen. Darum bitte ich dich in Jesu Namen. Amen.

Dan 1,1-20; 3,1-28; Apg 27,13-44
Was verlieh den jungen hebräischen Männern ihre Charakterstärke?
Wie verhielt sich Paulus in einer Krise?

Geistliche Wachtposten

„Hanani … [galt] als ein treuer Mann und als gottesfürchtig vor vielen [anderen]“ (Vers 2).

Zum Lesen & Nachdenken – Nehemia 7,1-3

Das Buch Nehemia gliedert sich in zwei Teile. Die ersten sechs Kapitel handeln vom Wiederaufbau der Stadtmauern Jerusalems, während es in den letzten sieben Kapiteln darum geht, den Bewohnern ihr jüdisches Erbe und die Gebote Gottes in Erinnerung zu rufen.

Zu Beginn dieser „Phase zwei“ suchte sich Nehemia vertrauenswürdige Männer, denen er wichtige Aufgaben delegieren konnte. Der Erste war sein leiblicher Bruder Hanani, den er zum obersten Befehlshaber über Jerusalem ernannte. Muss man Nehemia Vetternwirtschaft vorwerfen, weil er seinen eigenen Bruder auf diesen Posten setzte? Nein, denn er wusste, dass Hanani ein verantwortungsbewusster Mann war, dem das Wohl der Stadt und ihrer Bewohner am Herzen lag. Es war Hanani, der Nehemia damals davon unterrichtete, dass die Stadtmauer zerstört war (siehe Neh 1,2-3). Neben Hanani übertrug Nehemia noch einem zweiten Mann mit einem ähnlichen Namen – Hananja, dem Kommandanten der Burg – die Verantwortung. Von ihm heißt es, „sein Gehorsam gegenüber Gott war beispielhaft“ (Vers 2; Gute Nachricht). Solche charakterfesten, gottesfürchtigen Männer wurden in Jerusalem angesichts der ränkeschmiedenden Juden in einflussreicher Stellung dringend gebraucht. Nachdem er sich versichert hatte, dass einige Einwohner als Wachposten an den gefährdeten Stellen platziert waren, gab Nehemia Hanani und Hananja Anweisungen, wie die Sicherheit der Stadt gewährleistet werden konnte.

Es ist immer gefährlich, zu denken, sobald wichtige geistliche Ziele erreicht sind, könnten wir getrost die Hände in den Schoß legen. Eingenommenes Land muss verteidigt werden. Wenn sie uns unachtsam werden lassen, können Zeiten großer geistlicher Aufbrüche genauso schwächend sein wie Zeiten der Dürre. Wir müssen unsere geistlichen Wachtposten aufstellen.

Mein Herr und mein Gott, lass mich immer wachsam sein. Hilf mir, zu erkennen, dass geistliche Wachsamkeit nicht bedeutet, ständig misstrauisch und angespannt zu sein, sondern schenke mir ein ausgewogenes Maß an Wachsamkeit und Vertrauen. Amen.

Mt 25,1-13; 1. Tim 6,11-21
Was geschieht, wenn die Wachsamkeit fehlt?
Wie können wir uns unsere geistliche Wachsamkeit bewahren?

Unser Erbe

„Und mein Gott gab mir es ins Herz, und ich versammelte die Edlen und die Vorsteher und das Volk, damit sie sich registrieren ließen" (Vers 5).

Zum Lesen & Nachdenken – Nehemia 7,4-38

Nachdem Nehemia die neuen Befehlshaber über die Stadt gewählt hatte, wurde er von Gott geleitet, eine Volkszählung durchzuführen und ein Verzeichnis der Sippen anzulegen, die unter Serubbabel nach Jerusalem zurückgekehrt waren. Auch hier sehen wir wieder, welch enge Beziehung Nehemia zum Herrn hatte. Man achte auf die Worte: „Und mein Gott gab mir es ins Herz." In jedem Kapitel sind wir bisher Zeugen der engen Verbundenheit und Zwiesprache Nehemias mit Gott geworden. Bei ihm wird – vielleicht mehr als bei jeder anderen biblischen Persönlichkeit – deutlich, was es heißt, die Gegenwart Gottes zu erfahren.

Das Ziel der Volkszählung war, im Vorfeld einer Neubesiedlung der Stadt die genealogische Reinheit des Volkes und der Priester festzustellen. Es folgt eine lange Namenliste, die sozusagen die Brücke zwischen den ersten sechs und den folgenden sechs Kapiteln bildet. Die ersten sechs Kapitel beschäftigen sich mit Nehemias vorrangigem Ziel – die Stadtmauer Jerusalems zu rekonstruieren. In den folgenden Kapiteln (8 bis 13) wird berichtet, wie er das Volk wieder zu seinen Wurzeln führt. Das siebte Kapitel ist also ein Übergangskapitel. Bevor die Einwohner Jerusalems den neuen Weg beschreiten können, den Gott für sie bereitet hat, müssen sie sich über ihr Erbe und ihre Bestimmung im Klaren sein.

Dasselbe gilt auch für uns heute. Uns muss klar sein, was es bedeutet, Erben Christi zu sein, bevor wir dieses Erbe antreten können. Was haben wir geerbt? Unermessliche Reichtümer – Frieden, Kraft, Freude, ewiges Leben! Um dieses Erbe zu wissen, ist eine Sache. Es anzutreten, eine andere.

Mein Vater, nimm mich an der Hand und führe mich zu allen Reichtümern, die mir in Christus geschenkt sind. Vergib mir, dass ich mich mit geistlicher Dürftigkeit zufrieden gebe, anstatt aus der Fülle zu schöpfen. Hilf mir, als Erbe zu leben. In Jesu Namen. Amen.

5. Mo 8,2-5; Gal 3,22-4,7
Was lehrt uns die Vergangenheit?
Was ist die Vorbedingung, um unser Erbe antreten zu können?

Ein klares Wort von der Kanzel

„Diese suchten ihre Eintragung ins Geschlechtsregister, aber sie wurde nicht gefunden. So wurden sie vom Priesteramt als unrein ausgeschlossen" (Vers 64).

Zum Lesen & Nachdenken – Nehemia 7,39-69

Wir halten inne beim Lesen dieser langen Namensliste und richten unser Augenmerk auf eine Tatsache, die der genaueren Betrachtung verdient. In unserem heutigen Textabschnitt sind einige Familien aufgezählt, die ihre israelitische Abstammung nicht nachweisen konnten, unter ihnen auch eine Reihe von Priestern. Da diese Sippen ihre priesterliche Abstammung nicht belegen konnten, wurden sie für unrein erklärt und vom Priesterdienst suspendiert.

Diese Maßnahme scheint zunächst ungewöhnlich hart, zumal diese Priester den Tempeldienst schon geraume Zeit ausübten. Doch wenn es um Gottes Weisungen geht, sind menschliche Gefühle und Urteile fehl am Platz. Denn um die Beziehung des Volkes zum Herrn zu stärken und zu bewahren, musste das Priesteramt rein und untadelig sein. Wir dürfen nie vergessen, dass jeder Dienst für Gott auf einem geistlichem, nicht auf einem gefühlsmäßigen Fundament steht. Sobald der Priesterdienst nicht mehr mit den Richtlinien Gottes übereinstimmte, bestand eine ernsthafte Gefahr für Israel.

Auch hier lassen sich Parallelen zur Gegenwart ziehen. In unseren heutigen Kirchen gibt es genug ordinierte Pastoren, die nicht mit Sicherheit sagen können, ob sie gerettet sind oder nicht. Sie wissen nicht, was es heißt, „wiedergeboren" zu sein, und tun alle Christen, die dies von sich behaupten, als naiv oder als arrogante religiöse Fanatiker ab. Und ich wünschte mir, dass unsere kirchlichen Oberhäupter das Wort Gottes so ernst nähmen wie Nehemia und den Mut hätten, Pastoren ohne klares geistliches Bekenntnis vom Dienst auf der Kanzel auszuschließen. Denn nur wer die erlösende Gnade Jesu Christi selbst erfahren hat, kann diese Gnade an andere weitergeben.

O Gott, mein Vater, ich sehe, wie sehr das geistliche Leben deiner Kirche darunter leidet, wenn von den Kanzeln herab keine klare Botschaft mehr verkündigt wird. Schenke uns Männer wie Nehemia, die uns helfen, unsere geistliche Reinheit zu bewahren. Dies erbitte ich im Namen Jesu. Amen.

2. Kön 22,1-13; Hebr 5,1-14
Wie reagierte Josia auf die Worte des „Buches des Gesetzes"? Welche Voraussetzungen für den Priesterdienst werden im Hebräerbrief festgelegt?

Gott lässt sich nichts schenken

„Und ein Teil der Familienoberhäupter spendete für das Werk" (Vers 69).

Zum Lesen & Nachdenken – Nehemia 7,69-72

Gegen Ende von Kapitel 7 lesen wir, wie sich nach dem Ausschluss einiger Priester ein Geist der Freigebigkeit auszubreiten schien. Viele aus dem Volk stifteten bereitwillig Gaben für den Wiederaufbau des Tempels, allen voran die „Familienoberhäupter". Einige Ausleger sind der Meinung, diese Sippenoberhäupter seien bis dahin von den herrschenden Familien in den Schatten gestellt worden, doch hier sollen die geistlichen Oberhäupter besondere Erwähnung finden. Denn gibt es eine größere Auszeichnung, als Menschen in eine engere Beziehung zum Herrn zu führen? Die Spendenbereitschaft dieser Familien für den Bau und den Tempelschatz war vielen ihrer Zeitgenossen ein Beispiel.

Es ist ein großer Segen, wenn Christen das Bauen am Reich Gottes ernst nehmen und durch ihre Spendenbereitschaft unterstützen. Ich weiß von Gemeinden, in denen die Pastoren einer weltlichen Nebenbeschäftigung nachgehen müssen, um ihren Lebensunterhalt zu bestreiten. Es fehlt zwar nicht an finanzkräftigen Gemeindegliedern, wohl aber an deren Bereitschaft, zu geben. Solche Situationen sind beschämend und werfen ein schlechtes Licht auf die Kirche und auf den Namen unseres Herrn Jesus Christus. Gott lässt sich nichts schenken, und wenn Menschen ihr Herz und ihr Portemonnaie öffnen und das Werk Gottes großzügig unterstützen, geschehen große Dinge.

Eine Gemeinde wird dann geistlich wachsen und gesegnet sein, wenn der Bau am Reich Gottes ihren Mitgliedern ein echtes Anliegen ist. Und ich möchte sogar behaupten: Eine Gemeinde, die nicht bereit ist, dafür auch Opfer zu bringen, tritt hoffnungslos auf der Stelle.

Unser Vater, es ist dein Wille, dass wir nicht nur in einer natürlichen Familie, sondern auch in einer geistlichen Familie aufwachsen. Schenke mir eine Liebe und ein großzügiges Herz für diejenigen, die in deinem Dienst stehen. Amen.

Mk 12,41-44; 1. Kor 9,1-18
Wie stellte Jesus allgemein akzeptierte Wertvorstellungen auf den Kopf?
Wie begründet Paulus seinen Anspruch auf Unterstützung?

Hungrig nach dem Wort

„Und die Ohren des ganzen Volkes waren auf das Buch des Gesetzes [gerichtet]" (Vers 3).

Zum Lesen & Nachdenken – Nehemia 8,1-4

Nachdem die Volkszählung beendet und das große Projekt des Wiederaufbaus abgeschlossen ist, tritt Nehemia für eine Weile in den Hintergrund und Esra, der Schriftgelehrte, betritt die Bildfläche. Obwohl er schon etwa dreizehn Jahre zuvor nach Jerusalem gesandt worden war, strebte er nie nach persönlichem Ruhm, sondern tritt erst dann in Erscheinung, als er gebeten wird, aus den Heiligen Schriften zu lesen.

Wir befinden uns im siebten Monat, dem feierlichsten Monat des Jahres, eingeläutet durch ein großes Fest. Bezeichnend für ein umfassendes geistliches Erwachen ist, dass Menschen ihre Städte verlassen und sich „wie *ein* Mann", das heißt vollzählig, aufmachen nach Jerusalem, um zu hören, wie Esra aus dem Gesetz vorliest. Führen wir uns einmal vor Augen: Esra hatte es nicht nötig, die Leute herbeizuzitieren, sondern sie ließen ihn rufen, weil sie die Botschaft des Wortes Gottes hören wollten. Der Schriftgelehrte, in Begleitung von dreizehn Priestern, steigt also auf den hölzernen Podest, den man eigens auf dem Platz vor dem Wassertor für ihn errichtet hatte, und beginnt zu lesen. Das Lesen und Ausführen des Textes muss gut fünf bis sechs Stunden gedauert haben, und alle Anwesenden hören aufmerksam zu.

Jemand sagte einmal zu mir: „Wäre es nicht großartig, wenn wir Ausleger wie Esra hätten, die die Aufmerksamkeit der Gemeinde über Stunden fesseln könnten?" – „Ja", antwortete ich , „und wäre es nicht großartig, wenn wir Gemeinden hätten, die so hungrig nach dem Wort Gottes sind, dass sie einer stundenlangen Auslegung zuhören würden?" Wo immer Verkündiger auf Menschen treffen, die darauf brennen, das Wort Gottes zu hören, wird Gott Großes bewirken.

O Herr, vergib uns, wenn wir satt und selbstzufrieden geworden sind und den Hunger nach deinem Wort nicht mehr verspüren. Sprich zu deiner Gemeinde und lass sie wieder so werden wie die Leute zur Zeit Nehemias. Lass uns darauf brennen, dein Wort zu hören – koste es, was es wolle. In Jesu Namen. Amen.

?

Mt 15,29-39; Apg 17,10-15
Warum speiste Jesus die Menschen?
Was kann die Folge der Verkündigung sein?

Zurück zur Bibel!

„Und sie lasen aus dem Buch, aus dem Gesetz Gottes, abschnittsweise vor, und gaben den Sinn an, so dass man das Vorgelesene verstehen konnte“ (Vers 8).

Zum Lesen & Nachdenken – Nehemia 8,5-8

Aus unserem gestrigen Text ging hervor, dass Esras Lesen und Auslegen der Schrift vom frühen Morgen bis zum Mittag dauerte, etwa fünf oder sechs Stunden lang. Wie viel konnte er wohl in dieser Zeit lesen? Zweifellos ziemlich viel, selbst wenn man bedenkt, dass er immer wieder Pausen einlegen musste, um das Gelesene zu erläutern. Als Esra das Buch mit dem Gesetz Mose geöffnet und Gott gepriesen hatte, standen alle Leute auf und antworteten mit zum Gebet erhobenen Händen: „Amen – so sei es.“ Danach „verneigten [sie] sich und warfen sich vor dem HERRN nieder mit dem Gesicht zur Erde“ (Vers 6). Dabei galt diese Geste der Verehrung nicht dem Gesetzbuch, sondern Gott. Ihm allein gebührten Lobpreis und Anbetung, in der Vorfreude darauf, was sie aus seinem Wort hören würden.

Wäre es nicht wunderbar, wenn das Aufschlagen der Bibel unter den Christen heutzutage solch eine begeisterte Resonanz hervorrufen würde? Was wir aus unserem heutigen Text im Gedächtnis behalten sollten, ist Folgendes: Es reicht nicht, das Wort Gottes zu hören, sondern es muss auch sorgfältig ausgelegt werden. Deshalb hat Gott einige unter uns mit der Gabe der Auslegung gesegnet. Als C. H. Spurgeon, der große Baptistenprediger des 19. Jahrhunderts, nach London kam, stellte er fest, dass die Leute, die seine Gottesdienste besuchten, geistlich so ausgehungert waren, dass sie jede biblische Auslegung begierig aufsogen. Nach einigen Jahren sagte man, dass seine Gemeindeglieder bessere Bibelkenntnisse hatten als mancher Theologe. In der heutigen Zeit wird in vielen Gemeinden mehr Wert auf geistliche Erfahrungen gelegt als auf eine fundierte Auslegung der Schrift. Doch wo das Wort Gottes nicht erklärt wird, verkümmern die Menschen.

O Herr, hilf uns, der Bibel wieder den richtigen Stellenwert in unserem Leben einzuräumen. Vergib uns, wenn wir zuließen, dass sie von anderen Dingen verdrängt wurde. Berufe Verkündiger, die uns dein Wort vollmächtig auslegen. Dies erbitte ich in deinem heiligen Namen. Amen.

Ps 1,1-6; 2. Tim 2,1-15
Welches sind die Merkmale eines guten Predigers?
Welche Richtlinien gibt Paulus an?

Gibt es eine größere Freude?

„Und seid nicht bekümmert, denn die Freude am HERRN, sie ist euer Schutz!" (Vers 10).

Zum Lesen & Nachdenken – Nehemia 8,9-12

Das Lesen und Auslegen von Gottes Wort blieb nicht ohne Auswirkung auf die Zuhörer. Die Wahrheiten der Schrift bohrten sich wie Pfeile in ihre Herzen; die Leute waren tief bewegt und weinten. Es ist gut, vor Gott zu weinen, wann immer uns unsere Sündhaftigkeit bewusst wird. Aber es besteht auch die Gefahr, dass wir uns allzu sehr auf unser Versagen konzentrieren und zu viel Zeit damit verbringen, uns über unsere Sünden zu grämen. Dann kann es so weit kommen, dass wir uns selbst verachten. Und Selbstverachtung ist kein geistlicher, sondern ein menschlicher Impuls. Natürlich soll uns unsere Sünde Leid tun, aber wir müssen uns bewusst sein, dass unsere Trauer die Sünde nicht zum Verschwinden bringt. Allein die Versöhnung mit Gott durch Jesus Christus kann uns von ihr erlösen.

Nehemia, Esra und die Leviten forderten das Volk auf, ein Freudenfest zu feiern und ihr Festmahl mit denen zu teilen, die nichts hatten. Dadurch wandelte sich die introvertierte und ichbezogene Haltung der Leute in eine offene, extrovertierte Einstellung, die auf den Mitmenschen ausgerichtet ist. Wenn wir uns um andere Menschen kümmern, ist dies immer ein Zeichen dafür, dass Gott in unseren Herzen wirkt.

Ferner erinnert Nehemia die Israeliten daran, dass es die Freude am Herrn ist, die ihnen Kraft gibt. Diese Worte rücken alles in die richtige Perspektive. Mir sind Menschen begegnet, die zwar ihre Sünden bereut haben, doch der bittere Nachgeschmack des Versagens blieb bestehen. Reue und Weinen sollten uns vielmehr dahin bringen, wo unsere eigene Kraft zu Ende ist, damit wir unsere Stärke im Herrn entdecken können. Denn gibt es eine größere Kraft als die, die aus der Freude am Herrn kommt? Und gibt es eine größere Freude als die, dass unsere Sünden vergeben sind? Nur wer aus dieser Freude lebt, kann für Gottes Herrlichkeit leben.

Mein Gott und mein Vater, ich habe erkannt, dass Freude eine einfache, natürliche, spontane Reaktion ist, die entsteht, wenn meine Beziehung zu dir, zu anderen und zu mir selbst gesund ist. Hilf mir, diese Freude als Geschenk von dir anzunehmen und das Leben zu leben, wofür du mich geschaffen hast. Im Namen Christi. Amen.

Joh 6,66-69; Phil 4,4-13
Was rückt alles in die richtige Perspektive?
Was bewirkt die Freude?

Erweckung liegt in der Luft

„… versammelten sich die Familienoberhäupter … zu Esra, dem Schriftgelehrten, und zwar um Einsicht in die Worte des Gesetzes zu gewinnen“ (Vers 13).

Zum Lesen & Nachdenken – Nehemia 8,13-18

Es gibt bewegende geistliche Erlebnisse, doch ein wirklicher geistlicher Aufbruch tritt erst dann ein, wenn unser ganzes Denken und Handeln verändert wird. Die in diesem Kapitel beschriebene geistliche Erneuerung begann mit der Erwartungshaltung der Leute und führte über die Auslegung des Wortes bis hin zu einer tiefen seelischen Ergriffenheit. Wäre sie jedoch dort stehen geblieben – auf der Gefühlsebene – ich glaube kaum, dass wir heute darüber lesen würden.

In dem vor uns liegenden Textabschnitt sehen wir, wie das Wirken des Geistes, das in der fünf- oder sechsstündigen Bibelauslegung seinen Anfang nahm, darin gipfelt, dass das Volk den Willen Gottes kennen lernen und tun will. Der Tag danach könnte also als „Tag der Erneuerung“ beschrieben werden. Die Sippenoberhäupter treffen sich mit Esra, weil sie mehr über Gottes Wort hören wollen. Als Esra ihnen vorliest, wird ihnen klar, dass sie das Laubhüttenfest schon lange nicht mehr gefeiert haben, das im siebten Monat begangen werden soll, so wie Gott es Mose gebot. Das Laubhüttenfest sollte die Israeliten an den Auszug ihrer Vorväter aus Ägypten erinnern und an die Wüstenwanderung, bei der sie in „Laubhütten“ wohnten (siehe 3. Mo 23,43). Als sie ihr Versäumnis bemerken, beschließen die Leute, das Fest sofort wieder einzuführen. Das zeigt, dass sie das Wort Gottes nicht nur hören, sondern auch bereit sind, seine Weisungen zu befolgen.

Ihr Hunger nach dem Wort ist so groß, dass sie Esra bitten, täglich aus den Heiligen Schriften vorzulesen. Ein einziger Bibelstudientag ist diesen Leuten nicht genug – was sie wollen, ist eine regelmäßige Unterweisung. Sollte es uns da – angesichts eines solchen geistlichen Hungers – noch wundern, dass Erweckung in der Luft lag?

Vater, wenn dein Heiliger Geist in meinem Herzen wirkt, möge er nicht nur meine Gefühle beeinflussen, sondern mein ganzes Wesen und Handeln. Ich möchte keine bloßen emotionalen geistlichen Höhenflüge erleben, sondern echte Veränderung – und dir in allen Dingen gehorsam sein. Hilf mir, in Jesu Namen, so zu leben. Amen.

5. Mo 4,1-9; Mt 7,24-29
Was ist denen verheißen, die das Wort hören und tun?
Was geschieht mit denen, die das Wort hören und sich nicht danach richten?

Zeit für den Herrn

„Und sie traten hin und bekannten ihre Sünden und die Verfehlungen ihrer Väter“ (Vers 2).

Zum Lesen & Nachdenken – Nehemia 9,1-5

Während der letzten beiden Tage stand uns eine Menschenmenge glücklicher, feiernder Israeliten, die sich der Gegenwart des Herrn erfreuten, vor Augen. Nun sehen wir dieselben Leute in Bußgewändern aus Sacktuch. Als Zeichen der Trauer haben sie sich Erde auf den Kopf gestreut. Was war geschehen? War eine schlimme Sünde aufgedeckt worden?

Nein, die Menschen drückten damit ihre Reue aus. Mit Fasten bezeugten sie ihre Hingabe zu Gott, das Sacktuch war ein Symbol der Buße und die Erde auf ihrem Kopf war das äußere Zeichen ihres inneren Schmerzes. Bei dieser feierlichen Zusammenkunft hatten Fremde keinen Zutritt. Drei Stunden lang bekannten die Israeliten ihre Sünden und hörten im Stehen zu, was ihnen aus dem Wort Gottes vorgelesen wurde. Weitere drei Stunden lang widmeten sie sich der Anbetung des Herrn. Anscheinend befanden sie sich dabei in einer knienden Position, denn die Leviten forderten sie auf: „Steht auf, preist den HERRN …“ (Vers 5).

Ich finde diese Situation beeindruckend. Verschwunden sind alle Ängste und Selbstzweifel. Obwohl die Israeliten ihren Feinden zahlenmäßig weitaus unterlegen waren, war ihr Glaube beflügelt worden durch das, was sie durch das Hören und die Auslegung der Schrift entdeckt hatten. In unseren heutigen Gemeinden würde eine ganz andere Atmosphäre herrschen, wenn wir mehr Zeit damit verbringen würden, unsere Augen auf den Herrn zu richten, auf sein Wort zu hören und im Gebet mit ihm zu reden. Denn nichts gibt dem menschlichen Geist mehr Auftrieb und befreit ihn besser von Negativismen und falschen Schuldgefühlen als die Zeit, die wir in der Gegenwart unseres Schöpfers verbringen.

Himmlischer Vater, vergib uns, wenn wir mehr Zeit damit verbringen, unseren Geist mit weltlichen Dingen zu füllen als wir mit dir verbringen. Doch wenn wir dir immer ähnlicher werden wollen, müssen wir dir auch mehr Zeit widmen. Hilf uns dies zu tun – jedem Einzelnen und uns als Gemeinde. Amen.

2. Chr 7,1-10; Hebr 12,18-29
Was geschieht, wenn Beter die Herrlichkeit des Herrn sehen? Wofür sollen wir dankbar sein und wie sollen wir unsere Dankbarkeit ausdrücken?

Im rechten Licht

„Und man preise deinen herrlichen Namen, der erhaben ist über allen Preis und Ruhm!“ (Vers 5).

Zum Lesen & Nachdenken – Nehemia 9,5-15

In unserem heutigen Text begegnet uns eines der großen Gebete des Alten Testaments. Es beginnt, wie alle inständigen Gebete, mit Lobpreis und Anbetung. Manche Ausleger sind der Meinung, dieses Gebet sei ganz deutlich geprägt durch den Einfluss der Schriftlesungen, die das Volk gehört hatte, denn es beginnt, wie das erste Buch Mose, mit der Erschaffung der Welt und lobt Gott als den Schöpfer aller Dinge. Danach wird die Brücke geschlagen zu Abraham und dem Bund, den Gott mit ihm schloss, zur Durchquerung des Schilfmeers, zu den Zehn Geboten und dem langen Weg durch die Wüste, den Gott das Volk ins Gelobte Land führte.

Dieses Gebet gründet sich ganz eindeutig auf die Heilige Schrift. Wenn wir kraftvoll und vollmächtig beten wollen, dann müssen wir ganz und gar vom Wort Gottes erfüllt sein. Dies scheint heute immer seltener zu werden. Als Dr. Martyn Lloyd-Jones Pastor der Westminster Chapel in London war, sagten manche Leute, sie fanden seine Gebete genauso bereichernd wie seine Predigten. Denn sie kamen „nicht nur aus dem Herzen, sondern auch aus der Bibel“. Je fester unsere Gebete in der Bibel verankert, von ihr durchdrungen und mit ihr im Einklang sind, desto vollmächtiger wird unser Beten sein.

Es ist beachtlich, wie oft das Wörtchen „du“ in diesem Gebet vorkommt – ein deutliches Zeichen dafür, dass hier Gott im Zentrum steht. Alle großen Gebete beginnen damit, dass wir unseren Sinn auf Gott ausrichten, bevor wir uns auf irgendetwas anderes konzentrieren. Wenn er ins richtige Licht gerückt wird, dann erscheinen plötzlich auch alle anderen Dinge im rechten Licht.

Vater, vergib mir, dass ich dich so oft damit überfalle, dir von meinen Wünschen, Bedürfnissen und Sorgen zu erzählen. Hilf mir, mich mehr darauf zu konzentrieren, dir die Ehre zu geben und dich zu loben und zu preisen, anstatt dich als Erfüller meiner Wünsche zu betrachten. Darum bitte ich dich in Jesus Namen. Amen.

?

1. Sam 2,1-10; Apg 4,23-31
Warum verurteilt Hanna Stolz und Prahlerei?
Worauf gründeten Petrus und Johannes ihr Gebet?

Je größer die Sünde...

„Und sie aßen und wurden satt und fett und ließen [es] sich wohl sein durch deine große Güte“ (Vers 25).

Zum Lesen & Nachdenken – Nehemia 9,16-25

Gestern konnten wir beobachten, dass im ersten Teil des Gebets das „du“ eine große Rolle spielt. In unserem heutigen Abschnitt tritt das Wort „sie“ hervor. In der Weise, wie es sich mit dem „du“ abwechselt, stellt es die Interaktion der beiden Parteien – Gott und das Volk Israel – dar. Wieder und wieder, wie ein fortlaufender Trommelschlag, erklingt dieses „sie“ und erinnert die Israeliten an ihre Vorfahren, die sich in ihrer Starrsinnigkeit und Sündhaftigkeit immer wieder von Gott abwendeten: Sie „handelten vermessen“, sie „verhärteten ihren Nacken“, sie „hörten nicht auf deine [Gottes] Gebote“ und so weiter.

Dennoch liegt der Schwerpunkt dieses Gebetsabschnitts nicht auf der Sündhaftigkeit des Volkes, sondern auf der wunderbaren Gnade und barmherzigen Vergebung Gottes. Je größer die Sünde, desto größer die Gnade. Obwohl die Israeliten sich immer wieder gegen Gott auflehnten und am liebsten nach Ägypten in die Sklaverei zurückgekehrt wären, ließ der Herr sein Volk nicht im Stich. Er verließ sie selbst dann nicht, als sie sich ein goldenes Kalb gossen und es als Götzen anbeteten (siehe Vers 18), sondern blieb ihr Begleiter und Beschützer und versorgte sie mit allem, was sie zum leben brauchten. Achten wir einmal darauf, wie die Worte „du“ und „sie“ zueinander in Beziehung gesetzt sind, als die Treue Gottes und die Widerspenstigkeit und Verstocktheit des Volkes Israel beschrieben werden. Gott ist treu, auch wenn die Israeliten ihm nicht die Treue hielten. Gott ist beständig, auch wenn das Volk wankelmütig ist. Auf Gott ist Verlass, auch wenn die Menschen unzuverlässig sind.

Als nun die Juden dieses Gebet der Leviten hörten, hatten sie Gelegenheit, über die Treue Gottes zu seinem Volk nachzudenken. Hätte er sich von seinem Volk abgewandt, niemand hätte es ihm verdenken können. Und niemand würde es ihm heute verdenken, würde er sich enttäuscht von den Menschen abwenden. Wie wunderbar, dass er es nicht tut!

Vater, wie oft benehmen wir uns dir gegenüber widerspenstig und bockig. Als deine Kinder sollten wir dankbar sein, dass du uns in deiner Gnade nicht verwirfst, auch wenn die Motive unseres Handelns nicht immer in deinem Sinne sind. Und es ist traurig, dass wir deine Gnade als selbstverständlich hinnehmen. Vergib uns, lieber Herr, und hilf uns, dies zu ändern. Amen.

Hos 2,2-23; Röm 5,12-21
Was ist Gottes Antwort auf die Vergesslichkeit seines Volkes? Was waren die Folgen der Sünde, die durch einen einzigen Menschen in die Welt kam?

Demütige Realisten

„Doch in deinen großen Erbarmungen hast du nicht ein Ende mit ihnen gemacht und sie nicht verlassen“ (Vers 31).

Zum Lesen & Nachdenken – Nehemia 9,26-31

Gottes Güte zeigte sich auch ganz deutlich in der Zeit, als die Israeliten das Land Kanaan in Besitz nahmen – der Zeit der Richter und ersten Könige. In diesen Jahren wiederholte sich immer wieder dasselbe Verhaltensmuster: Das Volk schlug Gottes Weisungen in den Wind, Ungehorsam führte zu Warnungen, Warnungen wurden ignoriert und zogen Gottes Strafgericht nach sich. Daraufhin bereute das Volk, was es getan hatte, und bat Gott um Gnade.

Durch diese Rückschau der Geschichte ihres Volkes konnten die Israeliten sich noch einmal vor Augen führen, wie viel Gutes Gott in der Vergangenheit getan hatte. Sie sahen aber auch die furchtbaren Konsequenzen der Undankbarkeit und die Unvermeidlichkeit der Strafe, wenn Sünde nicht bekannt wird. Und sie erkannten das Wesentliche: Es bestand Hoffnung für die Zukunft. Diese Hoffnung gründete sich auf das unveränderliche Wesen Gottes, der immer derselbe ist – gestern und heute und in alle Ewigkeit. Sie setzten ihre Hoffnung darauf, dass ihnen die Vergangenheit als Warnung dienen und ihnen helfen würde, in Zukunft das Böse zu meiden und das Gute zu tun (worauf auch Paulus in 1. Korinther 10,6 und 11 anspielt).

Jemand hat einmal gesagt: „Wir haben kein Licht, um den Pfad der Zukunft zu beleuchten, außer dem Widerschein der Vergangenheit, der uns über die Schulter fällt.“ Das Nachdenken darüber, was Gott in der Vergangenheit für uns getan hat, lässt uns die Gegenwart und die Zukunft klarer sehen. Wer die Weltgeschichte im Licht der Bibel betrachtet, wird weder zum naiven Optimisten noch zum abgebrühten Pessimisten, sondern vielmehr zum demütigen Realisten. Denn er wird erkennen, wie Gott überall seine Hand im Spiel hat und letztendlich Sieger ist.

O Gott, hilf mir, immer wieder innezuhalten und darüber nachzudenken, wie du in deiner Güte in der Vergangenheit in meinem Leben gewirkt hast, denn das schenkt mir Hoffnung und Ermutigung für die Zukunft. Danke, dass du mein Gebet hörst. Amen.

Ps 23,1-6; Lk 22,35-38
Lies diesen Psalm und denke dann über das Wirken Gottes in deinem Leben nach.
Wie reagieren demütige Realisten?

Echte Buße

„Doch du bist gerecht bei allem …; wir aber, wir haben gottlos gehandelt“ (Vers 33).

Zum Lesen & Nachdenken – Nehemia 9,32-37

Das gemeinschaftliche Bußgebet der Juden nähert sich nun der einzige Bitte: Gott möge Erbarmen haben und ihre Zeit der Unterdrückung nicht gering achten. Die Leute erinnern Gott an den Bund, den er mit seinem Volk geschlossen hat, und dass er immer gerecht gehandelt hat und ihnen treu gewesen ist. Als nächstes bekennen sie ihm ihre Schuldhaftigkeit mit den Worten: „Wir haben gottlos gehandelt“ oder, anders ausgedrückt, „wir sind dir untreu geworden“.

Zu echter Buße gehört immer, dass wir unsere Schuld eingestehen – ohne Wenn und Aber. Versuchen wir dagegen, unser Verhalten zu entschuldigen, indem wir sagen: „Herr, ich weiß, das war falsch von mir, aber ich war zu der Zeit nicht ganz ich selbst, weil ich so unter Druck stand, weißt du …“, dann ist das keine echte Buße. Buße macht keine Ausflüchte, versucht nichts zu beschönigen oder wegzudiskutieren. Heutzutage ist es gang und gäbe, dass jemand sein Verhalten zu entschuldigen sucht, etwa mit den Worten: „Ich war sehr verletzt und konnte unter diesen Umständen nicht anders handeln. Außerdem sind meine Eltern schuld, denn sie haben mein negatives Selbstbild geprägt. Du musst mich eben nehmen, wie ich bin.“ Doch es ist gefährlich, mit einer solchen Haltung vor Gott zu treten. Wir alle sind schuldig vor ihm. Wir haben gesündigt, weil wir die Sünde lieben. Wir haben Gott verletzt, weil wir ihn verletzen wollten. Ausreden haben hier nichts zu suchen, wenn wir ihn um Vergebung bitten. Sagen wir stattdessen: „Wir haben gottlos gehandelt“, ist er treu und gerecht und stets bereit, uns zu vergeben.

Lieber Herr, hilf mir, zu begreifen, dass ich meine Schuld vor dir bekennen und nicht erklären muss – und dass ich dies das nächste Mal, wenn Buße Not tut, auf mein Leben anwenden kann. Dies bitte ich in dem unvergleichlichen und erhöhten Namen Jesu. Amen.

2. Sam. 12,1-13; Ps 32,3-5
Welcher Sünde – außer Mord – hatte sich David schuldig gemacht?
Was sagt er in dem Psalm über das Bekennen der Sünde?

Ein Vertrag mit Gott

„Folgende Personen setzen ihre Namen darunter: Nehemia, der Statthalter, …“ (Vers 2; Gute Nachricht).

Zum Lesen & Nachdenken – Nehemia 10,1-27

Die Entscheidung, ein verbindliches Abkommen mit Gott zu schließen, das uns in eine tiefere Beziehung zu ihm führt, ist für jeden Christen von Bedeutung. Man mag es nennen, wie man will – Hingabe, Weihung, Bund – der Entschluss, seine Sünden zu bekennen und auch in Situationen der Anfechtung den Weg Gottes einzuschlagen, ist ein wichtiger Bestandteil des Christseins.

Ganz offensichtlich wollten auch die Israeliten unter der Leitung von Esra und Nehemia nach der Auslegung des Wortes und dem Bußgebet ihren geistlichen Wandel festmachen und gingen mit Gott eine bindende Vereinbarung ein. Dieser „Vertrag“ mit Gott, der vermutlich von Esra aufgesetzt worden war, wurde von den Würdeträgern des Landes gebilligt und von ihnen unterzeichnet und versiegelt. Nehemia setzte zuerst seinen Namen darunter, dann folgten Zedekia und die anderen Priester, danach die Leviten und Volksvertreter. Bemerkenswert ist, dass auch der Name Schemaja in der Liste erscheint. Wenn es sich hier um denselben Schemaja handelt – wie einige Ausleger vermuten – der damals Nehemia an Sanballat und Tobija ausliefern wollte, bedeutet dies, dass auch er Buße getan hatte und zur Umkehr gelangt war.

Diese Szene, wie die führenden Männer Israels in einer Reihe standen, um das Dokument zu unterzeichnen, das den Bund mit Gott und die Entscheidung, seine Gebote zu halten, besiegeln würde, gehört zu den bedeutendsten in der Geschichte des Volkes. Was war es, das diesen Stein ins Rollen gebracht hatte? – Die klare und fundierte Auslegung der Schrift. Denn wo das Wort Gottes vollmächtig verkündigt wird, geschehen große Dinge.

Vater, ich weiß, dass auch ich in Zeiten geistlicher Durststrecken eine neue, verbindliche Hinwendung zu dir brauche. Dabei will ich keine halbe Sachen machen. Hilf mir, mich dir mit Leib und Seele neu zu verschreiben Herr. Amen.

Jos 24,14-27; Lk 19,1-10
Wozu fordert Josua die Leute auf, als Beweis, dass sie dem Herrn treu dienen wollen?
Wie zeigte Zachäus, das er zu Gott gehören wollte?

Gottes Gebote

„Und das übrige Volk … und alle, die sich aus den Völkern der Länder zum Gesetz Gottes hin abgesondert haben, … schließen sich ihren Brüdern … an und treten in Eid und Schwur, im Gesetz Gottes zu leben“ (Verse 29 und 30).

Zum Lesen & Nachdenken – Nehemia 10,28-32

In unserem heutigen Abschnitt steht der Bund selbst im Mittelpunkt. Dabei geht es zunächst darum, das Gesetz Gottes zu halten, das den Israeliten durch Mose gegeben wurde, und die Weisungen und Gebote des Herrn zu befolgen. Die Leute wissen, dass sie nicht mit Gottes Segen rechnen können, wenn sie ihm nicht gehorsam sind. Auch sind sie sich darüber im Klaren, dass sie für ihr Handeln verantwortlich sind. Niemand kann um Gottes Segnungen beten und dann seine eigenen Wege gehen. Die Geschichte des Volkes Israel zeigt deutlich die Folgen eines solchen irregeleiteten Denkens. Auf Ungehorsam folgte stets die Bestrafung, die Gott seinem Volk prophezeit hatte, wenn sie sich von seinen Wegen abwendeten. Doch die Israeliten haben genug gelitten. Nun wollen sie zu Gott zurückkehren und sich neu unter seine Gebote und seinen Segen stellen. Sie geloben, nach den Ordnungen zu leben, die in den Heiligen Schriften festgelegt sind.

Von dieser grundsätzlichen Entscheidung geht es weiter zu den Einzelheiten. Dazu gehört zunächst der Beschluss, sich nicht durch Heirat mit heidnischen Völkern zu vermischen – ein Problem, das in der Geschichte Israels immer wieder auftaucht. Nun sehen die Leute ein, dass es in einer Ehe, in der die geistliche Basis fehlt, immer wieder zu Schwierigkeiten kommen wird. Wenn Kinder nicht mehr nach Gottes Geboten erzogen werden, wird auf lange Sicht die ganze Gesellschaft untergraben und ihr Glaube mehr und mehr geschwächt. Als Nächstes verpflichten sie sich, den Sabbat zu heiligen und in jedem siebten Jahr das Land brachliegen zu lassen und alle Schulden zu erlassen. Was in unserem heutigen Textabschnitt besonders ins Auge fällt, ist die detaillierte Beschreibung sämtlicher Verpflichtungen. Hier wurde an alles gedacht. Das sollte uns daran erinnern, dass wir, wenn wir uns entschließen, nach Gottes Weisungen zu leben, alle Gebote halten sollen. „Einige“ oder „die meisten“ Gebote zu befolgen, ist nicht genug.

O Gott, hilf mir zu verstehen, dass du, obwohl du durch deine Gebote so hohe Anforderungen an mich stellst, mir durch deinen Geist die Kraft und Willensstärke verleihen kannst, sie zu befolgen. Und zwar nicht nur die wichtigsten oder die meisten, sondern alle deine Gebote. Dafür danke ich dir von ganzem Herzen. Amen.

Apg 5,1-11; 4. Mo 32,23; Jak 2,10-11
Warum wurden Hananias und Saphira bestraft?
Was sagt Jakobus über das Halten der Gebote?

Anbetung ist der Schlüssel

„So wollen wir das Haus unseres Gottes nicht [im Stich] lassen“ (Vers 40).

Zum Lesen & Nachdenken – Nehemia 10,33-40

Bei den letzten Punkten der Verpflichtung des Volkes, das Gesetz zu befolgen, geht es um den Tempel- und Priesterdienst. Daraus lässt sich schließen, dass das Haus Gottes im jüdischen Denken wieder eine zentrale Stellung einnahm. Durch ihren Eid gelobten die Israeliten unter anderem, für genügend Brennholz für die Opfer zu sorgen, die ersten Früchte ihrer Ernte jedes Jahr beim Tempel des Herrn abzuliefern, den Zehnten zu geben und so weiter. Die Leute erklärten sich einverstanden, dass ihr Leben dem Herrn gehören sollte. Das schloss alles ein, was sie hatten – ihre Kinder, ihr Vieh, den Ertrag ihrer Felder, ihren Wein und ihr Olivenöl. Wir können nicht mit Sicherheit sagen, ob Esra den Vertrag dieses Bundes allein oder gemeinsam mit anderen aufgesetzt hat. Sicher ist jedoch, dass große Sorgfalt verwendet wurde, um jeden einzelnen Lebensbereich abzudecken. Die Israeliten versprachen feierlich, den Tempel nicht zu vernachlässigen und dafür zu sorgen, dass der Tempeldienst vorschriftsmäßig ausgeübt werden konnte.

Dass diese Verpflichtung als letzte in der Aufzählung erscheint, heißt nicht, dass sie eine geringere Bedeutung hätte, im Gegenteil. Zwischen geistlichen und sozialem Verhalten besteht eine enge Verbindung (obwohl mir manche widersprechen werden). Wenn die Anbetung Gottes – hier verkörpert durch den Tempel – keine zentrale Rolle mehr spielt, werden gesellschaftliche Probleme jeglicher Art entstehen. Ohne eine geistliche Basis, die auf der Verehrung Gottes beruht, kann weder die Kirche noch die Gesellschaft überleben.

Israels Bund mit dem Herrn enthält wichtige Prinzipien für die heutige Gemeinde: Das Leben nach dem Willen Gottes. Lassen wir uns von ihm eine tiefe Liebe zu seinem Wort schenken, eine Sehnsucht, an seinem Reich zu bauen und ein echtes Anliegen, sich um jene zu kümmern, die in seinem Dienst stehen.

O Vater, wie wunderbar wäre es, wenn sich heute sämtliche Christen neu verpflichten würden, dir von ganzem Herzen nachzufolgen und dir verbindlich zu dienen. Vielleicht sind das zu hohe Erwartungen – aber ich weiß, dass bei dir nichts unmöglich ist. Darum bitte ich dich in Jesu Namen. Amen.

Lk 2,13-14; Mk 12,28-34
Welches ist der biblische Ansatz für den Umgang mit gesellschaftlichen Problemen?
Welches ist die wichtigste Voraussetzung zur Anbetung?

Bürger der Heiligen Stadt

„Und das übrige Volk warf Lose, um je einen von zehn kommen zu lassen, damit er in Jerusalem, der heiligen Stadt, wohne“ (Vers 1).

Zum Lesen & Nachdenken – Nehemia 11,1-19

Da Jerusalem nur wenig Einwohner hatte, war die Stadt bei feindlichen Angriffen äußerst verwundbar. Die neuen Befestigungsanlagen brauchten Wachen, und solange die Stadt nichts zu ihrer Verteidigung tat, war sie ihren Feinden schutzlos ausgeliefert. In unserem heutigen Text erfahren wir, dass sich die führenden Familien bereits in der Stadt niedergelassen hatten. Um den Zuzug neuer Bewohner zu fördern, wurde aus der Bevölkerung der umliegenden Städte und Dörfer durch das Los jede zehnte Familie dazu bestimmt, in Jerusalem zu wohnen. Zusätzlich zogen jüdische Familien – sich ihres geistlichen Erbes stärker bewusst denn je zuvor – auf freiwilliger Basis in die Heilige Stadt, was ihnen besondere Ehrungen eintrug. Im Rahmen dieser städtischen Neubesiedelung erstellte Nehemia Listen der Familien, die sich in Jerusalem niederließen. Darin verzeichnet sind zunächst die Familien aus dem Stamm Juda, danach die aus dem Stamm Benjamin, dann die Priester und Leviten und zum Schluss die Torwächter und Tempeldiener.

Wir erfahren nicht, welche Auswirkungen der Zustrom all dieser neuen Mitbürger auf das Leben der alteingesessen Bürger von Jerusalem hatte. Jedenfalls werden keinerlei Schwierigkeiten oder Zwischenfälle erwähnt. Eine große Rolle spielte sicherlich, dass die Strukturen der Stadt damals unter Nehemia auf biblischen Richtlinien basierten und sich Jerusalem in einem geistlichen Aufbruch befand. Dennoch mag es zwischenmenschliche Probleme gegeben haben, doch aufgrund ihrer zutiefst geistlichen Einstellung waren die Leute bereit, sie auf faire Weise zu lösen. „Wo ein Wille ist, ist auch ein Weg“ lautet ein bekanntes Sprichwort. Und wo Gottes Wille ist, da ist immer ein Weg.

Vater, ich danke dir, dass du mich nicht nur aufforderst, deinen Willen zu tun, sondern mich auch mit der nötigen Kraft dazu ausrüstest. Du verlangst nichts Unmögliches von mir – wenn ich auf deine Kraft vertraue. Amen.

?

Hebr 11,8-16; 13,11-14; Offb 21,1-11; 21,22-27; 22,1-5; 22,14
Wie können wir Bürger der Heiligen Stadt werden?
Was werden wir dort nicht vorfinden?

Die Regierung Judas

„Und das übrige Israel, die Priester, die Leviten, [blieben] in allen Städten Judas, jeder in seinem Erbteil“ (Vers 20).

Zum Lesen & Nachdenken – Nehemia 11,20-36

Die Verse unseres heutigen Textes enthalten eine Aufstellung der Städte und Dörfer in den ehemaligen Gebieten der Stämme Juda und Benjamin. Aus verwaltungstechnischen Gründen war die ganze Provinz in verschiedene Bezirke unterteilt, wie aus Kapitel 3 hervorgeht (siehe z. B. Verse 9 und 14). Obwohl die Provinz dem persischen König unterstand, besaß die Bevölkerung ziemlich viel Autonomie. Jede Stadt hatte einen Ältestenrat, der wiederum den Priestern gegenüber Rechenschaft schuldig war.

Diese Form der dezentralisierten Regierung war in der damaligen Zeit eher ungewöhnlich. Außerhalb Judas war allgemein ein zentralistisches Regierungssystem üblich, wobei sich die Macht in den Händen einiger weniger Führungspersönlichkeiten konzentrierte. Ein solches (von Menschen geschaffenes) System bildet den idealen Nährboden für Zwietracht und Intrigen. Die Regierung Judas stand jedoch auf einem geistlichen Fundament. Hier wurde Gott die Ehre gegeben. Seine heiligen Ordnungen hatten oberste Priorität. Seine Gebote und seine Gerechtigkeit bildeten das Maß aller Dinge.

Natürlich scheiden sich in der Politik bis heute die Geister. Jeder Mensch hat seine eigenen politischen Vorlieben und Überzeugungen. Doch ich glaube, dass kein politisches System von Bestand sein kann, solange es keine geistlichen Werte und Wurzeln besitzt. Vor vielen Jahren sagte einmal ein weiser Mann: „Gerechtigkeit erhöht eine Nation, aber Sünde ist die Schande der Völker“ (Spr 14,34). Das mag vielleicht heute für viele Ohren nicht mehr zeitgemäß klingen, aber die Bibel ist so aktuell wie je zuvor.

O Gott, es macht mich unsagbar traurig, wenn ich sehe, dass die führenden Politiker der Erde dich und deine Gebote nicht achten. Hilf uns Christen, in der Welt Salz und Licht zu sein. Darum bitten wir dich im Namen Jesu Christi. Amen.

Am 2,6-7; Mi 2,1-2; 3,9-11; 7,1-2; 4,2-5
Welche Anklage wird gegen die herrschende Klasse erhoben?
Was ist die Lösung für diese Missstände?

Große und kleine Namen

„Und dies sind die Priester und die Leviten, die mit Serubbabel … hinaufgezogen waren“ (Vers 1).

Zum Lesen & Nachdenken – Nehemia 12,1-26

Vielen Menschen geht es beim Bibelstudium so, dass sie lange Namenslisten (wie wir in diesem Kapitel wieder vor uns haben) regelmäßig überspringen, um zu den interessanteren Passagen zu gelangen. Doch diese Namensverzeichnisse sind in der Bibel nicht ohne Grund aufgeführt. Vor diesem Hintergrund sind sie gar nicht mehr so uninteressant. In dem heutigen Textabschnitt geht es Nehemia darum, die Herkunft seiner Leute zu ermitteln. Er beginnt mit Serubbabel, der neunzig Jahre zuvor die ersten rückkehrenden Juden aus der Verbannung in Babylon heim nach Jerusalem führte, und gibt dann einen Überblick über die Geschichte der Familien der Priester und Leviten von damals bis zu seiner Zeit.

Das Lesen dieser Namenslisten erinnert uns auch an die Bedeutung jener Männer und Frauen, die dem Herrn bereits dienten, lange bevor wir geboren wurden, und an ihre Stellung innerhalb einer Nation. Viele Leute sind sich ihrer geistlichen Vorfahren nicht bewusst, und das ist tragisch. Deshalb lenkt die Bibel immer wieder unsere Aufmerksamkeit auf die Menschen, die vor uns da waren und schon damals Gott dienten (siehe auch Hebr 13,7). Dass wir das Evangelium hörten, verdanken wir größtenteils dem Einsatz der Generationen vor uns. Deshalb sollten wir uns davor hüten, so zu tun, als seien sie heute für uns nicht mehr von Interesse – so unattraktiv die erste Hälfte dieses Kapitels auch scheinen mag.

Dass Nehemia sämtliche Namen aufführt, beweist, dass ihm jeder Einzelne wichtig ist. Die Weltgeschichte mag sich auf einige wenige große Namen beschränken. Doch es gibt unzählige kleine Namen, die genauso von Bedeutung sind, denn sie haben ihren Platz im Herzen Gottes.

Vater, ich möchte heute voller Dankbarkeit zurückschauen auf alle, die vor mir deinen Weg beschritten haben. Mir ist klar geworden, dass ich nicht zu dir gehören würde, wären da nicht andere gewesen, die das Evangelium von Generation zu Generation weitergesagt hätten. Ihnen bin ich von Herzen dankbar. Amen.

Jes 51,1-2; Hebr 11,17-40; 11,6
Welchen Charakterzug der Männer und Frauen Gottes von damals sollten wir uns zu Eigen machen?
Was ist denen verheißen, die danach leben?

Überschäumende Freude

„Und die Freude Jerusalems war weithin zu hören“ (Vers 43).

Zum Lesen & Nachdenken – Nehemia 12,27-43

Das nächste große Ereignis für die Bewohner Jerusalems war die Einweihung der neu errichteten Stadtmauer. Zu diesem feierlichen und freudigen Anlass wurden Priester und Leviten aus dem ganzen Land nach Jerusalem geholt. Sie reinigten sich für das große Fest, dann besprengten sie auch das Volk, die Mauer und die Tore mit Reinigungswasser. All dies diente dem Zweck, die Juden daran zu erinnern, dass sie selbst und ihr ganzer Besitz dem Herrn gehörten.

Als alle Vorbereitungen getroffen waren, teilte Nehemia alle Leute – das Volk, die führenden Männer, die Priester und Leviten – in zwei Gruppen ein. So zogen sie dann, angeführt von je einem großen Festchor, in einer feierlichen Prozession auf der Mauer in entgegengesetzter Richtung um die Stadt und trafen sich beim Tempel. Nehemia schloss sich der einen, Esra der anderen Gruppe an. Als sie beim Tempel angekommen waren, stimmten die Chöre Loblieder an. Der Wechselgesang der Chöre war weit zu hören, und die Musik, der Gesang und Tanz läutete eine neue Ära der Nation ein.

Manche Leute glauben, ausgelassene Freude und Ehrfurcht vor Gott passten nicht zusammen. Doch das stimmt nicht. Sowohl die Geschichte des Volkes Israel als auch die Geschichte des Christentums können dies bezeugen. Nur wenn das Feuer im Herzen Einzelner oder im Herzen einer Denomination erlischt, kommt es vor, dass überschäumende Freude missbilligende Blicke aus dem „konservativen Lager“ auslöst. Den ersten Christen warf man damals vor, sie seien betrunken. Die ersten Franziskaner wurden zurechtgewiesen, weil sie in der Kirche lachten. Die ersten Methodisten entliehen weltliche Melodien für einige ihrer Kirchenlieder und vertonten geistliche Musik mit modernen Tanzrhythmen. Ausgelassene Freude und Ehrfurcht vor Gott sind kein Widerspruch. Nur sieht man leider beides viel zu selten zusammen.

Mein Vater und mein Gott, du entziehst dich mir nicht, und wenn ich mich dir auch nicht entziehe, dann wird auch ausgelassene Freude in meinem Leben sein. Wenn mich mein Temperament daran hindert, laut „Halleluja“ zu rufen, dann hilf mir, es wenigstens leise zu flüstern. Amen.

2. Sam 6,1-23; Ps 47,1-9; 150,1-6
Wenn ausgelassene Freude respektlos sein soll, was sagt 2. Samuel 6 dazu?
Wieso ist überschäumende Freude berechtigt?

Kein Strohfeuer

„Und ganz Israel gab … die Anteile für die Sänger und die Torhüter“ (Vers 47).

Zum Lesen & Nachdenken – Nehemia 12,44-47

Es fällt leicht, in ausgelassener Stimmung gemeinsam mit anderen Gott zu loben, zu singen (ja, selbst zu tanzen), doch echter Lobpreis ist kein kurzes Strohfeuer, sondern bedeutet, Gott täglich die Ehre zu geben.

Aus unserem heutigen Text geht hervor, dass es den Leuten von Juda in der Zeit der geistlichen Erneuerung ein Bedürfnis war, für jene zu sorgen, die Gott dienten. Dieses Anliegen galt nicht nur den Priestern und Leviten, die den Dienst am Tempel versahen, sondern auch den Sängern und Torwächtern. Den Israeliten war bewusst, dass eine Vernachlässigung des Tempeldienstes nicht ohne Folgen bleiben würde. Die Worte „und ganz Israel gab“ zeigen, welchen Einfluss die Ereignisse der vergangenen Tage gehabt haben müssen. Nun setzten die Israeliten alles daran, dass es ihren Landsleuten, die im Dienst Gottes standen, gut ging und versorgten sie mit allem, was sie zum Leben brauchten. Interessant ist auch, dass dies die einzige Stelle ist, wo der Begriff „Israel“ vorkommt (Vers 47). Zuvor lag der Schwerpunkt auf den Nachkommen Judas und den Nachkommen Benjamins, doch nun ist von „ganz Israel“ die Rede. Die einzelnen Stämme treten zugunsten der Einheit in den Hintergrund.

Auch dieser Textabschnitt ist für uns heute von Bedeutung. Wenn wir mit Gott im Reinen sind, fügen sich andere Dinge wie von selbst zusammen. Dann vergessen wir unser „Stammesdenken“ und fühlen uns als Teil der großen weltweiten Gemeinde Christi anstatt als Mitglieder der einen oder anderen Glaubensrichtung. Dann ist es uns ein Anliegen, für diejenigen zu sorgen, die ihren Dienst im Reich Gottes tun. Dann bekommt Gottes Wort für uns den richtigen Stellenwert. All dies sind Voraussetzungen, damit die Freude kein Strohfeuer bleibt.

O Herr, wie sehr sehne ich mich danach, dass deine Gemeinde eins mit dir wird – so dass alles andere den richtigen Stellenwert bekommt. Hilf uns, über den Tellerrand unserer eigenen Glaubensrichtung zu blicken und in großen Dimensionen zu denken. Amen.

Ps 84,1-12; 2. Kor 9,6-15
Welchen Lohn hatten die Torhüter des Tempels?
Was sind die Folgen des freudigen Gebens?

Der Preis der Freiheit

„An jenem Tag wurde aus dem Buch des Mose vor den Ohren des Volkes vorgelesen …“ (Vers 1).

Zum Lesen & Nachdenken – Nehemia 13,1-3

In einem Kommentar stand, falls man den Stoff des Buches Nehemia für einen historischen Roman verwenden wolle, dann täte man gut daran, mit Kapitel 12 zu enden. Denn in Kapitel 13 stoßen wir auf ein trauriges Nachspiel. Es beweist jedoch die Wahrheit von Thomas Jeffersons weiser Bemerkung: „Misstrauen und Wachsamkeit sind der Preis der Freiheit.“

Nehemia war zunächst zwölf Jahre lang Statthalter von Jerusalem (von 445 bis 433 v. Chr.), bevor er vorübergehend an den Hof des Perserkönigs Artaxerxes zurückkehrte (Neh 13,6). Der genaue Zeitraum der in unserem heutigen Textabschnitt beschriebenen Ereignisse ist uns jedoch nicht bekannt. Die meisten Ausleger sind der Meinung, sie fallen in die Zeit nach Nehemias erster Amtsperiode, als er nicht in Jerusalem war. Mit Sicherheit wissen wir aber, dass an einem bestimmten Tag öffentlich aus dem Buch Mose vorgelesen wurde, um die Israeliten an die besondere Beziehung von Gott und seinem auserwählten Volk zu erinnern. Diese Lesung beinhaltete zweifellos 5. Mose 23,3-6, wo es ausdrücklich heißt, dass weder Ammoniter noch Moabiter oder ihre Nachkommen in das Volk Gottes aufgenommen werden dürften. Dies bedeutete nicht, dass sich Ammoniter oder Moabiter nicht zum Judentum bekehren konnten (die Moabiterin Rut war ein Beispiel dafür), doch alle, die weiter an ihre heidnischen Götter glaubten, waren von der Gemeinde Gottes ausgeschlossen.

Auch hier stellen wir fest, wie das öffentliche Verlesen der Schrift die Juden in ihrer Verantwortung, die sie als Gottes Volk trugen, prägte. Wir können nie mit Sicherheit sagen, was geschieht, wenn wir unsere Bibel aufschlagen. Aber je öfter wir dies tun, desto mehr Gutes wird geschehen.

Vater, wieder einmal werde ich daran erinnert, wie nötig ich es brauche, regelmäßig in deinem Wort zu lesen. Zeige mir noch viel deutlicher, dass ich alle anderen Bereiche in meinem Leben ruhig von Zeit zu Zeit vernachlässigen darf – aber nicht diesen. Darum bitte ich dich in Christi Namen. Amen.

Lk 4,14-30; Apg 2,14-41
Welche Aussage Jesu erregte den Zorn seiner Zuhörer? Welche zwei Elemente der Predigt des Petrus führten dazu, dass sich 3000 Menschen bekehrten?

Ein Eindringling im Haus Gottes

„Gedenke dafür meiner, mein Gott, und lösche meine guten Taten nicht aus, …“ (Vers 14).

Zum Lesen & Nachdenken – Nehemia 13,4-14

Während Nehemias Abwesenheit von Jerusalem waren die Dinge aus dem Ruder gelaufen. Als er wieder in die Stadt kommt, macht er die erschreckende Entdeckung, dass der Hohepriester Eljaschib seinem Verwandten Tobija, einem der größten Feinde Nehemias, erlaubt hatte, einen großen Raum im Tempelbereich für sich zu nutzen. Als Nehemia davon erfährt, macht er sich auf zum Tempel, lässt alles hinauswerfen, was Tobija gehört und ordnet an, die Räumlichkeiten neu zu weihen und die Tempelgeräte wieder hineinzubringen. Bezeichnenderweise unternimmt Eljaschib nichts dagegen. Er weiß, dass er in Nehemia seinen Meister gefunden hat.

Die Anwesenheit von Tobija im Haus Gottes und die Vernachlässigung des Tempeldienstes hatte zweifellos einen schlechten Einfluss auf die Leute, denn sie stifteten keine Gaben mehr für den Unterhalt der Leviten und Sänger. Diese konnten folglich ihren Dienst im Tempel nicht mehr ausüben und mussten wieder auf den Feldern arbeiten, um ihre Familien zu ernähren. Nehemia ist darüber sehr verärgert. Nachdem er die Verantwortlichen zur Rede gestellt hat, macht er sich daran, die alten Ordnungen wiederherzustellen. Er überträgt die Aufsicht über die Vorräte dem Priester Schelemja, dem Schreiber Zadok und einem Leviten namens Pedaja und dem Helfer Hanan, denn „sie galten als zuverlässig“ (Vers 13). Der abtrünnige Eljaschib dagegen verschwindet ganz von der Bildfläche.

Wie nötig brauchen wir in der Gemeinde Christi heute Männer wie Nehemia! Denn schon viel zu lange haben wir den Feinden Gottes nach dem Mund geredet. Stattdessen gibt es Leute, die zur Verantwortung gezogen werden müssen, die der Korrektur bedürfen, und Trends, die in Frage gestellt werden müssen. Etwas Drastisches muss im Haus Gottes passieren. Werfen wir den Teufel aus der Sakristei hinaus!

O Gott, beschütze uns Christen vor den Gefahren des Kompromisses und reinige uns, damit der Satan sich nicht in unserer Mitte niederlassen kann. Dies erbitten wir im unvergleichlichen und teuren Namen deines Sohnes. Amen.

Mk 11,15-17; 3. Joh 9-11; Jud 1-25
Was war der Grund für das Verhalten des Diotrephes?
Welchen Rat gibt Judas in Bezug auf Eindringlinge?

Der ungeheiligte Sabbat

„Von dieser Zeit an kamen sie nicht mehr am Sabbat.“ (Vers 21).

Zum Lesen & Nachdenken – Nehemia 13,15-22

Nachdem er den ersten Grund für den geistlichen Verfall in Jerusalem beseitigt hat – Kompromisse im Haus Gottes – macht sich Nehemia nun daran, bei einem weiteren Missstand Abhilfe zu schaffen: der Missachtung des Sabbats. Bei seinem Rundgang durch die Stadt und über die umliegenden Felder macht er die Entdeckung, dass die Leute am Sabbat arbeiten. Er sieht Juden, die in der Kelter Weintrauben auspressen, andere fahren ihre Ernteerzeugnisse vom Feld ein, um die Waren am nächsten Tag zu verkaufen. Er begegnet sogar Leute aus Tyrus, die bedenkenlos am heiligen Sabbat in Jerusalem ihre Waren feilbieten. Auch dieses Mal geht Nehemia auf Konfrontationskurs und zieht die führenden Männer der Stadt zur Rechenschaft, indem er sie offen anklagt: „Was ist das für eine schlimme Sache, die ihr da tut, dass ihr den Sabbattag entheiligt?“ (Vers 17). Für den Fall, dass seine Worte auf taube Ohren stoßen, lässt Nehemia die Tore am Abend vor dem Sabbat verschließen, so dass niemand mehr Waren in die Stadt bringen kann. Daraufhin bleiben die Händler die ganze Nacht draußen und verlegen ihre Geschäfte einfach vor die Stadtmauern. Erst als Nehemia droht, sie festzunehmen, lassen sie von ihren Praktiken ab.

Wir leben heute in einer säkularisierten Gesellschaft. Und es grenzt an eine schiere Unmöglichkeit, den Großteil der Bevölkerung einschließlich unserer Politiker davon überzeugen zu wollen, dass ein Segen auf der Sabbatheiligung liegt. Trotzdem dürfen wir es nicht aufgeben. Der moralische Verfall, den wir heute beobachten, ist natürlich nicht gänzlich der Entweihung des Sabbats zuzuschreiben, doch ich habe keinen Zweifel daran, dass hier ein Zusammenhang besteht. Wie wir bereits sagten – entweder halten wir Gottes Gebote oder wir müssen die Konsequenzen tragen.

Vater, die Welt ist blind geworden für geistliche Werte und deine Wahrheit, doch lass diese Entwicklung nicht auf deine Gemeinde übergreifen. Reiß uns aus dem Schlaf und rüttele uns wach. Ich bitte dich in Jesu Namen. Amen.

2. Mo 20,8-11; Lk 6,1-11; 13,10-17
Warum soll der Sabbattag geheiligt werden?
Was lehrt Jesus über das Halten des Sabbats?

Zu guter Letzt

„Gedenke meiner, mein Gott, zum Guten!" (Vers 31).

Zum Lesen & Nachdenken – Nehemia 13,23-31

Nehemias letzte Reform betrifft das Verbot der Mischehen. Er findet heraus, dass viele jüdische Männer Frauen aus Aschdod, Ammon und Moab geheiratet hatten. Die alte Geschichte – Verbotenes übt auf uns Menschen einen besonderen Reiz aus. Als Nehemia diesen eklatanten Verstoß gegen den Bund Gottes entdeckt, wird er furchtbar wütend. So wütend, dass er seine guten Vorsätze, niemals Gewalt anzuwenden, vergisst und die Männer zur Rechenschaft zieht, wobei er sogar handgreiflich wird. Ferner findet er heraus, dass einer der Enkel des Hohepriesters Eljaschib mit einer Tochter von Sanballat verheiratet ist. Nehemias Reaktion darauf: Er jagt ihn aus Jerusalem fort. So setzt sich Nehemia sehr engagiert (wenn auch vielleicht manchmal über-engagiert) dafür ein, dass die göttlichen Ordnungen wiederhergestellt werden. Danach kehrt eine neue Periode des Friedens und der geistlichen Stabilität ein.

Mehrmals stoßen wir in diesem Kapitel auf das Wort „gedenke", wenn sich Nehemia an Gott wendet. Von manchen Auslegern wird dies als Ausdruck seiner Verzweiflung gedeutet. Mir hingegen gefällt die Interpretation besser, dass Nehemia so betete, weil er sein Leben lang in enger Verbindung mit Gott stand und stets bereit war, seine Seele im Gebet zu ihm zu erheben.

Wie lässt sich das, was wir aus dem Leben dieses großes Mannes Gottes lernen können, zusammenfassen? Vielleicht folgendermaßen: Ohne starke, vollmächtige geistliche Leiter ist die Gemeinde Gottes wie eine Herde Schafe ohne Hirten. Dann lässt der moralische und geistliche Verfall nicht lange auf sich warten. Hier können wir nur gegensteuern, wenn wir uns wieder dem Wort Gottes zuwenden, unser Leben nach seinen Weisungen ausrichten, unsere Schuld und unser Versagen bekennen und aus dem Gehorsam Gott gegenüber wieder neue Freude schöpfen. Nur dann können wir Menschen sein, aus denen die Herrlichkeit Gottes strahlt.

Gütiger Gott, dies möge kein Ende sein, sondern ein Anfang. Lege mir dieselbe Last aufs Herz, wie du es bei Nehemia getan hast – um zerstörte Festungsmauern wieder aufzubauen und deinen Namen unter deinem Volk wieder groß zu machen. Amen.

Mt 9,35-38; 2. Tim 3,14-17; 4,1-5
Wie reagiert Jesus auf die „Schafe ohne Hirten"?
Warum sollten wir bei dem, was wir gelernt haben, nicht stehen bleiben?

Das Wesen Gottes

Der Mittelpunkt unseres Lebens

„Im Anfang schuf Gott …“ (Vers 1).

Zum Lesen & Nachdenken – 1. Mose 1-12

Sich dem besonderen Thema *Das Wesen Gottes* zuzuwenden, heißt, sich ein hohes Ziel zu stecken.

Ich habe festgestellt, dass Christen sich im Allgemeinen mehr dafür zu interessieren scheinen, sich selbst besser kennen zu lernen als dafür, Gott besser kennen zu lernen. Man braucht nur den Besitzer einer christlichen Buchhandlung zu fragen: „Welche Bücher verkaufen sich am besten?“ und wird die Antwort erhalten, dass nicht jene Literatur sich zum Kassenschlager entwickelt, die uns in die Geheimnisse des Wesens und Wirkens Gottes einführt, sondern solche über praktische christliche Lebenshilfe, den Umgang mit Geld, innere Heilung, Christsein im Alltag und so weiter. Ich will damit diese Themen nicht schlecht machen, denn auch sie haben ihre Berechtigung. Bedenklich finde ich hingegen die Selbstbezogenheit, die dadurch gefördert wird, so als sei es das Wichtigste im Leben, die eigene Psyche zu erforschen und zu hätscheln. Dabei kann niemals die Selbsterkenntnis, sondern immer nur die Gotteserkenntnis das Wichtigste sein.

John Lancaster, ein Pastor aus Cardiff in South Wales, stellt in einem Artikel mit dem Titel „Wo in aller Welt ist Gott?“ die Frage: „Wenn Sie die Wahl hätten zwischen den beiden Seminaren ‚Die Herrlichkeit Gottes im Buch Jesaja‘ und ‚Christsein und Sexualität‘, für welches würden Sie sich entscheiden?“ Ferner schreibt er, die christliche Kirche bemühe sich zwar, die Fragen der Menschen zu beantworten, aber das Problem läge darin, dass die Leute die falschen Fragen stellten. Wir sind heute in unseren Gemeinden viel zu menschenbezogen und zu wenig Gottes-bezogen. Ich glaube, es ist kein Zufall, dass die Bibel mit den Worten beginnt: „Im Anfang schuf *Gott* …“. Und ich bin fest davon überzeugt: Wenn Gott nicht der Mittelpunkt unseres Lebens ist, wird uns alles andere entgleiten.

Vater, hilf mir, dich von heute an zum Zentrum meines Lebens zu machen und schenke mir die Gnade und die Kraft, mich nicht davon abbringen zu lassen, trotz aller Unbeständigkeit und Ungewissheit der Zukunft. Dies bete ich im Namen Jesu Christi. Amen.

Joh 1,1-5; Kol 1,15-20; Hebr 12,2; Offb1,8
Was offenbart der Herr seinem Jünger Johannes?
Was bezeugt der Apostel Johannes?

Die ausgestorbene Kunst

„Denn wer hat des Herrn Sinn erkannt, oder wer ist sein Mitberater gewesen?“ (Vers 34).

Zum Lesen & Nachdenken – Römer 11,25-36

Ein Thema, das für viele heutzutage von großem Interesse ist, ist die Anthropologie – die Wissenschaft vom Menschen und seiner Entwicklung. Für Christen sollte es jedoch noch ein wichtigeres Thema geben: die Lehre von Gott. Der große Prediger C. H. Spurgeon sagte: „Die höchste Wissenschaft, die erhabensten Spekulationen, die mächtigste Philosophie, die unsere Aufmerksamkeit als Kinder Gottes jemals fesseln könnte, ist der Name, das Wesen, die Person, das Wirken, die Taten und die Existenz des großen Gottes, den wir Vater nennen.“

Das Nachsinnen über Gott scheint heutzutage eine ausgestorbene Kunst. Unsere Gedanken drehen sich viel mehr um Dinge wie Gemeindewachstum, die Endzeit oder Zeichen und Wunder. Das sind zweifellos brisante, aktuelle Themen, aber wir dürfen nicht zulassen, dass sie an die Stelle des ernsthaften und beharrlichen Forschens nach dem Wesen Gottes treten. Denn je besser wir Gott kennen, desto besser werden wir für unser Leben gerüstet sein. Menschen, die sich dem Studium des Wesens Gottes widmen, sagen, dass es den Geist demütig macht, die Seele weitet und das Herz tröstet.

Inwiefern macht es den Geist demütig? Wenn unser Geist von anderen Themen besetzt ist, besteht die Gefahr, dass wir stolz und selbstzufrieden denken: „Wie bin ich doch weise.“ Ist unser Geist jedoch von Gedanken über Gott erfüllt und der Erkenntnis, dass wir seine Weisheit und Tiefe niemals ausloten können, werden wir denken: „Eigentlich weiß ich gar nichts!“ In einer Zeit, in der das menschliche Ego derart überbetont wird wie heute, brauchen wir die Erfahrung, dass es noch etwas Höheres, Größeres gibt. Besser gesagt, *jemanden*, der höher und größer ist – den unendlichen und ewigen Gott.

Gnädiger und liebender himmlischer Vater, lehre mich, mich auf dich zu besinnen, so dass Eitelkeit und Stolz in mir absterben. Befreie mich davon, auf meine eigene Klugheit zu bauen, sondern richte meinen Blick auf deine Herrlichkeit. Amen.

Jes 40,18-26; Hiob 11,7-9
Welche Testfrage stellt Jesaja?
Zu welchem Schluss war Zofar gekommen?

Sauerstoff für die Seele

„Denn du hast mich erfreut, HERR, durch dein Tun“ (Vers 5).

Zum Lesen & Nachdenken – Psalm 92,1-16

Wie weitet das Nachdenken über Gott die Seele? „Die Seele“, sagte einmal ein Theologe, „ist nur dann zu Hause, wenn sie in Gott geborgen ist.“ Die Seele ist dazu geschaffen, dass Gott in ihr Wohnung nehmen kann. Nur dann kann sie ihrer wahren Bestimmung nachkommen. Das Nachsinnen über Gott ist Sauerstoff für die Seele; nur so kann sie atmen. „Mein Körper und mein ganzer Organismus funktioniert besser, wenn Gott in mir ist“, sagte einmal ein Arzt vor vielen Jahren zu mir. Dasselbe gilt auch für die Seele.

Und wie tröstet das Nachsinnen über Gott das Herz? Indem so unser Augenmerk auf die Größe und Güte des Allmächtigen gelenkt wird sowie auf sein väterliches Mitgefühl und Erbarmen. Je besser wir Gott kennen, desto besser werden wir verstehen, dass er uns nicht deshalb durch Leid und Dunkelheiten gehen lässt, weil er machtlos ist, uns daraus zu befreien, sondern weil er uns lehren will, selbst solche Situationen vor dem Hintergrund seines guten und ewigen Ziels zu sehen. Darüber hinaus werden wir entdecken, dass es Gott nicht in erster Linie darum geht, mit uns seine Pläne zu verfolgen, sondern uns nahe zu sein. Er ist Balsam für jede Wunde, Trost für jeden Kummer, Heilung für jeden Schmerz. In der Seelsorge wird in unseren Gemeinden heute mit allen möglichen Patentrezepten (manchmal eher weltlicher als geistlicher Art) aufgewartet, doch ich kenne nichts, das die Wogen des Kummers besser glättet als das stille Nachsinnen über Gott.

Mein Vater und mein Gott, verzeih mir, wenn ich in Zeiten der Not und der Anfechtung an falscher Stelle Trost suchte. Du und nur du allein kannst die innersten Bedürfnisse meiner Seele stillen. Hilf mir, diesen Trost bei dir nicht als eine Möglichkeit unter vielen zu sehen, sondern als den einzigen wirklichen Trost. Amen.

Ps 145,1-21; 5. Mo 32,1-4; 1. Chr 29,10-13
Wie drückte David die Gefühle seiner Seele aus?
Was sagt Mose in seinem Lied?

„Exzentrische“ Christen

„[Er ist es,] der da thront über dem Kreis der Erde, dass ihre Bewohner wie Heuschrecken [erscheinen]“ (Vers 22).

Zum Lesen & Nachdenken – Jesaja 40,21-31

Unser heutiges Weltbild hat den Menschen, das Individuum, als Zentrum. Wir Christen müssen uns dagegen wehren, dass sich dieses menschenorientierte Weltbild mehr und mehr auch in unsere Gemeinden einschleicht. Natürlich ist es wichtig, in christlichen Kreisen über Kindererziehung, Eheprobleme oder Zeitmanagement zu diskutieren, doch wir sollten aufpassen, dass unsere Theologie nicht vom Zeitgeist überrollt wird. Auch wenn die Leute sich vorwiegend mit solchen Themen beschäftigen *wollen* – was sie *brauchen*, ist vor allem ein tieferes Verständnis von Gott.

Man könnte argumentieren, dass wir deshalb so viele Probleme haben, weil wir Gott nicht gut genug kennen. Der Kontext, in dem wir denken und fühlen, ist so begrenzt, dass es kein Wunder ist, wenn unsere Seelen dabei ersticken. Ein Prediger beschrieb diesen Zustand mit folgenden Worten: „Wir sind wie Petrus: Wir gehen auf dem Wasser, doch Wind und Wellen nehmen unsere Sinne so gefangen, dass wir Christus, der neben uns steht und uns die Hand reichen will, aus den Augen verloren haben. Das Unmittelbare raubt uns den Blick für das Ewige.“

Deshalb habe ich für die heutige Bibellese diesen Text aus dem reichen Schatz des Buches Jesaja ausgesucht. Der Prophet tut das, was ein Arzt tun würde, wenn er das Zimmer eines Patienten betritt, in dem man vor Sauerstoffmangel kaum atmen kann: Er reißt die Fenster auf, damit der Patient seine Lungen mit frischer, gesunder Luft füllen kann. Jesaja sagt im Großen und Ganzen: „Atme den frischen Wind des Geistes. Sieh, wie groß und mächtig Gott ist. Und wie klein deine Probleme sind im Vergleich zu seiner Kraft und Allmacht.“ Wir werden immer den Dingen ähnlich, auf die wir unseren Blick richten. Wenn wir auf Menschen schauen anstatt auf Gott, dann brauchen wir uns nicht zu wundern, wenn wir das Zentrum unseres Leben verlieren – und im wahrsten Sinne des Wortes „exzentrisch“ werden.

O Gott, bewahre mich davor, dich als meine Mitte zu verlieren und zum „exzentrischen“ Christen zu werden. Hilf mir, meinen Blick immer fest auf dich zu richten. Darum bitte ich dich in Jesu Namen. Amen.

2. Kor 4,13-18; Hebr 3,1; 12,2; Ps 141,8
Worauf richtete Paulus sein Augenmerk?
Wozu fordert uns der Schreiber des Hebräerbriefes auf?

Beschützt und geborgen

„Ich habe den HERRN stets vor Augen; weil er zu meiner Rechten ist, werde ich nicht wanken" (Vers 8).

Zum Lesen & Nachdenken – Psalm 16,1-11

Wir wollen uns weiter mit dem Thema beschäftigen, das wir gestern begonnen haben – der Gefahr, dass bei unserem Glauben der Mensch im Zentrum steht anstatt Gott. Wann immer ich mit christlichen Seelsorgern spreche, versuche ich ihnen zu vermitteln, dass es wichtiger ist, Gott die Ehre zu geben, als den Ratsuchenden um jeden Preis zu ihrem seelischen Wohl zu verhelfen. Bei zahlreichen kirchlichen Beratungsstellen steht heutzutage der Mensch im Mittelpunkt. Die Therapie konzentriert sich vorwiegend auf die Bewältigung von Verletzungen, die dem Klienten durch andere zugefügt wurden, anstatt auf die Heilung der Beziehung des Klienten zu Gott. Dies ist ein sensibles Thema, und wenn ich Schulungen für Seelsorger halte, weise ich darauf hin, dass sie hier nicht mit der Tür ins Haus fallen können, sondern einfühlsam damit umgehen müssen. Doch die Frage nach unserer Gottesbeziehung ist eine, die wir uns alle stellen müssen, ob wir in seelsorgerlicher Betreuung sind oder nicht.

Denken wir einmal darüber nach: Was belastet mich mehr – das Unrecht, das andere mir angetan haben, oder das Unrecht, das ich Gott tue (oder getan habe), indem ich ihm nicht vertraue? Das Ziel, die Beziehung zu Gott über unser persönliches Wohlbefinden zu stellen, fällt manchen Christen sehr schwer, vor allem, wenn sie in der heutigen, ichbezogenen Generation groß geworden sind. Wir müssen uns von der Vorstellung lösen, dass sich das Leben in erster Linie um uns und unsere Wünsche und Pläne, unser Selbstbild, unsere Bedürfnisse, Verletzungen und Probleme dreht. Wir sollten lernen, Gott und seinen Willen wieder in den Mittelpunkt zu stellen. Lassen wir uns von dem herrlichen Psalm heute erfüllen. Dann werden wir, wie der Psalmist, feststellen: Wenn wir Gott den ersten Platz in unserem Leben einräumen, werden wir zwar trotzdem nicht von den Stürmen des Lebens verschont bleiben, doch in Gott beschützt und geborgen sein.

Vater, ich danke dir, dass ich in dir geborgen bin, auch wenn du nicht immer verhindern wirst, dass Stürme mein Lebensschiff hin und her werfen. Bitte lass diese Wahrheit tief in meiner Seele Wurzeln schlagen. Amen.

1. Sam 4,1-22; 2. Mo 33,12-18; Ps 29,1-2
Besteht eine Parallele zwischen dem Bericht in 1. Samuel und der Situation in der heutigen Kirche?
Was war Moses Bitte?

Gott als Randfigur

„… sondern wer sich rühmt, rühme sich dessen: Einsicht zu haben und mich zu erkennen, dass ich der HERR bin“ (Vers 23).

Zum Lesen & Nachdenken – Jeremia 9,16-23

Ein Pastor, der kürzlich bei einer Konferenz in einer großen Gemeinde sprach, sagte: „Der Grund dafür, dass so viele Menschen heutzutage geistlich leer und ausgebrannt sind, ist die Schnelllebigkeit unserer Zeit.“ Aber ist das wirklich so? Denn wenn das stimmt, dann wäre die Ursache für unseren geistlichen Zustand bei äußeren Faktoren zu suchen und nicht bei uns selbst – wo das Problem (meiner Meinung nach) liegt. Ich denke, der wirkliche Grund für die weit verbreitete geistliche Trägheit und Abgestumpftheit ist, dass wir verlernt haben, Prioritäten zu setzen. Einer meiner Lieblingsdichter ist William Wordsworth, und ich liebe diese Verse:

Die Welt vereinnahmt uns; tagaus, tagein
Verschwenden wir die Kräfte in uns nur
Und sehen nichts von uns in der Natur.
Und unsre Herzen gaben wir noch drein.

Die Welt vereinnahmt uns! Dies ist die Wurzel unseres Problems. Andere Eindrücke, Themen, Aktivitäten, Zerstreuungen und Ängste nehmen uns gefangen und drängen Gott an den Rand. Wenn wir Gott so viel Zeit und Aufmerksamkeit widmen würden wie weltlichen Dingen, dann bräuchten wir uns um die geistliche Gesundheit der Kirche keine großen Sorgen zu machen.

Durch den Propheten Jeremia spricht Gott zu uns und zeigt uns, dass es sein größter Wunsch ist, dass wir uns ihm wieder zuwenden. Wenn wir Gott aus den Augen verlieren, werden wir auch Jesus verlieren, der der Weg und die Wahrheit und das Leben ist.

O Gott, vergib mir, dass meine Wünsche oft so gegensätzlich von deinen Wünschen sind. Doch du sollst in meinem Leben keine Randfigur sein, sondern der zentrale Punkt. Hilf mir, meine und deine Wünsche in Einklang zu bringen. In Jesu Namen. Amen.

Jer 2,1-13; 17,13; Jes 53,6
Welche beiden Sünden hatte Israel begangen?
Aus welcher Quelle trinkt die Gemeinde Christi heute?

Die eigene Frömmigkeit

„Eure Treue zu mir ist so flüchtig wie ein Morgennebel, …“
(Vers 4; Gute Nachricht).

Zum Lesen & Nachdenken – Hosea 6,1-11

Wenn wir über Gott nachdenken und ihn besser kennen lernen wollen, müssen wir uns der Gefahr bewusst sein, dass uns die eigene Frömmigkeit zu einem größeren Anliegen werden kann als Gott selbst. Der Theologe James I. Packer hatte denselben Eindruck: „In den evangelikalen Kreisen, in denen ich mich bewege, bereitet es mir oft Kopfschmerzen, wenn ich sehe, wie viele Glaubensgeschwister hauptsächlich bestrebt sind, ihre eigene Frömmigkeit zu kultivieren. Für ihren himmlischen Vater interessieren sie sich dagegen herzlich wenig. Dieses Verhalten hat für mich etwas Narzisstisches, ja, beinahe Krankhaftes, und hat mit einem reifen Glauben wenig zu tun.“

Ich kannte einmal einen Mann, der jeden Vortrag zum Thema Ehe besuchte und jedes Mal begeistert war über seine neuen Erkenntnisse und Einsichten. Das Tragische daran war, dass er nie über das Stadium der grauen Theorie hinauskam, denn während er seinen idealistischen Gedanken über die Ehe nachhing, saß seine Ehefrau einsam zu Hause.

Wie paradox, dass ein Mann sich mehr für theoretische Grundlagen der Ehe interessieren kann als für seine eigene Frau, die er zu lieben und ehren gelobt hat! Seien wir wachsam, dass wir nicht denselben Fehler machen. Dass wir nicht religiösen Standpunkten und unserer eigenen Frömmigkeit mehr Aufmerksamkeit widmen als Gott, unserem Vater, den wir täglich loben und anbeten sollen, so dass er seine Freude an uns haben kann.

Barmherziger himmlischer Vater, bitte vergib mir, wenn mein Glaube zur Routine geworden ist und ihm die Dynamik fehlt, die ihn lebendig hält. Ich wünsche mir, dass mir nichts jemals wichtiger wird als meine Beziehung zu dir. Amen.

2. Tim 3,1-5; 2. Chr 25,1-2; Jes 29,13
Welches ist eines der Zeichen der letzten Tage?
Was wird über Amazja gesagt?

Mit den Augen des Glaubens

„… denn er hielt standhaft aus, als sähe er den Unsichtbaren“ (Vers 27).

Zum Lesen & Nachdenken – Hebräer 11,17-28

Was ist es, dass manche Leute dazu verleitet, sich mehr um die eigene Frömmigkeit zu kümmern als um Gott selbst? Ich denke, einer der Gründe ist, dass wir uns auf vertrauterem Terrain bewegen, wenn wir uns mit dem Sichtbaren befassen als mit dem Unsichtbaren. Mit „greifbaren“ Dingen umzugehen und die Auswirkungen unseres Handelns direkt zu erleben, gibt uns mehr Sicherheit als wenn wir uns nach dem ausstrecken, was wir nicht sehen und einfach vertrauen sollen.

Als ich noch verstärkt im seelsorgerlichen Bereich tätig war, traf ich oft Menschen, die genau dieses Problem hatten. Nach langen Gesprächen kamen sie an einen Punkt, an dem sie einsahen, dass die Ursache ihrer Schwierigkeiten darin lag, dass sie ihre Beziehung zu Gott vernachlässigt hatten. Gerieten sie dann in eine Situation, in der ihr Vertrauen zu Gott gefragt war, wurden plötzlich Ängste wach. Häufig hörte ich dann Kommentare wie: „Ich schaffe das nicht. Gibt es denn nichts, was ich tun kann? Kein Schritt-für-Schritt-Programm, an dem ich mich entlang hangeln kann wie an einer Leiter?“

Es ist menschlich, dass wir es alle leichter finden, etwas zu *tun* als einfach zu *sein* und zu *vertrauen*. Wir möchten lieber aus eigener Kraft aus dem schwarzen Loch herausklettern. Unsere fleischliche Natur hasst es, sich von einem Gott abhängig zu wissen, der unsichtbar und nicht greifbar ist. Doch genau darin besteht unsere Beziehung zu Gott. Nicht Moses Werke sind es, sondern sein Glaube ist es, der ihn in unserem heutigen Bibeltext auszeichnet. Er gab nicht auf, denn er hatte den unsichtbaren Gott vor Augen. Er rechnete so fest mit ihm, als könnte er ihn sehen. Mit den Augen des Glaubens können wir das Unsichtbare sehen.

Mein Gott und mein Vater, hilf mir, diese gefährliche Tendenz in mir zu erkennen, falls ich lieber aus eigener Kraft etwas tun will als dir zu vertrauen. Lass dein Wort heute tief in mein Herz fallen und lehre mich Vertrauen. Darum bete ich im Namen Jesu. Amen.

Röm 1,16-23; Hebr 11,1-2; 1. Tim 1,17
Warum sind die Menschen ohne Entschuldigung?
Was ist das Wesen des Glaubens?

Glaube und Werke

„Nachdem ihr im Geist angefangen habt, wollt ihr jetzt im Fleisch vollenden?“ (Vers 3).

Zum Lesen & Nachdenken – Galater 3,1-25

Die Gemeinde Christi kämpft von jeher um ein ausgewogenes Verhältnis zwischen Glauben und Werken. Der Römerbrief ist das Standardwerk zum Thema „Glauben“, während der Jakobusbrief *das* Buch zum Thema „Werke“ ist. Ich kenne Christen, die den Jakobusbrief nie lesen, indem sie es mit Luther halten, der ihn „ein Buch voller Stroh“ nannte. Martin Luther mag in vielen Dingen Recht gehabt haben, aber in diesem Fall hatte er Unrecht. Wenn wir „ausgewogene Christen“ sein wollen, dann müssen wir beide Briefe lesen.

Das Dilemma von Glauben und Werken ist folgendes: Bei unserer Bekehrung werden wir durch das unschuldige Leiden unseres Herrn Jesus Christus am Kreuz mit Gott versöhnt. Nach und nach lernen wir dann die Grundsätze des christlichen Lebens kennen – und prompt wandelt sich unsere Abhängigkeit von Jesus in eine Abhängigkeit von Prinzipien und Werken. Daran krankten die Gemeinden in Galatien, und daran krankt auch die Kirche des 21. Jahrhunderts. Gute Werke sind zweifellos wichtig und Gott segnet es, wenn wir Gutes tun, doch wir können uns mit guten Werken unsere Erlösung nicht erkaufen.

Auch hier fällt es uns leichter, uns auf die Werke zu konzentrieren als auf den Glauben, weil sie für uns greifbarer sind. Wir können sehen, was wir tun, und unser Handeln einschätzen und beurteilen. Mit dem Glauben ist es anders. Er beinhaltet ein Stück Ausgeliefertsein (was unserer fleischlichen Natur missfällt). Doch wenn wir Gott wirklich besser kennen lernen und nicht in die Denkfalle der falschen Frömmigkeit geraten wollen, dann muss der Glaube unser oberstes Ziel sein.

Vater, hilf mir, zu begreifen, dass ich zwar zu guten Werken berufen, aber nicht aufgrund guter Werke gerettet bin. Bewahre mich davor, dem Irrtum zu erliegen, gute Werke seien dir wichtiger als meine Beziehung zu dir. Amen.

Eph 2,1-9; Gal 2,16; Röm 9,32
Woran erinnert Paulus die Epheser?
Was ist ihm ein Anliegen für die Gemeinden in Galatien?

Gottes Liebesbrief

„Ich möchte nichts anderes mehr kennen als Christus, damit ich die Kraft seiner Auferstehung erfahre“ (Vers 10; Gute Nachricht).

Zum Lesen & Nachdenken – Philipper 3,1-14

Noch einen weiteren Tag wollen wir damit verbringen, den Boden zu bereiten für unser wichtiges Thema *Das Wesen Gottes*. Das Fazit der letzten Tage soll auf jeden Fall *nicht* sein, das Studium der Schrift und der göttlichen Prinzipien und Richtlinien in seinem Wort seien nicht wichtig. Es ging mir nur darum, davor zu warnen, dass Gottes Gebote nicht plötzlich einen höheren Stellenwert bekommen als Gott selbst.

Ich habe häufig Menschen erlebt, die mit Eifer die Bibel studieren und mit akribischer Genauigkeit die Textstellen markieren, die sich auf bestimmte Regeln für ihr Glaubensleben beziehen. Indem sie über diese Verse meditieren und Parallelstellen dazu heraussuchen, glauben sie, etwas für ihr geistliches Wachstum zu tun. Ihr Problem ist allerdings, dass sie nur Augen für solche geistlichen Aussagen haben, die ihnen etwas „nützen“, ihren himmlischen Vater dagegen lassen sie links liegen.

Stellen wir uns einmal vor, wir würden eine solche Herangehensweise bei einem Liebesbrief anwenden: die wichtigsten Aussagen ermitteln und unterstreichen, über die tiefere Bedeutung einiger Worte nachdenken, über die Klarheit der Sprache staunen und dennoch die Hauptaussage des Briefes – innige, leidenschaftliche Liebe – nicht verstehen. Doch genau das ist für viele Leute die Methode, sich einem Bibeltext zu nähern. Unser Ziel beim Bibelstudium sollte es dagegen sein, nicht nur Gottes Wort, sondern den lebendigen Gott persönlich besser kennen zu lernen. Nur so können wir ihm wirklich näher kommen.

O Herr, hilf mir, beim Bibelstudium nie nur das geschriebene Wort zu sehen. Gib mir eine Leidenschaft ins Herz, die erst dann gestillt sein wird, wenn ich durch das geschriebene Wort das Geheimnis des lebendigen Wortes entdeckt habe. Darum bitte ich in Jesu Namen. Amen.

Offb 2,1-7; 2. Kor 5,14
Wofür wurde die Gemeinde in Ephesus gelobt?
Weshalb genügten ihr Einsatz und ihre Ausdauer nicht?

Mit oder ohne Bibel?

„… es werden völlig zuschanden [alle], die auf ein Götterbild vertrauen" (Vers 17).

Zum Lesen & Nachdenken – Jesaja 42,10-17

Wir wollen nun versuchen, tiefer in unser Thema einzusteigen, um die Wesenszüge und den Charakter des Gottes, den wir verehren und anbeten, besser kennen zu lernen. Das meiste, was wir über Gott wissen, hat er uns selbst durch die Heilige Schrift über sich offenbart. Auch in der Schöpfung lässt sich das Wesen Gottes erkennen, doch da selbst die Schöpfung vom Sündenfall betroffen ist, wird dieses Bild immer verzerrt sein. Anders jedoch bei der Heiligen Schrift. Die Bibel (so glaube ich) wurde auf überirdische Weise vor den Auswirkungen und Einflüssen der Sünde bewahrt, und in ihr finden wir klare Aussagen über Gott und sein Wesen. Deshalb müssen sämtliche menschlichen Vorstellungen von Gott, seinem Willen und seinem Wirken – die damaligen wie die heutigen – kompromisslos mit der Bibel in Einklang gebracht werden.

Wer glaubt, sich ohne die Bibel ein klares Bild von Gott machen zu können, ist töricht und betrügt sich selbst. Ein junger Christ sagte einmal zu mir: „Ich brauche nicht in der Bibel zu lesen, um Gott kennen zu lernen. Ich setze mich einfach hin und meditiere über ihm, und er offenbart sich mir." Leider irrte er gewaltig. Wir können Gott nicht mit Hilfe unseres eigenen Vorstellungsvermögens kennen oder verstehen lernen.

Die Bibel ist das Medium, durch das Gott sich uns offenbart. Wenn er dabei nicht unsere Gedanken leitet, werden wir bald vom Thema abschweifen. Und wir dürfen nicht vergessen, dass Götzendienst – das heißt, sich unbiblische Vorstellungen von Gott zu machen und Trugbilder anzubeten – die Sünde ist, die in der Bibel am häufigsten angeprangert wird.

O Gott, hilf mir, mehr und mehr zu verstehen, dass dein Wort die Wahrheit ist und meine Gedanken erhellt; und dass es dunkel in mir wird, wenn ich dein Wort vernachlässige. Sei du ein Licht auf meinem Weg, so dass ich sicheren Schrittes durchs Leben gehen kann. Amen.

2. Mo 20,1-7; 5. Mo 11,16; 1. Joh 5,21
Wovor sollten sich die Kinder Israels in Acht nehmen?
Wovor warnt Johannes die Gemeinde?

Gott, der Schöpfer

„… der die Himmel schuf und sie ausspannte, der die Erde ausbreitete …“ (Vers 5).

Zum Lesen & Nachdenken – Jesaja 42,1-9

Was ist das Erste, was wir über Gott erfahren, wenn wir unsere Bibel aufschlagen? Dass er schöpferisch und allmächtig ist. Die Bibel diskutiert nicht darüber, ob es Gott überhaupt gibt, sondern geht selbstverständlich von seiner Existenz aus. In starker, klarer Sprache heißt es in den allerersten Versen der Bibel: „Am Anfang schuf Gott …“. Der Heiligen Schrift geht es nicht darum, uns zu überzeugen, dass es Gott gibt, sondern darum, zu beschreiben, wer Gott ist und was er *tut*. Und seine erste Tat ist ein schöpferischer Akt.

Ein Forscherteam hatte sich zum Ziel gesetzt, dem Geheimnis auf den Grund zu gehen, was bei der Entstehung der Welt wirklich geschah. Monatelang sammelten sie Material und fütterten ihre Computer mit den unterschiedlichsten Daten. Danach warteten sie fieberhaft auf das Ergebnis. Bald darauf erschien am Bildschirm die Nachricht: „Siehe 1. Mose 1,1.“

Vielfach herrscht die Meinung, der Schöpfergott sei nur in den ersten beiden Kapiteln des 1. Buch Mose dargestellt. In Wirklichkeit zieht sich sein schöpferisches Wirken wie ein roter Faden durch das Alte und Neue Testament, wie zum Beispiel auch in unserem heutigen Text. Unser Gottesbild wird immer unvollständig bleiben, wenn wir in ihm nicht den allmächtigen Schöpfer des Universums erkennen. Wäre er nicht allmächtig und allwissend, dann wäre er nicht Gott. Sein Wille geschehe. Sein Wille ist gut, und er hat auch die nötige Macht, diesen Willen auszuführen. Wer würde nicht beim Anblick des sternenübersäten Nachthimmels ausrufen: „Seht doch nur in die Höhe! Wer hat die Sterne da oben geschaffen?“ (Jes. 40,26; Gute Nachricht). Ein großer, mächtiger Gott rief sie ins Leben, allein durch sein Wort. Einem solchen Gott würde ich jederzeit mein Herz schenken.

Lieber Vater, je größer meine Erkenntnis deiner Größe und Allmacht wird, desto mehr wird mein Herz von Dankbarkeit, Lob und Anbetung erfüllt. Lass mich dich immer besser verstehen. Dies erbitte ich in Jesu Namen. Amen.

Apg 14,8-15; Neh 9,5-6; Ps 102,26; Hebr 11,3
Was bezeugten Paulus und Barnabas?
Was bedeutet es, dass Gott Himmel und Erde geschaffen hat?

„Nicht von mir!“

„Durch des HERRN Wort sind die Himmel gemacht und all ihr Heer durch den Hauch seines Mundes“ (Vers 6).

Zum Lesen & Nachdenken – Psalm 33,1-22

Heutzutage gilt die Vorstellung, dass Gott die Welt erschaffen hat, bei vielen als überholt und wird allgemein belächelt. In der Astronomie, in der mit immer stärkeren Teleskopen der Weltraum erforscht wird, haben sich vor allem zwei Theorien durchgesetzt. Die eine ist die Urknall-Theorie, die besagt, dass „unser Kosmos durch eine gigantische Explosion entstand und sich seitdem immer weiter ausdehnt“. Nach einer zweiten Theorie ist die Schöpfung fortlaufend: „Das Universum schafft sich selbst aus einem kontinuierlichen Prozess aus dem Nichts und wird sich eines Tages wieder in Nichts auflösen.“

Viele Wissenschaftler bestreiten, dass die auslösende Energie, die diesen Prozess in Gang setzte, kein „großer Knall“ war, sondern ein „großes Wesen“ – ein intelligentes Wesen von unermesslicher Majestät und schöpferischer Macht. Und da der Schöpfergott für die Welt einen guten Plan hat, kann man ihm vertrauen. Als Joseph Haydn sein großartiges Oratorium *Die Schöpfung* vollendet hatte, soll er gesagt haben: „Nicht von mir! Nicht von mir! Von oben ist es gekommen!“

Unser heutiger Bibeltext erinnert uns daran, dass der Himmel durch das Wort des Herrn entstand und die Sterne durch „den Hauch seines Mundes“. Mein Vater, der Gemeindepfarrer in meinem Heimatort war, beschrieb einmal die Schöpfung sehr anschaulich auf seine Weise: „Für Gott war es nicht schwieriger, die Welt zu erschaffen, als für meinen kleinen Sohn, mit seiner Tonpfeife Seifenblasen in die Luft zu pusten.“ Ich denke noch heute gern an dieses Bild. Und wenn ich über diesen schöpferischen, herrlichen, allmächtigen Gott nachsinne, dann kann ich nicht anders, als seine Größe mit ganzer Seele zu preisen.

Ja, Vater, ich will dich loben und deine Herrlichkeit und Majestät preisen, von ganzem Herzen, aus ganzer Seele, mit meinem ganzen Verstand und meiner ganzen Kraft. Amen.

Mt 19,16-26; 1. Chr 29,12; Ps 62,10; Jes 43,12-13
Welches ist hier die Kernaussage Jesu?
Welche Zusage macht uns Gott?

Der das Leben erhält

„Sie alle warten auf dich, dass du ihnen ihre Speise gibst zu seiner Zeit“ (Vers 27).

Zum Lesen & Nachdenken – Psalm 104,1-35

Kein Geschöpf kann sich selbst erhalten. „Schießt Schilfrohr auf, wo kein Sumpf ist? Wächst Riedgras empor ohne Wasser?“, fragte Hiob (Hi 8,11). Menschen und Tiere würden sterben, bekämen sie keine Nahrung, und es gäbe keine Nahrung ohne Regen, der die Ernte wachsen lässt. Ich hörte einmal einen Prediger sagen: „Wir kommen aus Gottes Hand und wir bleiben in seiner Hand.“

Oder denken wir an das Wunder des ungeborenen Lebens. Ein Kind wird im Mutterleib mit allem versorgt, was es braucht. Es lebt dort, die letzten Monate auf engstem Raum, ohne zu atmen, und dennoch nehmen seine Lungen sofort ihren Dienst auf, wenn es auf die Welt kommt. Ein unerklärliches Schöpfungswunder! Gott ist es, der Leben schenkt und erhält. Daran dachte auch Daniel, als er zu dem gottlosen Belsazar sagte: „Aber den Gott, in dessen Hand dein Odem ist und bei dem alle deine Wege sind, hast du nicht geehrt“ (Dan 5,23). Überall in der Bibel wird Gott nicht nur als Schöpfer genannt, sondern auch als Erhalter allen Lebens.

Hätte Gott Himmel und Erde geschaffen und danach seine Schöpfung allein gelassen, sie würde, auf sich gestellt, augenblicklich aufhören zu existieren. Der Verfasser des Hebräerbriefes ruft uns ins Gedächtnis, dass Gott „alle Dinge durch das Wort seiner Macht trägt“ (Hebr 1,3). Stirbt der Urheber eines Kunstwerkes, besteht das Kunstwerk deshalb trotzdem weiter. Anders ist es bei Gott und seiner Schöpfung. Wäre Gott nicht mehr, würde sich auch das ganze Universum in Nichts auflösen. Aber keine Sorge – Gott stirbt nicht. So gesehen, ist unsere Welt ziemlich sicher.

O Herr, wenn ich bedenke, dass du der Schöpfer und Erhalter meines Lebens bist, wird mein Herz ganz weit und ich stehe staunend und anbetend vor dir. Auch wenn mein Körper eines Tages stirbt, gehört meine Seele zu dir – für alle Ewigkeit. Dafür danke ich dir, lieber Vater. Amen.

Jes 46,1-13; Ps 18,36; 147,5
Was ruft Gott den Israeliten ins Gedächtnis?
Was bezeugt der Psalmsänger?

Unser Gott

„Wird dein Herz fest bleiben, oder werden deine Hände stark sein in den Tagen, da ich mit dir handeln werde?“ (Vers 14).

Zum Lesen & Nachdenken – Hesekiel 22,1-16

Gott ist auch ein mächtiger *Richter*. Gegen wen er seine Hand erhebt, bei dem ist jeder Widerstand zwecklos. Die Sintflut in den Tagen Noahs ist ein Beispiel dafür, als die gesamte Menschheit – mit Ausnahme von Noah und seiner Familie – ausgelöscht wurde (siehe 1. Mo 6,1-9,18). In einem Regen aus Feuer und Schwefel wurden Sodom und Gomorra und die ganze umliegende Gegend vernichtet (siehe 1. Mo 19,1-29). Der Pharao und sein Heer waren machtlos, als Gott sich ihnen am Schilfmeer entgegenstellte (siehe 2. Mo 14,1-31).

Was löst diese Demonstration Gottes großer Macht bei uns aus? Wir *erschaudern* vor seiner Macht. Leider haben es heutzutage viele Menschen verlernt, vor Gott zu erschaudern. Den Allmächtigen nicht ernst zu nehmen, der uns mit Leichtigkeit wie Ameisen zerquetschen könnte, wenn er das wollte, ist, wie jemand es ausdrückte, „vorsätzlicher Selbstmord“. „Küsst den Sohn“, schreibt der Psalmist, „dass er nicht zürne und ihr umkommt auf dem Weg; denn leicht entbrennt sein Zorn“ (Ps 2,12).

Das Nachdenken über Gottes Größe und Macht führt uns auch unweigerlich in die *Anbetung*. Wer würde Gott angesichts seiner Heiligkeit und Herrlichkeit nicht anbeten und preisen? Das verstockte Herz wird sich dem verschließen, doch das Herz, das durch das Blut Christi gereinigt ist, wird sich demütig beugen und sagen: „Wer ist dir gleich unter den Göttern, o HERR! Wer ist dir gleich [so] herrlich in Heiligkeit, furchtbar an Ruhmestaten, Wunder tuend!“ (2. Mo 15,11).

Einem solchen Gott können wir als Gläubige vertrauen. Es gibt kein Gebet, das er nicht erhören könnte, keine Not ist für ihn zu groß, dass er sie nicht lindern, kein Problem zu schwierig, dass er es nicht lösen könnte. Und dieser Gott ist *unser* Gott.

Vater, ich spüre, wie das Nachsinnen über dich meine Seele immer näher zu dir zieht. Und mir wird klar: Ohne dich kann ich nicht sein, bin ich nichts. Ich erschaudere vor dir, bis mein Erschaudern in Lobpreis mündet und in ein Vertrauen zu dir, das immer größer wird. Amen.

Ps 114,1-8; 1. Chr 16,30-31; Jes 66,1-3
Was kann die Gegenwart Gottes bewirken?
Was verlangt Gott von uns?

Und Gott sprach

„Denn [so viel] der Himmel höher ist als die Erde, so sind meine Wege höher als eure Wege und meine Gedanken als eure Gedanken" (Vers 9).

Zum Lesen & Nachdenken – Jesaja 55,1-13

Aus der Schöpfungsgeschichte konnten wir sehen, dass Gott allmächtig ist. Ein weiter Wesenszug Gottes ist, dass er uns als *Person* begegnet.

Doch was bedeutet das? Wann ist jemand eine Person? Was macht eine Persönlichkeit aus? Die beste Definition, die ich kenne, ist die meines Tutors damals am Predigerseminar: „Um eine Person zu sein, müssen wir denken, logische Schlüsse ziehen, fühlen, urteilen, bewusst handeln und durch Sprache kommunizieren können." Der Theologe Richard Swinburne fügte hinzu, dass Menschen Sprache nicht nur nutzen, um sich mitzuteilen und auszudrücken, sondern auch um Auseinandersetzungen auszufechten und sich gegeneinander abzugrenzen. Anders als bei Tieren, deren Verhalten durch Instinkte gesteuert wird, ist der Mensch in der Lage, über sich selbst zu reflektieren und sich bewusst für oder gegen etwas entscheiden, so wie zum Beispiel ein Fastender, der bewusst auf Nahrung verzichtet.

Liest man nun mit diesem Hintergrund – dass Denken und Sprechen wichtige Bestandteile der Persönlichkeit sind – noch einmal das erste Kapitel von 1.Mose, wird man feststellen, wie oft hier die Worte „Gott sprach" erscheinen. Gott setzte seine Sprache bewusst ein. Sprache gehört ganz eindeutig zu seinem Wesen, woraus sich schließen lässt, dass der Allmächtige eine *Person* ist – was bereits auf den ersten Seiten der Bibel deutlich wird. Das heißt unter anderem, dass sich Gott nicht „aus sicherer Entfernung" studieren und analysieren lässt. Denn als Person ist er ein Gegenüber, das darauf wartet, dass wir mit ihm kommunizieren.

Lieber himmlischer Vater, ich danke dir, dass du mich nach deinem Ebenbild geschaffen hast – als Gegenüber. Möge es mein sehnlichster Wunsch werden, dich immer besser kennen zu lernen. Denn nur wenn ich dich kenne, kann ich mich selbst erkennen. Amen.

1. Mo 1,1-31; Hiob 33,13-14; 1. Kön 19,12; Hes 43,2
Wie oft kommt „Gott sprach" im ersten Kapitel der Schöpfungsgeschichte vor?
Wie beschreibt Hesekiel Gottes Stimme?

„Jede Menge Zeit“

„Für mich aber – wie schwer sind deine Gedanken, o Gott! Wie gewaltig sind ihre Summen!“ (Vers 17).

Zum Lesen & Nachdenken – Psalm 139,1-24

Anhaltspunkte dafür, dass Gott eine Person ist, finden wir beinahe auf jeder Seite der Bibel. „Ich aber werde mir einen Priester erwecken, der beständig ist; der wird tun, wie es meinem Herzen und meiner Seele gefällt“, sagt der Herr in 1. Samuel 2,35 zu Eli. Hier äußert Gott ganz klar seine Gedanken und Wünsche.

Gott hat auch Gefühle – ein weiteres Merkmal einer Person. Manche modernen Theologen bestreiten dies, doch die Bibel zeichnet ein anderes Bild. Gott kann zornig sein (Ps 2,12), eifersüchtig (2.Mose 34,14), barmherzig (Ps 78,38), sich freuen (5. Mo 30,9) und Reue empfinden (1. Mo 6,6). Dies sind nur einige der Gefühle Gottes, die in der Bibel beschrieben sind. Gott trifft auch *Entscheidungen*: „Und der HERR sprach: Ich will den Menschen, den ich geschaffen habe, von der Fläche des Erdbodens auslöschen, ...“ (1. Mo 6,7).

Die meisten Menschen glauben in irgendeiner Weise an Gott. Doch für viele ist er so unnahbar und weit weg, dass sie sich nicht vorstellen können, dass er ein persönliches Interesse an uns haben könnte. Dr. Henry Norris Russell, ein bekannter zeitgenössischer Astronom und Christ, hielt einmal einen Vortrag über die Größe des Universums. Hinterher stellte ihm jemand aus dem Publikum die Frage: „Wie kann ein so großer, allmächtiger Gott Zeit für jeden einzelnen Menschen haben?“ Dr. Russell antwortete: „Ein allmächtiger Gott kann sämtliche Angelegenheiten des Universums im Handumdrehen erledigen, so schnell, dass ihm noch jede Menge Zeit für uns alle bleibt.“

Vater, hilf mir, inmitten von Schwierigkeiten oder Anfechtungen mich daran festzuhalten, dass du immer genügend Zeit für mich hast. Dafür bin ich dir unendlich dankbar. Amen.

Hebr 4,12-16; Ps 2,12; 1. Mo 6,6-7; Ps 78,38; 5. Mo 30,9
Kennst du noch andere Bibelstellen, die Gottes Gefühle beschreiben?
Was tut Gott durch Jesus?

Ein kurzlebiger Seelenfrieden

„Gott aber sprach zu ihm: Du Tor! In dieser Nacht wird man deine Seele von dir fordern“ (Vers 20).

Zum Lesen & Nachdenken – Lukas 12,13-21

Durch die weltweite Ausbreitung des Gedankenguts des New Age in allen Gesellschaftsschichten und Bereichen des Lebens haben immer mehr Menschen heutzutage Schwierigkeiten mit der Vorstellung von Gott als Person.

Warum ist es so viel leichter, sich Gott als abstrakte „höhere Macht“ vorzustellen? Wenn Gott nur eine Art Leben spendende Energie irgendwo im Universum wäre – ohne Charakter und Persönlichkeit –, dann würde er an uns keine Ansprüche stellen. Zu einer gegenstandslosen „kosmischen Energie“ habe ich nicht dieselbe Beziehung wie zu einer Person. Sobald ich jedoch glaube, dass Gott eine Person ist, muss ich mir die Frage stellen: Wie begegne ich ihm? Diese Vorstellung, einem persönlichen Gott gegenüberzutreten, ist es, die uns Angst macht.

Doch tief im Inneren eines jeden Menschen verbirgt sich das Wissen um einen persönlichen Gott. Er selbst hat es uns ins Herz gegeben. Wir alle sind nach seinem Bild geschaffen und sein Eigentum, ob wir wollen oder nicht. In Wirklichkeit gibt es nur sehr wenige echte Atheisten. Jemand hat einen Atheisten einmal beschrieben als „ein Theologe, der einen großen Bammel hat“. Und dieser „Bammel“ lässt sich am leichtesten überwinden, indem man die Vorstellung eines persönlichen Gottes, dem man Rechenschaft schuldig ist, aus dem Herzen verbannt. Denn es ist allemal unverbindlicher, an eine kosmische Macht oder göttliche Energie zu glauben, die man beliebig anzapfen kann als an eine Person, der man eines Tages gegenübertreten muss. Doch der Preis ist hoch: Ein kurzlebiger Seelenfrieden gegen die ewige Trennung von Gott.

Vater, es macht mich traurig zu sehen, dass so viele Menschen vor dir weglaufen und ihr Seelenheil anderswo suchen, anstatt sich dir in die Arme zu werfen. Ich bin so dankbar, dass ich dich kennen lernen durfte, und ich wünsche mir, dass auch die Menschen zu dir finden, die mir nahe stehen und die dich so nötig brauchen. Zieh sie zu dir, lieber Herr, heute noch. Amen.

1. Mo 1,26-30; 5,1; 1. Kor 11,7; Jak 3,9; Pred 3,11
Was bedeutet es, nach dem Bild Gottes geschaffen zu sein? Was hat Gott in uns hineingelegt?

Kein Schock – keine Erlösung

„Der Tor spricht in seinem Herzen: ‚Es ist kein Gott'" (Vers 1).

Zum Lesen & Nachdenken – Psalm 14,1-7

Die Vorstellung eines lebendigen, persönlichen Gottes macht Menschen Angst, denn sie spüren unbewusst, dass sie sich eines Tages vor ihm werden verantworten müssen. C. S. Lewis drückte es folgendermaßen aus: „Der Gott der Pantheisten verlangt nichts von uns. Er steht sozusagen auf Abruf bereit, wie ein Buch im Regal. Ansonsten wird er uns in Ruhe lassen. Es besteht keine Gefahr, dass Himmel und Erde bei seinem Anblick erzittern. Doch Christus, der Schöpfer und König, ist *immer* da. Und es ist schockierend, seine selbstverständliche Gegenwart zu entdecken." Lewis vergleicht den Schock, auf den lebendigen Gott zu stoßen, mit der Vorstellung, allein im Dunkeln zu sitzen und plötzlich neben sich jemanden atmen zu hören. „Es ist zu Anfang immer bestürzend", schreibt er, „auf Leben zu stoßen, wenn wir dachten, wir seien allein."

An anderer Stelle schildert er dieses Phänomen mit den Worten: „Es kommt der Moment, da zucken die Kinder, die ‚Einbrecher jagen' gespielt haben, plötzlich zusammen; waren da auf einmal *echte* Schritte im Flur? Es kommt ein Augenblick, da machen Menschen, die einen zaghaften Vorstoß in Richtung Glauben gemacht haben, plötzlich einen Rückzieher. Was, wenn wir Gott wirklich gefunden haben? So weit wollte man es eigentlich nicht kommen lassen! Oder, noch schlimmer, was, wenn er uns gefunden hat? Es ist so, als ob wir den Rubikon überschreiten. Tun wir den entscheidenden Schritt oder nicht? Doch wenn wir ihn tun, dann müssen wir auf Wunder gefasst sein. Dann ist *alles* möglich." Wer sich standhaft weigert, an einen persönlichen Gott zu glauben, der hat keine schockierenden Entdeckungen zu erwarten – aber auch keine Erlösung.

Gnädiger Gott, wie kann ich dir jemals genug danken, dass du mich angenommen hast? Dass du lebendig bist und dich für mich persönlich interessierst, ist mehr als ich mit meinem menschlichen Verstand begreifen kann. Dennoch glaube ich von ganzem Herzen daran. Danke, lieber Vater. Amen.

Ps 10,1-4; 36,1-4; 1. Joh 2,22
Wie sieht es im Herzen des Gottlosen aus?
Wie beschreibt Johannes diejenigen, die Christus ablehnen?

Schöpfer, Vater, Richter und König

„Wenn ihr betet, so sprecht: Vater, …“ (Vers 2).

Zum Lesen & Nachdenken – Lukas 11,1-13

Samuel Shoemaker, der amerikanische Prediger der Episkopalkirche, der beim Aufbau der Bewegung der „Anonymen Alkoholiker“ eine entscheidende Rolle spielte, machte darauf aufmerksam, dass unser Gebet immer von unserem Gottesbild abhängt. In einer Rede vor Alkoholikern in einem Rehabilitationszentrum sagte er: „Wenn Gott die Welt erschaffen und sich danach irgendwohin zurückgezogen hätte, wo er für uns unerreichbar wäre, dann wäre unser Gebet vergebliche Mühe. Doch wenn er ein persönlicher Gott ist, wie wir Christen es glauben, dann kümmert er sich um die Menschen, die er geschaffen hat und möchte in allem, was sie tun, bei ihnen sein.“ Wir sind nicht allein im Universum; ein *persönlicher* Gott ist da und wartet sehnsüchtig darauf, dass wir mit ihm in Beziehung treten.

Wir sagten bereits, dass einer der Gründe, warum die Leute lieber einen unpersönlichen Gott hätten, ist, dass es sich mit einem solchen Gott leichter leben lässt als mit einem, der eine Person und damit uns sehr ähnlich ist. Es ist sehr bequem, an eine schwammige „gute Macht“ oder „Macht der Liebe“ zu glauben, an eine kosmische Kraftquelle, die wir beliebig anzapfen können. Ein solcher Gott wird keine Forderungen an uns stellen. Er wird uns nicht das Leben schwer machen, will uns nicht verändern. Doch mit einem Gott, der zugleich Schöpfer, Vater, Richter, König und Liebhaber ist, sieht es anders aus. Er ist und bleibt Gott – kompromisslos und gerecht. Ob wir es wahrhaben wollen oder nicht.

Gnädiger und liebender Gott, wie dankbar bin ich, dass du nicht bloß eine überirdische Kraftquelle oder kosmische Lebensenergie bist, sondern ein persönliches Wesen, das ich mit „Vater“ ansprechen darf. Deine Persönlichkeit tritt mit meiner Persönlichkeit in Kontakt, so dass wir Eins sind. Und meine Freude darüber ist grenzenlos. Amen.

1. Mo 3,1-8; 2. Mo 33,14-17; Jes 43,2
Wie trat Gott den Menschen als persönliches Wesen gegenüber?
Was versprach Gott Mose?

Vater, Sohn und Heiliger Geist

„... sah er (Jesus), wie der Himmel aufriss und der Geist Gottes ... auf ihn herabkam. Und eine Stimme aus dem Himmel sagte zu ihm: ‚Du bist mein Sohn, ...'" (Verse 10-11; Gute Nachricht).

Zum Lesen & Nachdenken – Markus 1,1-13

Nach der biblischen Lehre ist Gott nicht nur eine Person, sondern mehrere Personen – eine Trinität oder Dreieinigkeit. Mit diesem Merkmal Gottes wollen wir uns als Nächstes beschäftigen.

Das Prinzip der Trinität, dass Gott, der Eine, drei verschiedene Personen gleichzeitig ist, ist nicht so leicht nachzuvollziehen. Der Begriff „Trinität" oder „Dreieinigkeit" bzw. „Dreifaltigkeit" kommt in der Bibel nicht direkt vor, sondern wurde von dem Kirchenvater Tertullian um 210 n. Chr. geprägt, doch die Trinität ist tief im Wort Gottes verankert. Hinweise auf die Dreifaltigkeit finden sich vor allem im Neuen Testament, doch auch im Alten Testament gibt es entsprechende Stellen. So heißt es etwa: „*Lasst uns* Menschen machen" (siehe 1. Mo 1,26). Mit wem redete Gott hier? Manche sagen, mit den Engeln, doch nirgends in der Schrift ist davon die Rede, dass die Engel am Schöpfungsgeschehen beteiligt gewesen wären, geschweige denn auf derselben Stufe standen wie Gott (siehe Kol 1,16). „Siehe, der Mensch ist geworden wie einer von *uns*" lesen wir in 1. Mose 3,22. Und in Jesaja 6,8 sagt Gott: „Wen soll ich senden, und wer wird für *uns* gehen?"

„Geh zum Jordan", schrieb Augustinus, „und du wirst den dreieinigen Gott dort finden. Dort bei der Taufe Jesu treten alle drei Personen, die in Gott vereint sind, gleichermaßen in Erscheinung. Wir hören die Stimme des Vaters aus dem Himmel, der Sohn wird im Wasser des Flusses getauft, und Johannes, der Täufer sieht, wie der Heilige Geist auf Jesus herabkam." Drei in Einem und Einer in Dreien. Vater, Sohn und Heiliger Geist sind Eins – auch wenn wir es nie ganz verstehen werden.

Vater, Sohn und Heiliger Geist – dich will ich heute anbeten. Mein menschlicher Geist, der so begrenzt ist, will sich mit deinem Geist verbinden, und deine Wahrheit erleuchtet mein Herz. Amen.

Mt 28,16-20; Joh 14,26-27; 15,26-27
Wie sollten die Jünger Neubekehrte taufen?
Wie bestätigt Jesus die Dreieinigkeit?

Drei brennende Kerzen

„… und tauft sie auf den Namen des Vaters und des Sohnes und des Heiligen Geistes, …" (Vers 19).

Zum Lesen & Nachdenken – Matthäus 28,1-20

Wir schlossen gestern mit der Erkenntnis von Augustinus, der sagte, wenn wir den dreieinigen Gott erleben wollten, dann brauchten wir nur zum Jordan zu gehen. Ebenso wird die Dreifaltigkeit auch in unserem heutigen Bibelvers sichtbar, in den Worten, wie wir sie noch heute bei jeder Taufe verwenden. Dabei fällt auf, dass wir auf *den* Namen (nicht *die* Namen) des Vaters, des Sohnes und des Heiligen Geistes taufen sollen, was ihre Einheit unterstreicht.

Mir ist bewusst, dass viele Christen die Lehre der Trinität ablehnen, und das macht mich sehr traurig. Ich wünschte, sie würden ihre Ansicht noch einmal überdenken, denn ich habe erlebt, dass gerade der dreieinige Gott die tiefsten Bedürfnisse unserer Seele stillen kann. Und ich denke, George Matheson spricht mir und Millionen von Christen aus dem Herzen, wenn er sagt:

Manche suchen den Vater auf seinem Thron,
Manche suchen den Fleisch geword'nen Sohn,
Manche sehnen sich nach dem Geist, der weht mit Gebraus;
Viele Wohnungen sind in des Vaters Haus.

Alfred Tennyson, ein Mann von scharfem Verstand, hatte ebenfalls über das Geheimnis der Dreieinigkeit nachgedacht: „Nichts bereitet meiner Seele mehr Verdruss, als wenn die Göttlichkeit Christi in Frage gestellt wird, und ich weiß, ich werde immer an der Einheit Gottes festhalten, dieser drei Personen, die wie drei brennende Kerzen zu einer einzigen, hellen Flamme verschmelzen."

Vater, Sohn und Heiliger Geist, ich gebe zu, dass ich es schwierig finde, dich als drei Personen und gleichzeitig als Einheit zu begreifen. Hilf mir in meiner Kleingläubigkeit. Denn ich will es mit ganzem Herzen glauben – weil die Bibel es lehrt. Amen.

2. Kor 13,1-14; 1. Thess 5,19-24
Wie bekräftigt Paulus die Wahrheit der Dreieinigkeit?
Wie veranschaulicht er sie?

Verschiedene Irrlehren

„Ich ermahne euch aber, Brüder, durch unseren Herrn Jesus Christus und durch die Liebe des Geistes, … in den Gebeten für mich zu Gott" (Vers 30).

Zum Lesen & Nachdenken – Römer 15,23-30

Im Laufe der Jahrhunderte haben Theologen immer wieder versucht, die Lehre der Dreieinigkeit zu erklären, doch sie wird uns ein Rätsel bleiben, dass wir erst dann vollständig lösen werden, wenn wir im Himmel sind und Gott von Angesicht schauen (siehe 1. Kor 13,12). Grundsätzlich könnte man die Trinität so definieren: Es gibt nur einen Gott, allerdings mit drei verschiedenen Bewusstseinszentren.

Die Dreifaltigkeit gab immer wieder Anlass zu verschiedenen Irrlehren, zum Beispiel der Annahme, dass es sich um drei Götter handle. Die Zeugen Jehovas machen zum Teil den Christen heute noch den Vorwurf der Vielgötterei bzw. behaupten, wir würden uns Gott als Wesen mit drei Köpfen vorstellen. Der zweite Irrglaube ist die Lehre, Gott sei eine einzige Person, und die anderen beiden Personen der Dreifaltigkeit seien schlichtweg Manifestationen der Person Gottes. Und der dritte Irrtum besteht darin, die Gleichrangigkeit von Vater, Sohn und Heiligem Geist zu bestreiten und sie als unterschiedliche Personen mit unterschiedlichem Stellenwert zu sehen.

Das Glaubensbekenntnis des Athanasius von Alexandria aus dem 6. Jahrhundert bezeugt, dass wir in der Trinität einen einzigen Gott anbeten. Wir müssen uns allerdings bewusst sein, dass menschliche Worte niemals ausreichen werden, um den dreieinigen Gott vollständig zu erklären. „Das Glaubensbekenntnis ist ein Sicherheitsnetz, das uns vor dem Sturz in die Tiefe des Irrtums bewahrt", sagte einmal ein Prediger, „weniger ein verbales Netz, mit dem wir die Wahrheit auffangen könnten." Vielleicht sollten wir bei dem Ausdruck „Trinität" nicht erwarten, dass in diesem einen Wort die ganze Wahrheit ausgesprochen wird, sondern vielmehr, dass die Wahrheit nicht unausgesprochen bleibt.

Vater, oft stoße ich im Leben auf Dinge, die ich nicht verstehe und die mir widersprüchlich erscheinen – doch vielleicht werde ich sie später in einem anderen Stadium der Reife verstehen. Vielleicht enthüllst du mir eines Tages auch das große Geheimnis deiner Dreifaltigkeit. In der Zwischenzeit will ich mich damit begnügen, dich zu loben und anzubeten. Amen.

1. Petr 1,1-6; 1. Tim 2,5
Wie erklärt Petrus die Dreieinigkeit?
Was teilt Paulus Timotheus mit?

Nicht nur theologisch, sondern logisch

„Preist den Gott der Götter, denn seine Gnade [währt] ewig!“ (Vers 2).

Zum Lesen & Nachdenken – Psalm 136,1-26

Die Dreieinigkeit Gottes wird von der ersten Seite der Bibel an deutlich, obwohl sie für jemanden, der die Bibel zum ersten Mal liest, erst im Neuen Testament offensichtlich werden mag.

Ian Macpherson schreibt in seinem Buch *The Faith Once*, dass Kolumbus, als er die Insel Trinidad entdeckte, zuerst dachte, es handle sich um drei Inseln, denn in der Ferne konnte er drei Hügel ausmachen, die sich gegen den Himmel abhoben. Erst als er näher kam, sah er, dass eine einzige, zusammenhängende Insel vor ihm lag. Daher stammt der Name „Trinidad“ (spanisch für „Trinität„).

Ähnlich ist es, wenn man sich mit der Dreifaltigkeit Gottes beschäftigt. Auf den ersten Blick sieht es so aus, als wäre von drei verschiedenen Göttern die Rede, aber „von nahem“ betrachtet, wird man entdecken, dass hier Vater, Sohn und Heiliger Geist in einer einzigen Person vereint sind.

Ein weiterer Aspekt der Dreifaltigkeit ist, dass das Prinzip eines liebenden Gottes an sich schon mehrere Personen voraussetzt. Denn wahre Liebe braucht ein Gegenüber, sonst wäre sie reine Selbstliebe. Da Gottes Liebe *ewig* ist, muss es jemanden geben, der schon immer da war, sozusagen ein Objekt seiner ewigen Zuneigung – den Sohn und den Geist. Die Lehre der Dreieinigkeit ist daher nicht nur vom theologischen, sondern auch vom logischen Standpunkt her notwendig, um das Wesen Gottes zu begreifen.

Vater, wenn ich dich vollständig verstehen könnte, dann wärst du nicht Gott. In deinen unergründlichen Tiefen verlieren sich meine Gedanken. Und im Geiste ziehe ich die Schuhe aus, denn ich weiß, ich stehe auf heiligem Boden. Amen.

Eph 4,1-6; 5. Mo 4,35; Ps 83,19; 1. Kor 8,4
Welche Botschaft hat Paulus für die Gemeinden in Ephesus und Korinth?
Zu welcher Überzeugung war der Psalmist gelangt?

Über uns, unter uns und in uns

„Thomas antwortete und sprach zu ihm: Mein Herr und mein Gott!" (Vers 28).

Zum Lesen & Nachdenken – Johannes 20,19-30

Dr. W. E. Sangster hörte einmal, wie sich drei Kinder nach dem Gottesdienst unterhielten. „Wie kann Gott einer in drei und drei in einer Person sein?", sagte das erste. „Das verstehe ich nicht." „Ich auch nicht", sagte das zweite, „aber ich stelle es mir so vor: Meine Mutter ist für mich die Mama, für meinen Vater die Mabel und für die meisten anderen Leute ist sie Mrs. Douglas." Sollte das der Schlüssel sein? Definiert sich die Dreieinigkeit ganz einfach durch unterschiedliche *Namen* Gottes? So wie in Matthäus 28,19, wo „Name" im Singular steht, doch drei verschiedene Namen genannt werden – Vater, Sohn und Heiliger Geist?

Dies trifft jedoch nur teilweise zu, denn hinter der Dreieinigkeit steckt noch viel mehr. Wie wir wissen, gibt es nur einen Gott. Doch dann kam eines Tages jemand auf die Welt, der ebenfalls von sich behauptete, er sei Gott. Sein Name war Jesus. Er vergab Sünden, bezeugte, schon vor der Zeit Abrahams da gewesen zu sein, und wurde verehrt wie Gott. Nachdem er auferstanden und zum Himmel aufgefahren war, sandte er den Heiligen Geist, der fortan mit Jesus und dem Vater in einem Atemzug genannt wurde (siehe 2. Kor 13,13). Der Heilige Geist nahm in den Jüngern Wohnung und erfüllte sie mit der Kraft Gottes, schenkte ihnen die Stärke, um der Sünde zu widerstehen, leitete sie im Gebet und war ihr Tröster.

Man könnte die Dreifaltigkeit also auf einen einfachen Nenner bringen: Gott über uns, Gott mitten unter uns und Gott in uns. Der Vater in seiner Majestät, der Sohn in seinem Leiden und der Geist in seinem Beistand. Dies ist das Geheimnis unseres Glaubens.

Vater, Sohn und Heiliger Geist, obwohl ich dein Eins-Sein noch immer nicht verstehe, kann ich dich von ganzem Herzen anbeten. Dies will ich heute tun. Dir sei Lob, Anbetung, Preis und Ehre für alle Ewigkeit. Amen.

Joh 1,1-14; 8,58, 10,30; 17,5
Wie beschreibt Johannes Jesus?
Was sagt Jesus von sich selbst?

Die Wasserscheide

„Die Gnade des Herrn Jesus Christus und die Liebe Gottes und die Gemeinschaft des Heiligen Geistes …“ (Vers 13).

Zum Lesen & Nachdenken – 1. Korinther 13,1-13

Francis Schaeffer sagte einmal, er wäre wohl immer Agnostiker geblieben, wenn es die Dreifaltigkeit nicht gäbe. Denn sie, so sagt er, habe ihm die Antwort gegeben – die einzige Antwort auf die Frage der Einheit und Vielfalt.

Die Frage, die mir in Bezug auf die Trinität am meisten gestellt wird, ist: Warum hat Gott die Menschen des Alten Testaments über seine Dreieinigkeit im Dunkeln gelassen und sie erst im Neuen Testament enthüllt? Meine Antwort darauf ist: Bevor Gott seinen Kindern das Wissen um seine Dreieinigkeit vermitteln konnte, musste er erst eine tiefe Überzeugung seiner Einzigartikeit in ihre Herzen pflanzen. Denn aus dem anfänglichen Monotheismus (Glaube an einen einzigen Gott) der Bibel hatte sich schon bald nach dem Sündenfall der Polytheismus (Glaube an viele Götter) entwickelt. Die Menschen mussten zuerst lernen, wer der wahre, lebendige Gott war. Erst als der Glaube an einen einzigen Gott tief genug in ihrem Bewusstsein verwurzelt war, war Gott bereit, seinem Volk das Geheimnis der Dreifaltigkeit deutlicher zu offenbaren.

Dr. George Smeaton sagte: „Der biblische Gedanke der Trinität ist der Kern der einzigartigen Botschaft des christlichen Glaubens. Doch dieses Geheimnis zu erklären, liegt außerhalb unserer Kompetenz. Wir sollen lediglich dieses Geheimnis bewahren.“ Ich habe die Erfahrung gemacht, dass Leute, die sich Christen nennen, aber die Dreieinigkeit ablehnen, leicht auf irgendeinen Irrglauben hereinfallen. Es ist seltsam, aber die Lehre der Dreifaltigkeit scheint so etwas wie eine Wasserscheide des christlichen Glaubens zu sein. Wird sie verbogen oder ganz verworfen, scheint sich die Tür zu allen möglichen absurden Vorstellungen, merkwürdigen Theorien und Halbwahrheiten zu öffnen.

Vater, hilf mir, an der Erkenntnis der Wahrheit der Dreieinigkeit festzuhalten und daran, dass etwas, das meinen Verstand übersteigt, deshalb noch lange nicht unmöglich ist. Gesegneter Vater, Sohn und Heiliger Geist, dich will ich anbeten. Amen.

Joh 14,8-21; 17,22
Wie stellt Jesus die Dreieinigkeit dar?
Was bestätigt Jesus?

„Jetzt haben sie's begriffen!"

„Gott ist Liebe" (Vers 16).

Zum Lesen & Nachdenken – 1. Johannes 4,7-16

Drei Dinge bezeugt uns die Heilige Schrift über das Wesen Gottes: „Gott ist *Geist*" (Joh 4,24), das heißt, er hat für uns keine sichtbare Substanz; „Gott ist *Licht*" (siehe 1. Joh 1,5), das heißt, dass es in ihm keine Spur von Finsternis gibt (Finsternis steht in der Bibel für Sünde und Tod); und „Gott ist *Liebe*" (1. Joh 4,16), das heißt, dass die Kraft, die seinem Wesen entströmt, von unendlicher, ewiger Barmherzigkeit und Güte bestimmt ist.

Als Johannes die Worte „Gott ist Liebe" niederschrieb, war das keine abgenutzte Phrase, sondern das erste Mal in der Geschichte der Christenheit, dass dieser Satz in dieser Weise formuliert wurde. Sicherlich hatten die Menschen auch vorher schon an einen liebenden Gott geglaubt und auf sein Wohlwollen spekuliert, doch nun stand es da ausdrücklich und unmissverständlich für alle. Meiner Meinung nach bilden diese Worte den Höhepunkt der Enthüllung des göttlichen Wesens. Dem ist nichts mehr hinzuzufügen, denn es gibt nichts Größeres.

Vor meinem geistigen Auge habe ich manchmal das Bild der Engel, wie sie vom Himmel herabschauten, als Johannes diese Worte niederschrieb und danach in stürmischen Beifall ausbrachen und riefen: „Hurra! Jetzt haben sie's begriffen!" Und ein tiefer Seufzer der Erleichterung wird im Himmel zu hören gewesen sein, darüber, dass den Menschen die wichtigste Erkenntnis über Gott klar geworden war. Jetzt hatten sie es schwarz auf weiß.

O Vater, ich bin so dankbar, dass du ganz deutlich gemacht hast, dass die Liebe über allem steht. Sie ist dein wichtigster Wesenszug. Wenn ich darüber nachdenke, fängt mein Herz zu jubeln an. In dieser Liebe will ich geborgen sein – in alle Ewigkeit. Amen.

Jer 31,1-4; Joh 3,16; Röm 5,8
Was versichert der Herr den Israeliten?
Wie beweist er dies?

Unendliche Liebe

„Nicht weil ihr mehr wäret als alle Völker, hat der HERR sich euch zugeneigt und euch erwählt, … sondern wegen der Liebe des HERRN zu euch" (Verse 7-8).

Zum Lesen & Nachdenken – 5. Mose 7,1-10

Wenn die Bibel sagt, dass Gott Liebe *ist*, dann sagt sie damit mehr als dass Gott liebt, von Liebe erfüllt oder ein liebender Vater ist. *Gott ist Liebe* heißt vielmehr, dass die Liebe die Kraft ist, die sein Handeln bestimmt. Liebe ist nicht nur eine der Eigenschaften Gottes, sondern sein ganzes Wesen ist Liebe. Allerdings müssen wir vorsichtig sein, dass wir nicht unsere eigenen, menschlichen Vorstellungen von Liebe auf Gott übertragen. Wir wollen uns deshalb auf die biblischen Aussagen über den liebenden Gott konzentrieren.

Gottes Liebe *lässt sich nicht beeinflussen.* Wir können seine Liebe zu uns weder wecken noch auslöschen. Er liebt uns um unserer selbst willen, ganz einfach, weil wir *sind*. Die Liebe, die wir Menschen füreinander empfinden, wird dagegen durch eine bestimmte Eigenschaft des „Objektes" unserer Liebe hervorgerufen. Nicht so die Liebe Gottes; sie ist spontan und unvoreingenommen. Der heutige Bibelvers zeigt, dass es für Gottes Liebe keine besonderen Beweggründe gibt. Er liebt „einfach so" – weil er liebt.

Kein Mensch kann erklären, warum Gott uns liebt. Seine unendliche Vaterliebe ist bedingungslos. Der Ursprung seiner Liebe liegt nicht in uns, sondern in ihm. Er ist Quelle und Strom zugleich.

O Gott, zu wissen, dass nichts und niemand deine Liebe zu mir schmälern oder auslöschen kann, gibt mir Sicherheit und Geborgenheit. Hilf mir, daraus die Kraft zu schöpfen, die ich brauche, um den täglichen Lebenskampf zu bestehen. Darum bitte ich dich in Jesu Namen. Amen.

Eph 2,1-10; 1. Joh 3,1
Welchen Grund nennt Paulus für unsere Rettung?
Wie drückt Johannes dies aus?

Von Ewigkeit zu Ewigkeit

„Ja, mit ewiger Liebe habe ich dich geliebt; …" (Vers 3).

Zum Lesen & Nachdenken – Jeremia 31,1-12

„Wie wenig echte Liebe zeigen wir für Gott!", sagte der Theologe Arthur W. Pink. Der geistliche Notstand in vielen heutigen Gemeinden ist zu einem Großteil darauf zurückzuführen, dass wir die Liebe zu Gott aus unserem Leben ausgeklammert haben. Pink schreibt: „Je besser wir seine Liebe verstehen – ihr Wesen, ihre Fülle, ihren Segen –, desto mehr werden wir uns in Liebe zu ihm hingezogen fühlen."

Da unser Gott ein ewiger Gott ist, ist auch seine Liebe ist *ewig*. Er liebte uns bereits, bevor Himmel und Erde erschaffen wurden; noch „vor Grundlegung der Welt" hat er uns in Christus erwählt (siehe Eph 1,4-5). Gibt es ein größeres Wunder? Wenn Gottes Liebe zu uns keinen Anfang hatte, dann hat sie auch kein Ende, sondern ist „von Ewigkeit zu Ewigkeit".

Und Gottes Liebe ist *heilig*. Sie wird nicht von irgendeiner Laune oder Gefühlsregung bestimmt, sondern durch ein Prinzip. Genauso, wie seine Gnade nicht auf Kosten der Gerechtigkeit herrscht, sondern „durch" sie (siehe Röm 5,21), so steht auch seine Liebe niemals im Widerspruch zu seiner Heiligkeit. Deshalb machte Johannes seine Aussage „Gott ist Licht", bevor er schrieb „Gott ist Liebe". Dies ist auch der Grund dafür, weshalb der Allmächtige uns nichts durchgehen lässt. Dazu liebt er uns zu sehr. Seine Liebe ist rein, heilig und frei von gefühlsseliger Sentimentalität. Und wenn es um Sünde geht, wird Gott kein Auge zudrücken, noch nicht einmal bei seinen Kindern.

Vater, je mehr ich deine Liebe zu verstehen beginne, desto stärker brennt mein Herz für dich. Lass mich in diesem Verständnis wachsen, denn je mehr ich begreife, wie sehr du mich liebst, desto mehr fühle ich mich in deiner Liebe geborgen. Amen.

Röm 8,18-39; 1. Petr 1,17-21
Wovon war Paulus überzeugt?
Wie stellt Petrus den Ewigkeitsaspekt dar?

Liebe ist ein Geschenk

„Wir lieben, weil er uns zuerst geliebt hat" (Vers 19).

Zum Lesen & Nachdenken – 1. Johannes 4,17-21; 5,1-12

Warum mussten die Menschen so lange darauf warten, bis jemand wie Johannes die Botschaft *Gott ist Liebe* niederschrieb, und das, obwohl Gottes Liebe auch schon im Alten Testament vorhanden war? Weil sie die Tragweite der Liebe Gottes erst dann begreifen konnten, als sie Jesus begegnet waren. Denn nirgends offenbart sich deutlicher, dass Gott Liebe ist, als in Jesus Christus.

Aber wenige von uns öffnen sich der Liebe Gottes. Unsere Furcht vor Gott ist größer als unsere Liebe zu ihm. Damit meine ich natürlich nicht die heilsame Furcht (oder Ehrfurcht) vor Gott. Wenn wir nicht begreifen, wie sehr Gott uns liebt, dann werden wir keine Kraft haben, unser Lebensschiff in die Richtung zu lenken, die er für uns vorgesehen hat.

Als ich noch neu im Glauben war, sagte man mir, wann immer ich die Liebe Gottes anzweifelte, ich solle nach Golgatha gehen. Ich verstand nie ganz, was damit gemeint war, bis zu dem Tag, an dem ich Gott anklagte, er würde mich nicht richtig lieben, denn sonst würde er nicht zulassen, dass mir Unrecht und unangenehme Dinge passierten. Er gab mir keine Antwort, doch er zeigte mir das Kreuz. Und als mir klar wurde, unter welchen Bedingungen sein Sohn für mich gestorben war, fiel es mir wie Schuppen von den Augen, und ich wurde von einer tiefen Liebe zu ihm ergriffen – aufgrund seiner Liebe zu mir. Und zum ersten Mal verstand ich, was es heißt „Wir lieben, *weil* er uns zuerst geliebt hat".

Wir können die Liebe zu Gott nicht aus eigener Anstrengung erwerben, sondern sie ist ein Geschenk. Sie ist die Antwort unseres Herzens auf seine bedingungslose Liebe.

Gott, mein Vater, bewahre mich davor, zu glauben, dass ich dich nicht genug liebe, denn mein wirkliches Problem ist, dass ich nicht weiß, wie sehr du mich liebst. Lass es mir wie Schuppen von den Augen fallen und dich erkennen – wirklich erkennen. Im Namen Jesu. Amen.

Joh 19,16-30; Eph 2,15-16; Kol 1,19-22
Was geschah durch die Kreuzigung Jesu?
Denke heute im Gebet einmal über das Kreuz nach.

Liebe erzeugt Gegenliebe

„Und ich, wenn ich von der Erde erhöht bin, werde alle zu mir ziehen" (Vers 32).

Zum Lesen & Nachdenken – Johannes 12,20-33

Die Liebe zu Gott, die in unseren Herzen brennt, ist niemals die Frucht eigener Anstrengungen. Wir können sie nicht aus uns selbst erzeugen. Doch wenn wir erkennen, wie sehr Gott uns liebt, wird unser Herz mit Liebe darauf antworten. Liebe erzeugt Gegenliebe. Wir können nichts dafür oder dagegen tun. Trennen wir uns also ein für alle Mal von dem Gedanken, wir könnten uns die Liebe zu Gott „erarbeiten". Sie mag sich in guten Taten ausdrücken, aber sie nimmt ihren Anfang im Staunen darüber, wie sehr wir geliebt sind.

Meinen Studenten erkläre ich oft, dass niemand lieben kann, der nicht selbst geliebt worden ist. Liebe ist eine Reaktion. Unsere Seele muss Liebe empfangen haben, bevor sie Liebe weitergeben kann. Wer im Elternhaus wenig Liebe erfahren hat, wird vielleicht sagen: „Ich kann Gott nicht lieben, weil meine Eltern mich nicht geliebt haben. Ich habe ja nie gelernt zu lieben." Ich weiß, dass dies ein ernst zu nehmendes Problem ist, aber ich bin der Meinung, dass es nicht unlösbar ist. Niemand, der unter dem Kreuz auf Golgatha steht und sieht, wie Gott an diesem Holz für unsere Sünden stirbt, kann mit fehlender elterlicher Liebe argumentieren. Denn dann ließe sich die Liebe Gottes durch den ungünstigen Einfluss menschlicher Einwirkung beeinträchtigen.

Gottes Liebe wird uns nur erfüllen, wenn wir es zulassen – und wenn wir es wirklich wollen. Und dieser Wunsch wirkt wie ein Schnappmechanismus einer Jalousie; ein Handgriff, und der Rollo schnellt nach oben und lässt das Sonnenlicht herein. Der *Wunsch* nach seiner Liebe genügt; alles Übrige tut Gott.

O Gott, vergib mir, falls ich Ausreden gebraucht habe, um mein Herz vor deiner Liebe zu verschließen. Ich will meinen Blick noch einmal auf Golgatha richten und meine Seele von der mächtigen Anziehungskraft des Kreuzes zu dir ziehen lassen. In Jesu Namen. Amen.

2. Thess 3,1-5; Jud, V. 21; Eph 3,17-19
Was wünscht sich Paulus für die Gemeinde in Thessalonich?
Was ist sein Gebet für die Gemeinde in Ephesus?

Eine der wichtigsten Lektionen

„Heilig, heilig, heilig ist der HERR der Heerscharen!" (Vers 3).

Zum Lesen & Nachdenken – Jesaja 6,1-13

Das nächste Merkmal des Wesens Gottes, das wir betrachten wollen, ist seine *Heiligkeit*. Selbst wer die Bibel nur flüchtig liest, wird nicht umhin kommen, seine einzigartige, Ehrfurcht gebietende Heiligkeit zu bemerken. Tatsächlich befinden sich in der Schrift mehr Hinweise auf die Heiligkeit Gottes als auf irgendeinen anderen Aspekt seines Wesens – ein Zeichen dafür, wie wichtig diese Eigenschaft ist.

Aber was meinen wir damit, wenn wir sagen, Gott sei „heilig"? Drei Gedanken liegen dem Begriff „Heiligkeit" zugrunde. Als Erstes die Vorstellung der räumlichen Trennung. Als Zweites eine höhere Intelligenz und drittens moralische Größe, Reinheit und Unbescholtenheit. Interessant ist, dass die Menschen des Alten Testaments, mit denen der Allmächtige in direkten Kontakt trat, unweigerlich von dieser Größe und Reinheit überwältigt wurden.

Jesaja ging in den Tempel, um zu beten, als sein Volk in großer Bedrängnis war. König Usija, der fünfzig Jahre lang regiert hatte, lag im Sterben und die Assyrer, ein grausames und kriegerisches Volk, bedrohten Israel aus dem Norden. Und ich bin sicher, welche Antwort auch immer sich Jesaja von Gott erhoffte, es war bestimmt nicht die, die er bekam. Denn Gott schenkte ihm eine Vision seiner Heiligkeit, die Jesaja bis ins Mark erschütterte. Warum tat er das? Ich denke, weil das Wissen um seine Heiligkeit zu den *wichtigsten* Lektionen seiner göttlichen Unterweisung gehört, die Voraussetzung, um Zugang zu Gottes innerstem Wesen zu finden und von ihm zu lernen.

Vater, heute will ich mein Herz prüfen und mich fragen: Weiß ich, was es bedeutet, einem heiligen Gott zu dienen? Hast du mir schon einmal eine Vision deiner göttlichen Größe und Reinheit geschenkt? Bitte vertiefe mein Verständnis für all diese Dinge. In Jesu Namen. Amen.

2. Mo 15,1-11; Ps 99,9
Welche Frage stellt Mose?
Was ist die Aussage des Psalmisten?

Zur Heiligung berufen

„… was fordert der HERR, dein Gott, von dir als nur den HERRN, deinen Gott, zu fürchten, …?“ (Vers 12).

Zum Lesen & Nachdenken – 5. Mose 10,12-22

Das Erste, was Gott von den Israeliten verlangt, als er ihnen verkündet, dass sie sein auserwähltes Volk sein und nach seinem Willen leben sollen, ist, ihn zu fürchten. Natürlich sollen sie ihn auch lieben, ihm dienen und seine Gebote halten, doch das Allererste, was er von ihnen fordert, sind Ehrerbietung und Furcht.

Wie passt das mit der göttlichen Liebe zusammen? Wir sollten Gottes Liebe immer in Zusammenhang mit seiner Heiligkeit sehen, um nicht einem gravierenden Irrtum zu erliegen: Vielfach wird in unseren heutigen Gemeinden die Liebe Gottes in einer Weise dargestellt, die zu der Aussage führt: „Gott liebt mich so, wie ich bin.“ Dahinter steckt: „Da mich Gott bedingungslos liebt, brauche ich mich nicht zu ändern.“ Solches Denken ist gefährlich. Natürlich liebt uns Gott so, wie wir sind, aber weil seine Liebe heilig ist, liebt er uns viel zu sehr, um uns so zu lassen, wie wir sind. Einerseits können wir getrost sein, dass Gott uns bedingungslos annimmt, doch die heilige Liebe Gottes will uns noch näher zu ihm ziehen und fordert uns auf: „Seid heilig, so wie ich heilig bin.“

Irrtum ist die Wahrheit, die aus dem Gleichgewicht geraten ist. Freuen wir uns, dass Gott uns um unserer selbst willen liebt und nicht aufgrund unserer Werke! Doch seien wir uns seiner heiligen Liebe bewusst, die uns zur Heiligung berufen hat.

O Vater, hilf mir, deine Liebe und deine Heiligkeit im richtigen Licht zu sehen. Lass nicht zu, dass die Geborgenheit in deiner Liebe sich in Trägheit und Selbstgefälligkeit verwandelt. Danke, dass du mich angenommen hast – und dass ich nicht so bleiben muss, wie ich bin. Amen.

1. Sam 6,1-21; Offb 15,4
Welche Frage stellten die Leute von Bet-Schemesch?
Welche Erkenntnis offenbarte sich Johannes aus dem „Lied des Lammes“?

Das verzehrende Feuer

„Denn auch unser Gott ‚ist ein verzehrendes Feuer'." (Vers 29).

Zum Lesen & Nachdenken – Hebräer 12,14-29

George MacDonald schreibt: „Nichts ist so unerbittlich wie die Liebe … Denn Liebe ist nach Reinheit bestrebt. Die Liebe hat stets die vollkommene Liebenswürdigkeit dessen im Auge, den sie liebt. Wo diese Liebenswürdigkeit unvollkommen ist und die Liebe ihren Durst nicht stillen kann, erschöpft sie sich darin, sich selbst liebenswerter zu machen, um mehr lieben zu können; sie strebt nach Vollkommenheit, damit sie selbst vollkommen wird – nicht in sich, sondern in dem Geliebten. Deshalb muss alles Negative in dem Geliebten, alles, das mit dieser Liebe nicht übereinstimmen will, ausgelöscht werden. *Unser Gott ist ein verzehrendes Feuer.*" Zweifellos harte Worte.

Das Wesen Gottes ist so Furcht erregend rein, dass es alles vernichtet, was nicht durch sein heiliges Feuer gereinigt werden kann. Gott verlangt, dass wir ihn mit reinem Herzen anbeten. Unsere Reinheit soll seiner Reinheit ebenbürtig sein. Wir können diese Reinheit nicht durch eigene Anstrengung erreichen, aber je mehr wir Gottes Nähe suchen, desto mehr wird sein reinigendes Feuer alles Dunkle in uns läutern.

„Dieses göttliche Feuer wird uns nicht verzehren, wenn wir ihn nicht anbeten", sagt George MacDonald, „aber es wird uns so lange verzehren, *bis* wir ihn anbeten." Und das Feuer wird weiter in uns brennen, nachdem alles vernichtet ist, was uns von Gott entfremden wollte. Doch dann wird es keine Schmerzen und Gefühle des Verlustes mehr verursachen, sondern uns immer näher in die Heiligung und damit in die höchste Bewusstseinsstufe des Lebens führen. Gott ist ein verzehrendes Feuer. So war es schon zur Zeit unserer Vorväter – und so wird es immer sein.

Herr, ich wünsche mir nichts sehnlichster, als dass mein Lobpreis dir zur Ehre gereicht. Möge dein reinigendes Feuer mich läutern, bis alles, was mich von dir entfremden will, aus meinem Herzen getilgt ist. Dies erbitte ich im Namen Jesu. Amen.

Ps 97,1-5; Jes 66,15; 1. Kor 3,12-14
Was sagt der Psalmist über Feuer?
Was bewirkt das Feuer?

Die Furcht des Herrn

„Die Furcht des HERRN [bedeutet], Böses zu hassen“ (Vers 13).

Zum Lesen & Nachdenken – Sprüche 8,1-21

Weil Gottes Heiligkeit einzigartig und überwältigend ist – rein, leuchtend und jenseits unseres Fassungsvermögens – sollen wir uns ihm mit Furcht und Ehrerbietung nähern. Dies lehrt uns die Bibel auf unmissverständliche Weise.

Die „Furcht des Herrn“ ist der Anfang der Weisheit. Das Nachsinnen über sein Wesen, insbesondere über seine Heiligkeit, wird uns in eine demütige, anbetende Haltung führen, die (wie bei Jesaja) die Seele darauf vorbereitet, Gott mit größerer Hingabe zu dienen und an seinem Reich zu bauen. Doch was bedeutet es, Gott zu „fürchten“? Einerseits sagt die Bibel, wir sollen ihn fürchten, doch an anderen Stellen lehrt sie uns, uns *nicht* zu fürchten. Es gibt eine hilfreiche, segensreiche Furcht und eine lähmende Furcht. Wie erkennen wir den Unterschied?

Die segensreiche Furcht drückt sich in Verehrung, Respekt und Ehrfurcht vor der Größe und Majestät Gottes aus. Die lähmende Furcht ist in 2. Timotheus 1,7 beschrieben: „Denn Gott hat uns nicht einen Geist der Furchtsamkeit gegeben, sondern der Kraft und der Liebe und der Zucht.“ Die Wurzel des griechischen Wortes *deilia*, in diesem Vers mit „Furchtsamkeit“ übersetzt, bedeutet „armselig, unglücklich, erbärmlich“ und birgt in sich das Bild von jemandem, dem es an Mut fehlt. Gott ist nicht schuld an unserer Feigheit oder Mutlosigkeit, denn wir haben sie uns selbst zuzuschreiben. Unentschlossene, mutlose Menschen sind furchtsame Menschen. Wer diesen Gedanken noch weiter verfolgen möchte, möge sich fragen: Welche Dinge im Leben, die nichts mit Gottesfurcht zu tun haben, machen mir Angst? Wenn wir sie mehr fürchten als Gott, dann werden wir von der falschen Furcht beherrscht.

O Gott, ich bringe heute alle Ängste, die mich lähmen, vor dich und lege sie dir zu Füßen. Hilf mir, eine so große Ehrfurcht vor dir zu erlangen, dass sämtliche Ängste verschwinden. In Jesu Namen. Amen.

5. Mo 10,1-12; Jos 24,14; Pred 12,13
Was forderte der Herr von Israel?
Wozu ermahnte Josua die Israeliten?

Eine Vision seiner Heiligkeit

„Erhebt den HERRN, unseren Gott, und fallt nieder vor dem Schemel seiner Füße!" (Vers 5).

Zum Lesen & Nachdenken – Psalm 99,1-9

„Nur der kennt die wahre Gnade des Herrn", schrieb der große Bibelausleger A. W. Tozer, „der zuerst die Furcht des Herrn kennen gelernt hat." Und er sagt weiter: „Schon immer haben Manifestationen Gottes diejenigen, die sie erlebten, in Schrecken versetzt und Ehrfurcht eingeflößt … Ich glaube, auf religiösen Aktivitäten, die ihre Wurzeln nicht in dieser Furcht haben, liegt kein dauerhafter Segen. Solange wir nicht von dem namenlosen Entsetzen einer unheiligen Kreatur ergriffen werden, die plötzlich dem allerheiligsten Wesen des Universums gegenübertreten muss, wird uns wahrscheinlich auch die Lehre der Liebe und Gnade nicht berühren."

Früher gab es einmal eine Zeit, da war das Wesen Gottes noch ein Thema, das von allen Kanzeln gepredigt wurde, doch heute ist dies nicht mehr so. Im Allgemeinen liefern die heutigen Prediger (oder christlichen Buchautoren) den Leuten das, was sie hören wollen, anstatt das, was sie brauchen. Deshalb sollten wir beim Bibellesen den Stellen, in denen vom Wesen Gottes die Rede ist, besondere Beachtung schenken.

Menschen, die Großes für Gott getan haben, sind Menschen mit einer neuen Vision seiner Heiligkeit. Hesekiel schreibt: „Und ihre Felgen, sie waren hoch, und als ich sie anblickte, [sah ich,] dass ihre Felgen voller Augen waren (Hes 1,18; Anm.: Erklärung der Elberfelder Bibel „sie hatten Furcht"). Und als Jakob aus seinem Schlaf erwachte, sagte er: „Wie furchtbar ist diese Stätte!" (1. Mo 28,17).

Gott wird wenig mit uns anfangen können, solange es uns an der nötigen Ehrfurcht vor seiner Heiligkeit mangelt, denn dann ist unser Handeln von eigenen Ideen und selbstbestimmtem Denken geprägt. Stattdessen sollen wir uns in der Abhängigkeit von unserem Herrn wissen. Und ich fürchte manchmal, wir haben diese Ehrfurcht der großen Männer und Frauen Gottes aus biblischer Zeit verloren.

O Gott, ich fürchte mich, vor deinen heiligen Thron zu treten, doch gerade weil ich mich fürchte, suche ich diese Nähe zu dir. Nichts und niemand kann die Ängste zerstreuen, die mich daran hindern mögen – niemand außer dir. Zieh mich ganz nah zu dir, denn in dir allein liegt meine Rettung und Heiligung. Amen.

2. Mo 3,1-5; Jos 5,15; Ps 33,8; 89,8
Welche Erfahrung machten Mose und Josua?
Wozu ruft der Psalmist auf?

Er lässt uns nicht im Stich

„… der treue Gott, der den Bund und die Güte bis auf tausend Generationen denen bewahrt, die ihn lieben und seine Gebote halten, …“ (Vers 9).

Zum Lesen & Nachdenken – 5. Mose 7,7-20

Heute wollen wir uns dem nächsten Merkmal des Wesens Gottes zuwenden – seiner grenzenlosen *Treue*. Was er sagt und tut, darauf ist Verlass. Seine Treue ist das Fundament, welches das Universum trägt. In einem Zeitalter, in dem Betrug und Untreue an der Tagesordnung sind, tut es gut zu wissen, dass wir einen himmlischen Vater haben, der uns nicht im Stich lässt, uns nicht ausnutzt und sein Versprechen niemals bricht.

Vielleicht hat jemand, der diese Zeilen liest, erst kürzlich die Untreue eines Ehepartners oder den Zerbruch einer Beziehung verkraften müssen. Es kommt immer wieder vor, dass Menschen, denen wir vertraut haben, ihr Wort brechen. Solche Beweise der Unbeständigkeit des menschlichen Herzens sind immer schmerzlich. Aber wir sollten auch unser eigenes Herz prüfen, denn wer kann von sich behaupten, dass er gegen die Sünde der Treulosigkeit absolut immun ist? Wir brauchen keinen Vertrag und kein Eheversprechen zu brechen, doch vielleicht sind wir Christus auf andere Art untreu geworden – etwa, indem wir seine Liebe und die Gaben, die er uns anvertraut hat, mit Füßen getreten haben.

Dann macht es Mut, den heutigen Bibeltext zu lesen und den Blick auf den Einen zu richten, der zu jeder Zeit und in allen Dingen treu ist. So oft wir ihn auch enttäuschen und im Stich lassen – er wird uns treu bleiben. Wann immer ich versucht bin, an seiner Treue zu zweifeln, rufe ich mir einen Liedvers in Erinnerung, den ich als junger Christ gelernt habe:

Er lässt dich nicht im Stich, denn er ist Gott;
Er lässt dich nicht im Stich; steht treu zu seinem Wort,
Er lässt nicht im Stich, der zu ihm fleht,
Er lässt dich nicht im Stich, hört dein Gebet.

Gnädiger, liebender Gott, die Erkenntnis, dass du eines nicht kannst – nämlich Fehler machen – lässt meine Seele jubeln. Möge dies das Fundament sein, auf dem ich heute und morgen stehe. In Jesu Namen. Amen.

1. Kön 8,54-61; Ps 89,1-9
Was bezeugt König Salomo?
Was verspricht der Psalmist zu tun?

So weit die Wolken ziehen

„HERR, an die Himmel reicht deine Gnade, deine Treue bis zu den Wolken“ (Vers 6).

Zum Lesen & Nachdenken – Psalm 36,1-13

Wie wunderbar ist es, unseren Blick auf die Schriftstellen zu richten, die von der Treue Gottes erzählen! Die Bibel bietet uns einen reichen Schatz solcher erbaulichen Quellen: „Gott, du Herrscher der ganzen Welt, wer ist so mächtig wie du, wer ist so durch und durch treu?“ (Ps 89,9; Gute Nachricht), „Gerechtigkeit wird der Schurz seiner Hüften sein und die Treue der Schurz seiner Lenden“ (Jes 11,5) oder „wenn wir untreu sind – er bleibt treu, denn er kann sich selbst nicht verleugnen“ (2. Tim 2,13). Wer spürte nicht die Kraft, die von diesen Versen ausgeht und die das Vertrauen in Gott stärkt? Wäre Gott untreu, würde er entgegen seiner Natur handeln, und würde er es jemals sein (rein theoretisch natürlich), dann wäre er nicht mehr Gott.

In unserem heutigen Text schreibt der Psalmist, dass Gottes Treue reicht, so weit die Wolken ziehen. In seiner blumigen Sprache drückt er aus, dass die unveränderliche Treue Gottes weit über unseren begrenzten Verstand hinausgeht. Alles an Gott ist groß und unvergleichlich, auch seine Treue. Er vergisst nichts, macht keine Fehler, hält alle seine Versprechen. Er ist nicht wankelmütig, bricht keine Verträge und nimmt sein Wort niemals zurück. Was er sagt, das gilt. Er hält den Bund, den er geschlossen hat – unverbrüchlich besiegelt durch seine Treue. Deshalb können alle Christen der Welt getrost sagen: „Ja, die Gnadenerweise des HERRN sind nicht zu Ende, ja, sein Erbarmen hört nicht auf, es ist jeden Morgen neu. Groß ist deine Treue“ (Kla 3,22-23).

Mein Gott, wie groß bist du – groß an Macht, groß an Majestät, groß in deiner Liebe und deinem Erbarmen und in so vielen anderen Dingen. Aber am größten ist deine Treue. Dafür bin ich dir unendlich dankbar. Amen.

1. Kor 1,1-9; Hebr 6,18; 1. Petr 4,19
Was teilt Paulus der Gemeinde in Korinth mit?
Was ist unmöglich für Gott?

Er steht zu seinem Wort

„Lasst uns das Bekenntnis der Hoffnung unwandelbar festhalten – denn treu ist er, der die Verheißung gegeben hat“ (Vers 23).

Zum Lesen & Nachdenken – Hebräer 10,19-31

Die Bibel ist eine wahre Fundgrube an Aussagen über die Treue Gottes, der vor über 4000 Jahren versprochen hat: „Von nun an, alle Tage der Erde, sollen nicht aufhören Saat und Ernte, Frost und Hitze, Sommer und Winter, Tag und Nacht“ (1. Mo 8,22). Und jedes Jahr stellen wir von neuem fest, dass Gott sein Wort nicht zurückgenommen hat.

In 1. Mose 15,13-14 sagt Gott zu Abraham: „Ganz gewiss sollst du wissen, dass deine Nachkommenschaft Fremdling sein wird in einem Land, das ihnen nicht gehört; und sie werden ihnen dienen, und man wird sie unterdrücken vierhundert Jahre lang. Aber … danach werden sie ausziehen mit großer Habe.“ Und traf dies zu? 2. Mose 12,41 gibt uns die Antwort: „Und es geschah am Ende der 430 Jahre, ja, es geschah an eben diesem Tag, dass alle Heerscharen des HERRN aus dem Land Ägypten auszogen.“ Der Prophet Jesaja sagte voraus, dass eine Jungfrau schwanger werden und einen Sohn zur Welt bringen würde, den sie Immanuel nennen würde (siehe Jes 7,14). Viele Jahrhunderte später traf diese Prophezeiung ein. In Galater 4,4 lesen wir: „Als aber die Fülle der Zeit kam, sandte Gott seinen Sohn, geboren von einer Frau, …“.

Es gibt noch zahlreiche andere Stellen in der Bibel, welche die Treue Gottes zu seinem Wort belegen, aber sie alle aufzuführen, würde den Rahmen dieses Andachtsbuches sprengen. Doch ich möchte alle Leser ermutigen, sie selber nachzuschlagen. In der heutigen Zeit der Treulosigkeit ist es umso wichtiger, dass wir uns immer wieder die Treue Gottes vor Augen führen. Sie ist die Grundlage unseres Vertrauens zu ihm – deshalb ist die Bibel randvoll mit Aussagen über seine Treue. Je tiefer wir diese große und wunderbare Wahrheit in unser innerstes Wesen aufnehmen, desto besser sind wir zugerüstet für alles, was uns auf unserem Weg begegnen mag.

Gnädiger und treuer Vater, je mehr ich über dein Wesen erfahre, desto mehr möchte ich dazulernen und dich immer besser kennen lernen. Führe mich immer tiefer in die Erkenntnis deiner Wahrheit. Amen.

Mal 3,7; Ps 103,17; 102,27; Jak 1,1-17
Welche Botschaft hatte der Herr für Israel?
Wie drückte Jakobus dies aus?

Gottes Verheißungen

„Durch ihn haben wir wertvolle, unüberbietbare Zusagen erhalten“ (Vers 4; Gute Nachricht).

Zum Lesen & Nachdenken – 2. Petrus 1,1-11

Die Treue Gottes als klare, biblische Aussage zu akzeptieren, ist eine Sache, danach zu handeln, eine andere. Gott hat uns viele großartige, kostbare Verheißungen geschenkt, aber rechnen wir wirklich damit, dass sie erfüllt werden?

Dabei müssen wir vorsichtig sein, dass wir Gott nicht für Zusagen verantwortlich machen, die er nicht gegeben hat. Es ist immer schmerzlich, wenn Christen eine Aussage der Bibel als Verheißung interpretieren und dann vergeblich auf die Erfüllung warten. Trifft diese nicht ein, ist die Enttäuschung groß. So erzählte mir eine Frau, sie habe jahrelang die Worte aus Apostelgeschichte 16,31, „Glaube an den Herrn Jesus, und du wirst errettet werden, du und dein Haus“, als Verheißung angesehen und war untröstlich, als ihr Mann und ihr Sohn starben, ohne sich zuvor zu Jesus bekehrt zu haben. In dem darauf folgenden Gespräch sagte ich ihr, dass selbst Gott niemanden retten kann, der nicht gerettet werden will, und dass die Zusage von Paulus und Silas allein dem Gefängniswärter in Philippi galt und sich nicht einfach übertragen lässt.

Auf der anderen Seite gibt es Hunderte von eindeutigen Verheißungen Gottes in seinem Wort. „Ich will dich *nicht* aufgeben und dich *nicht* verlassen“ (Hebr 13,5) ist eine von vielen. Jemand hat einmal alle Verheißungen Gottes in der Bibel gezählt und kam dabei auf 3000. Auch wenn wir nur einige hundert für uns in Anspruch nehmen, sollte dies für ein ganzes Leben reichen! Hüten wir uns aber vor den Zusagen, die *bestimmten Personen* gemacht wurden und *nicht allgemein* gültig sind.

Vater, ich stütze mich auf deine Zusagen, dass du mich in alle Wahrheit leiten wirst, und ich vertraue darauf, dass du mir die Weisheit schenkst, zwischen einer „echten“ Verheißung zu unterscheiden und einer, die nicht für mich gilt. In Jesu Namen. Amen.

Hebr 1,1-12; 13,8; 2. Kor 4,18
Warum können wir uns auf Jesus verlassen?
Worauf richten wir unseren Blick?

„Er kennt sie alle“

„Jesus antwortete und sprach zu ihnen: Dies ist das Werk Gottes, dass ihr an den glaubt, den er gesandt hat“ (Vers 29).

Zum Lesen & Nachdenken – Johannes 6,25-33

Christsein bedeutet im Wesentlichen, im Vertrauen auf Gottes Treue zu leben. In unserem heutigen Bibeltext wird Jesus gefragt: „Was sollen wir tun, damit wir die Werke Gottes wirken?“ (Vers 28). Eine Frage, auf die, heute gestellt, die Anhänger der verschiedenen Religionen ganz unterschiedliche Antworten geben würden. Ein Buddhist würde sagen: „Ihr sollt dem achtfachen Weg Buddhas folgen.“ Ein Moslem würde antworten: „Fasten und beten und nach Mekka pilgern.“ Und manche Christen würden empfehlen: „Wichtig sind regelmäßiges Bibelstudium, Gebet, das Geben des Zehnten und Gemeinschaft mit anderen Christen.“ Aber die Antwort Jesu lautete: „Dies ist das Werk Gottes, dass ihr an den *glaubt* …“.

Von George Watson, Schriftsteller und Christ, stammt die Beobachtung: „Dem göttlichen Ursprung unserer Existenz zu vertrauen, ist die elementare Gnade des Lebens. Es gibt eine Eigenschaft Gottes, die unter allen anderen, wie Freundlichkeit, Liebe oder Weisheit, immer besonders herausstechen wird – seine Treue. *Was für ihn die Treue ist, ist für uns das Vertrauen*“ (Hervorhebung von mir). Die Erkenntnis, dass wir Gott uneingeschränkt vertrauen können, befreit uns von lähmenden Gefühlen wie Kummer, Angst und Sorge. Wenn Christen sich von den Bedrängnissen des weltlichen Lebens überrollen lassen, wirft dies ein schwaches Licht auf die Treue Gottes.

Ein gläubiger Mann, der im Sterben lag, machte sich Sorgen, weil er sich an keine einzige Verheißung Gottes mehr erinnern konnte. Da sagte der Pastor, der an seinem Bett saß: „Glauben Sie, Gott hat auch nur eine einzige vergessen?“ Ein Lächeln glitt über das Gesicht des Sterbenden und er sagte erleichtert: „Nein, er kennt sie alle.“ Das ist auch unsere Gewissheit. Gott *wird* seine Verheißungen niemals vergessen. Es liegt in seiner Natur, dass er sie nicht vergessen *kann*.

Mein Gott und Vater, wenn Treue für dich denselben Stellenwert hat wie für uns das Vertrauen, dann hilf uns, an einen Punkt zu gelangen, wo unser Vertrauen und deine Treue zusammentreffen. Wir wissen, dass wir noch weit davon entfernt sind, aber wir sehnen uns danach, zum Ziel zu kommen. Amen.

2. Tim 2,1-13; Hebr 2,17; 10,23
Wozu ermutigt Paulus Timotheus?
Warum musste Jesus seinen Brüdern gleich werden?

Eine Charakterschwäche Gottes?

„Wenn … meine Hand zum Gericht greift dann wende ich Rache auf meine Gegner zurück und vergelte es meinen Hassern“ (Vers 41).

Zum Lesen & Nachdenken – 5. Mose 32,36-47

Wir wollen uns nun mit einem Wesenszug Gottes beschäftigen, der vielen als Makel oder „schwarzer Fleck auf der weißen Weste“ Gottes erscheint: Gottes *Zorn*. Obwohl man von den heutigen Kanzeln nur noch wenige Predigten zu diesem Thema hören mag, ist es in der Bibel noch immer hochaktuell. Wer in der Konkordanz unter „Zorn/zornig“, „Zornesglut“, „Zornestag“ oder „Grimm/grimmig“ nachschlägt, wird feststellen, dass es dazu mehr Textstellen gibt als zu Gottes Liebe, Gnade oder Freundlichkeit. Wer sich mit dem Wesen Gottes beschäftigt, dessen Bild wird immer unvollständig bleiben, wenn er sich auf einen liebenden Gott beschränkt und den zornigen Gott außer Acht lässt.

Als ich damals meine ersten Schritte im Glauben tat, erregte jede Textstelle über den Zorn Gottes mein Missfallen und inneren Protest. Erst später, als mein Verständnis des Wesens Gottes wuchs, legte sich dieser Widerstand und ich begann, seinen Zorn in einem anderen Licht zu sehen. Und ich stellte fest, dass seitdem auch meine Liebe zu Gott und die Ehrfurcht vor ihm ganz neue Dimensionen erreicht hat.

Arthur W. Pink beschreibt den Zorn Gottes als „ewige Abscheu vor der Ungerechtigkeit … der Widerwillen der göttlichen Gerechtigkeit gegenüber dem Bösen … die Heiligkeit Gottes, die gegen die Sünde vorgeht.“ Gottes Zorn kann niemals ein Makel oder ein Charakterfehler sein. Im Gegenteil, es wäre eine Charakterschwäche, wenn sein Zorn fehlte.

Vater, ich möchte dich so sehen, wie du bist – mit all deinen Eigenschaften, auch denen, die nicht in mein vorgefertigtes Gottesbild passen. Hilf mir, mich mit dem Gedanken anzufreunden, dass du nicht nur ein liebender, sondern auch ein zorniger Gott bist, der sein Racheschwert schärft. Darum bete ich in Jesu Namen. Amen.

2. Kön 22,1-13; Ps 90,11
Warum entbrannte der Zorn des Herrn?
Was schreibt der Psalmist über Gottes Zorn?

„Gottes große Intoleranz“

„Denn sie haben das Gesetz des HERRN der Heerscharen verworfen … Darum ist der Zorn des HERRN gegen sein Volk entbrannt“ (Verse 24-25).

Zum Lesen & Nachdenken – Jesaja 5,18-25

Wir wollen den Gedanken von gestern noch einmal aufnehmen, dass Gottes Zorn keine Charakterschwäche ist, sondern ein wichtiger Zug seines göttlichen Wesens. Wer diesen Zorn als Bosheit oder Rachsucht eines Gottes sieht, der um der Strafe willen oder als Vergeltung für eine persönliche Kränkung straft, der hat ihn nicht richtig verstanden. Gott straft nicht, weil er rachsüchtig oder nachtragend ist, sondern weil er ein kompromisslos gerechter Gott ist.

Wir Menschen neigen dazu, uns ein eigenes Bild von Gott zu machen. Er hat uns nach seinem Bild geschaffen; umgekehrt dagegen wird es uns immer misslingen, ihn nach unserem Bild zu schaffen. Anstatt von der göttlichen Ebene her zu denken und zu erkennen, dass die Sünde unsere Ebenbildlichkeit verzerrt hat, schlussfolgern wir auf der Basis unserer gefallenen Welt und projizieren unsere eigenen Vorstellungen und Gefühle auf Gott. Was den Zorn Gottes betrifft, setzten wir ihn mit unseren eigenen Reaktionen gleich. Der Zorn Gottes ist allerdings nicht mit menschlicher Wut zu verwechseln. Unser Zorn ist eine Mischung aus unbeherrschtem Protest, Vergeltung, Feindseligkeit und Selbstsucht. Gottes Zorn dagegen ist stets eine logische Konsequenz und richtet sich immer gegen die Sünde. Wir dürfen nie vergessen, dass es Gottes ureigenem Wesen entspricht, dass er kompromisslos gegen die Sünde vorgeht. Menschen mögen die Sünde tolerieren, Gott niemals.

Man könnte die Sünde als „Gottes einzige große Intoleranz“ definieren. Für diese Intoleranz sollten wir ihm ewig dankbar sein. Denn er wird nicht tolerieren, dass seine Kinder Schaden nehmen.

Vater, wie anders ist meine Einstellung zu deinem Zorn, seit ich erkannt habe, dass er sich nicht gegen Menschen richtet, sondern gegen die Sünde, die uns zerstören will. Du willst nicht mich wegen meiner Sünde, sondern meine Sünde um meinetwegen bekämpfen. Und tiefe Dankbarkeit erfüllt mein Herz. Amen.

Ps 5,1-6; 11,5; Hab 1,12-13; Sach 8,16-17
Wie drückt der Psalmsänger diese „große Intoleranz“ Gottes aus?
Was hasst der Herr?

Gerechter Zorn

„Denn es wird geoffenbart Gottes Zorn … über alle Gottlosigkeit und Ungerechtigkeit der Menschen …“ (Vers 18).

Zum Lesen & Nachdenken – Römer 1,8-25

Für viele von uns beschwört der Ausdruck „Zorn“ das Bild von Unbeherrschtheit herauf, gleichzusetzen mit dem Wutanfall eines Menschen, der sich provoziert fühlt oder aus verletztem Stolz reagiert. Dies sind typisch menschliche Eigenschaften, und es wäre falsch, diese Vorstellung auf Gott zu übertragen. Gott lässt sich nicht gehen, sein Zorn ist niemals unbeherrscht oder unberechtigt. Gottes Zorn hat immer einen guten Grund. Auch unter Menschen mag es so etwas wie „berechtigte Wut“ geben, obwohl dies (meiner Meinung nach) seltener ist als wir denken. Ich dachte immer, der Unterschied zwischen berechtigtem Zorn und fleischlicher Feindseligkeit sei folgender: Wenn jemand mit *mir* böse war, so war das reine Feindseligkeit, war *ich* dagegen böse auf jemanden, war es selbstverständlich berechtigter Zorn. Ich möchte doch gleich hinzufügen, dass ich dieser Einstellung inzwischen „entwachsen“ bin! Gottes Zorn ist allerdings immer berechtigt. Denn er entspringt nicht der Verletzung, was ihm angetan wurde, sondern dem Schmerz darüber, was den Menschen angetan wird.

Könnte Gott ein liebender Gott sein, wenn er das Böse so lieben würde wie er das Gute liebt? Wäre ein Gott, der das Böse nicht bekämpft, ein gerechter Gott? Natürlich nicht. Es ist der Widerstand gegen das Böse, wenn die Bibel vom Zorn Gottes spricht. Gott kann dem Bösen gegenüber nicht gleichgültig sein. Er kann es nicht übersehen. Er kann nur auf das Kreuz weisen, wo das Böse Vergebung findet.

O Herr, je mehr ich die Ursache für deinen Zorn verstehe und je bewusster mir die Reinheit deiner Motive wird, desto größer wird mein Wunsch, dich zu loben und anzubeten. Welch großer, wunderbarer Gott bist du! Und ich bin dankbar, dass du mir Vergebung für meine Sünden geschenkt hast. Amen.

Jes 13,1-22; Ps 78,40-55; Jes 30,27
Welche Folgen des Zorns Gottes schildert der Psalmist?
Wie beschreibt Jesaja den Zorn des Allmächtigen über Babel?

Der unerbittliche Richter

„Komm deinem Gegner schnell entgegen, … Damit nicht etwa der Gegner dich dem Richter überliefert“ (Vers 25).

Zum Lesen & Nachdenken – Matthäus 5,21-26

„Der Zorn Gottes“, sagt George MacDonald, „hat immer einen *richterlichen* Aspekt. Es ist stets der Zorn des Richters, der für Gerechtigkeit sorgt. Im Gegensatz zur willkürlichen Grausamkeit kann echte Gerechtigkeit niemals verwerflich sein.“ Wen Gottes Zorn in seiner ganzen Heftigkeit trifft, der bekommt, was er verdient. Das klingt zwar hart, aber es ist gerecht.

In unserem heutigen Bibeltext sagt der Herr im Grunde: „Einige dich mit deinem Gegner, bevor er dich vor Gericht zerrt. Es hat keinen Zweck, das, was getan werden muss, länger aufzuschieben. Die Schuld muss so oder so bezahlt werden, aber versuche wenigstens, der Gefängnisstrafe zu entgehen. Treibe es mit der Gerechtigkeit nicht zum Äußersten! Gott verlangt Rechtschaffenheit von dir. Und es ist zwecklos zu glauben, du könntest seinem ewigen Gesetz entfliehen. Deshalb stelle dich lieber freiwillig.“

Wer reinen Herzens ist, für den hat die Vorstellung von einem richtenden Gott nichts Bedrohliches. Viele Menschen geben sich jedoch der Illusion hin, es gäbe vielleicht einen Weg, sich dem Gesetz Gottes zu entziehen. Aber es gibt keine Ausflüchte. Jeder Versuch, die Forderungen der Gerechtigkeit zu umgehen – abgesehen von der Gerechtigkeit durch das Kreuz – wäre sündhaft. Wenn jemand das Geschenk Gottes annimmt, der in Christus unsere Schuld am Kreuz bezahlt hat, gehören ihm alle Schätze des Himmels; seine Schuld ist beglichen. Wer hingegen diese Schuld leugnet oder das Geschenk der Vergebung von sich weist, der wird dem unerbittlichen Richter und der ewigen Gefängnisstrafe entgegensehen.

O Vater, dies ist ein ernstes Thema, ein unbequemes dazu – doch es darf nicht totgeschwiegen werden. Die Sünde muss bestraft werden, daran führt kein Weg vorbei. Ich danke dir, dass du in Christus für meine Schuld bezahlt und mich von der Sünde befreit hast. Gesegnet sei dein Name in alle Ewigkeit. Amen.

Zeph 3,1-5; Ps 103,6; Joh 5,30; Röm 2,2
Was tut Gott Morgen für Morgen?
Worauf gründet sich das Gericht Gottes?

Himmel oder Hölle?

„Und als er im Hades seine Augen aufschlug und in Qualen war, sieht er Abraham von weitem …" (Vers 23).

Zum Lesen & Nachdenken – Lukas 16,19-31

Die „Endstation" für alle, die Gottes ausgestreckte Hand ausschlagen und seine Versöhnung durch das Kreuz ablehnen, ist die ewige Trennung von ihm. Die Bibel nennt dies „Hölle". „Es gibt keinen Himmel ohne ein Stückchen Hölle", schreibt George MacDonald. Das heißt, dass Gott, der sich leidenschaftlich für die Gerechtigkeit einsetzt und unerbittlich gegen die Sünde vorgeht, für beides zuständig ist und dafür sorgt, dass Himmel und Hölle getrennt werden.

Allerdings liegt die Entscheidung bei den Menschen selbst. Wenn sie sich dem Licht Gottes, das den Weg zu ihm weisen will, verschließen, erleben sie – bevor die Hölle zum ewigen Zustand wird – die „Hölle auf Zeit", sozusagen als Vorgeschmack der Verbannung in die „äußere Finsternis" (Mt 25,30). Dorothy Sayers beschreibt die Hölle als „den ewigen Genuss der eigenen Sturheit". Gott sagt zu denen, die reuelos sterben: „Du hast meinen Willen verworfen und bist lieber eigene Wege gegangen; deshalb sollst du auch weiterhin deinen Willen haben – für immer." Wenn Gott zulässt, dass Menschen in die Hölle kommen, lässt er damit letzten Endes nur zu, dass sie die volle Konsequenz ihrer Entscheidung tragen.

Ich bin mir bewusst, dass die meisten meiner Leser Christen sind, wenn auch nicht alle. Wer diese Zeilen liest und nie sein Leben Jesus anvertraut hat, dem möchte ich Mut machen, diesen Schritt zu wagen und das unten stehende Gebet zu beten. Denn Jesus Christus ist gestorben, um uns Menschen vor der Hölle zu retten.

Himmlischer Vater, ich komme nun zu dir durch deinen Sohn, Jesus Christus. Ich bereue meine Sünden und bitte dich um Vergebung und darum, dass du in mein Leben kommst – heute noch. Ich möchte dich als meinen Herrn und Erlöser annehmen. Danke, lieber Herr. Amen.

Mt 5,27-30; 18,7-9; 25,34-43
Wie veranschaulicht Jesus die Notwendigkeit, der Sünde zu widerstehen?
Wie können wir sicher sein, dass wir gerettet sind?

Was ist Gnade?

„Lasst uns nun mit Freimütigkeit hinzutreten zum Thron der Gnade …" (Vers 16).

Zum Lesen & Nachdenken – Hebräer 4,1-16

Heute wollen wir uns mit einem weiteren Aspekt des göttlichen Wesens beschäftigen – dem Wesenszug, der als „Gnade" beschrieben wird. Gnade ist mehr als ein Synonym für Liebe; obwohl sie der Liebe (und der Barmherzigkeit) sehr nahe ist. Dennoch sollte die Gnade als eigenständiges Merkmal betrachtet werden.

Ein alter walisischer Prediger sagte einmal: „Die Gnade und die Liebe strecken sich gleichermaßen nach den Menschen aus, doch die Gnade muss zwischendurch immer wieder Halt machen, um sich zu jemanden hinunterzubeugen und ihn aufzurichten." Ähnliche Gedanken hatte der anonyme Verfasser der folgenden Worte: „Gnade ist Liebe in ihrer höchsten Form; sie hüllt das Unliebenswerte ein und macht es liebenswert." Am deutlichsten wird der Unterschied zwischen Gnade und Liebe in der Definition des großen puritanischen Predigers Thomas Goodwin: „Gnade ist mehr als Barmherzigkeit und Liebe. Gnade steht für die Liebe des königlichen, überirdischen, höchsten Gottes, der tun kann, was er will; der frei entscheiden kann, ob er lieben will oder nicht. Es gibt die Liebe zwischen Wesen, die auf derselben Stufe stehen; ebenso kann ein Untergebener jemanden lieben, der ihm übergeordnet ist; doch die Liebe eines souveränen, allmächtigen Gottes – das ist Gnade. Der Ausdruck ‚Gnade' ist immer nur in diesem Zusammenhang gebräuchlich, so wie auf der menschlichen Ebene etwa bei Monarchen, die ihren Untertanen gegenüber gnädig sind. Umgekehrt jedoch können die Untertanen dem König oder Kaiser keine Gnade erweisen."

Gnade ist Gottes Freundlichkeit, die er denen zuteil werden lässt, die sie nicht unbedingt verdienen. In seiner Güte beugt er sich wohlwollend zu den Menschen hinunter und reicht ihnen die Hand. Und die Bibel bestärkt uns in dem Glauben, dass ein gnädiger Gott auf dem Thron sitzt und die Welt regiert.

Liebender und gnädiger Gott, ich sehne mich danach, deine Gnade immer besser zu verstehen. Lass mich den Sinn ermessen, was es heißt, sie zu empfangen. Darum bitte ich dich in Jesu Namen. Amen.

Dan 9,1-18; 5. Mo 9,5; 1. Petr 5,5
Ist Gnade die Folge der Gerechtigkeit?
Wem schenkt Gott seine Gnade?

„Gnade“, „Güte“ und „Barmherzigkeit“

„So ist nun auch in der jetzigen Zeit ein Überrest nach Auswahl der Gnade entstanden“ (Vers 5).

Zum Lesen & Nachdenken – Römer 11,1-24

Illion T. Jones, ein bekannter Prediger aus Wales, sagte: „Das Wort ‚Gnade‘ ist zweifellos das bedeutendste Wort in der Bibel.“ Und ich kann mich seiner Meinung nur anschließen. Allerdings wird die Gnade Gottes nirgends in der Bibel in Zusammenhang mit der gesamten Menschheit erwähnt, obwohl es Theologen gibt, die die Meinung einer allumfassenden Gnade für alle Menschen vertreten. Neulich stieß ich auf folgendes Zitat: „Die Schöpfung des Universums war ein Akt der Gnade.“ Hier hat der Autor höchstwahrscheinlich das Wort „Gnade“ als Synonym für Liebe verwendet – ein häufiger Fehler, denn genau genommen ist die Gnade denen vorbehalten, die durch Jesus Christus eine besondere Beziehung zu Gott haben. Die Bibel sagt zwar: „Der HERR ist gut zu *allen*, er erbarmt sich über *alle* seine Geschöpfe“ (Ps 145,9; Gute Nachricht), aber wir müssen zwischen „Gnade“, „Barmherzigkeit“ und „Güte“ genau unterscheiden.

Arthur W. Pink schrieb: „Die Gnade ist die einzige Quelle, aus der Gottes Wohlwollen, seine Liebe und Erlösung zu seinen *Auserwählten* strömt.“ Wir können uns Gottes Gnade weder erkaufen noch verdienen. Denn sonst wäre sie keine Gnade mehr. Die Gnade ist uneigennützig und selbstlos, sie schenkt sich dem „Unliebenswerten und macht es liebenswert“.

Vater, deine Gnade ist groß und wunderbar. Sie ist die Liebe, die sich zu mir hinunterbeugt und mich aufrichtet – obwohl ich ein Sünder bin und sie nicht verdient habe. Sie übersteigt mein begrenztes, menschliches Verständnis. Doch dankbar empfange ich deine Gnade. Denn durch sie bin ich gerettet. Halleluja!

Röm 3,1-24; Apg 15,11; 2. Tim 2,1
Welche Auswirkung hat die Gnade Gottes?
Wozu fordert Paulus Timotheus auf?

Gnade ist ein Geschenk

„Denn aus Gnade seid ihr errettet durch Glauben … Gottes Gabe ist es“ (Vers 8).

Zum Lesen & Nachdenken – Epheser 2,1-10

Wir haben festgestellt, dass die Gnade immer in Beziehung zu einem höheren Wesen oder Herrscher steht, der souverän handelt. Ein Schriftsteller drückte es folgendermaßen aus: „Die Gnade ist immer souverän, denn es liegt in ihrem Wesen, dass sie keinerlei Zwang unterworfen werden kann.“ Deshalb heißt es, dass wir durch Gottes Gnade „umsonst gerechtfertigt“ sind (Röm 3,24). Ausschlaggebend dafür ist niemals unser menschliches Tun.

Ich glaube, die folgende, knappe Definition bringt es am Besten auf den Punkt: „Gnade ist die unverdiente Gunst Gottes.“ Die Wurzel aller echten Gemeinschaft mit Gott ist die faszinierende Erkenntnis: Gott ist uns mehr zugeneigt als wir ihm. Wir können uns seine Zuneigung nicht verdienen. Die Initiative geht immer von ihm aus. Ich habe zu Gott gefunden, weil er mich zu sich gezogen hat. Wir können nicht aus eigenem Antrieb an ihn glauben, sondern unser Glaube ist „Gottes Gabe“ an uns, wie es in unserem heutigen Text heißt. Und jeder Schritt auf unserer geistlichen Reise ist nur durch seine Gnade möglich.

Ich weiß, dass dieser Ansatz viele moderne Menschen vor den Kopf stoßen mag, die sich lieber aktiv „ihren Weg zum Himmel erarbeiten“ möchten, wie es einmal ein Prediger ausdrückte. Doch dies ist vergleichbar mit einem Mann, der Schulden in Millionenhöhe hat und versucht, seinen Gläubiger zu überzeugen, dass er seine Schulden mühelos begleichen kann, obwohl er nur ein paar Pfennige besitzt. Lassen wir uns den heutigen Text noch einmal auf der Zunge zergehen: „Denn aus *Gnade* seid ihr errettet … Gottes *Gabe* ist es.“ Gnade ist ein Geschenk. Wir können uns Gottes Gnade nicht verdienen. Wir können sie nur dankbar empfangen.

O Vater, ich bin tief bewegt, wenn ich mir klar mache, dass es nicht mein Verdienst war, sondern deine Gnade und Barmherzigkeit, die mich zu dir gezogen haben. Deinem mächtigen und ewigen Namen sei Preis und Ehre. Amen.

Röm 5,1-21; Tit 3,7
Wie definiert Paulus die Gnade?
Schreibe deine eigene Definition von Gnade auf.

Singular oder Plural?

„In ihm haben wir die Erlösung durch sein Blut, die Vergebung der Vergehungen, nach dem Reichtum seiner Gnade" (Vers 7).

Zum Lesen & Nachdenken – Epheser 1,1-14

Was verhärtet das Herz der meisten Menschen, so dass sie Gottes Angebot der Erlösung ablehnen? Es ist der Stolz, die tödlichste aller todbringenden Sünden. Bernhard Shaw, der Inbegriff eines modernen Denkers, sagte: „Vergebung ist die Zuflucht des Bittstellers. Wir alle müssen unsere Schulden bezahlen." *Aber wir können unsere Schuld nicht bezahlen.* Wie unsere geistlichen Väter so deutlich erkannt hatten, ist die einzige Sprache, die wir in der Gegenwart eines Gottes, dessen Anforderungen wir nie aus uns selbst heraus erfüllen können, sprechen können, die Sprache der Demut:

Herr, ich komme zu dir, so wie ich bin
Ich habe nichts zu meiner Verteidigung vorzubringen.
Doch du hast dein Blut für mich vergossen und rufst mich zu dir,
Zu dir, Lamm Gottes, will ich kommen.

Wenn wir zu ihm kommen, erweist Gott uns seine Gnade, die umsonst und unverdient ist, tilgt unsere Schuld und schenkt uns die Gerechtigkeit in Christus. Nicht *unsere* Gerechtigkeit, sondern die Gerechtigkeit *Christ*. Wie ist das möglich? Vielleicht lässt es sich anhand von dieser kleinen Geschichte verdeutlichen: Ein Junge kam von der Schule nach Hause und sagte freudestrahlend zu seiner Mutter: „Wir haben einen freien Tag gewonnen!" Als die Mutter nachfragte, stellte sich heraus, dass einer seiner Klassenkameraden Sieger bei einem überregionalen Wettbewerb geworden war. Daraufhin hatte der Direktor beschlossen, der ganzen Schule einen Tag frei zu geben. Trotzdem benutzte der Kleine den Plural *wir*.

Genauso ist es mit der Gnade. Gott lässt uns teilhaben an der Gerechtigkeit Jesu. *Jesus* hat den Sieg errungen, doch nicht nur für sich, sondern auch für *uns*.

Vater, ich staune immer wieder über die Tragweite deiner unendlichen Gnade, mit der du uns Menschen so reich beschenkst. Sie ist mit nichts auf der Welt vergleichbar. Ich danke dir dafür, dass wir durch Jesus gerettet sind. Amen.

Phil 4,1-19; 1. Tim 1,14; Tit 3,6
Was hat Gott verheißen?
Was bezeugte Paulus Timotheus?

„Durch Gottes Gnade bin ich, was ich bin"

„Aber durch Gottes Gnade bin ich, was ich bin …" (Vers 10).

Zum Lesen & Nachdenken – 1. Korinther 15,1-11

Es sollte uns nicht überraschen, dass Christen aller Jahrhunderte von dem Prinzip der Gnade so überwältigt waren, dass sie das Thema unzähliger Gebete, Predigten, Lieder und Gedichte wurde, wie zum Beispiel dieses:

Großer Gott, der du Wunder tust, in all deinen Wegen
Erkennen wir dein göttliches Wesen.
Spuren deiner vergebenden Gnade
überstrahlen all deine anderen Wundertaten.
Wo ist ein Gott wie du, der das Unrecht verzeiht
Und die Menschen von der Sünde befreit?

Immer wieder in der Geschichte der Christenheit haben Menschen die Wahrheit der Gnade verteidigt und dafür Spott und Repressalien auf sich genommen. Bereits Paulus kämpfte gegen die Gesetzlichkeit in den Gemeinden Galatiens. Augustinus kämpfte diesen Kampf im 4. und 5. und die Reformatoren im 16. Jahrhundert.

Und ich habe den Eindruck, dass die Gemeinde Christi heute wieder in der Gefahr steht, in die Gesetzlichkeit abzugleiten, da mehr und mehr Christen dem Aktivismus verfallen und meinen, sie müssten für Gott etwas *tun*, anstatt sich von ihm beschenken zu lassen. Man braucht sie nur auf ihre Aktivitäten anzusprechen und wird ausführlich und bereitwillig Auskunft erhalten. Fragt man hingegen nach ihrer Beziehung zu Gott, nach Erlebnissen mit ihm oder Erkenntnissen, die er ihnen gezeigt hat, werden die Antworten schon spärlicher ausfallen. Die Gemeinde Jesu befindet sich in einem traurigen Zustand, wenn sie nicht mit Paulus voller Überzeugung sagen kann: „Durch Gottes Gnade bin ich, was ich bin."

Gnädiger Gott, schenke mir die Gnade zu spüren, dass ich der Gnade bedarf, dass ich um Gnade bitte und Gnade empfangen kann. Und dann hilf mir, diese Gnade dir zur Ehre einzusetzen. Amen.

2. Kor 1,1-12; 6,1; Gal 2,21
Womit rühmt sich Paulus?
Wovor warnt er die Gemeinde in Korinth?

Wissen und Weisheit

„… und was in eurem Geist aufsteigt, ich kenne es“ (Vers 5).

Zum Lesen & Nachdenken – Hesekiel 11,1-15

Das letzte Merkmal des Wesens Gottes, mit dem wir uns beschäftigen wollen, ist seine Weisheit und sein Wissen. Ich verknüpfe diese beiden Eigenschaften ganz bewusst, weil es nahezu unmöglich ist, die eine ohne die andere zu betrachten. Dies gilt für alle Aspekte des göttlichen Wesens, aber für diese beiden ganz besonders.

Der Unterschied zwischen Wissen und Weisheit wurde folgendermaßen beschrieben: „Wissen sind die Kenntnisse, die wir haben; Weisheit dagegen ist die Kunst, dieses Wissen richtig anzuwenden.“ Gott ist allwissend; er weiß alles, er kennt auch die Vergangenheit und die Zukunft. Nichts ist ihm verborgen. Ihm ist jede Einzelheit im Lebens sämtlicher Wesen im Himmel, auf der Erde und in der Hölle bekannt. Daniel sagte über ihn: „Er offenbart das Tiefe und das Verborgene; er weiß, was in der Finsternis ist, und bei ihm wohnt das Licht“ (Dan 2,22). Nichts entgeht der Aufmerksamkeit Gottes, und er vergisst auch nichts. Viele Christen sagen, dass Gott ihre Sünden vergeben und vergessen hätte, aber genau genommen stimmt das nicht ganz. Gott vergisst nie etwas. Er verspricht hingegen, nicht mehr an unsere Sünde zu denken (siehe Jer 31,34). Das ist ein großer Unterschied.

Die Erkenntnis, dass Gott alles weiß, sollte unseren Glauben stärken und uns demütig und anbetend vor ihn treten lassen. In einem englischen Kirchenlied heißt es:

The knowledge of this life is small,
The eye of faith is dim,
But 'tis enough that God knows all
And I shall be with Him.
(Mein Wissen über dieses Leben ist gering,
meine Augen sehen das Licht des Glaubens nur schwach,
aber die Tatsache, dass Gott alles weiß
und ich eines Tages bei ihm sein werde, soll mir genügen.)

Vater, wie ungeheuer tröstlich ist es, zu wissen, dass du alles weißt. Nichts entgeht jemals deiner Aufmerksamkeit. Deshalb kann ich mich ganz geborgen fühlen, in dem Wissen, dass du den Überblick hast und immer haben wirst. Amen.

Hiob 31,1-4; 34,21-25; Ps 147,5
Was war Hiobs Frage?
Was war die Antwort Elihus?

„Herr, du weißt alles“

„Reden sollen sie von der herrlichen Pracht deiner Majestät, und deine Wunder will ich bedenken“ (Vers 5).

Zum Lesen & Nachdenken – Psalm 145,1-21

Wie wenig wissen wir über die Allwissenheit Gottes. Menschen, die sich gegen Gott auflehnen, hassen diese Eigenschaft oder leugnen sie. Denn sie können keinen Zeugen ihrer Sünde gebrauchen, keinen Richter ihrer Taten und niemanden, der ihren Herzen nachgeht. Wie kompromisslos sind da die Worte des Psalmisten: „Du hast unsere Ungerechtigkeiten vor dich gestellt, unser verborgenes [Tun] vor das Licht deines Angesichts“ (Ps 90,8).

Für Christen sollte Gottes Allwissenheit vor allen Dingen Trost und Sicherheit bedeuten. In Zeiten der Ratlosigkeit können wir mit Hiob sagen: „Denn er kennt den Weg, der bei mir ist. Prüfte er mich, wie Gold ginge ich hervor“ (Hiob 23,10). Was auch in unserem Leben geschieht, ganz gleich, wie unverständlich es für uns und die Menschen in unserem Umfeld sein mag – immer dürfen wir uns daran festhalten, dass Gott den Überblick hat und alles in seiner Hand hält. Seit Jahrhunderten finden Christen Trost darin, dass Gott sie kennt und über ihre Situation Bescheid weiß. David schöpfte inmitten seiner Schwäche und Verzweiflung Hoffnung aus den Worten: „Denn *er* kennt unser Gebilde, gedenkt, dass wir Staub sind“ (Ps 103,14). Und als Simon Petrus so kläglich versagt hatte und von Jesus die entscheidende Frage gestellt bekam: „Hast du mich lieb?“, antwortete er: „Herr, du *weißt* alles; du *erkennst*, dass ich dich lieb habe“ (Joh 21,17).

Vater, hilf mir, über deine Allwissenheit nachzusinnen. Was ich weiß, sind bestenfalls Streiflichter der Erkenntnis, doch je mehr ich darüber nachdenke, dass du alles weißt, desto ruhiger wird meine Seele. Und ich danke dir dafür. Amen.

Jes 55,1-9; Hebr 4,12-13; 1. Joh 3,20
Welche Aussage macht Gott über menschliches und göttliches Wissen?
Was bestätigt der Verfasser des Hebräerbriefes?

„Dein bin ich, o Gott“

„Habe ich nicht auch hier hinter dem hergesehen, der mich angesehen hat?“ (Vers 13).

Zum Lesen & Nachdenken – 1. Mose 16,1-16

Was ist wichtiger – dass ich Gott kenne oder dass Gott mich kennt? Ich denke, in gewissem Sinne das Letztere. Denn dass ich ihn kenne, beruht auf seiner beständigen Initiative, mich kennen zu lernen. Das Wissen um Gottes Liebe zu mir und *wie* genau er mich kennt, öffnet mein Herz für ihn. Ich weiß, er wird mich nie aus seinen Gedanken verbannen; ich bin sein, unauslöschlich in seine Hände eingezeichnet. Er ist mein guter Freund, und es gibt keinen einzigen Moment, in dem seine Augen nicht auf mir ruhen.

Dies war es, was Hagar entdeckte, als sie sich verzweifelt und vom Leben betrogen fühlte – Gott brauchte sie nur anzusehen und wusste alles über sie. Er kannte ihr innerstes Wesen. „Habe ich wirklich den gesehen, der mich anschaut?“, sagt sie (V. 13, Gute Nachricht). Es ist unsagbar tröstlich zu wissen, dass Gott uns kennt und alles über uns weiß.

Was Dietrich Bonhoeffer in seinen letzten Lebenstagen Trost gab, war nicht so sehr die Tatsache, dass er Gott kannte, sondern dass Gott ihn kannte. Sein Gedicht „Wer bin ich?“, das er in seiner Gefängniszelle schrieb, endet mit den Worten:

Wer bin ich? Einsames Fragen treibt mit mir Spott.
Wer ich auch bin, Du kennst mich, Dein bin ich, o Gott.

Und er wusste, was auch immer mit ihm geschehen würde, es würde nicht ohne das Wissen Gottes geschehen.

Gnädiger, liebender Vater, danke, dass du mich daran erinnerst, dass ich dich nur deshalb kennen lernen konnte, weil du mich bereits kanntest. Du hast den ersten Schritt getan – ich brauchte nur deine Hand zu ergreifen. Tu weiterhin erste Schritte, lieber Herr. Amen.

Ps 119,161-168; Nah 1,7; 1. Kor 8,3; 2. Tim 2,19
Was konnte der Psalmist bestätigen?
Wen kennt der Herr?

Vertrauen wir Gott wirklich?

„… dem allein weisen Gott durch Jesus Christus, ihm sei die Herrlichkeit in Ewigkeit!“ (Vers 27).

Zum Lesen & Nachdenken – Römer 16,17-27

Was meint die Bibel, wenn sie Gott als „weise“ bezeichnet? Sie versteht darunter seine Fähigkeit, sein Wissen zu dem bestmöglichen Zweck einzusetzen. Diese Fähigkeit besitzt nur Gott in ihrer ganzen Vollkommenheit. Gott ist weise in allem, was er tut. Wissen ohne Weisheit wäre armselig, ein geknicktes Rohr. Weisheit ohne Wissen dagegen wäre nutzlos. Doch Gottes unendliches Wissen und seine grenzenlose Weisheit sind in jeder Hinsicht vollkommen. Ihm können wir uneingeschränkt vertrauen.

Eine der großen Schwierigkeiten in unserem Leben als Christen ist es, der göttlichen Weisheit zu vertrauen. Wir können Weisheit nur dann als solche erkennen, wenn wir sehen, zu welchem Ziel sie führt. Gott jedoch verlangt ganz oft von uns, ihm auch dann zu vertrauen, wenn sich nicht absehen lässt, was er vorhat. In solchen Situationen müssen wir uns die Frage stellen: Vertraue ich Gott wirklich?

Als ich einmal vor einer christlichen Jugendgruppe sprach, fragte ich zu Beginn, ob jemand „göttliche Weisheit“ definieren könne. Ein junger Mann sagte: „Gottes Fähigkeit, uns aus der Klemme zu helfen, damit uns nichts Schlimmes passiert.“ Ich freute mich, dass der Junge eine Definition gewagt hatte, aber leider traf sie nicht ganz ins Schwarze. Gott hat nie versprochen, uns Schlimmes im Leben zu ersparen. Das Ziel seiner Weisheit ist nicht, dass wir glücklich und sorgenfrei leben, sondern dass wir ihm immer ähnlicher, dass wir heilig werden. Und Heiligung ist manchmal auch mit Schmerz verbunden. Doch wenn wir Gott vertrauen, können wir jeden Weg getrost an seiner Vaterhand gehen.

Vater, hier bin ich wieder – auf dem schmalen Weg. Hilf mir, den Weg mutig weiterzugehen, in dem Wissen, dass mir alles, was du für mich bereithältst, zum Guten dient, auch wenn es manchmal schmerzlich ist. Jeder Schmerz ist erträglich, solange du mir tragen hilfst. Amen.

Ps 104,1-24; Spr 3,19; Röm 11,33
Wodurch wird Gottes Weisheit offenbar?
Zu welchem Schluss kam Paulus?

Das große Ziel

„Denn die er vorher erkannt hat, die hat er auch vorherbestimmt, dem Bilde seines Sohnes gleichförmig zu sein …" (Vers 29).

Zum Lesen & Nachdenken – Römer 8,28-39

Das große Ziel, dass Gott mit den Menschen verfolgt, können wir in unserem heutigen Bibeltext nachlesen. Vielleicht am Verständlichsten ist dies in der „Gute Nachricht"-Bibel wiedergegeben. Auch wenn diese Bibel keine wortgetreue Übersetzung des Urtextes bietet, schildert sie viele Textstellen sehr anschaulich. Dort heißt es in Römer 8,29: „Sie alle, die Gott im Voraus ausgewählt hat, die hat er auch dazu bestimmt, seinem Sohn gleich zu werden." Gottes große Weisheit hat also zum Ziel, dass alle Christen seinem Sohn Jesus Christus *gleich* werden. Natürlich wird dies erst in Gottes neuer Welt in Erfüllung gehen, doch das hält Gott nicht ab, sein großes Ziel schon auf Erden zu verfolgen.

Nur wenn wir dies verstehen, werden wir begreifen können, was all unseren Anfechtungen und Prüfungen zugrunde liegt. Römer 8,28 – „Wir wissen aber, dass denen, die Gott lieben, alle Dinge zum Guten mitwirken, denen, die nach [seinem] Vorsatz berufen sind" – muss daher immer im Zusammenhang mit Vers 29 gelesen werden. Weil Gott uns dazu bestimmt hat, seinem Sohn mehr und mehr ähnlich zu werden, setzt er seine Weisheit dazu ein, uns aus Anfechtungen erstarken zu lassen und in das Bild seines Sohnes zu verwandeln. Gottes unendliche Macht wird durch seine unendliche Weisheit gelenkt. Er könnte uns von Schmerzen und Sorgen befreien und uns ein bequemes Leben bereiten, aber in einer gefallenen Welt wäre das nicht die *beste* Lösung. Dies müssen wir verstehen lernen, wenn wir ein Leben nach dem Willen Gottes führen wollen.

Vater, vergib mir, dass meine Ziele den deinigen so oft widersprechen. Hilf mir, meine Ziele mit deinen in Einklang zu bringen. Und was auch immer geschehen mag, lass mich nicht abweichen von deinem Weg, der mich Jesus gleich werden lassen will. Amen.

1. Kor 1,1-31; Kol 2,3
Welchen Zusammenhang zwischen Weisheit und Torheit schildert Paulus?
Was ist in Christus verborgen?

„Ein paar extra Übungen“

„Haltet es für lauter Freude, meine Brüder, wenn ihr in mancherlei Versuchungen geratet“ (Vers 2).

Zum Lesen & Nachdenken – Jakobus 1,1-18

Die Heilige Schrift ist voll von Beispielen, in denen Gottes Weisheit Männer und Frauen trotz widrigster Umstände auf wunderbarste Weise zum Ziel geführt hat. Abraham etwa, obwohl in der Bibel als „Gottes Freund“ bekannt, benahm sich längst nicht immer mustergültig. Seine Frau Sara gab er als seine Schwester aus und setzte damit ihre Keuschheit aufs Spiel (siehe 1. Mo 12,10-20). Später zeugte er auf den Vorschlag Saras mit ihrer Magd Hagar ein Kind (siehe 1. Mo 16,1,16). Als die Magd ihre Schuldigkeit getan hatte und Sara einen eigenen Sohn bekommen hatte, erlaubte ihr Abraham, dass sie Hagar aus dem Haushalt verstieß und davonjagte (siehe 1. Mo 21,9-21). Offensichtlich war Abraham kein besonders charakterfester Mann. Doch Gott in seiner Weisheit gab ihn nicht auf, sondern führte ihn durch große Versuchungen, bis Abraham zu einem wahren Mann Gottes geworden war.

Dieselbe Weisheit, die Abrahams Weg ebnete, ebnet auch unseren Lebensweg. Wir sollten niemals verzagen, wenn unerwartete, beunruhigende Dinge passieren, sondern gewiss sein, dass keine Anfechtung zu groß ist, dass Gottes Kraft uns nicht durchtragen könnte. Und Gottes Weisheit wird uns erkennen lassen, dass es der Mühe wert war. James Packer beschreibt mit einem Augenzwinkern, was Versuchungen zu bedeuten haben: „Vielleicht will Gott uns damit Geduld lehren, Mitleid, Demut, Sanftmut oder die Fähigkeit, über uns selbst zu lachen, wenn er uns ein paar extra Übungen zu diesen Tugenden verschreibt.“ Und ich habe den Verdacht, manche von uns – meine Person eingeschlossen – könnten dringend ein paar „extra Übungen“ gebrauchen.

Himmlischer Vater, hilf mir, zu begreifen, dass du in deiner Weisheit nicht alle Versuchungen von mir fernhältst, sondern willst, dass ich daraus lerne. Das ist manchmal schmerzhaft, dennoch bin ich dir dankbar dafür. Amen.

Jes 48,1-10; Ps 66,10; Mal 3,3; 1. Petr 1,7
Welcher Prozess geht mit der Prüfung Gottes einher?
Was ist das Ergebnis davon?

Durch das Objektiv des Glaubens

„… dass ich der HERR bin, der Gnade, Recht und Gerechtigkeit übt auf der Erde …“ (Vers 23).

Zum Lesen & Nachdenken – Jeremia 9,18-25

Heute wollen wir kurz zusammenfassen, was wir über das Wesen Gottes wissen. Unsere erste Beobachtung war, dass Christen heutzutage mehr an eigenen Belangen interessiert scheinen als daran, Gott kennen zu lernen. Das Ergebnis dieser Ichbezogenheit sind in verstärktem Maße Ängste, Depressionen und andere Krankheiten. Bei unserem schrittweisen Bibelstudium begegnete uns dann ein Gott, der sich in vielfacher Weise offenbart: als mächtiger, persönlicher, dreieiniger, liebender, heiliger, zorniger, gnädiger und allwissender, weiser Gott.

Interessant ist, dass Gott – wie auch unser heutiger Bibelabschnitt zeigt – wenn er über sich selbst spricht, die Begriffe verwendet, die seine Wesenszüge widerspiegeln: Freundlichkeit, Gerechtigkeit, Gnade und so weiter. Und das hat einen guten Grund: Je mehr wir über Gott wissen, je besser wir ihn kennen, desto gefestigter wird unser Leben hier auf Erden sein. Deshalb bin ich der Überzeugung, dass es nichts Wichtigeres gibt als das Nachsinnen über das Wesen Gottes. Gott besser kennen zu lernen bedeutet nicht, sich möglichst viel theoretisches Bibelwissen anzueignen, sondern die Fähigkeit, das Leben aus Gottes Perspektive zu sehen, mit seinen Augen, sozusagen durch das Objektiv des Glaubens. Wenn wir das Leben vor dem Hintergrund seines großen Plans betrachten können, werden wir verstehen lernen, dass nichts geschieht, was er nicht zulässt und worüber er nicht persönlich wacht. Ein solches Verständnis und Bewusstsein von Gott ist unsere einzige Hoffnung angesichts der wachsenden Probleme unserer Welt.

Vater, ich habe erkannt, dass ich nur dann eine Grundhaltung des Vertrauens entwickeln kann, wenn ich lerne, die Welt mit deinen Augen zu sehen. Hilf mir, nicht nur hin und wieder einen kurzen Blick auf dich zu werfen, sondern jeden Tag auf dich zu schauen. Amen.

Phil 3,1-11; Kol 1,9-10
Was war Paulus' Wunsch?
Worum betete er für die Kolosser?

Warum ist es so wichtig, Gott zu kennen?

„Aber das Volk, das seinen Gott kennt, wird sich stark erweisen …" (Vers 32).

Zum Lesen & Nachdenken – Daniel 11,14-35

Was haben wir davon, wenn wir unsere Augen stets fest auf Gott gerichtet halten? Dazu fallen mir mindestens drei Gründe ein. Erstens, je mehr wir uns mit Gott beschäftigen, desto mehr wollen wir ihm ähnlich werden. Wenn Kinder ein gutes Verhältnis zu ihren Eltern haben, ist es das Natürlichste der Welt, dass sie sich an ihnen als Vorbilder orientieren. Genauso ist es mit Gott, unserem himmlischen Vater. Je mehr wir seine Liebe, Heiligkeit, Reinheit, Gnade, Kraft und Geduld erfahren, desto mehr wollen wir sein wie er.

Zweitens, je mehr wir das Wesen Gottes in unseren Gedanken und Herzen bewegen, desto besser werden wir uns selbst kennen lernen. Als Jesaja im Tempel eine Vision Gottes hatte, tat er gleichzeitig einen Blick in seine eigene Seele. Dinge, die tief in seinem Inneren verborgen waren, kamen in der Gegenwart des ewigen Gottes ans Licht.

Und das Dritte: Je mehr wir das Wesen Gottes studieren, desto klarer wird unsere Sicht der Welt. Wer sich bewusst ist, dass Gott die Welt in seinen Händen hält und alle Macht über Himmel und Erde hat, der wird nicht jedes Mal, wenn er die Zeitung aufschlägt, in Panik geraten. Und der Weg zu Gott führt über seinen Sohn Jesus Christus. Deshalb brauchen wir nicht mehr zu seufzen: „So weit ist es mit unserer Welt gekommen!", sondern können befreit jubeln: „Jesus ist zu uns auf die Welt gekommen!"

Wer Gott kennt, der wird dem Teufel widerstehen. In unserem heutigen Bibelvers wird deutlich, dass der Widersacher Gottes uns dazu bringen will, unseren Glauben zu verleugnen und uns von Gott abzuwenden. Wer aber „seinen Gott kennt", der wird standhaft bleiben und am Gesetz Gottes festhalten." Dies fasst eigentlich alles zusammen: Je besser wir Gott kennen, desto stärker werden wir sein.

Mein Gott und Vater, ich nehme nun Kurs auf das weite Meer. Mit deiner Wahrheit als Kompass und deinem Wort als Seekarte, setze ich Segel zu diesem großen Abenteuer – dich immer besser kennen zu lernen. Ich weiß, ich kann dabei auf dich zählen. Aber kann ich auch auf mich zählen? Mit Jesu Hilfe kann ich es. Amen.

2. Tim 1,1-12; Joh 17,3; Hiob 19,25
Wozu hat uns Gott berufen?
Welche Erkenntnis gab Hiob die Kraft, seine Situation anzunehmen?

Gottes Königsherrschaft

Wir gehören zu ihm

„Boas zeugte Obed; die Mutter war Rut“ (Vers 5).

Zum Lesen & Nachdenken – Matthäus 1,1-17

Wir wollen uns nun mit den beiden einzigen Büchern der Bibel beschäftigen, die nach den Namen zweier großer Frauen benannt sind – Rut und Ester. Obwohl die beiden Bücher sehr unterschiedlich sind, enthalten sie einige verblüffende Gemeinsamkeiten: Beide Frauen wurden durch Gott zu einer ungewöhnlichen Heirat veranlasst; in beiden Büchern befindet sich das Volk Israel in Gefahr; und beide enthüllen uns das weise, vorausschauende Handeln eines mächtigen und liebenden Gottes.

Als Erstes wollen wir die Geschichte von Rut betrachten. Ihr Name ist bei Matthäus sogar im Stammbaum Jesu Christi aufgeführt. Im Allgemeinen war es in Israel üblich, in den Geschlechtsregistern nur die Namen der Männer anzugeben. Frauennamen wurden nur gelegentlich ergänzt, wenn es einen bestimmten Grund dafür gab. Rut war ohne Zweifel eine besondere Frau, gütig und gottgläubig. Doch ihr Name wird, wie bei allen anderen, die im Geschlechtsregister des Matthäus-Evangeliums erscheinen, nicht aufgrund ihrer Eigenschaften oder Leistungen erwähnt, sondern weil sie mit Jesus verwandt war. Rut gehörte also zu den direkten Vorfahren unseres Herrn Jesus Christus.

Man könnte diesen Stammbaum quasi als Gleichnis betrachten: Unsere wahre Größe in dieser Welt ist nicht so sehr darauf zurückzuführen, was wir sind und leisten, sondern in welcher Beziehung wir zu Christus stehen. Wenn wir im Glauben mit ihm verbunden sind, haben wir dadurch einen Status, der uns hoch über alle irdischen Dimensionen erhebt. Dies ist es, was im Leben wirklich zählt: *dass wir zu Jesus gehören.*

O mein Vater, wie kann ich dir jemals genug dafür danken, dass ich mit deinem Sohn Jesus Christus und damit mit dir verbunden bin? Ich gehöre zu dir – und damit zu allen, die auch zu dir gehören. Dafür bin ich dir zutiefst dankbar. Amen.

Gal 4,1-7; Röm 8,17; Mk 3,31,34
Welchen Status hat uns Gott gegeben?
Wie beschreibt Jesus seine Beziehung zu uns?

Geistliche Dürre

„In jenen Tagen war kein König in Israel. Jeder tat was recht war in seinen Augen“ (Vers 6).

Zum Lesen & Nachdenken – Richter 17,1-13

Die Geschichte von Rut ereignete sich zu der Zeit, als die Richter in Israel regierten. Schon eine ganze Weile lebten die Israeliten in dem Land, das Gott ihnen versprochen hatte. Doch nach dem Tod Josuas war es mit ihrem anfänglichen Frieden und Wohlstand vorbei, als das Volk sich von Gott abwendete und wieder eigene Wege ging. Die Zustände in Israel waren damals so, dass, wie es in unserem Text heißt, „jeder tat, was recht war in seinen Augen“.

Als direkte Konsequenz ihres Ungehorsams brach ein – sowohl materieller als auch geistlicher – Notstand im Land aus. Wenn sich Menschen von Gott abkehren und tun, was sie nach ihrem Willen für richtig halten, folgen Fruchtlosigkeit und Dürre, so sicher die Nacht auf den Tag folgt.

Aber geht es uns nicht manchmal genauso? Manchmal fühlen wir uns innerlich leer; unser geistliches Leben scheint öde und kraftlos. Wir lesen zwar jeden Tag pflichtbewusst in der Bibel, doch Gott spricht nicht mehr so direkt durch sein Wort zu uns wie früher. Geistliche Dürre hat immer einen Grund, sie passiert nicht „einfach so“. Sie ist ein Zeichen dafür, dass etwas mit uns körperlich oder geistlich nicht in Ordnung ist. Wenn wir uns geistlich leer und ausgelaugt fühlen und sicher sind, dass diese Erschöpfung keine körperlichen Ursachen hat, sollten wir uns fragen: Gibt es vielleicht einen versteckten Ungehorsam in meinem Leben, der vor Gott bekannt werden muss? Wenn wir nicht nach seinen Geboten leben, müssen wir die Konsequenzen ziehen und uns mit einem Leben zufrieden geben, das viele Wünsche offen lässt.

Herr, ich weiß, dass deine Wege immer aus der Wüste in eine blühende Oase führen. Hilf mir in Zeiten geistlicher Dürre, der Ursache auf den Grund zu gehen und mich dir von neuem zuzuwenden und echte Buße zu tun – so dass ich aus deiner Fülle schöpfen und wieder Frucht bringen kann. Darum bitte ich dich in Jesu Namen. Amen.

Jes, Kap. 35; Mt 12,20
Was sagt Jesus über diejenigen, die ausgebrannt und zerbrochen sind?
Auf welcher Straße sollen wir gehen?

Gottes Wille oder unser Wille?

„… ein Mann … ging hin, um sich im Gebiet von Moab als Fremder aufzuhalten, er und seine Frau und seine beiden Söhne“ (Vers 1).

Zum Lesen & Nachdenken – Rut 1,1-2

Als die Hungersnot im Land immer schlimmer wurde, beschließen Elimelech und seine kleine Familie, nach Moab auszuwandern. Ob diese Entscheidung richtig oder falsch war, darüber diskutieren Bibelschüler und Theologen schon seit Jahrhunderten.

Die Moabiter waren aus der inzestuösen Verbindung von Lot und seinen Töchtern entstanden (siehe 1. Mo 19,29-38) und schienen ein ziemlich streitsüchtiges Volk, das Israel immer wieder Schwierigkeiten machte. So hatten sie etwa den Israeliten Brot und Wasser verweigert, als sie aus Ägypten kamen. Oder sie beauftragten den Magier Bileam, das Volk Israel zu verfluchen. Aus diesen Gründen hatte Gott die Moabiter von der Gemeinde des Herrn ausgeschlossen und die Israeliten gewarnt, mit ihnen Freundschaft oder gar Verträge zu schließen (siehe 5. Mo 23,3-7).

Elimelechs Entschluss, nach Moab zu gehen, war vom wirtschaftlichen Standpunkt aus sicher vernünftig. Aber ich glaube, geistlich gesehen war seine Wahl weniger glücklich, denn damit setzte er sich über Gottes Gebote hinweg. Natürlich kann man argumentieren, dass angesichts der positiven Auswirkungen dieses Umzugs – beschrieben im Buch Rut – seine Entscheidung sicher richtig gewesen sei. Aber dass eine Geschichte gut ausgeht, beweist noch lange nicht, dass menschliche Beweggründe dem Willen Gottes entsprachen. Vielmehr wendet er das Schlechte zum Guten, so dass am Ende alle Dinge seiner Herrlichkeit dienen. Als Christen sollten wir nie versuchen, die Folgen unseres Handelns vorauszusehen und damit zu rechtfertigen, dass wir uns über Gottes Gebote hinwegsetzen. Stattdessen sollten wir alle unsere Entscheidungen nach dem Willen des Herrn ausrichten, wie er ihn uns in seinem Wort kundgetan hat. Es ist immer gefährlich, unsere Pläne und Ziele von eigenmächtigem Handeln bestimmen zu lassen anstatt von den klaren Richtlinien der Bibel.

Vater, lass nicht zu, dass ich aus eigenem Antrieb handle, sondern hilf mir, bei allem, was ich vorhabe, zuerst nach deinem Willen zu fragen. Allein dein Wort soll dabei für mich Wegweisung und eine klare Richtschnur sein. Amen.

Ps 119,1-12; 97-112; 1. Petr 1,25
Was tat der Psalmist, um nicht zu sündigen?
Wofür hatte sich der Psalmist entschieden?

Ohne Gott in die Fremde?

„Da starb Elimelech, der Mann Noomis; und sie blieb zurück mit ihren beiden Söhnen" (Vers 3).

Zum Lesen & Nachdenken – Rut 1,3-5

Obwohl Elimelechs mutiger Entschluss, in ein fremdes Land zu gehen, sicherlich der Sorge um seine Familie entsprang, besteht wenig Zweifel daran, dass er damit gegen den Willen Gottes handelte. Zunächst schien in Moab auch alles gut zu gehen, und in materieller Hinsicht hatte sich ihre Situation eindeutig verbessert. Doch dann kommt großes Leid über die Familie. Elimelech wird krank und stirbt. Die Trauer seiner Frau Noomi wird noch größer, als danach auch ihre beiden Söhne – die inzwischen moabitische Frauen geheiratet hatten – sterben. Diese tragischen Ereignisse hatten sie nicht voraussehen können. Dies bekräftigt unsere gestrige Beobachtung: Es ist immer töricht zu meinen, wir könnten durch unser Handeln das Schicksal selbst in die Hand nehmen, unabhängig vom Willen Gottes. Und wie oft neigen wir dazu, unsere Pläne von materialistischem und pragmatischem Denken bestimmen zu lassen.

Ich kenne einen Mann, der, von wirtschaftlichen Überlegungen getrieben, mit seiner Familie ins Ausland ausgewandert war. In einem Brief schrieb er mir: „Wir haben damals diesen Schritt getan, ohne dass wir uns über die geistlichen Auswirkungen dieser Entscheidung bewusst waren. Heute ist unser Familienleben zerrüttet und mein ganzes Leben ist ruiniert." Ich denke, wir sollten niemals ohne klare Weisung Gottes in eine andere Stadt oder ein anderes Land umziehen. Denn überall können unvorhergesehene Gefahren lauern, vor denen Gott uns warnen will, wenn wir im Gebet vor ihn treten und auf ihn hören.

Ein Ortswechsel oder eine Veränderung der Lebenssituation wird niemals automatisch unsere Probleme lösen. Oft erliegen wir diesen Irrtum und denken, eine neue Umgebung, eine neue Gemeinde, ein neuer Ehepartner oder eine neue Arbeitsstelle würde Wunder wirken und alle unsere Schwierigkeiten in Luft auflösen. Natürlich kann Veränderung heilsam sein, doch wenn wir als Christen die Weichen neu stellen, sollten wir immer zuerst nach dem Willen Gottes fragen und vor Augen halten, dass er das Beste für uns im Sinn hat. Gott meint es gut mit uns, und wir sind es ihm schuldig, ihn in unsere Entscheidungen mit einzubeziehen. Und alle materiellen Verbesserungen unserer Lage können den geistlichen Verlust nicht aufwiegen.

Mein Vater und mein Gott, hilf mir, dass bei meinen Entscheidungen nie materielle oder persönliche Überlegungen Vorrang haben, sondern dass ich bei anstehenden Veränderungen immer zuerst zu dir komme. Ich möchte nach deinem Willen handeln, denn du hast einen guten Weg für mich. Amen.

Jos 24,1-15; Mi 4,5; Lk 10,42
Wozu entschloss sich Josua?
Was sagte Jesus über Maria?

Vergib dir selbst!

„Und sie (Noomi) machte sich auf, sie und ihre Schwiegertöchter, und kehrte … zurück" (Vers 6).

Zum Lesen & Nachdenken – Rut 1,6-13

Nachdem Noomi den ersten Schmerz über den Verlust ihres Mannes und ihrer Söhne überwunden hat, erfährt sie, dass die Hungersnot in ihrer Heimat vorüber ist und beschließt, zu ihrem Volk zurückzukehren. Als sie ihre Schwiegertöchter Rut und Orpa in ihre Pläne einweiht, ist es für beide selbstverständlich, Noomi auf ihrer Reise zu begleiten. Also machen sie sich zu dritt auf den Weg. Noomi, die sich für die beiden jungen Frauen verantwortlich fühlt, weist sie darauf hin, dass ihr Leben in der Fremde nicht leicht und ihre Chancen auf eine Wiederheirat äußerst gering sein würden. Denn welche israelitische Mutter würde ihrem Sohn erlauben, eine Frau aus Moab zu heiraten? Deshalb legt sie ihren Schwiegertöchtern ans Herz, umzukehren und nach Hause zu gehen, wo sie sicherlich eine bessere Lebensgrundlage zu erwarten hätten als in einer ungewissen Zukunft in einem fremden Land.

Traurig sagt sie zu ihnen: „Ich kann euch nicht zumuten, dass ihr das bittere Schicksal teilt, das der HERR mir bereitet hat" (Vers 13; Gute Nachricht), oder, wie es in der Elberfelder Übersetzung heißt: „… Ist doch die Hand des HERRN gegen mich ausgegangen." Wir müssen vorsichtig sein, dass wir nicht zu viel in diesen Satz hinein interpretieren, doch ich habe den Eindruck, dass in Noomis Worten eine gute Portion Selbstanklage mitschwingt. Als Israelitin hätte sie wissen müssen, wie man Gott um Vergebung bittet. Es scheint jedoch, als habe sie sich selbst noch nicht vergeben. Selbsthass und Selbstmitleid sind immer Signale dafür, dass wir die Vergebung Gottes noch nicht wirklich angenommen haben. Wann immer wir der Vergebung bedürfen, sollten wir unsere Herzen weit machen, um sie zu empfangen. Dabei dürfen wir die göttliche Vergebung nicht dadurch blockieren, dass wir uns mit uns selbst nicht versöhnen können.

Himmlischer Vater, wie leicht gerate ich in Gefahr, an meiner Schuld festzuhalten, mich mit Selbstvorwürfen zu quälen oder in Selbstmitleid zu baden. Hilf mir, wenn ich der Vergebung bedarf, mit meiner Schuld zu dir zu kommen, deine Vergebung zu empfangen – und mir selbst zu vergeben. Darum bitte ich dich im Namen Jesu. Amen.

Röm 8,1-4; 1. Joh 3,19-20; Mt 26,75; Gal 5,1
Worin sollen wir „fest stehen"?
Wie ging Petrus mit seinem Versagen um?

„Dein Gott ist mein Gott“

„Denn wohin du gehst, [dahin] will [auch] ich gehen, und wo du bleibst, da bleibe [auch] ich“ (Vers 16).

Zum Lesen & Nachdenken – Rut 1,14-18

Eine der beiden Schwiegertöchter, Orpa, nimmt sich Noomis Rat zu Herzen und kehrt, wenn auch zuerst widerstrebend, nach Hause zurück. Aber Ruts Liebe zu ihrer Schwiegermutter ist so tief, dass sie nicht locker lässt und sie unter Tränen anfleht, sie in ihre Heimat begleiten zu dürfen. Dieser Dialog zwischen Noomi und Rut ist eine der bewegendsten Passagen im Alten Testament.

Rut ist sich durchaus bewusst, dass in der Fremde Schwierigkeiten – kultureller und religiöser Art – auf sie zukommen werden. Aber sie ist entschlossen, ihre Schwiegermutter um keinen Preis zu verlassen und drückt ihre Gefühle mit den Worten aus: *„Wohin du gehst, dahin will ich auch gehen, und wo du bleibst, da bleibe auch ich.*“ So groß ist ihre Liebe, dass selbst die Aussicht, dass sie vielleicht keine dauerhafte Bleibe haben werden, sie nicht abschreckt. *„Dein Volk ist mein Volk.*“ Stellen wir uns einmal vor, wir müssten, wie Rut, unsere Familien und Freunde zurücklassen und in ein Land auswandern, in dem wir höchstwahrscheinlich als Ausländer diskriminiert würden. *„Und dein Gott ist mein Gott.*“ Rut hatte offenbar von Noomi so viel über Gott erfahren, dass sie die Entscheidung getroffen hatte: Dieser Gott Israels sollte auch ihr Gott sein.

Das Verhalten von Rut und Orpa ist gleichnishaft für so viele Menschen. Beide befanden sich am Scheideweg. Orpa ging nach Hause und verbrachte den Rest ihrer Tage umgeben von der Finsternis der heidnischen Götter ihres Landes. Rut wagte den Schritt in ein neues Land und eine neue Zukunft, und ihr Name sollte Jahrhunderte später im Stammbaum Jesu erscheinen. Genauso geht es uns heute. Sind wir nur „Mitläufer“, die im entscheidenden Augenblick einen Rückzieher machen? Oder sind wir bereit für das Abenteuer, uns mit allem, was wir sind und haben, unserem Schöpfer anzuvertrauen? Und ich möchte alle, die diesen Schritt noch nicht getan haben, ermutigen, es heute zu wagen.

Gnädiger und liebender Gott, hilf mir zu erkennen, dass ich nicht dadurch gerettet werde, dass ich die Gemeinschaft mit Gläubigen suche und mich an christliche Kreise halte, sondern dass ich die bewusste Entscheidung treffen muss, mit dir zu gehen. Ich möchte für immer zu dir gehören und dich im Glauben in mein Leben aufnehmen. Amen.

Joh 6,25-70; Mt 16,13-20
Was bezeugt Petrus von Jesus?
Zu welchem Schluss kam er dadurch?

Die Spuren der Sünde

„Warum nennt ihr mich Noomi, da der HERR gegen mich ausgesagt und der Allmächtige mir Böses getan hat?“ (Vers 21).

Zum Lesen & Nachdenken – Rut 1,19-22

Nach einer langen Reise treffen Noomi und Rut in Bethlehem ein. Ihre Ankunft bleibt offensichtlich nicht lange unentdeckt, denn bald sind sie von Menschen umringt, die herbeiströmen, um Noomi zu begrüßen. Obwohl sie sich sicherlich sehr verändert hat, haben einige Frauen sie wieder erkannt. Ohne Zweifel haben Kummer und Leid und die Strapazen der Reise ihre Spuren in Noomis Gesicht hinterlassen. Ihre Antwort auf die Frage: „Ist das Noomi?“ ist noch immer von Selbstvorwürfen geprägt. „Nennt mich nicht Noomi (d. h. Wonne o. Lieblichkeit), nennt mich Mara (d. h. Bittere o. Betrübte)! Denn der Allmächtige hat mir sehr bitteres [Leid] zugefügt.“ Mir scheint, hier dürfen wir nicht nur Noomis persönliches Leid vor Augen haben, sondern sollten sie auch als Gleichnis dafür sehen, was geschieht, wenn Menschen sich bewusst gegen Gottes Wege entscheiden. „Wer Gottes Wegen folgt“, sagt Dr. E. Stanley Jones, „kommt ans Ziel. Wer von ihnen abweicht, muss die Konsequenzen tragen.“

Ich habe viele Menschen kennen gelernt, die sich über den Willen Gottes hinweggesetzt haben, und die – obwohl sie den Weg zu ihm zurück fanden und Vergebung empfingen – noch heute an den seelischen oder körperlichen Folgen ihres Tun leiden. Ich habe von einem Christen gehört, der bei sich eine homosexuelle Neigung entdeckte und dieser Neigung nachgab – nur ein einziges Mal. Dabei infizierte er sich mit Aids, und wenn der Herr ihn nicht heilt oder ein wirksames Mittel dagegen gefunden wird, sieht er seinem sicheren Tod entgegen. Gott vergibt uns zwar unsere Sünden, wenn wir uns von seinen Wegen entfernen. Aber die *Spuren der Sünde* tragen wir vielleicht ein Leben lang.

Vater, ich weiß, dass ich, wenn ich von deinem guten Weg abweiche, auch die Konsequenzen dafür tragen muss. Und das bedeutet manchmal unsagbares Leid. Hilf mir, nach deinen Geboten zu leben – denn du hast einen guten Plan für mich. Amen.

2. Mo 15,22-27; Ps 23
Was geschah in Mara?
Wohin führte Gott das Volk Israel?

Wen ruft Gott in seinen Dienst?

„Und Noomi hatte einen Verwandten von ihrem Mann her, einen angesehenen Mann, aus der Sippe Elimelechs; dessen Name war Boas“ (Vers 1).

Zum Lesen & Nachdenken – Rut 2,1

Dieser eine Vers ist wie ein Fenster, durch das plötzlich Licht hereinflutet und den familiären Hintergrund Noomis erhellt. Hier erfahren wir, dass ihr verstorbener Mann, Elimelech, aus einer wohlhabenden Familie stammte und sich der größte Teil des Familienbesitzes inzwischen in den Händen eines jüngeren Verwandten befand – Boas.

Aus dem vorangehenden Vers (Rut 1,22) geht hervor, dass Rut und Noomi in Bethlehem eintrafen, als gerade die Erntezeit begann. Rut suchte eine Möglichkeit, sich nützlich zu machen und den Lebensunterhalt für sich und ihre Schwiegermutter zu verdienen. Charakterfeste Menschen sind immer arbeitswillig, während anhaltende Faulheit ein Zeichen für Egoismus und Verantwortungslosigkeit ist. Solche Leute haben das ungeschriebene Gesetz, dass „Geben seliger macht als Nehmen“ noch nicht für sich entdeckt. Und es lohnt sich, einmal gezielt in der Bibel die Stellen nachzuschlagen, in denen Gott Menschen in einen besonderen Dienst ruft. Dabei wird man feststellen, dass diese Leute beim Erscheinen Gottes meistens, wenn nicht immer, bereits eifrig irgendeiner Arbeit nachgingen. Mose hütete die Schafe. An Amos erging der Ruf Gottes, während er hinter einem Pflug her lief. Petrus, Jakobus, Johannes und Andreas wurden in die Nachfolge Jesu gerufen, als sie ihre Netze flickten. Manche Leute dagegen sitzen untätig herum und warten darauf, dass Gott sie zu Großem beruft und wundern sich, weshalb sie nie seine Stimme hören. Gott will sehen, wie wir die alltäglichen Aufgaben des Lebens in Angriff nehmen, bevor er uns ein besonderes Amt anvertraut.

Mein Vater und mein Gott, hilf mir zu sehen, dass die kleinen Aufgaben, die ich treu und gewissenhaft ausführe, mich stärken werden, um vor mir liegende, größere Aufgaben übernehmen zu können. Und ich möchte heute meine alltäglichen Pflichten mit Freude erledigen. Denn heute könnte der Tag sein, an dem du mich in einen besonderen Dienst rufen willst. Amen.

Mt 25,14-23; Lk 16,10; 1. Kor 4,1-2
Warum vertraute der Herr den Knechten so viel an?
Worin sollen wir treu sein?

Die Führung Gottes

„Da ging sie hin, kam und las auf dem Feld hinter den Schnittern her auf“ (Vers 3).

Zum Lesen & Nachdenken – Rut 2,2-3

Rut hat keine Schwierigkeiten, Arbeit zu finden, denn sie kamen „zu Beginn der Gerstenernte“ nach Bethlehem (Rut 1,22). Zur Erntezeit gab es in den Feldern immer genug zu tun, selbst wenn es nur das Auflesen der Ähren war, die von den Schnittern liegen gelassen wurden. Denn wenn die Erntearbeiter durch die Reihen gingen und das Getreide schnitten und zu Garben banden, blieben immer Halme übrig, die sie in der Eile übersahen. Diese konnten von den „Ährenleserinnen“, die hinter den Schnittern hergingen, für den Eigenbedarf eingesammelt werden. Das jüdische Gesetz verlangte sogar, dass bei der Ernte immer eine Nachlese für die Armen übrig gelassen werden musste (siehe 3. Mo 19,9-10; 5. Mo 24,19). Während der Erntezeit standen den Ährenlesern alle Felder offen. Es gab kein Arbeitsamt oder Sozialamt, das bestimmte Felder zur Nachlese vermittelte, keine Gewerkschaft, die Angebot und Nachfrage regelte. Wer bedürftig war und Ähren lesen konnte und wollte, suchte sich sein Feld nach eigenem Gutdünken aus.

So auch Rut. Sie ging auf ein beliebiges Feld und wusste nicht, dass dieses Feld zu Boas' Ländereien gehörte. Die Formulierung in Vers 3 unseres heutigen Textes, „es traf sich“ (Gute Nachricht), hat eine tiefe geistliche Bedeutung. Hier war göttliche Führung im Spiel. Rut selbst hatte davon wahrscheinlich nichts bemerkt, denn die Führung Gottes geschieht oft so unmerklich und von leiser Hand, dass wir sie gar nicht wahrnehmen.

Vater, vergib mir bitte, wenn ich manche Dinge für Zufall oder eine glückliche Fügung des Schicksals hielt, und dabei hattest du deine Hand im Spiel. Und ich bin dir unendlich dankbar für alle Führung in meinem Leben. Amen.

Lk 12,4-12; Ps 115,11; Mt 6,25-34; Jes 46,4
Warum sollen wir uns keine Sorgen machen?
Was verheißt uns Gott durch den Propheten Jesaja?

Nichts ist zu banal

„Es traf sich, dass das Feld zum Besitz von Boas gehörte" (Vers 3; Gute Nachricht).

Zum Lesen & Nachdenken – Rut 2,3

Noch einen weiteren Tag wollen wir bei Rut verweilen, wie sie ausgerechnet auf eines der Felder Boas' zum Ährenlesen ging, nicht durch Zufall, sondern durch göttliche Führung. Elieser, der Knecht Abrahams, wurde damals in ähnlicher Weise von Gott geleitet, als er ausgesandt wurde, um eine Frau für Isaak zu suchen. Er sagte: „Mich hat der HERR den Weg zum Haus der Brüder meines Herrn geführt" (1. Mo 24,27).

Und ich kann immer nur darüber staunen, dass sich ein mächtiger Gott zu uns hinunterbeugt, um uns zu leiten – insbesondere so, dass wir es nicht merken. Wie tröstlich ist es zu wissen, dass Gott uns selbst dann führt, wenn wir es nicht erwarten. Ich bin sicher, dass jeder von uns, wenn er zurückblickt, sich an mindestens ein „zufälliges" Ereignis erinnern kann, wodurch das Leben eine grundsätzlich andere Richtung nahm. Diese „Zufälle", wie die Welt sie nennt, dieses Zusammentreffen verschiedener Ereignisse und Umstände zu einer bestimmten Zeit, sind in Wirklichkeit von Gott geschenkte Momente. Hier lenkt der Allmächtige unser Geschick, um seine wunderbaren Pläne und Ziele zu verwirklichen.

Denn es gibt nicht nur eine allgemeine göttliche Vorsehung, die, wie die Theologen lehren, für die ganze Schöpfung gilt, sondern eine, die insbesondere denen gilt, die durch seinen Sohn Jesus Christus eine persönliche Beziehung zu Gott haben (siehe Röm 8,28). Nachdem er sein Leben lang erfahren hatte, wie Gott vorausschauend für ihn sorgt, sagte Samuel Chadwick, der ehemalige Schulleiter des Cliff College in Derbyshire: „Es ist erstaunlich, wie sich Gott bis ins kleinste Detail um uns kümmert. Für den Allmächtigen ist nichts zu gering oder zu banal." Der mächtige Gott, der allein durch sein Wort das Universum schuf, meint es ernst, wenn er sagt: „Ich sage dir, was du tun sollst, und zeige dir den richtigen Weg. Ich lasse dich nicht aus den Augen" (Ps 32,8; Gute Nachricht).

O Vater, es ist tröstlich und ermutigend zu wissen, dass du mich jeden Tag meines Lebens leitest und mich nicht aus den Augen lässt. Vergib mir, wenn ich dir nicht genug dafür gedankt habe. Dies will ich nun nachholen und danke dir von ganzem Herzen für deine Treue und göttliche Vorsehung in allen Dingen. Amen.

Ps 48; 73,24; Jes 30,21; 42,16
Wovon war der Psalmist fest überzeugt?
Was hat Gott in Bezug auf alles Finstere, Unbekannte verheißen?

Christus in der Arbeitswelt

„... Boas kam von Bethlehem und sagte zu den Schnittern: Der HERR sei mit euch! Und sie sagten zu ihm: Der HERR segne dich!“ (Vers 4).

Zum Lesen & Nachdenken – Rut 2,4

Die Worte, mit denen die Erntenden Boas empfangen, als er zum Feld kommt, zeigen, dass seine Beziehung zu ihnen weit über ein reines Arbeitgeber/Arbeitnehmer-Verhältnis hinausging. Boas grüßt seine Leute mit: „Der Herr sei mit euch!“ und sie antworten: „Der Herr segne dich!“

Ein solcher Gruß würde wohl kaum in den heutigen Büroetagen oder zwischen Kaufhausregalen zu hören sein. Und doch ist es nicht zuletzt die Ebene der Arbeitswelt, in der sich ein geistlicher Aufbruch als Erstes ankündigt. Während der Erweckung, die 1904 in Wales stattfand, trafen sich viele Führungskräfte der Kohleminen täglich vor der Arbeit mit den Bergleuten zum Gebet. Ein alter Bergmann erzählte mir: „Punkt sechs Uhr früh erschien der Direktor mit seinen Leuten, und dann begrüßten sie uns mit einem ‚*Bendegedig*‘ [walisisch für ‚wunderbar‘].“ Die versammelten Arbeiter antworteten darauf mit einem „Halleluja!“ Wie wunderbar, einen Tag so zu beginnen!

Das Geheimnis eines guten Verhältnisses zwischen Arbeitgeber und Arbeitnehmern beruht auf ganz einfachen Grundlagen: Ehrlichkeit, Fairness, Solidarität, Verantwortung des Arbeitgebers gegenüber seinen Angestellten und von deren Seite die Bereitschaft, sich einzusetzen und gute Arbeit zu leisten. Wenn Jesus Christus die Mitte ist, bekommt diese Beziehung noch einmal eine ganz neue Dimension. Ein leitender Industrieller in Pusan in Korea erzählte mir bei einem Besuch in seinem Land, dass, bevor er Christ wurde, das Verhältnis zwischen ihm und seinen Angestellten nicht sehr glücklich war. Nachdem er zum Glauben gekommen war, sah er seine Arbeiter plötzlich in einem neuen Licht. „Ich überlegte mir, wie ich sie segnen konnte“, sagte er, „und umgekehrt wurden sie auch für mich zum Segen.“ Dieser Ansatz kann nie falsch sein.

Vater, lege deine heilende Hand auf die Wunde, die so oft in Beziehungen am Arbeitsplatz klafft. Zeige uns allen, dass Fairness, Ehrlichkeit, Rücksichtnahme und die Sorge um das Wohl des anderen zum Tragen kommen müssen. Amen.

Eph 6,1-9; Kol 3,22; Tit 2,9; Hiob 31,13-14; Kol 4,1
Wie soll unsere Beziehung zu unserem Arbeitgeber sein?
Wie sollen wir unseren Angestellten begegnen?

Unter seinen Flügeln

„Der HERR vergelte dir dein Tun …, zu dem du gekommen bist, um unter seinen Flügeln Zuflucht zu suchen!“ (Vers 12).

Zum Lesen & Nachdenken – Rut 2,4-12

Als Boas durch das Feld geht und mit seinen Arbeitern spricht, fällt sein Blick auf Rut. Als er sich erkundigt, wer sie sei, berichtet man ihm, dass es sich um die verwitwete Schwiegertochter Noomis handle, die mit ihr aus Moab gekommen sei.

Wir können nicht mit Sicherheit sagen, ob es bei Boas Liebe auf den ersten Blick war, doch seinem Verhalten nach sah es ganz so aus. Er geht hinüber zu Rut und sagt zu ihr: „Geh nicht zum Auflesen auf ein anderes Feld, geh auch nicht von hier fort, … Habe ich nicht den Knechten befohlen, dich nicht anzutasten? Und hast du Durst, dann geh zu den Gefäßen und trink von dem, was die Knechte schöpfen“ (Verse 8-9). Spricht aus diesen Worten nicht bereits eine tiefe Liebe zu ihr? Überrascht von seiner Fürsorge fragt Rut: „Warum habe ich Gunst gefunden in deinen Augen, dass du mich beachtest, wo ich doch eine Fremde bin?“ (Vers 10). Offensichtlich kennt Boas die Geschichte von Noomis Rückkehr und weiß, wie treu Rut an ihrer Seite geblieben ist. Er fasst seine Gefühle in die Worte: „Der HERR vergelte dir dein Tun, und dein Lohn möge ein voller sein von dem HERRN, dem Gott Israels, zu dem du gekommen bist, um unter seinen Flügeln Zuflucht zu suchen!“ (Vers 12).

Es gibt Menschen, die halten treu zu Gott, obwohl sie dabei ständig dem Spott und der Kritik ihrer Familien und Freunde ausgesetzt sind. Vielleicht geht es dir auch so. Aber Gott hat all deine Tränen gesehen, er kennt deinen Schmerz und weiß, welches Opfer du bringst. Und er verspricht dir, dich eines Tages reich dafür zu belohnen. Suche seine Nähe, und du wirst Schutz finden unter seinen Flügeln.

Vater, wie wunderbar sind deine Wege. Du ermutigst mich immer dann, wenn ich es am nötigsten brauche. Auch wenn alle Türen verschlossen sind, findest du einen geheimen Zugang zu meiner Seele. Danke, lieber Vater, dass ich Schutz und Zuflucht bei dir finden kann. Amen.

Ps 17,1-9; Mal 3,20; Lk 13,34
Worum betete der Psalmist?
Was verbirgt sich unter den Flügeln der „Sonne der Gerechtigkeit“?

Gott lässt seine „Ähren“ fallen

„Vielmehr sollt ihr sogar aus den Bündeln [Ähren] für sie herausziehen und liegen lassen, damit sie sie auflesen kann …“ (Vers 16).

Zum Lesen & Nachdenken – Rut 2,13-17

Heute lesen wir, wie Boas in seiner fürsorglichen, beschützenden Art Rut in der Mittagspause einlädt, mit ihm und seinen Leuten zu essen. „Tritt hierher und iss von dem Brot und tunke deinen Bissen in den Essig!“, sagt er (Vers14). Wenig später reicht er ihr geröstete Getreidekörner. Die Sache wird langsam interessant, nicht wahr?

Als Rut nach der Mahlzeit weiterarbeitet, erleben wir, wie Boas zum zweiten Mal für sie eintritt. Er weist seine Schnitter an, zusätzlich Ähren fallen zu lassen, die sie auflesen kann. „Lasst absichtlich Ähren aus den Garben fallen“, heißt es in der „Gute Nachricht“-Übersetzung. Dabei stelle ich mir vor, wie Gott vor uns, seinen „Ährenlesern“, hergeht und immer wieder absichtlich etwas für uns fallen lässt – kleine Zeichen seiner Güte, eine besondere Ermutigung, Beweise seiner Fürsorge, die uns helfen, den Weg weiterzugehen und unsere Aufgabe zu erfüllen.

Vielleicht gab es Augenblicke in unserem Leben, als wir, müde und gebeugt von der Last des Alltags, alles hinwerfen wollten, was Gott uns aufgetragen hat. Doch dann ließ er absichtlich ein paar „Ähren“ für uns fallen, und das gab uns neuen Mut. Es mag ein Wort in einer Predigt gewesen sein, ein Bibelvers, durch den wir uns besonders angesprochen fühlten, oder eine Zeile in einem Buch, die uns direkt ins Herz traf. Wie gütig und weise ist unser Herr! Auch heute will er für uns wieder einige „Ähren“ fallen lassen. Lesen wir sie dankbar auf.

O Vater, wie leicht vergessen wir über negativen Erfahrungen und Erlebnissen, dass du uns immer wieder ermutigt und aufgerichtet hast. Vergib uns und hilf uns, die „Ähren“ zu sehen, die du als Zeichen deiner Liebe für uns ausstreust. Amen.

2. Sam, Kap. 9; Kla 3,22-26; Mt 19,17
Welche Frage stellte David?
Welche Güte erwies er dem Sohn Jonatans?

Die Fürsorge Gottes

„Jetzt sehe ich, dass der HERR uns nicht im Stich gelassen hat, uns Lebende nicht und nicht unsere Toten" (Vers 20; Gute Nachricht).

Zum Lesen & Nachdenken – Rut 2,18-21

Wir können uns gut vorstellen, welche Gedanken Noomi durch den Kopf gingen, als sie Rut den ersten Tag auf dem Feld beim Ernten wusste: Wie mag es ihr ergehen? Wie werden die Leute sie aufnehmen – eine Fremde? Wird sie genug Ähren sammeln können, damit wir beide satt werden können?

Falls Noomi solche Sorgen hatte, dann wurden sie spätestens dann zerstreut, als Rut mit einem ganzen Efa Gerste nach Hause kam. Ein Efa war ein hebräisches Maß und wog über zehn Kilogramm. Ich stelle mir vor, wie Rut ihrer Schwiegermutter mit leuchtenden Augen von den Erlebnissen des Tages berichtete, voller Freude darüber, wie wunderbar Gott für sie gesorgt hatte. Noomi wollte es ganz genau wissen: „ Wo hast du heute Ähren gesammelt? Auf wessen Feld bist du gewesen?" (Vers 19; Gute Nachricht). Als Rut den Namen Boas erwähnte, tat Noomis Herz vor Freude einen Sprung. Sie erinnerte sich an die Güte Gottes: „Gesegnet sei er (Boas) von dem HERRN", sagte sie, „der seine Gnade nicht entzogen hat, weder den Lebenden noch den Toten!" (Vers 20). Sie muss gespürt haben, dass das Zusammentreffen von Rut und Boas mit göttlicher Vorsehung zu tun hatte. Und dann mögen Rut und Noomi gemeinsam Gott gedankt haben für die Ereignisse jenes Tages und für die schützende, leitende Hand des Herrn.

Auch wir werden, wenn wir auf bestimmte Tage oder Zeiten in unserem Leben zurückschauen, immer wieder Spuren der Fürsorge Gottes in unserem Leben erkennen.

Vater, es ist immer leichter, dir für Vergangenes zu danken als dich für Zukünftiges zu preisen. Vergib mir und hilf mir, daraus zu lernen, was ich aus deiner gütigen, leitenden Hand empfangen habe und dir in Zukunft mehr zu vertrauen. Darum bitte ich dich in Jesu Namen. Amen.

Lk 24,13-35; 2. Mo 19,4; Ps 126,3
Zu welchem Schluss kamen die beiden Jünger, als sie auf ihre Begegnung mit dem „Fremden" zurückschauten?
Was taten sie darauf?

Gottes feine Fäden

„So hielt sie sich denn zu den Mägden des Boas, um [Ähren] aufzulesen, bis die Gerstenernte und die Weizenernte beendet waren“ (Vers 23).

Zum Lesen & Nachdenken – Rut 2,22-23

Rut liest weiter Ähren auf Boas’ Feldern, mit der Aussicht, nach Ende der Gerstenernte auch noch bei der Weizenernte dabei sein zu können. Und Noomi freut sich, denn sie spürt, dass es kein Zufall sein kann, dass Rut und Boas sich kennen gelernt haben, sondern Teil von Gottes wunderbarem Plan. Wir können uns vorstellen, wie Noomi darüber nachsann, wie sich eines zum anderen fügte: wie Rut gerade auf Boas’ Feld gestoßen war und dass sie offensichtlich sein Interesse geweckt hatte. Hinzu kam, dass er nach jüdischem Gesetz auch noch berechtigt war, sie zu heiraten. Tief in ihrem Inneren weiß Noomi, dass Gott hier feine Fäden webt.

Wir alle können darauf bauen, dass in den Gezeiten des Lebens ein ewiger Gott weise und beständig seinen Plan verfolgt. Wenn jemand den Weg mit Gott geht, gibt es wenig bis gar keine Zufälle. Der allmächtige Vater möchte mit jedem Einzelnen von uns zum Ziel kommen; er ist uns in jeder Situation nahe, steht uns in Höhen und Tiefen und in jeder Notlage bei.

Unser Problem besteht nicht darin, dass wir Gottes Wort nicht glauben, sondern dass wir zu wenig daran glauben. Wenn wir jedoch erkennen, dass es Gottes Wille ist, seinen großen Plan im Leben seiner Kinder zur Vollendung zu bringen, werden Ängste und Sorgen verschwinden und wir können getrost in die Zukunft blicken. Dann können wir mit Paulus sagen: „Wir wissen aber, dass denen, die Gott lieben, alle Dinge zum Besten dienen“ (Röm 8,28; Luther 84).

Mein Vater und mein Gott, lass mich dein Wort nicht nur mit meinem Intellekt begreifen, sondern lass es mir direkt ins Herz fallen, damit es mir Trost und Wegweisung sein kann. Hilf mir, meinen Kleinglauben abzulegen. Darum bitte ich dich in Jesu Namen. Amen.

Ps 34; Jes 43,2-3; Ps 30,6
Welche Erfahrung machte der Psalmist?
Was herrscht am „Morgen“?

Zarte Bande

„Meine Tochter, sollte ich dir nicht einen Ruheplatz suchen, damit es dir gut geht?“ (Vers 1).

Zum Lesen & Nachdenken – Rut 3,1

Während Noomi über Gottes Größe und Weisheit in dem Zusammentreffen von Rut und Boas nachdenkt, wird ihr immer deutlicher, dass Boas Rut ein Zuhause und eine gesicherte Zukunft bieten könnte. Und sie fasst einen gewagten Plan, in der Hoffnung, die zarten Bande zwischen den beiden mögen sich festigen. Dabei eröffnet sie das Gespräch mit Rut mit den Worten: „Meine Tochter, ich möchte, dass du wieder einen Mann und eine Heimat bekommst. Du weißt, dass Boas, mit dessen Leuten du auf dem Feld warst, mit uns verwandt ist“ (Verse 1-2; Gute Nachricht). Es liegt Noomi fern, sich in Ruts Angelegenheiten zu mischen oder sie zu verkuppeln. Aber es ist ihr ein Anliegen, darüber zu sprechen, was Gott ihr offenbart hat.

Die meisten jungen Paare könnten vor der Hochzeit gut und gerne ein paar Ratschläge gebrauchen. Bei Traugesprächen rate ich Heiratswilligen stets dazu, ein Eheseminar zu besuchen. Denn die Eheschließung ist vielleicht eine der einschneidendsten Veränderungen – ausgenommen der Bekehrung – im Leben eines Menschen, und junge Paare sollten sich im Klaren sein, dass sich manche ehelichen Probleme nicht ohne Hilfe und Anleitung von außen lösen lassen. Und ich bin zu dem Schluss gekommen, dass man der Gemeinde Christi heute leider vorwerfen muss, zu versäumen, jung Verheirateten entsprechende Hilfestellung zu geben. Denn je mehr kompetente Begleitung junge Paare – auch vor der Heirat – erfahren, desto wahrscheinlicher ist es, dass sie noch viele Hochzeitstage erleben werden. Und zwar gemeinsam.

Lieber Vater, vergib uns, dass wir als deine Gemeinde zwar Trauungen durchführen, aber die Begleitung der Eheleute so oft auf der Strecke bleibt. Hilf uns, die Weisheit aus deinem Wort und unsere eigene Lebenserfahrung weiterzugeben, wo immer Eheleute unseren Rat brauchen. Amen.

Ps 127; 18,22; Hebr 13,4; 2. Kor 6,14
Wessen sollte man sich in einer Ehe gewiss sein?
Was muss auf jeden Fall vermieden werden?

Noomis weiser Plan

„Und sie ging zur Tenne hinab und tat nach allem, was ihre Schwiegermutter ihr befohlen hatte“ (Vers 5).

Zum Lesen & Nachdenken – Rut 3,2-5

In der Erntezeit, wenn das Getreide gedroschen und die Körner von der Spreu getrennt wurden, war es üblich, dass die Erntearbeiter auf der Tenne übernachteten. Genau hier setzte Noomis sorgfältig durchdachter Plan an.

Sie gibt Rut den Rat: „So bade und salbe dich und leg deine [besten] Kleider an“ (Vers 3). Ich weiß nicht genau, wie ich den zweiten Ratschlag deuten soll: „Lass dich von dem Mann [aber] nicht bemerken, bis er fertig ist mit Essen und Trinken“ (Vers 3). Wir alle kennen die Redensart: „Liebe geht durch den Magen.“ Bei uns in England gibt es eine Redensart, die dem Gedanken Noomis vielleicht noch näher kommt: „Gerate nie zwischen einen Mann und seinen Tisch.“ Und ihre dritte Anweisung lautet: „Wenn er sich hinlegt, dann merke dir die Stelle, wo er sich hinlegt, und geh hin und decke sein Fußende auf und lege dich hin. Er wird dir dann mitteilen, was du tun sollst“ (Vers 4). Noomi wusste, dass nach dem Gesetz Israels eine Witwe das Recht hatte, zu dem am nächsten stehenden Verwandten zu gehen und ihn an seine Verpflichtung zu erinnern, für sie zu sorgen.

Ich finde, die Beziehung zwischen Rut und Boas ist ein schönes Bild für unsere Beziehung zu unserem Herrn Jesus Christus. So wie Rut bei Boas, so haben auch wir das Recht, uns als Gottes Kinder Jesus zu nähern, vor seinen Gnadenthron zu treten und Gott an sein Versprechen zu erinnern, für unsere Bedürfnisse zu sorgen. Dabei müssen wir natürlich vorsichtig sein, dass wir Bedürfnisse nicht mit Wünschen gleichsetzen. Gott ist nicht verpflichtet, alle unsere Wünsche zu erfüllen. Aber er wird uns immer mit allem versorgen, was wir brauchen.

Vater, immer wieder fasziniert mich der Gedanke, dass ich das Recht habe, vor deinen Thron zu treten und dich an deine Pflicht zu erinnern, für mich zu sorgen. Hilf mir, das reiche Erbe anzutreten, das ich in Jesus Christus habe. Amen.

Hebr 4,12-16; Eph 3,12; Hebr 10,19-25
Weshalb können wir vor Gottes Thron treten?
Welche Voraussetzungen müssen wir dabei mitbringen?

„Ich bin Rut, deine Magd“

„So breite den Saum deines Gewandes über deine Magd aus, denn du bist Löser!“ (Vers 9).

Zum Lesen & Nachdenken – Rut 3,8-9

Um Mitternacht schleicht sich Rut leise zu Boas’ Lager, deckt sachte sein Fußende auf und legt sich hin. Boas schreckt auf und fragt ängstlich in die Dunkelheit hinein: „Wer bist du?“ Dann hört er eine Frauenstimme: „Ich bin Rut, deine Magd. So breite den Saum deines Gewandes über deine Magd aus, denn du bist Löser“ (Vers 9).

Durch diese schlichte, demutsvolle Geste des Hinlegens zu seinen Füßen sagte Rut im Grunde zu Boas: „Ich gehöre zu dir und ich möchte, dass du für mich sorgst.“ Boas ist sichtlich erfreut über ihr Kommen, denn seine Antwort ist gewiss und positiv: „Gesegnet seist du von dem HERRN … fürchte dich nicht! Alles, was du sagst, werde ich für dich tun“ (Verse 10-11). Mit der Geste, seinen Gewandsaum über Rut zu breiten, erklärt sich Boas bereit, sie zu schützen und seiner Pflicht als Löser nachzukommen. Der Brauch, eine Braut mit einem mit Fransen geschmückten Gewand zu bedecken (siehe auch Hes 16,8) gehört noch heute zum jüdischen Hochzeitszeremoniell.

Welche geistliche Lektion können wir aus diesem Bild lernen, wie Rut zu Boas’ Füßen liegt? Die Gemeinde Christi, obwohl sie in der Welt von dichter, schwarzer Finsternis umgeben ist, ruht ruhig und sicher zu Füßen des Erlösers. Aber das ist noch nicht alles. Indem uns Jesus mit dem Mantel seiner Gerechtigkeit bedeckt, verspricht er, sich eines Tages für alle Zeiten untrennbar mit uns zu vereinen. Und diese Ehe kann niemand mehr scheiden.

O Vater, in der Ewigkeit bei dir zu sein und mit dir zu leben, lässt meine Seele jubeln. Mit dir vereint zu sein, Eins zu sein – teil deiner Braut, der Gemeinde – ist mehr als ich verdiene. Und doch hast du es versprochen. Dafür bin ich dir ewig dankbar. Amen.

Gal 3,1-14; Jes 44,6-8; 48,17-19; Hiob 19,25; Ps 19,6
Was bezeugt Hiob?
Was können wir bezeugen?

Gottes weise Vorsehung

„Und nun, es ist wirklich so, dass ich Löser bin, doch gibt es da auch [noch] einen Löser, der näher [mit dir] verwandt ist als ich!“ (Vers 12).

Zum Lesen & Nachdenken – Rut 3,10-13

Je mehr wir über Rut und Boas lesen, desto stärker wird der Eindruck, dass Boas ihr von Anfang an herzlich zugetan war. In unserem heutigen Bibeltext lobt er alle ihre Tugenden. Aus seiner Bemerkung „… indem du nicht den jungen Männern nachgelaufen bist, sei es geringen oder reichen“ (Vers 10) klingt an, dass zwischen ihnen ein ziemlicher Altersunterschied bestand; zumindest wird diese Vermutung in manchen Bibelkommentaren daraus abgeleitet.

Ein Hindernis jedoch stand der Heirat des Paares noch im Weg. Es gab einen Mann, der noch näher mit Ruts Familie verwandt war als Boas. Nach jüdischem Recht hatte er, wenn er unverheiratet war, die Pflicht, die Witwe des Verstorbenen zur Frau zu nehmen. Erst danach kam Boas. Dieser aber verspricht Rut vor dem Herrn, dass er die Angelegenheit so schnell wir möglich klären will und fordert sie auf, die Nacht ruhig auf der Tenne zu schlafen.

Natürlich fragt man sich: Wenn es jemanden gab, der noch näher mit Noomi verwandt war als Boas, warum hatte sie Rut nicht zu diesem Mann geschickt? Hatte Noomi nichts von diesem Verwandten gewusst? Die Antwort wird am Ende der Geschichte deutlich, wenn wir die weise Vorsehung und Leitung des Allmächtigen erkennen.

Er ist das Los vieler besonderer Dinge im Leben, dass sie zur Gewohnheit werden und damit ihren Reiz verlieren. Möge uns dies mit der Führung Gottes nie so ergehen.

O Vater, schenke mir ein ständig wachsendes Bewusstsein für das Wunder deiner göttlichen Führung. Und lass mich das Staunen darüber nicht verlernen, dass für dich nichts zu gering oder zu banal ist. Darum bitte ich dich in Jesu Namen. Amen.

1. Petr 2,1-9; Ps 126,2; Jes 61,10; Ps 51,12
Was war das Gebet des Psalmisten?
Was ist Jesajas Aussage?

Warte ab!

„Gib das Umschlagtuch her, das du um hast, und halte es auf! … und er maß sechs [Maß] Gerste ab und lud es ihr auf“ (Vers 15).

Zum Lesen & Nachdenken – Rut 3,14-17

Boas ist sich bewusst, dass Ruts nächtlicher Besuch bei ihm auf der Tenne falsch verstanden werden könnte. Um ihren guten Ruf zu schützen, rät er ihr, zu gehen, bevor es hell wird und die anderen Männer aufwachen.

Zuvor bittet er sie jedoch, ihr Umschlagtuch aufzuhalten und füllt es mit einen halben Zentner Gerste als besonderes Geschenk für sie und Noomi. Beim Abschied sagt er noch zu ihr: „Du sollst nicht mit leeren Händen zu deiner Schwiegermutter kommen“ (Vers 17). Als Rut zu Hause Noomi erzählt, was Boas gesagt hatte, gibt ihre Schwiegermutter ihr den Rat: „Bleib nun hier, meine Tochter, und warte ab, wie die Sache ausgeht. Der Mann wird nicht ruhen, bis er sie noch heute geordnet hat“ (Vers 18; Gute Nachricht).

Das Warten fällt uns immer schwer, besonders, wenn es um Herzensangelegenheiten geht. Doch warten zu können, gehört zu einem reifen Christsein. Vielleicht ist es das, was der Herr uns heute sagen will: *Warte*. Fühlst du dich zurzeit geistlich ruhelos, voller Ungeduld, eine Sache voranzutreiben, die vielleicht noch des Gebets und des Nachdenkens bedarf? *Warte ab.* Es gibt eine viel weisere Lösung, als du dir je vorstellen könntest. Denn ein liebender Vater sorgt für dich. Mit Gedanken, die höher sind als deine Gedanken, plant er für dich. Deshalb lohnt es sich zu warten.

Vater, vergib mir, dass ich oft so ungeduldig bin, wenn ich mich in Geduld üben sollte und in ziellose Aktivität verfalle, wenn ich innehalten sollte. Ich weiß, dass ich diesbezüglich noch viel lernen muss. Hilf mir dabei, lieber Vater. Und lehre mich die Kunst des Wartens. Amen.

Ps 27; 130; 40,1; Jes 40,8
Worauf vertraute der Psalmist?
Was war sein Zeugnis?

Der irdische und der himmlische Boas

„Denn der Mann wird nicht ruhen, es sei denn, er habe die Sache heute zu Ende geführt" (Vers 18).

Zum Lesen & Nachdenken – Rut 3,18

Noomis weiser Rat soll uns auch heute weiter beschäftigen. Ihr Ratschlag, abzuwarten, gründet sich auf ihre Überlegung: „Der Mann wird nicht ruhen, bis er sie (die Sache) noch heute geordnet hat" (Vers 18; Gute Nachricht). Noomi ist sicher, dass Boas alles daransetzen wird, um die Angelegenheit so schnell wie möglich zu klären.

Die Bibel gibt uns keine Auskunft darüber, wie gut Noomi Boas kannte, doch wir können mit Sicherheit annehmen, dass sie ziemlich viel über ihn wusste. Es wäre untypisch für israelische Verhältnisse – wo selbst heute noch ein enger Zusammenhalt unter den Familien besteht –, in der Verwandtschaft nicht übereinander Bescheid zu wissen. Und wie wir sehen werden, war Noomis Einschätzung richtig, denn Boas war ein Mann, der alles in seiner Macht stehende tun würde, um sein Wort zu halten.

Und es fällt nicht schwer, die Brücke zu schlagen zu Jesus, unserem himmlischen Boas, der von Anbeginn der Zeit darauf bedacht ist, jedes Hindernis zu überwinden, das unserer Rettung im Weg steht. So groß war seine Liebe zu uns, dass er selbst die furchtbarsten Leiden auf sich nahm, um uns zu sich zu ziehen.

Ich muss an einen alten, schwarzen Prediger denken, der das Prinzip der Erlösung auf eigenwillige, aber einprägsame Weise erklärte: „Gott hat es sich ausgedacht, Jesus hat's erwischt, der Heilige Geist hat's gewirkt – und ich danke Gott, dass ich's begriffen habe." Ich kann nur sagen: Amen dazu!

Gnädiger und liebender Vater, wenn ich bedenke, welchen Preis Jesus dafür bezahlt hat, dass ich gerettet werde, dann finde ich einfach keine Worte, um meine Dankbarkeit und Anbetung auszudrücken. Danke, lieber Vater. Amen.

Phil 2,1-11; Gal 4,4; Apg 8,33; Joh 10,20
Was wurde Jesus für uns?
Was wurde über ihn gesagt?

Drei Bedingungen

„Und siehe, der Löser kam vorbei, von dem Boas geredet hatte. Da sagte er: Komm herüber, setze dich hierher …“ (Vers 1).

Zum Lesen & Nachdenken – Rut 4,1

Der Ausdruck „Löser“ ist uns im Laufe der letzten Tage schon mehrmals begegnet, und wir wollen ihn heute einmal etwas genauer unter die Lupe nehmen.

Darin enthalten ist das Verb „erlösen“, das so viel bedeutete wie „freikaufen“ oder „befreien“ – den Besitz oder die Freiheit einer Person durch das Bezahlen eines bestimmten Preises zu erkaufen. Ein Löser konnte also quasi die Rechte und Privilegien eines Familienmitglieds erwerben. Dafür musste er allerdings einige Voraussetzungen erfüllen: Zunächst sollte er ein enger Blutsverwandter sein (siehe 3. Mo 25,47-49). Zweitens musste er solvent genug sein, um den geforderten Preis bezahlen zu können. Und drittens musste er sich freiwillig bereit erklären, als Löser zu fungieren. Boas konnte alle drei Bedingungen erfüllen. Er stammte aus der Familie Elimelechs, des verstorbenen Mannes von Noomi, und war somit nah genug mit ihr und ihrer Schwiegertochter verwandt. Als ziemlich wohlhabender Grundbesitzer dürfte es ihm nicht schwer gefallen sein, den Preis zu bezahlen. Bleibt noch die letzte Bedingung – war er auch bereit dazu? Unser Bibeltext lässt daran keinen Zweifel. Boas’ Liebe zu Rut war so groß, dass er für die Verbindung mit ihr sogar seinen Ruf aufs Spiel setzte, denn ein Mann, der eine heidnische Frau heiratete, wurde durch das jüdische Gesetz geächtet.

Auch hier denke ich an Jesus – unseren Löser. Er erfüllte alle drei Bedingungen: Er wurde als Mensch geboren und war in seinem fleischlichen Dasein auf Erden ein naher Verwandter von uns. Obgleich seiner himmlischen Reichtümer beraubt, besaß er das Wichtigste, um unsere Erlösung zu bezahlen – ein sündloses Leben. Und dass er dazu bereit war, das hat er millionenfach bewiesen.

Herr Jesus Christus, welch wunderbarer Löser bist du: Durch deine Fleischwerdung kamst du uns Menschen ganz nah und bezahltest für unsere Erlösung mit deinem Leben am Kreuz. Und all das tatst du aus freien Stücken, weil du uns liebst. Dafür will ich dir ewig dankbar sein. Amen.

Joh 1,1-29; 2. Kor 8,9; 5,21; 1. Petr 2,21-24
Was bezeugte Johannes von Jesus?
Wie beschreibt Petrus den Herrn?

Liebe lässt sich nicht einschüchtern

„Wenn du es (das Feldstück) lösen willst, löse! … Er sagte: Ich will es lösen“ (Vers 4).

Zum Lesen & Nachdenken – Rut 4,2-4

Rut, die mittellose Moabiterin aus dem heidnischen Land, soll die Braut des reichen, angesehen Boas aus Bethlehem werden. Doch bevor die Hochzeit stattfinden kann, steht noch das Treffen mit Noomis engem Verwandten aus, damit die Sache zur Zufriedenheit aller geregelt werden kann. Dazu setzen sich die Männer auf den Platz vor dem Stadttor, dort, wo die Ältesten gewöhnlich ihre Zusammenkünfte abhalten und über stadtinterne Angelegenheiten beraten. Alles, was dort beschlossen wurde, wurde als rechtsgültig betrachtet. Boas wartet also ab, bis der betreffende Verwandte vorbeikommt und schildert dann die Situation.

Elimelech, Noomis verstorbener Mann, besaß ein Stück Land, das Boas gerne kaufen würde. Doch der andere Verwandte hat das Vorkaufsrecht, weil er der nächste Angehörige ist. Boas will wissen, ob dieser nun von seinem Recht Gebrauch machen will oder nicht. Im ersten Augenblick scheint es, als würde er zustimmen und damit Boas einen Strich durch die Rechnung machen. Denn durch den Landerwerb verpflichtet er sich nach jüdischen Recht auch dazu, für die Familie des Verstorbenen zu sorgen. Boas weiß, dass dann eine Heirat mit Rut für ihn nicht mehr in Frage käme. Manch einer hätte an diesem Punkt aufgegeben und sich gesagt: „Das war’s dann wohl. Ich habe alles getan, was ich konnte – aber es sollte wohl nicht sein.“ Nicht so Boas. Die Liebe in seinem Herzen war so groß, dass er fest entschlossen war, um Rut zu kämpfen.

Das ist das Wunderbare an echter Liebe – sie setzt sich über alle Schwierigkeiten und Hindernisse hinweg, hält jeder Argumentation stand und lässt sich durch nichts und niemanden einschüchtern, wenn es darum geht, den geliebten Menschen für sich zu gewinnen. Eine solche Liebe empfindet unser Erlöser für uns – nur noch unendlich größer. Er hat die Angelegenheit zu unseren Gunsten geregelt und ging als Sieger hervor. Seitdem gehören wir zu ihm – für alle Ewigkeit.

Unser Herr und Erlöser, wie kann ich dir nur genug dafür danken, dass du im himmlischen Gerichtssaal für mich eingetreten bist? Du hast am Kreuz für mich den Sieg errungen und mir die Freiheit geschenkt. Meine Liebe und Dankbarkeit sind zu groß, um sie in Worte zu fassen. Amen.

?

Eph 3,14-20; Joh 15,13; Röm 8,35-39; 1. Joh 3,16
Was war das Gebet des Paulus für die Gemeinde in Ephesus? Was schreibt er hinsichtlich der Liebe Gottes?

Der große Triumph

„Da sagte der Löser: Dann kann ich es für mich nicht lösen, sonst richte ich mein eigenes Erbteil zugrunde. Übernimm du für dich meine Lösungspflicht …“ (Vers 6).

Zum Lesen & Nachdenken – Rut 4,5-6

Boas' Hochzeitspläne scheinen zunächst vereitelt, als der nahe stehende Verwandte seine Absichten äußert, Noomis Ackerland zu kaufen. Doch seine Liebe zu Rut lässt Boas nicht so schnell aufgeben und er führt ein Argument ins Feld, das so durchschlagend ist, dass sein Gegenüber seine Meinung ändert.

Boas sagt also: „Wenn du von Noomi das Grundstück erwirbst, musst du auch die Moabiterin Rut heiraten und einen Sohn zeugen, der als Nachkomme ihres verstorbenen Mannes gilt. Er wird eines Tages das Feld erben, und so bleibt es im Besitz dieser Familie“ (Vers 5; Hoffnung für alle). Dies gab dem Verwandten zu denken. Die Aussicht, eine Moabiterin in der Familie zu haben – eine Fremde – und obendrein seinen eigenen Erbbesitz zu schädigen, scheint ihm alles andere als verlockend und er antwortet ernüchtert: „Wenn das so ist, trete ich meine Rechte auf das Grundstück an dich ab. Ich würde ja sonst etwas kaufen, was später nicht mehr meiner Familie gehört. Nimm du es!“ (Vers 6; Hoffnung für alle).

Wieder gibt es erstaunliche Parallelen zu unserer Erlösung durch Jesus Christus. In der Bibel heißt es, wir seien „unter die Sünde verkauft“ (Röm 7,14). Das bedeutet, wir waren Sklaven des Satans, der Macht der Sünde ausgeliefert. Doch Jesus vollendete den göttlichen Plan, so dass wir nun dem Reich der Finsternis entfliehen und in das Reich Gottes kommen können. Der Teufel glaubte, er hätte uns ein für alle Mal in seinen Klauen, doch Jesus setzte ihn am Kreuz schachmatt. So wie Boas den Spieß umdrehte und seinen Verwandten in Bethlehem übertrumpfte, so triumphierte Christus auf Golgatha über seinen Widersacher. Was dem Satan zuerst ein großer Sieg schien, wurde seine schmachvollste Niederlage. Halleluja!

Herr, wenn ich mir vorstelle, mit welchem Scharfsinn du die Pläne des Satans vereitelt hast, dann kann ich nicht anders, als meine Seele in Lobpreis und Anbetung zu dir zu erheben. Geheiligt sei dein Name, von Ewigkeit zu Ewigkeit. Amen.

Lk 2,8-15; Apg 5,31; Joh 4,39-42; 1. Tim 4,10
Wie bezeichnete der Engel Jesus Christus?
Was bezeugten die Samariter?

In aller Öffentlichkeit

„Früher … [galt] … für ein Loskaufverfahren oder für ein Tauschgeschäft, wenn man irgendeine Sache bestätigen wollte, dies: Der eine zog seinen Schuh aus und übergab ihn dem anderen“ (Vers 7).

Zum Lesen & Nachdenken – Rut 4,7-8

War ein Mann unfähig oder nicht bereit, seiner Pflicht als Löser nachzukommen, so war die Witwe nach damaligem Brauch berechtigt, einem Verwandten, der nicht für sie sorgen wollte, ins Gesicht zu spucken und zu sagen: „So verfährt man mit jedem, der sich weigert, die Familie seines Bruders zu erhalten!“ (5. Mo 25,9). Zweifellos eine sehr drastische Art, sein Missfallen auszudrücken.

Ferner forderte das Gesetz, dass jemand, der sein Besitzrecht einem anderen übertrug, als Zeichen der Gültigkeit seinen Schuh auszog und ihn dem anderen gab. Eine solche Bestätigung des Besitzwechsels musste immer in der Öffentlichkeit, also vor Zeugen, stattfinden. Jeder sollte sehen, dass ein Geschäftsabschluss auch mit rechten Dingen zuging.

Ziehen wir wiederum die Parallele dazu, was Christus am Kreuz getan hat. Paulus schreibt: „… denn nicht in einem Winkel ist dies geschehen“ (Apg 26,26). Damit wollte er sagen, dass unser Herr nicht etwa klammheimlich im Verborgenen umgebracht wurde. Nein, hoch oben auf einem Hügel wurde er gekreuzigt, so dass alle es sehen konnten. Denn Gott hatte einen guten Grund dafür: Wäre Jesus durch die Hand eines Attentäters in irgendeiner Seitengasse Jerusalems gestorben, dann wäre sein Tod durch einen einzelnen Kriminellen verschuldet und nichts Besonderes gewesen. Die Tatsache, dass seine Hinrichtung in aller Öffentlichkeit vollstreckt und seine Ermordung von den wichtigsten Männern des Landes befürwortet wurde, bedeutete hingegen, dass seine Verurteilung stellvertretend für den Willen der ganzen Menschheit stattfand. Das Kreuz auf Golgatha enthüllt also den wahren Charakter der Menschen.

Vater, ich weiß, dass das Kreuz nicht nur die Sünde Einzelner, sondern die der ganzen Menschheit offenbart. Auch meine Sünden haben Christus ans Kreuz gebracht. Doch er starb nicht, weil die Menschen das wollten, sondern er brachte freiwillig dieses Opfer, um uns zu retten. Dafür will ich dir ewig danken. Amen.

Kol 2,6-15; Hebr 12,1-2; Apg 2,23
Wie hat Jesus die Mächte und Gewalten entwaffnet?
Was nahm Jesus auf sich?

Beschlossen und besiegelt

„Da sagte Boas zu den Ältesten und zu allem Volk: Ihr seid heute Zeugen …" (Vers 9).

Zum Lesen & Nachdenken – Rut 4,9-10

Gestern haben wir gesehen, dass nach jüdischem Gesetz die Beteiligten eines Loskaufverfahrens ihre Entscheidung vor Zeugen bestätigen mussten. Danach zogen wir die Parallele zur Erlösung durch den Kreuzestod Christi, der ebenfalls in der Öffentlichkeit, vor den Augen vieler Zeugen, stattfand. Hätte Jesus die Sünde in ihrer ganzen Schrecklichkeit im selben Maße sichtbar machen können, wäre er zu Hause im Bett gestorben oder durch einen Unfall ums Leben gekommen? Mit Sicherheit nicht. Er musste auf diese Weise sterben, damit die Menschen den Ernst der Sünde erkennen.

Auch Boas legte Wert darauf, dass der Wechsel des Besitzrechtes vor Zeugen vollzogen wurde. Seine Rede begann und endete mit den Worten: „*Ihr seid heute Zeugen*." Warum diese zweifache Bekräftigung? Ich denke, weil Boas sicher sein wollte, dass dieser Beschluss in Zukunft von niemandem mehr in Frage gestellt würde. Schließlich kam es nicht alle Tage vor, dass ein Israelit eine heidnische Frau heiratete, noch dazu eine Fremde aus dem Land Moab. Er wusste, manche Leute könnten später die Rechtsgültigkeit dieser Verbindung anzweifeln, wenn sie nicht eindeutig vor Zeugen beschlossen, bekräftigt und besiegelt wurde.

Aus einem ähnlichen Grund wurde der Tod unseres Herrn vor vielen Zeugen vollstreckt. Christus sollte wenige Tage danach von den Toten auferstehen. Und die Leute sollten *wissen*, dass er auferstanden war. Wie leicht wäre es gewesen, zu sagen: „In Wirklichkeit ist er wahrscheinlich gar nicht gestorben!" Doch so bestand darüber kein Zweifel. Es gab genug Zeugen, die seinen Tod bestätigen konnten. So ist beides unbestreitbar – sein Tod genauso wie seine Auferstehung.

O Vater, je mehr ich verstehe, wie du in deiner unendlichen Weisheit jede Einzelheit meiner Erlösung geplant hast, desto demütiger und dankbarer wird mein Herz. Welch eine Erlösung! Welch ein Retter! Lob und Ehre sei deinem wunderbaren Namen. Amen.

Apg 2,14-36; Joh 12,23-24; Röm 5,6; 2. Kor 5,15
Worum ging es im Wesentlichen in der Pfingstpredigt des Petrus?
Wessen beschuldigte er die Leute?

Eine neue Identität

„… und die Ältesten sagten: … Der HERR mache die Frau, die in dein Haus kommt, wie Rahel und wie Lea“ (Vers 11).

Zum Lesen & Nachdenken – Rut 4,11-12

Nachdem Boas vor den versammelten Zeugen erklärt hatte, dass er seine Verpflichtung als Löser für Noomi und Rut annehmen will und Rut seine Frau werden soll, antworten die Ältesten mit dem traditionellen Segensspruch: „Der HERR mache die Frau, die in dein Haus kommt, wie Rahel und wie Lea, die beide das Haus Israel gebaut haben“ (Vers 11). Dies zeigt, dass hiermit sämtliche Vorbehalte aufgehoben sind, welche die Ältesten gegenüber Rut gehabt haben mögen. Mit ihrem Segenswunsch für Rut drücken sie ihr Wohlwollen aus.

Rahel und Lea waren die beiden Frauen Jakobs, deren Namen in der Bibel als Inbegriff der Fruchtbarkeit gelten. Rahel wurde von den Israeliten als eine der bedeutendsten Frauen der Geschichte ihres Volkes verehrt, und so ist es bis heute geblieben. Umso erstaunlicher ist es, dass die Ältesten Rut, die aus Moab stammte – einem Land, das unter Gottes Fluch stand – in einem Atemzug mit Rahel nannten und ihr wünschten, sie möge so verehrt und geschätzt werden wie sie. Was hatte diesen plötzlichen Gesinnungswandel bewirkt? Ein einziger Faktor: Die Heirat mit Boas. Durch seine eheliche Verbindung mit Rut gab er ihr eine neue Identität.

Genau das hat Christus für uns getan. Wir galten als „Kinder des Zorns“ und „ausgeschlossen vom Bürgerrecht Israels und Fremdlinge hinsichtlich der Bündnisse der Verheißung“ (Eph 2,3 und 2,12), doch er hat sich mich uns vereint und uns eine neue Identität geschenkt. Wir sind keine „Fremdlinge“ mehr – wir gehören zu ihm.

O Vater, wie kann ich dich jemals genug dafür preisen, dass du mich der Welt entrissen, mir ein neues Herz und eine neue Identität geschenkt hast und mir eines Tages einen neuen Namen geben wirst? Deinem heiligen Namen gebührt Lob und Ehre in Ewigkeit. Amen.

Phil 3,17-21; Lk 10,20; 22,29-30
Worüber sollen wir uns freuen?
Was verspricht Jesus seinen Jüngern?

„Dein Name werde gerühmt in Bethlehem“

„Und gewinne du Vermögen in Efrata, und dein Name werde gerühmt in Bethlehem!“ (Vers 11).

Zum Lesen & Nachdenken – Rut 4,11-12

Wir wollen weiter über die Segensworte der Ältesten nachdenken: „Der HERR mache die Frau, die in dein Haus kommt, wie Rahel und wie Lea“ (Vers 11). Um die ganze Tragweite dieser Worte verstehen zu können, müssen wir etwas vorgreifen und die Ereignisse berücksichtigen, die nach der Heirat von Rut und Boas eintraten.

Gott schenkte ihnen einen Sohn, den sie Obed nannten. Als Obed das Erwachsenenalter erreicht hatte, heiratete er und bekam einen Sohn namens Isai. Und Isai war der Vater König Davids, eine der wichtigsten Persönlichkeiten der Bibel. Wir erinnern uns, dass in dem Stammbaum Jesu in Matthäus 1 auch Ruts Name aufgeführt ist. Durch das Erscheinen in der Ahnenreihe Jesu Christi erhält ihr Name noch einmal eine besondere Bedeutung – eine Würdigung, die Rahel nie zuteil wurde.

Ferner sagten die Ältesten, als sie Rut und Boas ihren Segen gaben: „Und gewinne du Vermögen in Efrata (die Umgebung der Davidsstadt), und dein Name werde gerühmt in Bethlehem!“ (Vers 11). Bethlehem hat in der Bibel einen ganz besonderen Stellenwert, einmal als Stadt Davids und zweitens als Geburtsort unseres Herrn Jesus Christus. Es ist nahezu unmöglich, von Bethlehem zu sprechen, ohne an König David zu denken. Und Rut war Davids Urgroßmutter. So war der Ausspruch der Ältesten nicht nur ein Segen, sondern zugleich eine Prophezeiung. Rut wurde in Israel so bekannt wie Rahel und Lea, und – genau wie der Name der Stadt Bethlehem – wird auch ihr Name immer unvergessen bleiben.

Vater, beim Lesen der Geschichte von Rut wird mir immer deutlicher, dass du mit deinem Plan zum Ziel kommst, auch wenn nach menschlichem Ermessen alles dagegen spricht. Stärke du diese Überzeugung in mir, jeden Tag aufs Neue. Ich bitte dich im Namen Jesu. Amen.

1. Kor 1,20-30; 2. Kor 12,9-10; Hebr 11,33-34
Nach welchem Maßstab erwählt Gott Menschen?
Zu welchem Schluss gelangte Paulus?

Gesetz und Gnade

„So nahm Boas die Rut, und sie wurde seine Frau“ (Vers 13).

Zum Lesen & Nachdenken – Rut 4,13

Nun kommt der Augenblick, auf den wir alle gewartet haben: Boas nimmt Rut zur Frau. Manchmal wünsche ich mir, der Schreiber des Buches Rut hätte die Ereignisse nicht ganz so verkürzt dargestellt und uns etwas über die Hochzeitsfeier berichtet. Wie viele Gäste mögen geladen gewesen sein? Was trug die Braut? Was empfand Noomi, als sie sah, wie ihre geliebte Schwiegertochter Boas das Jawort gab? Hätte Gott die Aufzeichnung solcher Einzelheiten für notwendig gehalten, dann würden sie selbstverständlich in der Bibel stehen. Da sie aber fehlen, müssen wir uns mit dem zufrieden geben, was wir erfahren.

Unmittelbar, bevor es zur Heirat kam, trat Rut in den Hintergrund des Geschehens. Und ich denke, auch das ist nicht zufällig. Schließlich geht es in ihrer Geschichte um das Schicksal einer Moabiterin, einer mittellosen Witwe aus einem von Gott verfluchten Land, die Gnade und Rettung findet, weil ein anderer für sie eintritt. Das Gesetz Israels versperrte ihr den Weg zu einem glücklichen und sorgenfreien Dasein – wäre nicht die Gnade selbst in der Gestalt des Boas in ihr Leben getreten.

Dem Gesetz sind Gnade und Barmherzigkeit fremd; es verlangt nur nach Gerechtigkeit. Die Gnade hingegen sucht einen Weg, um den Anforderungen des Gesetzes zu genügen und den Schuldigen Rettung zu bringen. Wie Rut, so hatten auch wir keinen rechtmäßigen Anspruch auf den Segen Gottes. Doch Christus, unser himmlischer Boas, ist in unser Leben getreten, hat uns von unserer Schuld befreit und versprochen, bis in alle Ewigkeit für uns zu sorgen. Deshalb wollen wir nicht uns selbst in den Vordergrund stellen, sondern ihm allein die Ehre geben. Dann wird ein Abglanz seiner Herrlichkeit auch aus uns strahlen.

Himmlischer Vater, ich bin es nicht wert, im Widerschein deiner Herrlichkeit zu leben. Deine Herrlichkeit ist so groß, dass sie mein Verständnis übersteigt, ich kann sie nicht fassen. Ich kann nur sagen, dass ich dir alles, was du mir schenkst, zurückschenken will. Amen.

Röm 5,1-15; Apg 15,11; Röm 3,21-26; Tit 2,11; 3,7
Was haben wir durch die Gnade erhalten?
Fasse deine eigene Definition von Gnade in Worte.

Die himmlische Hochzeit

„Und die Nachbarinnen … sagten: Ein Sohn ist der Noomi geboren! Und sie gaben ihm den Namen Obed“ (Vers 17).

Zum Lesen & Nachdenken – Rut 4,13-17

In den letzten Versen des Buches Rut erfahren wir, dass der Sohn Obed geboren wurde und Noomi sich um das Kind kümmerte – der Auftakt zu einem glücklichen Familienleben in der ländlichen Umgebung von Bethlehem.

Doch wo war Rut während der Zeit, als die Vereinbarungen über den Loskauf getroffen wurden? Sie wartete geduldig im Haus ihrer Schwiegermutter den Verlauf der Ereignisse ab. Noomi in ihrer Weisheit hatte ihr geraten: „Bleib [zu Hause], meine Tochter, bis du erkennst, wie die Sache ausfällt!“ (3,18). Und wir können davon ausgehen, dass Rut mit absoluter Gewissheit wartete, dass Boas sein Versprechen halten und die Sache zu einem guten Ende führen würde.

Wo ist unser Herr in diesem Augenblick? Natürlich – im Himmel. Doch was tut er dort? Viele Dinge, doch eines ganz besonders – er trifft Vorbereitungen für die Hochzeit, die er eines Tages mit seiner Gemeinde feiern wird. Während dieser Zeit müssen wir, die Braut Christi auf Erden, geduldig auf den Tag warten, wenn der Bräutigam kommt. Genau wie Rut, die wartete, bis sie die Stimmen der Brautjungfern hörte, die kamen, um sie zur Trauung zu geleiten: „Siehe, der Bräutigam kommt!“, so warten auch wir auf den Ruf, der die Wiederkunft unseres Herrn ankündigt. Wir leben in freudiger Erwartung der himmlischen Hochzeit, der „Hochzeit des Lammes“ (Offb 19,7). In einem alten Kirchenlied heißt es: *„Dem Lamm gebührt alle Herrlichkeit im Land Immanuels.“*

Herr Jesus Christus, erwartungsvoll sehen wir deiner Wiederkunft entgegen. Lehre uns Geduld und lass uns nie vergessen, der einzige Grund, warum du nicht schon morgen wiederkommst, ist: Du willst noch so viele Menschen wie möglich zu dir ziehen. Amen.

Offb 19,6-9; 21,2; 2. Kor 11,2; Offb 22,17
Was war Paulus' Wunsch?
Was rief die Stimme der großen Volksmenge?

Gottes schützende, leitende Hand

***„Und Obed zeugte Isai, und Isai zeugte David"* (Vers 22).**

Zum Lesen & Nachdenken – Rut 4,18-22

Wie lässt sich die Aussage des Buches Rut ganz knapp zusammenfassen? Vielleicht in diesem Satz: Trotz aller Fehler, Missgeschicke, Sorgen und Widrigkeiten des Lebens hält Gott alle Tage seine schützende, leitende Hand über uns.

Dies konnten wir verfolgen anhand der Geschichte einer Familie, die während einer Hungersnot ihre Heimatstadt Bethlehem verließ und in das Land Moab auswanderte, wo sie ein tragisches Schicksal ereilte. Als dann Noomi, die einzige Überlebende der Auswandererfamilie, in Begleitung ihrer Schwiegertochter Rut nach Bethlehem zurückkehrte, wurde deutlich, dass Gott Leid in Freude verwandeln und Böses zum Guten wenden kann. Thomas Erskine sagte: „Viele Dinge erscheinen uns ausweglos, aber für Gott gibt es immer einen Ausweg."

Deshalb sollten wir den Hafen dieser tröstlichen Verheißung anlaufen – dass für Gott nichts unmöglich ist. Und wir sollten nie vergessen: Der Gott und Vater von Rut, Boas und Noomi ist zugleich der Gott und Vater unseres Herrn Jesus Christus, unseres Lösers – und somit auch unser Gott. Er bereitet uns im Himmel eine ewige Bleibe, wo wir für immer bei ihm sein werden. Diese vier Kapitel des kleinen Buches Rut enthalten einen unermesslichen Schatz an Erkenntnis der Güte und Allmacht Gottes. Und Gottes Weg ist immer der beste. Wer ihn einschlägt, der wird mit ihm zum Ziel kommen.

Vater, ich danke dir, dass du mir deutlich gemacht hast, dass du die Macht hast, auch menschliche Tragödien in Triumph zu verwandeln. Lass sich diese Erkenntnis tief in mein Herz eingraben. Darum bitte ich dich in Jesu Namen. Amen.

?

Ps 30; Jes 61,3
Warum will der Psalmist Gott allezeit dankbar sein?
Was hat Gott den Trauernden verheißen?

„Tage voll lärmender Betriebsamkeit“

„Da ging Mordechai weg und handelte nach allem, was Ester ihm befohlen hatte“ (Vers 17).

Zum Lesen & Nachdenken – Ester 4,10-17

Heute beginnen wir mit dem zweiten der beiden einzigen nach Frauen benannten Bücher – dem Buch Ester. Es ist übrigens zugleich das einzige biblische Buch, in dem der Name Gottes nicht erwähnt wird. Trotzdem lässt sich zwischen den Zeilen ganz deutlich Gottes leitende Hand erkennen.

Bevor wir das Buch Ester von Anfang an Kapitel für Kapitel studieren, möchte ich die nächsten beiden Tage nutzen, um den Leser mit einigen Höhepunkten des Textes bekannt zu machen – daher die heutige Bibelstelle. Dieser Vers ist zweifellos *das* Schlüsselereignis des Buches Ester und führt uns direkt zu seinem Hauptthema: dem Wirken Gottes im Leben seines Volkes – in gewisser Hinsicht eine ähnliche Thematik wie im Buch Rut.

Wenn uns die feste Überzeugung fehlt, dass Gott auf dem himmlischen Thron sitzt und regiert, wird unser Leben bald geistlich tot und leer sein. Ein Christ, der sagt: „Ich bin mir nicht sicher, ob Gott in meinem Leben wirkt oder nicht“, der lebt gefährlich. Unsere Denkweise hat einen großen Einfluss auf unsere Wahrnehmung. Und sofern wir der Meinung sind, dass alles willkürlich und planlos sei, dann wird auch unser Leben, wie jemand einmal sagte, aus nichts als „Tagen voll lärmender Betriebsamkeit, aber ohne Sinn und Zweck“ bestehen.

Vater, ich weiß, dass ich mich, wenn ich mein irdisches Dasein ohne das klare Bewusstsein deiner allmächtigen, lenkenden Hand zubringe, auf ein gefährliches Gleis begebe. Deshalb bitte ich dich: Öffne mir die Augen für deine göttliche Führung und Fürsorge. Amen.

Jes 40,9-26; Ps 77,20; 139,9-10
Welcher Überzeugung war Jesaja?
Bist du auch seiner Meinung?

Bewahrung vor geistlichem Schiffbruch

„So hängte man Haman an dem Holzpfahl auf, den er für Mordechai errichtet hatte“ (Vers 10).

Zum Lesen & Nachdenken – Ester 7,1-10

Ein zweites Schlüsselereignis ist die Niederlage und der Sturz von Haman, des intrigierenden Ministers am Königshof. Dieser Bibelvers bildet zusammen mit dem gestrigen den Dreh- und Angelpunkt des Buches Ester. Der eine zeigt uns die Allmacht Gottes, der Ester in einer Zeit drohender Gefahr Königin werden lässt, der andere verkörpert das Ende des Bösen.

Gott sitzt auf dem Herrscherthron und er wird mit seinem Plan zum Ziel kommen – egal, wie aussichtslos die Dinge nach menschlichem Ermessen scheinen mögen. Vor vielen Jahren, in einer Zeit der persönlichen geistlichen Dürre, hat mir das Buch Ester durch die Vision von Gottes Allmacht neue Kraft gegeben und eine entscheidenden Wende in meinem Leben bewirkt. Und das wünsche ich mir auch für alle Leser dieser Zeilen.

Unser Leben gleicht einem Sturm auf hoher See. Als Christen sind wir extremem Druck ausgesetzt, nicht nur durch den Satan, sondern auch durch eine zunehmend feindliche Umgebung. Wenn wir in einer Welt bestehen wollen, die mehr und mehr aus den Fugen gerät, brauchen wir feste Überzeugungen, die uns Halt geben. Meinungen sind nicht genug. Wie sich ein Seemann auf Fixpunkte verlassen können muss, um seine Position zu bestimmen, so brauchen auch wir ganz elementare, geistliche Fixpunkte, um unser Schiff durch alle Anfechtungen manövrieren zu können. Ein solcher Fixpunkt ist zum Beispiel das Wissen um die Allmacht Gottes. Das Buch Ester ist wie ein Leuchtfeuer, das uns den Weg durch das Dunkel der Nacht weist und uns vor geistlichem Schiffbruch bewahrt.

Mein Vater und mein Gott, der Kurs, den mein Lebensschiff nimmt, ist nicht immer einfach, aber ich weiß, dass du der beste Navigator bist.
Danke, dass du mir Fixpunkte gibst, nach denen ich meine geistliche Position bestimmen kann – so wie das Buch Ester. Amen.

Phil 1,1-11; 2. Tim 1,12; 1. Petr 1,3-9; Jud 24
Welcher Überzeugung war Paulus?
Warum können wir uns auch in Zeiten des Leids und der Versuchungen freuen?

Weltausstellung im Jahr 482 v. Chr.

„Im dritten Jahr seiner Regierung, da veranstaltete er ein Gastmahl für all seine Fürsten und Knechte“ (Vers 3).

Zum Lesen & Nachdenken – Ester 1,1-8

Das Buch Ester und der Pentateuch (die fünf Bücher Mose) sind die beiden Bücher des Alten Testaments, auf die orthodoxe Juden einen Schwur oder Eid leisten. Denn das Thema der Mosebücher ist die Befreiung des Volkes Israel aus der Herrschaft der Ägypter; das Buch Ester beinhaltet die Rettung der Juden vor einem der größten Massaker aller Zeiten.

Die einleitenden Verse des Buches Ester machen uns mit König Xerxes (sein hebräischer Name war Ahasveros) bekannt, einem Herrscher von sinnlichem, launischem und unbeständigem Charakter. Eines Tages beschloss er, die Pracht seines Königreichs für seine hohen Beamten und die Adligen des Landes sechs Monate lang zur Schau zu stellen – eine Art Weltausstellung im Jahr 482 v. Chr. Den Abschluss bildete ein rauschendes Fest (Vers 5). Dabei war es der Wille des Monarchen, dass alle trinken konnten, so viel sie wollten, aber niemand dazu gezwungen werden sollte (Vers 8). Damit bewies der König mehr Verstand als viele Leute heutzutage, denn in manchen Kreisen werden diejenigen, die keinen Alkohol trinken, regelrecht gesellschaftlich geächtet und als „Moralapostel“ verschrien.

Ob die Bibel Abstinenz lehrt oder nicht – Christen sollten auf alle Fälle verantwortlich mit Alkohol umgehen. Auch in christlichen Kreise kommt es vor, dass Menschen ihren Kummer ertränken oder sich in bestimmten Situationen „Mut antrinken“. Ein Arzt erzählte mir, er habe zahlreiche christliche Patienten, die alkoholgefährdet seien. Bevor wir Trost im Weingeist suchen, sollten wir uns lieber an den Heiligen Geist wenden. Denn wozu brauchen wir Krücken, wenn es ewige Arme gibt, die uns tragen?

Gnädiger, liebender Vater, vergib mir, wenn ich von stimulierenden Genussmitteln abhängig bin, anstatt mich in Abhängigkeit von dir, dem lebendigen Gott, zu wissen. Ich komme heute zu dir, um dich um Reinigung, Vergebung und um eine neue Hingabe zu dir zu bitten. In Jesu Namen. Amen.

1. Kor 6,1-11; Lk 21,32-36; Röm 13,13
Was sagt der Apostel über die Gläubigen?
Wovor warnt uns Jesus?

Gott ist die höchste Instanz

„Aber die Königin Wasti weigerte sich, auf das Wort des Königs hin zu kommen, das [ihr] durch die Eunuchen [überbracht worden war]“ (Vers 12).

Zum Lesen & Nachdenken – Ester 1,10-12

Die nächste Person, die wir am Königshof des Xerxes kennen lernen, ist seine Frau, Königin Wasti. Über sie ist wenig bekannt, außer, dass sie allem Anschein nach eine sehr schöne, ehrbare und vernünftige Frau war. Am siebten Tag der Feierlichkeiten schickt König Xerxes, vom Wein bereits tüchtig angeheitert, seine Kämmerer los, um die Königin zu holen, weil er seinen Gästen ihre Schönheit vorführen will. Auf den ersten Blick ein harmloser Wunsch, doch einige Kommentatoren sind der Meinung, was der König im Schilde führte, war, dass Wasti sich vor allen Gästen ihrer Kleider entledigen sollte. Dies würde erklären, warum sie sich so standhaft weigerte, seinem Befehl nachzukommen.

Obwohl die Bibel lehrt, dass die Frauen sich ihren Männern unterordnen sollen (siehe Eph 5,22), ist hiermit niemals ein bedingungsloser Gehorsam gemeint. Befiehlt ein Mann seiner Frau etwas Sündhaftes, Anstößiges oder Unsittliches, hat sie selbstverständlich das Recht, sich zu weigern. Gott fordert niemals einen Gehorsam, der den biblischen Richtlinien widerspricht.

Versucht ein Mann, seine Frau zu zwingen oder zu überreden, gegen die göttlichen Gebote zu verstoßen (wenn auch meistens nicht so drastisch wie im Falle von Wasti), dann sollte sie Gott um Weisheit bitten, wie sie darauf reagieren soll. Denken wir einmal an Daniel. Als man ihn zwingen wollte, gegen seinen Glauben zu handeln, fand er mit Gottes Hilfe eine diplomatische Lösung, die letztendlich dem Wunsch des Königs entsprach, bei der er jedoch das Gesetz Gottes nicht zu übertreten brauchte (siehe Dan 1,8-16). Denn Gott ist die höchste Instanz. Seinem Willen sollen wir mehr gehorchen als den Menschen.

Himmlischer Vater, ich weiß, dass – obwohl Unterordnung einer Autorität gegenüber ein biblisches Prinzip ist – niemals von mir verlangt wird, einer Anordnung nachzukommen, die deinem Wort widerspricht. Doch wann immer ich mich weigern muss, hilf mir, dies weise und in Liebe zu tun. Amen.

Dan, Kap. 1; Jak 4,5-6; Kol 1,9
Was wurde von Daniel verlangt?
Welche Alternative schlug er vor?

Liebe und Unterordnung

„Denn das Verhalten der Königin wird zu allen Frauen hinausdringen, und ihre [Ehe]herren in ihren Augen verächtlich machen …“ (Vers 17).

Zum Lesen & Nachdenken – Ester 1,13-22

Wastis Weigerung, dem Befehl des Königs zu gehorchen, versetzt den ganzen Palast in Aufruhr. Das persische Königreich basierte auf dem Prinzip von Recht und Ordnung, das auch alle Bereiche am Hof durchdrang. Selbst der König war verpflichtet, sich an die Gesetze zu halten, die er selbst erlassen hatte. Empört über Wastis Benehmen, wendet er sich an seine Ratgeber, um zu besprechen, wie man nun mit ihr verfahren sollte. Diese teilen seine Empörung, nicht so sehr aus Sympathie zum König, sondern wohl eher aus Sorge, dass Wastis Verhalten Schule machen und im ganzen Land eine starke Frauenbewegung ins Leben rufen könnte, die für Gleichberechtigung kämpft. Nicht auszudenken! Sie beschließen, das Übel im Keim zu ersticken und raten dem König, die aufsässige Königin ihres Amtes zu entheben und sie durch eine neue Gemahlin zu ersetzen, die ihm mit Freuden untertan und treu ergeben sein würde. Zusätzlich empfehlen sie ihm, einen königlichen Befehl zu erlassen, dass alle Frauen des Landes, „von den vornehmsten bis zu den einfachsten Familien“ (Vers 20; Gute Nachricht), ihre Männer achten und ihnen den nötigen Respekt erweisen sollen.

Es gibt christliche Familien, in denen die Männer eine ähnliche Einstellung vertreten: „Ich bin das Haupt der Familie und verlange unbedingten Gehorsam. So steht es schließlich im Wort Gottes.“ Gott hat zwar den Mann als geistliches Oberhaupt der Familie eingesetzt, doch sein Handeln als Haupt soll immer von Liebe bestimmt sein. Ein Mann soll seine Frau lieben und ihr eine Stütze sein, so „wie auch der Christus die Gemeinde geliebt … hat“ (Eph 5,25). Wie sieht diese Liebe Christi zu seiner Gemeinde aus? Er ist fürsorglich und lenkt sie mit großem Einfühlungsvermögen. Ein Mann dagegen, der auf dem Standpunkt steht: „Ich bin der Boss, und du hast mir zu gehorchen“, ist ein Diktator und vom Beispiel der liebenden Verantwortung Christi weit entfernt.

Himmlischer Vater, mir ist bewusst, dass Beziehungsarbeit viel Sensibilität und Weisheit erfordert, besonders in der Ehe. Hilf mir, dass alle meine Beziehungen von der liebenden Haltung Jesu geprägt sind. Amen.

?

Eph 5,21-33; 1. Petr 3,1-7; Röm 5,8; 1. Joh 4,7-10
Worauf beruht die Unterordnung?
Warum können wir uns Christus und dem Kreuz unterordnen?

Mordechai

„Nun war da ein jüdischer Mann in der Burg Susa, sein Name war Mordechai, … ein Benjaminiter“ (Vers 5).

Zum Lesen & Nachdenken – Ester 2,1-6

Nachdem alles in die Wege geleitet ist, um Wasti aus dem Palast zu entfernen, werden Pläne für die Wahl der neuen Königin gemacht. Das Ergebnis ist der erste „Miss Welt“- Wettbewerb. Der König beauftragt Beamte in allen Provinzen seines Reiches, Schönheitswettbewerbe zu veranstalten, um die hübschesten Mädchen des Landes zu ausfindig zu machen. Und nur die besten Kandidatinnen sollen vor dem König erscheinen dürfen.

Hier betritt eine dritte wichtige Person unsere Bildfläche – der Jude Mordechai. „Im Palastbezirk von Susa lebte ein Jude namens Mordechai“, lesen wir (Vers 5; Gute Nachricht). Dies ist das erste Mal, dass die Begriffe „Jude“ oder „jüdisch“ im Buch Ester vorkommen, doch von nun an sollen sie uns öfter begegnen, wenn auch im abwertenden Sinn.

Über hundert Jahre zuvor, als Nebukadnezar zur Zeit Daniels und Hesekiels eine große Anzahl von Juden in die babylonische Verbannung verschleppte, war Mordechais Urgroßvater unter den Gefangenen gewesen. Dann, 539 v. Chr., etwa sechzig Jahre vor den im Buch Ester aufgezeichneten Ereignissen, wurde Babylonien von dem Perserkönig Kyrus erobert. Seine Machtübernahme gipfelte in einem Erlass, dass die verbannten Juden nach Jerusalem zurückkehren und den unter Nebukadnezar zerstörten Tempel wieder aufbauen sollten. Es kehrten jedoch nicht alle Juden zurück. Einige zogen es vor, in Babylon zu bleiben oder ließen sich in anderen Teilen des Persischen Reichs nieder. Aus einem bestimmten Grund zog Mordechai nach Susa, einer Provinzhauptstadt Persiens. Ich sage bewusst „aus bestimmten Grund“, denn auch hier hatte Gott bereits seine Hand im Spiel, damit der rechte Mann zur rechten Zeit am rechten Ort sein würde.

Wie in der Geschichte von Rut, so sehen wir auch hier, wie Gott für sein Volk sorgt. Wie groß ist seine Weisheit, der Anfang und Ende nicht verborgen ist.

O Vater, vergib mir, dass ich manchmal so schwer von Begriff bin, wenn es darum geht, deine lenkende Hand in meinem Leben zu erkennen. Mach mich wachsam und sensibel für deine Führung. In Jesu Namen. Amen.

Jes 46,5-13; 42,8-9; 1. Petr 1,2
Wen rief Gott aus einem fernen Land?
Welches Ziel hat Gott mit den Gläubigen?

Ester

„Mordechai hatte eine Kusine ..., auch Ester genannt. Sie war außerordentlich schön" (Vers 7).

Zum Lesen & Nachdenken – Ester 2,7-8

Heute begegnet uns die junge Frau, die in unserer Geschichte die Hauptrolle spielt – Ester, die Kusine und Adoptivtochter des Juden Mordechai. Seit dem Tod ihrer Eltern hatte er sie als Tochter angenommen.

In der „Hoffnung für alle"-Bibel lesen wir über sie: „Sie war sehr schön, und ihre Gestalt war besonders anmutig" (Vers7). Diese Eigenschaft wird deshalb extra betont, um zu zeigen, dass Ester durchaus in Frage kam, im Schönheitswettbewerb des Königs zu bestehen. Mordechai wusste, dass König Xerxes eine würdige Nachfolgerin für Wasti suchte, und beschloss, dass Ester sich bewerben sollte. Diese Reaktion scheint auf den ersten Blick völlig widersprüchlich zu seinem jüdischen Glauben zu sein. Denn die meisten Juden in der damaligen Zeit betrachteten eine Heirat mit einem heidnischen Partner als verwerflich. Und außerdem, welcher Mann hätte seiner Tochter oder Pflegetochter eine Ehe mit dem launischen, für seine Ausschweifungen bekannten König zumuten wollen? Mordechai hatte all dies sicher bedacht, doch irgendetwas drängte ihn, Ester zu überreden, an dem „Königinnen-Nachwuchs-Wettbewerb" teilzunehmen.

So wirkt Gott in seiner vorausschauenden Weisheit und Herrlichkeit. Sie äußert sich auf viele verschiedene Arten, wie etwa in dem sanften Druck, den der Allmächtige bei der Entscheidungsfindung auf uns ausübt. Manchmal drängt uns Gott, etwas Bestimmtes zu sagen oder zu tun, das unseren natürlichen Neigungen widerspricht. Und wie schwer dies auch zu verstehen ist, werden wir immer feststellen, dass Gottes Führung letztendlich richtig war.

O Vater, wo wäre ich heute, hättest du nicht stets auf verborgene Weise in meinem Leben gewirkt, so dass deine Ziele verwirklicht werden konnten? Wie dankbar bin ich für den sanften Druck des Heiligen Geistes, der mir den rechten Weg weist. Lob und Ehre sei deinem herrlichen Namen. Amen.

Jes 55,1-11; Ps 18,30; 145,17; Hos 14,9
Was tun die Gerechten?
Was schreibt der Psalmist über die Wege Gottes?

Wenn Gott unsere Pläne durchkreuzt

„Und das Mädchen gefiel ihm und erlangte Gnade vor ihm“ (Vers 9).

Zum Lesen & Nachdenken – Ester 2,8-9

Es ist eine der faszinierendsten Entdeckungen im Alten Testament, wie Gott für seine Ziele immer wieder Menschen gebraucht, die noch nicht einmal an ihn glauben. Kyrus, der Gründer des Persischen Reiches, ist ein solches Beispiel. Bei Jesaja lesen wir, wie hinter all den Eroberungen des Kyrus ein göttlicher Plan stand. Der Herr sagte zu Kyrus: „Ich gürte dich, ohne dass du mich erkannt hast“ (Jes 45,5).

In unserem heutigen Bibeltext lässt sich eine ähnliche Strategie erkennen. Ester, die in die königliche Residenz Susa gebracht worden war, befand sich dort – sozusagen als Teilnehmerin in der Endausscheidung – in der Obhut Hegais, der die Verantwortung für den königlichen Harem trug. „Und das Mädchen gefiel ihm und erlangte Gnade vor ihm“, lesen wir. Dies ist nicht das erste Mal, dass Gott einen seiner Auserwählten die Gunst einer Schlüsselperson am Königshof gewinnen lässt. Ich denke zum Beispiel an Josef (1. Mo 41,9-14), der zu seiner Zeit ein Werkzeug Gottes war. Genauso sollte Ester zum Sprachrohr Gottes für sein Volk werden. Noch war sie am Königshof unbekannt. Aber Gott hatte bereits von langer Hand die Rettung seines Volkes durch sie vorbereitet.

Wir beginnen zu verstehen, warum Mordechai und Ester in Persien geblieben waren, anstatt zurück in ihre Heimat zu gehen. Dort, in der Hauptstadt Jerusalem, lagen Stadtmauern und Tempel noch immer in Trümmern, und die wenigen Juden, die aus der Verbannung zurückgekehrt waren, waren mutlos und enttäuscht. Beherzte Menschen wie Ester und Mordechai hätte man in Jerusalem bestimmt gebrauchen können. Doch sie sollten Teil eines größeren Plans werden – der Rettung der Juden vor der Vernichtung.

Denken wir immer daran: Wenn Gott unsere Pläne durchkreuzt, dann hat er seine Gründe dafür. Dann will er, dass wir Teil eines besseren, größeren Plans werden.

Gnädiger und liebender Vater, lass mich erkennen, dass du, wenn meine eigenen Pläne vereitelt werden, ganz andere Möglichkeiten und Ziele für mich bereithältst. Und lass mich nicht meinen gescheiterten Plänen nachtrauern, sondern mich auf das Neue freuen, das du mit mir planst. Amen.

Jer 29,4-14; Ps 40,4-5; 139,17-18; Spr 24,14
Welche Pläne hatte Gott für Israel?
Warum tat sich das Volk Israel so schwer, dies zu erkennen?

Warum Antisemitismus?

„Ester hatte [aber] ihr Volk und ihre Abstammung nicht angegeben, denn Mordechai hatte ihr befohlen, dass sie es nicht angeben sollte“ (Vers 10).

Zum Lesen & Nachdenken – Ester 2,10

Mordechais Rat, dass Ester auf keinen Fall ihre jüdische Herkunft preisgeben sollte, lässt darauf schließen, dass er sich in irgendeiner Weise bewusst war, dass Gott ihre Anwesenheit im Palast zur Erfüllung seines Plans nutzen wollte. Dies erklärt auch, warum er sich dafür eingesetzt hatte, dass seine Adoptivtochter den gottlosen König Xerxes heiraten sollte.

Ohne Zweifel waren die Juden damals in Persien genauso verhasst wie in Deutschland während der Nazizeit. Woher kommt dieses Phänomen, das wir Antisemitismus nennen? Eine gängige Antwort ist, der Judenhass habe seine Wurzeln in der Eigenschaft der Juden, gut mit Geld umgehen zu können und oft sehr wohlhabend zu sein. Einer anderen Meinung nach ist dieser Hass Teil des göttlichen Gerichts, weil das Volk Israel in der Vergangenheit Gott immer wieder ungehorsam gewesen ist. Eine weitere Erklärung ist allgemeine Fremdenfeindlichkeit. Der wirkliche Grund ist meiner Meinung nach die einfache Tatsache, dass die Juden Gottes auserwähltes Volk sind – auserwählt, um Gottes besonderen Plan zu verkörpern.

Menschen, die Gott hassen, übertragen diesen Hass oft – bewusst oder unbewusst – auf sein auserwähltes Volk. Und ich glaube, dies ist der Hauptgrund für den Antisemitismus. Dies erklärt auch, warum ein Antisemit, der zum Glauben an Jesus Christus findet, plötzlich eine ganz neue Liebe zum jüdischen Volk entdeckt. Wer Gott liebt, der entwickelt auch eine besondere Liebe zu den Menschen, die Teil seines göttlichen Plans sind.

Vater, wie spannend ist es, zu entdecken, dass, seit ich dich kenne, meine Liebe auf einmal viel weitere Kreise zieht. Seit ich nicht mehr von deiner Gemeinschaft ausgeschlossen lebe, will ich auch niemanden mehr ausschließen. Amen.

Röm, Kap. 10-11; Mal 3,1-14; Sach 1,17; 10,6
Was war Paulus' Gebet für die Israeliten?
Welche Frage stellte und beantwortete er?

Gottes Geduld

„Jedes Mädchen wurde ein Jahr lang auf die Begegnung mit dem König vorbereitet“ (Vers 12; Gute Nachricht).

Zum Lesen & Nachdenken – Ester 2,11-14

Gestern waren wir zum dem Schluss gekommen, dass Mordechai aus einer göttlichen Eingebung heraus Ester geraten hatte, ihre jüdische Identität geheim zu halten, da er spürte, dass sie beide in Gottes Plan eine Rolle spielen würden. Umso vorsichtiger musste er sein, wenn er sich täglich im Hof des Harems blicken ließ, um sich zu erkundigen, wie es Ester ginge.

Wie oft muss er gedacht haben: Wird es ihr gelingen, ihre jüdische Herkunft lange genug zu verbergen? Oder wird sie sich eines Tages durch eine harmlose Bemerkung verraten? So erschien er täglich treu vor den Toren des Palastes – zwölf Monate lang! Diese lange Zeit des Hoffens und Abwartens spricht für die Geduld und Beharrlichkeit Mordechais, zweifellos genährt von der Gewissheit, dass Gott die Sache zu einem guten Ende führen würde.

Es gibt immer wieder Situationen, da warten wir sehr lange auf eine Antwort. Manchmal scheint es, als habe Gott seine Verheißung vergessen und uns im Stich gelassen – ein Problem, das Christen seit Jahrhunderten bekannt ist. Auch den Psalmsängern und Propheten war es nicht fremd. Warum braucht Gott manchmal so lange, bis er handelt? Die einfache Antwort lautet: Gottes Gedanken sind nicht unsere Gedanken, seine Wege nicht unsere Wege. Sein Zeitverständnis ist anders und seine Langmut unendlich viel größer als wir es je begreifen könnten. Deshalb müssen wir Geduld lernen, um seine Geduld zu verstehen.

Himmlischer Vater, vergib mir meine Ungeduld und hilf mir, zu verstehen, dass alle Dinge bei dir gut aufgehoben sind, auch wenn sie manchmal etwas länger dauern. Lass mich dies nie vergessen. Darum bete ich in Jesu Namen. Amen.

Hebr 4,1-11; Hab 2,1-3; Ps 62,6
Worum sollen wir uns nach Kräften bemühen?
Welches Ergebnis verspricht uns Gott?

Zur Königin erwählt

„Und der König gewann Ester lieb, mehr als alle Frauen“ (Vers 17).

Zum Lesen & Nachdenken – Ester 2,15-20

Die einjährige Vorbereitungszeit der Mädchen war nun zu Ende, und der Tag nahte, an dem die neue Königin von Persien gewählt werden sollte.

Die Bewerberinnen pflegten sich mit den kostbarsten Ölen und Schönheitsmitteln und durften sich Kleider und Schmuck aus dem Harem aussuchen. Man sagte ihnen im Grunde: „All das steht euch zur Verfügung; nehmt, was ihr braucht, um euch so schön wie möglich zurecht zu machen!“ So ging auch Ester, als sie an die Reihe kam, angemessen gekleidet und herausgeputzt zum König. Als Xerxes ihre Schönheit sah, war es um ihn geschehen und er wusste mit absoluter Gewissheit: Dies ist die Frau, die Wastis Nachfolgerin werden sollte. Ester wurde die neue Königin des Landes. All dies ereignete sich, ohne dass ihre jüdische Abstammung bekannt wurde. So weit, so gut. Unmerklich und ohne Eile hatte Gott den ersten Schritt seines Plans zur Rettung seines Volkes vorbereitet.

Esters Wahl zur Königin ist wahrscheinlich eines der wichtigsten Daten im Kalender Gottes. Und wir können nur staunen über seine wunderbare göttliche Vorsehung. Und dieses Staunen sollte uns in einer Überzeugung bestärken, die im Herzen eines jeden Christen tief verwurzelt sein sollte: Gott gibt seine Herrschaft niemals auf. Obwohl es manchmal scheinen mag, als habe Gott das Interesse für den Gang der Dinge verloren, arbeitet er unaufhörlich an seinem Plan. Und nur blinde Ignoranz wird sein Schweigen als Schwäche interpretieren.

Vater, ich will nie aus den Augen verlieren, dass du Herr jeder Situation bist und die Zügel niemals aus der Hand gibst. Lass diese Erkenntnis zum Anker werden, der mich auch in den schwersten Stürmen hält. Dies erbitte ich in dem kostbaren und unvergleichlichen Namen Jesu. Amen.

1. Petr 2,1-10; Joh 15,18-19; Eph 1,4; Jak 2,5
Wie beschreibt Petrus die Erlösten?
Woraus können wir große Kraft schöpfen?

Mordechai rettet dem König das Leben

„Und die Sache wurde dem Mordechai bekannt, und er berichtete es der Königin Ester, und Ester sagte es dem König … [weiter]“ (Vers 22).

Zum Lesen & Nachdenken – Ester 2,21-23

Von der Freude im Palast über die Wahl der neuen Königin kommen wir nun zum nächsten Stadium im Verlauf der Geschichte. Nun, da Ester mit Gottes Hilfe die Gunst des Königs gewonnen hatte, wollte Gott dasselbe auch für Mordechai erreichen. Aber wie konnte ein unbekannter Jude die Aufmerksamkeit des Königs erregen?

Eines Tages hörte Mordechai, der inzwischen eine Anstellung am Hof gefunden hatte, wie zwei Wachen einen Anschlag auf den König planten. Normalerweise wäre Mordechai der Zugang zum Palast verwehrt gewesen. Doch dank seiner Stellung gelang es ihm, Ester eine Nachricht zukommen zu lassen. Schließlich ging es um Leben und Tod. Der König war in Gefahr, und es galt keine Zeit zu verlieren. Ester informierte Xerxes sofort, der darauf die Angelegenheit untersuchen ließ. Die Wachen wurden verhört und, als ihre Schuld bewiesen war, an den Galgen gebracht. Der König befahl darauf, den Vorfall samt Mordechais Namen in die Chronik des Landes einzutragen. Wie wir sehen werden, sollte dieses Dokument später noch eine entscheidende Rolle spielen.

Göttliche Voraussicht gilt auch für kleine, scheinbar banale Details. Wir sind geneigt, nur die großen Dimensionen der Herrschaft Gottes zu sehen – etwa, dass Gott über das Universum herrscht und die Sterne auf ihrer Bahn hält. Doch manchmal sind es Alltäglichkeiten wie das Schreiben eines Briefes oder das Erwischen eines bestimmtes Zuges, die dazu beitragen, dass sein großer Plan gelingt.

Vater, ich danke dir, dass du mir in Erinnerung rufst, dass für dich auch die scheinbar banalen Dinge meines Lebens wichtig sind. Ich habe nicht genug Worte, dir zu danken, dass du nicht nur die Planeten lenkst, sondern auch die Ereignisse meines Lebens. Amen.

Mt 10,26-33; 1. Mo 28,15; Ps 31,15-16; Lk 12,7
Wie kümmert sich Gott um jedes Detail unseres Lebens?
Was hat der Psalmist in Gottes Hand gelegt?

Anpassung um jeden Preis?

„Und alle Knechte des Königs … beugten die Knie … vor Haman … Aber Mordechai beugte seine Knie nicht …“ (Vers 2).

Zum Lesen & Nachdenken – Ester 3,1-4

Heute kommt noch ein neuer Name ins Spiel – Haman. Wir wissen sehr wenig über ihn, außer, dass er es durch eine Reihe von Beförderungen zu einer angesehenen Position am Königshof gebracht und somit die höchste Stellung gleich nach dem König hatte. Allerdings erfahren wir etwas sehr Wichtiges über ihn: Er war der „Sohn des Hammedata“ (Vers 1), einem Nachkommen von Agag, dem König der Amalekiter, der durch das Schwert Samuels umkam (siehe 1. Sam 15,33). Vor diesem Hintergrund kann man davon ausgehen, dass er den Juden nicht unbedingt freundlich gesonnen war.

In seiner Position als erster Minister am Königshof war Haman eine Autorität, der Respekt und Gehorsam gezollt wurde. Wo immer er erschien, mussten die Leute sich vor ihm niederwerfen. Nur einer weigerte sich – Mordechai. Als Jude beugte er seine Knie vor niemand anderem als vor dem lebendigen Gott. Seine Freunde fürchteten um seine Sicherheit und versuchten ihn zu überreden, sich vor Haman zu verbeugen, doch er blieb hart. Er würde diese Ehre einzig und allein seinem Schöpfer erweisen und niemals einem sterblichen Menschen. Vielleicht führten Mordechais Freunde das Argument ins Feld, er solle doch nicht so stur an seinen Prinzipien festhalten, denn es sei es nicht wert, deshalb seinen Job und außerdem Kopf und Kragen zu riskieren. Doch Mordechai hörte nicht auf sie. Er wollte allein Gott die Ehre geben, koste es, was es wolle.

Viele Menschen verraten ihre Prinzipien aus Pragmatismus. Kann Anpassung um jeden Preis das Richtige sein? Ich denke nicht. Wann immer ein Widerspruch besteht zwischen den Geboten Gottes und „dem, was alle tun“, sollten wir es halten wie Mordechai und unseren Prinzipien treu bleiben. In den Augen der Welt mag das töricht sein, nicht dagegen in den Augen Gottes.

Herr, hilf mir, in kritischen Situationen immer das Richtige zu tun. Stärke meine Überzeugungen, so dass ich nicht dem Druck der Welt nachgebe und meine Prinzipien verrate. Darum bitte ich dich in Jesu Namen. Amen.

Dan, Kap. 3; Mt 16,26
Was war die Überzeugung der jungen hebräischen Männer?
Was ist die Gefahr, wenn man aus pragmatischen Gründen Kompromisse eingeht?

Ein teuflischer Plan

„Aber es war in seinen Augen zu gering, die Hand an Mordechai allein zu legen, da man ihm die Volkszugehörigkeit Mordechais mitgeteilt hatte“ (Vers 6).

Zum Lesen & Nachdenken – Ester 3,5-6

Als Haman zugetragen wurde, dass ein einziger Mann im ganzen Königreich sich weigerte, sich vor ihm niederzuwerfen, schäumte er vor Wut. Inzwischen war bekannt, dass Mordechai Jude war. Haman, der schon aufgrund seiner Herkunft antisemitische Gefühle hegte, hätte Mordechai am liebsten sofort umgebracht. Doch er wagte es nicht, denn er wusste, dass er sich dadurch Feinde schaffen würde, denn das Gesetz hatte damals in Persien einen hohen Stellenwert und alle, auch der König und seine hohen Beamten, hatten sich daran zu halten. Außerdem hätten sich dann die Leute bestimmt gefragt: „Wie kommt es, dass Haman sich vor einem einzigen Juden so fürchtet?“

Darauf dachte sich Haman einen teuflischen Plan aus, der ihm die erwünschte Rache einbringen würde – warum nicht gleich das ganze Volk der Juden ausrotten? Im Lauf der Geschichte ist immer wieder versucht worden, das jüdische Volk zu vernichten. Dahinter steckt immer der Satan – der Erzfeind Gottes und aller Menschen.

Der Teufel weiß um die Auserwählten Gottes – die Juden und die Gemeinde Christi. Ihnen gilt sein ganzer Hass. Wäre es dem Satan gelungen, die Juden auszulöschen, wäre Jesus nie geboren worden, denn nach der Verheißung war er jüdischer Abstammung. Und seltsamerweise hat der Hass des Satans dazu beigetragen, dass die Juden durch alle Jahrhunderte überlebt haben, denn gerade durch Verfolgung und Leid wurden sie zusammengeschweißt und konnten auf der ganzen Welt ihre Identität als Volk bewahren. Ein weiterer Beweis dafür, dass Gott in jeder Situation Böses zum Guten wenden kann.

Mein Gott und Vater, je mehr ich erkenne, dass nichts und niemand deine ewigen Pläne vereiteln kann, desto mehr wird mir klar, dass meine Ängste überflüssig sind. Lass diese Erkenntnis ganz tief in meine Seele eindringen. Amen.

Joh 10,1-10; 8,42-47; 1. Petr 5,8
Wie beschreibt Jesus den Teufel?
Was war der Teufel von Anfang an?

Der „Zeitmesser Gottes“

„Da gibt es ein Volk, verstreut und abgesondert unter den Völkern“ (Vers 8).

Zum Lesen & Nachdenken – Ester 3,7-8

Wir halten inne, um das Thema zu vertiefen, dass die Verfolgungen, denen die Juden im Lauf der Geschichte immer wieder ausgesetzt waren, dazu beitragen haben, sie in ihrer kulturellen und geistlichen Identität zu stärken. Die Tatsache, dass sie die Niedertracht des Pharao, des Haman und später die Gräueltaten des Dritten Reichs überlebt haben, beweist deutlich, dass Gott immer wieder seine schützende Hand über sein Volk hält.

Kulturen werden geboren, erreichen ihre Blütezeit und sterben. Das ist der Lauf der menschlichen Geschichte. So war es bei den Babyloniern, den Persern, den Römern … doch nicht bei den Juden. Dieses Volk hat 4000 Jahre lang gekämpft, versagt, sich wieder gefangen, sich durchgebissen und Jahrhunderte und Kulturen überdauert, um sich schließlich im Gelobten Land niederzulassen. Dabei war es nie vollkommen, und man wünscht sich, dass die Verantwortlichen im heutigen Israel manche politischen Probleme sensibler angehen würden, aber das ändert nichts daran, dass sie in dem Land leben, weil es Gottes Wille ist. Von dem Augenblick an, als Terach, der Vater Abrahams, und seine Familie den Euphrat überquerten und somit die Ersten waren, die „Hebräer“ (d.h. „von jenseits des Euphrat kommend“) genannt wurden, hat Gott sein Volk überschattet, geleitet und bewahrt.

Das jüdische Volk wurde auch als „Zeitmesser Gottes“ bezeichnet, da sich an den Veränderungen im Leben Israels der Verlauf der göttlichen Prophetie ablesen lässt. Und wenn ich nicht völlig falsch liege, dann bedeutet ihre Rückkehr ins Gelobte Land und ihre starke nationale Identität heute, dass eine entscheidende Epoche göttlicher Vorsehung angebrochen ist.

Vater, stehen wir vor einer entscheidenden Stunde der Geschichte der Menschheit? Alle Anzeichen sehen danach aus. Hilf mir, geistlich wachsam und vorbereitet zu sein für alles, was geschehen wird. Darum bitte ich dich im Namen Jesu. Amen.

Mt, Kap. 24; Lk 21,12-25; Mt 26,64; 1. Thess 5,1-11
Was ist mit der Wiederkunft Christi verbunden?
Weshalb müssen wir wachsam sein?

Ein ungleicher Kampf

„Wenn es dem König gefällt, werde [eine Anordnung] geschrieben, dass man sie ausrotte“ (Vers 9).

Zum Lesen & Nachdenken – Ester 3,9-15

Haman wusste ganz genau, dass die Ausrottung der Juden der sorgfältigen Vorbereitung bedurfte, falls sein Plan erfolgreich sein sollte. Als Erstes musste ein königlicher Befehl erlassen werden, alle in Persien lebenden Juden umzubringen.

Als Haman das unheilvolle Schreiben aufgesetzt hatte, brachte er es zum König, der es offensichtlich bedenkenlos unterzeichnete und somit ein neues Gesetz in Kraft setzte. Das Dokument bestand natürlich aus lauter Lügen, was uns nicht überraschen sollte, da derjenige dahinter steckte, den Jesus als „Vater der Lüge“ bezeichnet – der Teufel (siehe Joh 8,44). Hamans Hass gegenüber den Juden war so groß, dass er sogar anbot, die grausame Aktion mit 10000 Talenten Silber zu finanzieren – ungefähr 25 Millionen Pfund in heutiger Währung. Dabei rechnete er sich wahrscheinlich aus, dass er diese finanziellen Auslagen später durch die Beschlagnahmung jüdischen Besitzes wieder ausgleichen könnte. Als das königliche Edikt unterzeichnet war, wurde es in die verschiedenen Sprachen der Völker des Persischen Reichs übersetzt und durch Kuriere in allen Landesteilen verbreitet. Darin stand, dass am 13. Tag eines bestimmten Monats sämtliche Juden – ohne eine einzige Ausnahme – vernichtet werden sollten.

Doch Haman würde noch feststellen, wie die Herrscher anderer Länder auch, dass alle, die gegen die Juden ins Feld ziehen, in Wirklichkeit gegen Gott ins Feld ziehen – und das ist immer ein ungleicher Kampf.

Gnädiger und liebender himmlischer Vater, wie froh bin ich, dass ich nicht gegen dich, sondern im „guten Kampf des Glaubens“ für dich kämpfe. Hilf mir, zu begreifen, dass ich mit dir an meiner Seite immer siegen werde. Amen.

Ps 3; 20,7; 27,3; Röm 8,31
Was drückte der Psalmist aus?
Womit ermutigt uns Paulus?

In Sack und Asche

„Und Hatach kam und teilte Ester die Worte Mordechais mit“ (Vers 9).

Zum Lesen & Nachdenken – Ester 4,1-9

Als Mordechai von Hamans grausamen Erlass erfährt, packt ihn die schiere Verzweiflung. Ihm ist bewusst, dass jetzt alle Juden für seine Weigerung, sich vor Haman niederzuwerfen, büßen müssen.

Darauf zieht er sich ein Gewand aus Sacktuch an und streut sich Asche auf den Kopf – das jüdische Symbol tiefer Trauer. In dieser Trauerkleidung macht er sich auf zum Palasttor, in der Hoffnung, dass ihn jemand aus dem Palast sehen und Ester davon erzählen würde. Sein Plan funktioniert. Ester erfährt von dem ungewöhnlichen Aufzug Mordechais und ist zutiefst bestürzt. Sie weiß noch nichts von Hamans Plan und kann daher über den Grund für Mordechais seltsames Verhalten nur spekulieren. Welches Unglück mochte ihm geschehen sein? Hatte er einen geliebten Menschen verloren? Seinen Besitz? Sein Geld? Sie lässt ihm andere Kleider bringen und schickt einen Boten zum Palasttor, der den Grund für Mordechais Trauer herausfinden soll. So erfährt sie zum ersten Mal von Hamans niederträchtigem Plan, ihr Volk auszulöschen. Vielleicht war das der Zeitpunkt, in dem Ester und Mordechai zu verstehen begannen, warum sie in Persien bleiben sollten.

Manchmal können wir Gottes Führung erst dann erkennen, wenn wir in einer Krise stecken. Wie tröstlich ist es zu wissen, dass der Gott, der die Zukunft kennt, uns vorangegangen ist und alles zu einem guten Ende führen wird.

O Gott, vergib mir, dass ich so leicht vergesse, dass du nicht nur mit mir, unter mir und über mir bist, sondern auch vor mir her gehst. Nichts kann mir geschehen, was du nicht bereits vorausgesehen hast. Dies soll mir Trost und Stütze sein. Amen.

1. Mo 37,1-36; 45,1-28
Was hatten Josefs Brüder getan?
In welchem Zusammenhang konnte Josef die Ereignisse später sehen?

Die weise Voraussicht Gottes

„Da sagte Ester zu Hatach und trug ihm auf für Mordechai …“ (Vers 10).

Zum Lesen & Nachdenken – Ester 4,10

Unser gestriger Gedankengang war, dass Ester und Mordechai angesichts des von Haman geplanten Judenmordes etwas von der weisen Voraussicht Gottes geahnt haben müssen, der sie nach Persien geführt hatte.

Das Thema der souveränen Herrschaft und vorausschauenden Führung Gottes ist heute noch genauso aktuell wie damals. Das Bewusstsein, dass Gott in unserem Leben wirkt und sich selbst um die kleinsten Details kümmert, schenkt unserem Christsein frische Impulse und neuen Auftrieb in Zeiten der Dürre. F. W. Robertson, ein großer prophetischer Prediger aus Brighton in England, wollte früher Soldat werden und damit in die Fußstapfen seines Vaters und Großvaters treten. Doch das Schreiben, mit dem er einberufen werden sollte, ging verloren. Stattdessen schrieb er sich auf den Rat seines Vaters an einem Predigerseminar ein. Fünf Tage später erhielt er Post von der Armee. Aber Robertson war überzeugt, dass die Verspätung göttliche Führung gewesen war und blieb am Predigerseminar. Und wie sein gesegneter, begnadeter Predigtdienst in Zukunft zeigen sollte, hatte er die richtige Entscheidung getroffen.

Ein Bekannter fasste seine Erfahrungen mit der Führung Gottes in die Worte: „Hätte ich nicht eine bestimmte Person getroffen, hätte ich nie eine bestimmte Dame kennen gelernt, die mich jemandem vorstellte, der eine überempfindliche Tochter hatte. Und hätte sich diese Tochter nicht durch das Bellen meines Hundes gestört gefühlt, wäre ich heute kein Christ.“ Wer würde bestreiten, dass Gott das Leben seiner Kinder bis ins kleinste Detail weise lenkt?

O Vater, von neuem stehe ich staunend vor dir und lobe und preise dich für deine weise Führung. Nichts ist dir zu gering oder banal, als dass es nicht deinem ewigen Ziel dienen könnte. Wie wunderbar sind deine Wege, auch wenn sie über unser Verstehen hinaus gehen. Amen.

Hebr 13,9-21; Jes 40,11; Joh 10,11
Welche Aufgabe hat der Hirte?
Schreibe selbst einen kurzen Psalm über die Führung des Guten Hirten in deinem Leben.

Unser Auftrag

„Und wer erkennt, ob du nicht gerade für einen Zeitpunkt wie diesen zur Königswürde gelangt bist?“ (Vers 14).

Zum Lesen & Nachdenken – Ester 4,10-14

Als Ester Mordechais Botschaft erhält, in der er sie bittet, sofort zum König zu gehen und ihn anzuflehen, das Massaker an ihrem Volk zu verhindern, ist sie bestürzt und ratlos. Ihre Antwort lautet: „Alle, die im Dienst des Königs stehen, … kennen das unverbrüchliche Gesetz: Wer ungerufen, ob Mann oder Frau, zum König in den inneren Hof des Palastes geht, muss sterben. Nur wenn der König ihm das goldene Zepter entgegenstreckt, wird er am Leben gelassen. Mich hat der König jetzt schon dreißig Tage nicht mehr zu sich rufen lassen.“ Mordechai antwortet: „Wenn du in dieser Stunde schweigst, wird den Juden von anderswo her Hilfe und Rettung kommen. Aber du und deine Familie, ihr habt dann euer Leben verwirkt und werdet zugrunde gehen. Wer weiß, ob du nicht genau um dieser Gelegenheit willen zur Königin erhoben worden bist?“ (Verse 11 u. 14, Gute Nachricht). Seine Worte verfehlen ihre Wirkung nicht. Ester nimmt sich den Gedanken, Gott könnte sie gerade deshalb an den Palast gerufen haben, um ihr Volk zu retten, zu Herzen.

Jeder Christ hat von Gott eine Bestimmung, einen besonderen Auftrag. In Gottes Reich ist nichts zufällig. Ein Mädchen kam von einer christlichen Jugendfreizeit nach Hause und sagte aufgeregt zu ihrem Vater: „Papa, die haben mir gesagt, dass ich eine Bestimmung habe.“ Und, nach einer Pause: „Was ist eine Bestimmung?“ Sie hatte eine Bestimmung, auch wenn sie nicht genau wusste, was damit gemeint war. So geht es vielen Christen. Gott hat einen Plan für ihr Leben, doch sie kennen ihn nicht. Gott hat bestimmte Aufgaben für uns, doch wenn wir nicht wissen, welche, dann bleiben sie unerledigt. Mein Auftrag ist zurzeit, *Jeder Tag mit Jesus* zu schreiben. Und deiner?

Vater, ist es wirklich wahr, dass du in deinem Königreich einen ganz persönlichen Auftrag für mich hast? Dann zeige mir meine Bestimmung, lieber Herr, und lass mich erkennen, was ich tun soll. Darum bitte ich dich im Namen Jesu. Amen.

Jos 1,1-9; 10,25; 23,6; 5. Mo 31,6
Welchen Auftrag gab Gott Josua?
Wozu wies Josua das Volk an?

Beten und Fasten

„Geh hin, versammle alle Juden, die sich in Susa befinden! Und fastet um meinetwillen ...“ (Vers 15).

Zum Lesen & Nachdenken – Ester 4,15-17

Mordechais Worte an Ester, die Lage im Licht der göttlichen Führung zu betrachten, überzeugen sie, so dass sie so schnell wie möglich zum König gehen will. Da so viel auf dem Spiel steht, beschließt sie, zuvor drei Tage lang zu fasten. Sie bittet auch Mordechai, sie durch Fasten im Gebet zu unterstützen und die Juden in der Stadt aufzufordern, während dieser Zeit ebenso auf Essen und Trinken zu verzichten.

Beten und Fasten ist eine Möglichkeit, unser geistliches Potential zu steigern – insbesondere in Krisenzeiten – und ist ein immer wiederkehrendes Thema in der Bibel. Leider ist diese geistliche Übung in der heutigen Zeit ziemlich aus der Mode gekommen.

Was hat es mit dem Fasten auf sich? Da ist zunächst einmal der medizinische Hintergrund: Wer nicht isst, dem sollte es leichter fallen, sich zu konzentrieren, weil durch die Blutmenge, die normalerweise für den Verdauungsprozess benötigt wird, das Gehirn stärker durchblutet werden kann. Wer sich näher mit dem Thema „Fasten“ beschäftigen möchte, dem sei das Buch *Fasten – was sagt die Bibel dazu?* von Arthur Wallis empfohlen.

Ich persönlich kenne in Krisenzeiten oder vor wichtigen Entscheidungen keine bessere Art der intensiven Begegnung mit Gott , als eine Zeit des Betens und Fastens einzulegen. Schon eine kurze Fastenzeit von 24 Stunden kann enorme geistliche Energien freisetzen. Allerdings ist Vorsicht geboten: Wer fastet, sollte zwar auf das Essen verzichten, aber ausreichend Flüssigkeit in Form von Wasser, Früchte- oder Kräutertee usw. zu sich nehmen. Wer gesundheitliche Probleme hat, sollte vor dem Fasten einen Arzt konsultieren.

Vater, ich danke dir, dass du mir das Fasten in Erinnerung rufst. Wenn es eine bestimmte Sache in meinem Leben gibt, über die ich fasten sollte, dann lass mich mithilfe deines Heiligen Geistes darüber klar werden und mache mich bereit dazu. Amen.

Mt 6,5-18; Joel 2,12; Apg 13,3; 14,23
Worauf sollte man beim Fasten achten?
Überlege, ob es etwas in deinem Leben gibt, worüber du beten und fasten solltest.

Das Zepter des Königs

„Und es geschah, als der König die Königin Ester im Hof stehen sah, erlangte sie Gunst in seinen Augen, und der König reichte Ester das goldene Zepter entgegen“ (Vers 2).

Zum Lesen & Nachdenken – Ester 5,1-2

Esters drei Tage des Fastens und Betens sind vorüber. Nun steht ihr der Gang zum König bevor. Sie weiß, es kann sie das Leben kosten, unaufgefordert vor ihn zu treten. Doch sie weiß auch, dass es keine Alternative gibt, wenn sie ihr Volk retten will und sagt sich: „Und wenn ich umkomme, so komme ich um!“ (4,16).

Das Fasten und Beten entbindet Ester nicht von ihrer Aufgabe, persönlich dem König ihre Aufwartung zu machen. Manche Christen denken, wenn sie fasten und beten, dann schreitet Gott automatisch ein und nimmt ihnen die Verantwortung ab, selbst aktiv zu werden. Doch dem ist nicht so. Vielmehr schärfen Gebet und Fasten unsere geistliche Wahrnehmung und machen uns bereit, zur richtigen Zeit das Richtige zu tun. Ester, die weiß, dass der König schöne Frauen schätzt, legt bei ihrem Besuch großen Wert auf ihre äußere Erscheinung und nähert sich ihm in ihren prächtigsten Gewändern. Wir wissen nicht, ob Xerxes sich durch ihr unerwartetes Kommen verärgert oder gestört fühlte, doch jedenfalls scheint ihre liebreizende Erscheinung ihn milde zu stimmen und er streckt ihr sein goldenes Zepter entgegen – ein Zeichen, dass Ester willkommen ist.

Welch anschauliches Bild dafür, wie wir als Sünder von dem allmächtigen Gott empfangen werden. Gottes „Zepter der Gerechtigkeit“ (Hebr 1,8; Luther 84) verkörpert seine Heiligkeit. Wir sind nicht rein genug, um uns ihm in unserem sündigen Zustand zu nähern. Doch bekleidet mit dem Gewand der Gerechtigkeit durch Christus dürfen wir vor Gottes Thron treten, das Zepter seiner Reinheit berühren, das er uns entgegen streckt und sind willkommen in seiner göttlichen Gegenwart, als ob wir nie gesündigt hätten. Wenn das kein Halleluja wert ist!

Vater, wie kann ich dir dafür danken, dass ich dadurch, dass dein Sohn Jesus Christus mich mit seinem Blut rein gewaschen hat, unaufgefordert in deine Gegenwart treten darf. Danke für diese Gnade, dass ich jederzeit zu dir kommen darf. Amen.

Eph 1,1-10; Kol 1,11-14
Welche Segnungen in Christus zählt Paulus auf?
Wozu hat uns Gott vorherbestimmt?

Die göttliche Strategie

„Wenn es dem König recht ist, so möge der König mit Haman heute zu dem Mahl kommen, das ich ihm bereitet habe“ (Vers 4).

Zum Lesen & Nachdenken – Ester 5,3-8

König Xerxes ist so überwältigt von Esters Schönheit, dass er sie, noch bevor sie den Grund ihres Kommen nennen kann, fragt: „Was führt dich her, Königin Ester? Was ist dein Wunsch? Ich gewähre dir alles, bis zur Hälfte meines Königreiches!“ Doch anstatt eines Wunsches spricht Ester eine Einladung aus: „Mein König, wenn es dir recht ist, dann komm doch heute mit Haman zu dem Mahl, das ich für dich vorbereitet habe“ (Verse 3 u. 4; Gute Nachricht). Warum diese merkwürdige Verzögerungstaktik? Hatte Ester etwa den Mut verloren und traute sich nicht, dem König ihr wirkliches Anliegen zu nennen? Keineswegs. Doch die drei Tage des Fastens und Betens haben in ihr einen genauen Plan reifen lassen.

Der König nimmt die Einladung zu dem Festessen erfreut an. Während der Mahlzeit wiederholt er seine Frage, was sie denn auf dem Herzen habe. Sie hingegen gibt ihm immer noch keine Antwort, sondern bittet ihn stattdessen, am nächsten Tag mit Haman noch einmal zu einem festlichen Mahl zu kommen. Wozu diese seltsame Strategie?

Was wir hier beobachten, ist die Weisheit Gottes, die in einem Menschen wirkt. Als Ester die drei Fastentage in der Stille mit Gott verbrachte, sprach er zu ihr und erfüllte sie mit seinen göttlichen Gedanken. Dies zeigt, wie wichtig es ist, sich im Gebet völlig von Gott und seinem Wort durchdringen zu lassen – Tag für Tag. Allein von unseren menschlichen Gedanken und menschlicher Weisheit gelenkt, könnten wir im Leben nicht bestehen. Wir brauchen diese Impulse Gottes. Deshalb ist es notwendig, besonders vor großen Entscheidungen, mehr Zeit mit dem Herrn zu verbringen und uns von seinen guten Gedanken erfüllen lassen.

O Vater, vergib mir, wenn ich immer wieder versuche, das Leben aus eigener Kraft zu meistern, wenn du nur darauf wartest, mir deine Kraft und deine weisen Gedanken zu schenken. Hilf mir, meine Zeit besser einzuteilen, so dass ich mehr Zeit mit dir verbringen kann. Darum bitte ich dich in Jesu Namen. Amen.

Jak 3,13-18; Röm 11,33; 1. Kor 1,25
Welche Weisheit ist irdisch?
Welches sind die Merkmale der „Weisheit von oben“?

Ein verhängnisvoller Rat

„Da rieten ihm seine Frau und seine Freunde: ‚Lass einen Galgen errichten … und lass dir vom König die Erlaubnis geben, Mordechai daran aufzuhängen'" (Vers 14; Gute Nachricht).

Zum Lesen & Nachdenken – Ester 5,9-14

Als Haman erfährt, dass er noch zu einem zweiten festlichen Essen bei Königin Ester eingeladen ist, geht er gut gelaunt nach Hause. Seine Laune wird allerdings empfindlich getrübt, als er am Palasttor vorbeigeht und dort Mordechai stehen sieht, der keinerlei Anstalten macht, ihm auch nur die geringste Ehrerbietung zu erweisen. Dies bekräftigt Haman in der Überzeugung: Dieser aufsässige Jude muss aus dem Weg geräumt werden.

Zu Hause prahlt er dann vor seiner Frau und seinen Freunden: „Heute war ich Ehrengast beim Festmahl der Königin. Niemand anderes war eingeladen – nur der König und ich. Bestimmt hat der König noch Großes mit mir vor." Doch er verschweigt auch nicht, dass er sich wieder einmal über Mordechai geärgert hat: „Dieser Jude weigert sich noch immer, sich vor mir zu verbeugen!" Da sagt Seresch, Hamans Frau: „Lass dir doch von diesem erbärmlichen Juden nicht das Leben vermiesen! Lass einen Galgen bauen, daran soll er baumeln, dann bist du ihn endlich los. Gleich morgen, wenn ihr wieder zusammen esst, kannst du beim König die Erlaubnis für die Hinrichtung einholen." „Eine ausgezeichnete Idee", pflichtet Haman ihr bei, „genau das werde ich tun."

In den Händen der Frauen liegt große Macht, denn sie können ihre Männer entscheidend beeinflussen – im guten wie im schlechten Sinne. Eine Frau kann eine Falltür öffnen, durch die ihr Mann in Ohnmacht und Verzweiflung stürzt, oder eine Leiter aufrichten, auf der er in nie geahnte Höhen klettern kann. Gesegnet ist der Mann, der eine gute, gottesfürchtige Frau hat, die sich der Macht ihres Einflusses bewusst ist und sich dabei von Gott leiten lässt.

Gnädiger und liebender Vater, danke für die Möglichkeit der Einflussnahme, die jeder menschlichen Beziehung innewohnt – insbesondere der Ehe. Bitte hilf uns, diese Möglichkeit verantwortungsvoll, weise und in Liebe zu nutzen. Amen.

Hiob, Kap. 2; 2. Chr 22,1-6; Spr 12,4; 14,1; 31,10 u. 30
Wie reagierte Hiob auf den Rat seiner Frau?
Welche Eigenschaften einer Frau sind besonders lobenswert?

Eine schlaflose Nacht

„Was ist dem Mordechai dafür an Ehre und Auszeichnung erwiesen worden?" (Vers 3).

Zum Lesen & Nachdenken – Ester 6,1-3

Der große König Xerxes kann nicht schlafen – trotz seines weich gepolsterten Bettes und seiner luxuriösen Umgebung. Und das hat nichts zu tun mit dem Essen des Festmahls, sondern Gott ist es, der ihn wach hält. Denn der Allmächtige kann jederzeit zum Herzen eines Menschen sprechen. Denken wir einmal daran, wie er zu dem gottlosen Belsazar kam und ihm durch Daniel seinen Untergang ankündigte: „Du bist auf der Waage gewogen und zu leicht befunden worden" (Dan 5,27).

Der König ist also hellwach. Da Lesen bei Schlaflosigkeit manchmal Wunder wirkt, lässt er sich von einem Diener die Chronik seines Reiches bringen. Beim Studieren der Chronik stößt er plötzlich auf einen Eintrag über die vor einigen Monaten gegen ihn geplante Verschwörung. Als er nachfragt, ob eigentlich der Mann, Mordechai, der ihm damals das Leben gerettet hat, für seine Treue belohnt worden sei, verneinen die Diener. Xerxes beschließt, dieses Versäumnis so bald wie möglich nachzuholen.

Was geschieht hier? Hier führt eindeutig Gott Regie, und er trifft Vorbereitungen für den letzten Akt des Dramas „Gott gegen Haman". Ich hörte einmal einen Prediger sagen: „Mir tut jeder Leid, der sich bewusst gegen Gott stellt." Dem kann ich nur beipflichten. Denn Gott geht immer und ausnahmslos als Sieger hervor.

Himmlischer Vater, ich staune immer wieder, wie unendlich weise und gezielt du selbst in den schwierigsten Situationen eingreifst. Warum mache ich mir Sorgen, wenn ein Gott wie du an meiner Seite ist? Bitte vergib mir meinen Kleinglauben und lehre mich, dir immer mehr zu vertrauen. In Jesu Namen. Amen.

Dan, Kap. 5; Spr 16,1-11;
Was wird vom Herrn gewogen?
Was kommt vom Herrn?

Die große Niederlage

„Wenn Mordechai … von den Nachkommen der Juden ist, dann wirst du nichts gegen ihn ausrichten, sondern du wirst vollends vor ihm zu Fall kommen!“ (Vers 13).

Zum Lesen & Nachdenken – Ester 6,4-14

Haman ist bester Laune und voller Optimismus. „Heute“, denkt er bei sich, „wird mich der König besonders ehren, und dann werde ich mich des Mannes entledigen, den ich am meisten hasse – den Juden Mordechai.“ Nachdem er seinen Zimmerleuten den Galgen in Auftrag gegeben hat, macht er sich auf zum König.

Als er bei ihm ankommt, denkt Xerxes gerade darüber nach, wie er Mordechai dafür belohnen könnte, dass er das Attentat auf ihn verhindert hat. Da kommt ihm Haman gerade Recht, den er um Rat fragen kann und er empfängt ihn mit den Worten: „Was kann ein König für jemand tun, dem er eine besondere Ehre erweisen will?“ (Vers 6; Gute Nachricht). Haman fühlt sich geschmeichelt, denn er glaubt, er sei gemeint. „Lass ihn einen Tag lang König sein“, erwidert er, „er soll königliche Gewänder anlegen, eine goldene Krone tragen und das Pferd reiten, das du sonst selbst reitest.“ „Ein guter Vorschlag“, antwortet der König, „dann kannst du dich gleich darum kümmern, dass Mordechai, der Jude, auf diese Weise geehrt wird.“ Wir können uns vorstellen, wie Haman zumute war, doch er musste den Befehl des Königs ausführen und Mordechai auf dem königlichen Pferd durch die Stadt führen und vor ihm her ausrufen, dass dieser Mann für besondere Verdienste geehrt wurde.

Beschämt und gedemütigt geht Haman danach gesenkten Hauptes nach Hause, moralisch und politisch am Ende. Von seinen Ratgebern hört er dann das schicksalsträchtige Wort des heutigen Bibelverses. Ein mächtiges Wort, das heute noch genauso vernichtend klingt wie damals und nichts an seiner Aktualität eingebüßt hat. Denn wer das Volk Gottes auslöschen will, der muss zuerst einen Weg finden, Gott selbst auszulöschen.

Vater, was für die Juden gilt, das gilt auch für deine Gemeinde, die Kirche Christi. Um die Christen zu vernichten, müsste der Teufel zuerst dich vernichten. Das heißt, durch dich sind wir unbesiegbar! Gesegnet sei dein herrlicher Name. Amen.

Spr 11,1-12; Ps 73,18; Jer 23,12
Was leitet die Aufrichtigen?
Was zerstört die Treulosen?

Echte Fürbitte

„Wenn ich deine Gunst, mein König, gefunden habe … dann flehe ich um mein Leben und um das Leben meines Volkes!“ (Vers 3; Gute Nachricht).

Zum Lesen & Nachdenken – Ester 7,1-4

Zweifellos hätte sich Haman wohl am liebsten in ein Schneckenhaus verkrochen und wäre zu Hause geblieben, anstatt dem zweiten Bankett der Königin beizuwohnen. Doch er weiß, dass ihn das Ausschlagen einer Einladung der Königin noch mehr in Misskredit bringen und seine Lage dadurch auch nicht besser würde. Also macht er sich zähneknirschend auf den Weg zum Palast.

Während des Festmahls wiederholt Xerxes seine Frage an Ester und verspricht erneut, ihr jeden Wunsch zu erfüllen, selbst wenn sie die Hälfte seines Königreichs forderte. Ester spürt, dass nun der Augenblick gekommen ist, ihr Anliegen vorzubringen. In ruhigen, sachlichen Worten enthüllt sie dem König ihre Herkunft, ihre Verwandtschaft mit Mordechai und ihre Sorge über den königlichen Erlass, das jüdische Volk umzubringen.

Diese Art der Fürbitte ist beispielhaft. Alle Christen sollten sie sich zum Vorbild nehmen. Ester äußert ihre Bitte mutig, direkt und klar. Sie identifiziert sich mit dem jüdischen Volk und bittet demütig um seine Rettung. Alle Fürbitte sollte damit beginnen, dass wir uns mit etwas oder jemandem identifizieren, uns Gottes „Seufzen“ zu Eigen machen. Wie wurden die Sklaven im britischen Empire befreit? Wachte ganz England eines Tages auf und sagte: „Was hier geschieht, ist falsch“? – Nein, es begann mit einem einzelnen Mann, William Wilberforce, der sich unermüdlich für die Sklavenbefreiung einsetzte. Wie kam 1904 die Erweckung in Wales zustande? Gott pflanzte eine Sehnsucht in das Herz eines Mannes namens Evan Roberts, und er betete, bis der Durchbruch kam. Seien wir offen für alle Anliegen, die Gott uns aufs Herz legen will.

O Gott, ich möchte heute meine Seele für dich ganz weit machen und dich einladen, mir eine bestimmte Last oder Sehnsucht zu schenken. Lass mich teilhaben an deinem Seufzen und deinem Plan für diese Welt. Dies erbitte ich in dem unvergleichlichen und kostbaren Namen Jesu. Amen.

Röm 8,22-27; 2. Mo 2,23-24; Ps 38,10
Inwiefern seufzt die Schöpfung?
Worüber seufzen wir in unserem Innern?

Das Schicksal wendet sich

„So wurde Haman an den Galgen gehängt, den er selbst für Mordechai bestimmt hatte“ (Vers 10; Gute Nachricht).

Zum Lesen & Nachdenken – Ester 7,3-10

Als Ester dem König ihr Anliegen schildert und ihn anfleht, die Juden am Leben zu lassen, ist Xerxes tief bewegt. Zu diesem Zeitpunkt weiß er noch nichts von Hamans teuflischem Plan, vermutlich deshalb, weil Haman vorsichtig genug war, das neue Gesetz so allgemein wie möglich zu formulieren. Daher seine Frage: „Wer wagt es, so etwas zu tun? Wo ist dieser Verbrecher?“ Und Esters Antwort lautet: „Haman ist der Feind, der uns vernichten will.“

Darüber wird der König so zornig, dass er erst einmal in den Garten gehen muss, um nachzudenken. In der Zwischenzeit fleht Haman bei der Königin um Gnade, sein Leben zu verschonen und sinkt auf das Polster, auf dem Ester sitzt. Der König, der in diesem Augenblick hereinkommt, missversteht die Situation, was Hamans Todesurteil erst recht besiegelt. Er bezichtigt Haman, sich Ester unsittlich genähert zu haben und lässt ihn abführen.

So wendete sich Hamans Schicksal. Er starb noch am selben Tag an dem Galgen, den er für Mordechai errichten ließ. Und ich habe die Geschichte nicht umsonst nacherzählt, wenn für heute der eine Gedanke hängen bleibt: Gott mag zulassen, dass der Teufel uns bis an den Rand des Abgrunds treibt, aber er lässt nicht zu, dass er uns hinunterstößt. Wenn wir mit Gott in enger Verbindung bleiben, werden wir zwar nicht unbedingt von Momenten der Angst und Verzweiflung verschont, doch sie sollten uns in unserer Fürbitte und unserem Vertrauen zu ihm stärken. Denn wenn wir mit Jesus leben, werden alle Dinge so ausgehen, dass sie den göttlichen Zielen dienen.

O Vater, ich bin so dankbar, dass die Wahrheit deines Wortes meinem Geist Nahrung gibt. Tag für Tag spüre ich, wie mich dein Wort durchdringt und das Innerste meines Wesens erfüllt. Bei dir ist nichts ohne Sinn und Zweck. Und nichts und niemand kann dir das Handwerk legen. Gepriesen sei dein herrlicher Name. Amen.

Phil 2,12-18; Röm 8,28-29; Phil 3,2-16
Wem dienen alle Dinge zum Besten?
Welches Ziel hatte Paulus?

Der unbesiegbare Gott

„Und der König zog seinen Siegelring ab, den er Haman weggenommen hatte, und gab ihn Mordechai“ (Vers 2).

Zum Lesen & Nachdenken – Ester 8,1-2

Mit dem Tod Hamans bricht im Persischen Reich eine neue Ära an. Ester spürt, dass nun der richtige Augenblick gekommen ist, um dem König ihren Verwandten und Pflegevater Mordechai vorzustellen. Als Xerxes den Mann kennen lernt, der ihm das Leben gerettet hat, freut er sich so sehr, dass er ihn gleich mit einer hohen Stellung im Land betraut. So kam es, dass von da an zwei Menschen aus dem Volk Gottes in Persien eine hohe Position bekleideten. Mordechai erhielt vom König den Siegelring, den Haman getragen hatte, und wurde von Ester zum Verwalter über Hamans Besitz ernannt.

Was Gottes Pläne so unfehlbar macht, ist seine Voraussicht der Dinge. Weil er die Zukunft kennt, kann er alles, was seine Pläne vereiteln könnte, im Voraus ausschalten und die Dinge so lenken, dass er stets sein Ziel erreicht. Der Satan besitzt diese Voraussicht nicht. Er hat vermutlich ein gutes Stück Intuition und einen scharfen Verstand, doch er ist nicht allwissend – was die Ereignisse am Kreuz deutlich zeigen. Der Teufel dachte, er habe Christus am Kreuz besiegt. Doch er konnte nicht wissen, dass die vermeintliche Niederlage für unseren Herrn der größte Sieg war.

Deshalb können wir beruhigt in den Tag gehen, in der Gewissheit, dass Gott sämtliche Anschläge des Teufels gegen uns voraussieht und ihn in einer Weise schachmatt setzen wird, die den Namen Christi verherrlicht. Denn Gott allein kennt Anfang und Ende aller Dinge.

Vater, wie tröstlich ist der Gedanke, dass du immer schon im Voraus weißt, wie alles ausgehen wird. Obwohl der Satan in dieser Welt große Macht hat, wirst du ihm immer überlegen sein. Dafür bin ich dir ewig dankbar. Amen.

2. Kor 10,1-6; Röm 8,35-37; 1. Joh 5,4; 2. Kor 2,14
Was können wir tun, da wir aus Gott geboren sind?
Mit welchen Waffen kämpfen wir?

Der königliche Erlass

„Ihr aber, schreibt ihr nun, was die Juden betrifft, im Namen des Königs, wie ihr es für gut haltet, und versiegelt es mit dem Siegelring des Königs“ (Vers 8).

Zum Lesen & Nachdenken – Ester 8,3-17

Esters nächster mutiger Schritt ist, dass sie noch einmal zum König geht, um ihn zu überreden, den Erlass rückgängig zu machen, der die Vernichtung der Juden beschließt. Doch das war nicht so leicht, wie es sich anhört, denn die Gesetze der Meder und Perser galten als fest und unumstößlich, so dass nicht einmal der König sie widerrufen konnte, wenn sie einmal rechtsgültig waren.

Aber dann fällt König Xerxes die Möglichkeit eines zweiten Erlasses ein, der die Auswirkungen des ersten verhindern kann. Er überlässt es der Verantwortung Esters und Mordechais, ein solches Schriftstück zu verfassen. Als das neue Gesetz fertig gestellt und mit dem königlichen Siegel versehen ist, wird es nicht nur in Susa ausgerufen, sondern auch in die Sprachen der verschiedenen Volksgruppen übersetzt und in allen Provinzen verbreitet.

Diese Ereignisse veranschaulichen auf wunderbare Weise das Evangelium unseres Herrn Jesus Christus. Wie das Gesetz der Meder und Perser, so ist auch Gottes Gesetz unumstößlich. Die Heilige Schrift sagt unmissverständlich: „Die Seele, die sündigt, sie [allein] soll sterben“ (Hes 18,4). Dieser Erlass Gottes konnte nicht einfach aufgehoben werden. Doch Christus nahm durch seine Erlösungstat am Kreuz unsere Sünden auf sich und rief damit ein neues Gesetz ins Leben, das besagt, dass alle, die zum Kreuz kommen und ihn als ihren Herrn annehmen, gerettet werden sollen. Dieses neue Gesetz – das Evangelium oder die „Gute Nachricht“ – wurde in viele Sprachen übersetzt und bis in die entlegensten Winkel der Erde verbreitet. Wie schön wäre es, wenn es – so wie der Erlass damals in Persien – auf der ganzen Welt mit Freude und Begeisterung aufgenommen würde.

Vater, wie wunderbar ist die Botschaft des Evangeliums. Nach dem Gesetz hätte ich den Tod verdient, doch du in deiner Liebe hast es so gefügt, dass Jesus an meiner Stelle gestorben ist. Hilf mir, diese gute Nachricht zu verbreiten, wo immer ich kann. Amen.

Röm 2,17-29; 7,1-25; 6,14-15; Gal 6,2; Mt 5,17
Was bezeugte Jesus?
Welche Perspektive zeigte Paulus auf?

Purim und Abendmahl

„Und Mordechai … sandte Briefe an alle Juden …, um ihnen aufzuerlegen, dass sie … feiern sollten“ (Verse 20 u. 21).

Zum Lesen & Nachdenken – Ester 9,1-22

Der Inhalt des zweiten Erlasses bestand ganz einfach darin, dass die Juden nun die offizielle Erlaubnis hatten, sich mit allen ihnen zur Verfügung stehenden Mitteln zu verteidigen. Am Tag der geplanten Exekution gerieten die Angreifer in heillose Verwirrung, als sie feststellten, dass ihre vermeintlichen Opfer bewaffnet waren. Eine seltsame Angst überfiel die Soldaten der persischen Armee und viele von ihnen ergriffen die Flucht, um ihre eigene Haut zu retten.

In seiner Residenz in Susa fragte der König Ester, ob sie noch einen weiteren Wunsch habe, worauf sie bat, die Leichen der zehn Söhne Hamans, die in der Schlacht gefallen waren, zur Abschreckung an den Galgen zu hängen. Dies scheint auf den ersten Blick schockierend und Esters sanftmütigem Wesen zu widersprechen, doch wir dürfen nicht vergessen, dass sie hier als Stellvertreterin Gottes in seinem Gericht über die Feinde Israels handelte.

Gott machte deutlich, dass jeder Versuch, sein Volk auszulöschen, unweigerlich scheitern muss. So ließen an jenem Tag, als man Tausende von Juden vernichten wollte, 75000 Perser ihr Leben. Danach bestimmte Mordechai diese beiden Tage der Befreiung als Gedenktage für kommende Generationen. Auch heute noch, etwa 2500 Jahre später, feiern die Juden diese Ereignisse beim jährlichen Purimfest.

Als Christen haben wir ein ähnliches Gedenkfest – das heilige Abendmahl. In dieser einfachen, aber symbolträchtigen Zeremonie, die Gott in seiner Gemeinde eingesetzt hat, gedenken wir des Tages auf Golgatha, der die Pläne des Satans zunichte machte und an dem Jesus zum Retter der Menschheit wurde.

Herr, während die Juden ihre Rettung vor der Vernichtung durch das Purimfest feiern, gedenken wir Christen der Rettung vor dem geistlichen Tod, die du am Kreuz für uns erwirkt hast. Und ich möchte mich wieder auf den Ursprung der heiligen Handlung des Abendmahls besinnen. In Jesu Namen. Amen.

1. Kor 11,20-32; 10,14-17; Mt 26,17-30
Wie sollen wir das heilige Abendmahl feiern?
Wann hast du das letzte Mal bewusst Abendmahl gefeiert?

Tag des Sieges

„Denn der Jude Mordechai war der Zweite nach dem König" (10,3).

Zum Lesen & Nachdenken – Ester 9,23; 10,3

Am Ende des spannenden Buches Ester ist Mordechai zum ersten Minister des Persischen Reiches ernannt worden. Historische Quellen belegen, dass das Land unter Mordechais Verwaltung eine neue Blütezeit erlebte. Er war in der Tat der rechte Mann am rechten Ort zur rechten Zeit.

Und wenn ich auf das Bibelstudium der letzten Tage zurückschaue, strahlt für mich Gottes Herrlichkeit und Allmacht heller auf als je zuvor. Vergessen wir nie, dass nichts und niemand Gottes Pläne durchkreuzen oder vereiteln kann! Vieles im Leben mag uns hoffnungslos scheinen, doch für Gott ist nichts unmöglich. Ihm, der selbst Adams Sündenfall zum Guten wendete durch seinen vollkommenen Erlösungsplan, können wir vertrauen, dass er alle Ereignisse und Situationen in der Geschichte der Menschheit zu einem guten Ende führen wird. Denn er regiert in Ewigkeit.

Die Juden, die auf eine langjährige Geschichte mit Gott zurückblicken, gedenken an besonderen Festtagen, dass er sie immer wieder auf wunderbare Weise bewahrt und gerettet hat. Würden wir Christen aller Wundertaten der göttlichen Gnade gedenken wollen, es gäbe nicht genug Tage im Kalender, um sie zu feiern.

Im Englischen haben wir für den 8. Mai 1945 den Ausdruck, „VE Day" als Abkürzung von „Victory in Europe Day" („Tag des Sieges in Europa"), als Gedenktag des Sieges über die Nazis im 2. Weltkrieg. Als ein kleiner Junge im Geschichtsunterricht gefragt wurde, was „VE Day" bedeute, antwortete er: „Victory every day" (etwa: „täglicher Sieg")." Der Geschichtslehrer mag damit nicht ganz einverstanden gewesen sein, aber ich finde das gar nicht so falsch. Im Licht der Liebe und Allmacht Gottes können wir als seine erlösten Kinder in der Gewissheit leben, dass mit ihm jeder Tag ein Tag des Sieges ist.

Vater, schenke mir die Erkenntnis, dass dieselbe liebende Fürsorge und Voraussicht, mit der du im Leben von Rut und Ester wirktest, auch für mich gilt. Und lass mich nie vergessen, dass du der Sieger bist, was auch immer geschieht. Amen.

1. Kor 15,35-58; Ps 60,12
Woraus besteht unser Sieg?
Was sollen wir angesichts dessen tun?

Die Frucht des Geistes

„Ernte des Geistes“

„Die Frucht des Geistes aber ist: Liebe, Freude, Friede, Langmut, Freundlichkeit, Güte, Treue, Sanftmut, Enthaltsamkeit“ (Verse 22-23).

Zum Lesen & Nachdenken – Galater 5,13-26

Heute wollen wir mit einem neuen Thema beginnen: dem Studium der „Frucht des Geistes“, der neun „Zutaten“, die unser Christsein prägen sollen. Diese neun Merkmale sind das *natürliche* Ergebnis des Wirkens des Heiligen Geistes, der in uns wohnt. Wir selbst können uns die Frucht nicht erarbeiten. Wenn Paulus die Manifestationen des Fleisches meint, spricht er von „Werken“, die Manifestationen des Geistes dagegen nennt er „Frucht“. Die „Werke“ sind mit Anstrengung verbunden; die „Frucht“ dagegen ist ein Geschenk. In manchen englischen Bibelübersetzungen wird der Begriff „harvest of the Spirit“ (Ernte des Geistes) benutzt, mit der Betonung auf dem gereiften Produkt, dem Ergebnis. Die meisten Menschen, so auch ich, ziehen die „Frucht“ der „Ernte“ vor, doch die Ernte ist genauso wichtig. Was wir ernten, ist letztendlich die Folge unserer Taten und Überzeugungen. Das kann positive Gefühle auslösen, wie etwa Freude über Geleistetes, doch sie sind nur ein Nebeneffekt. Was zählt, ist das Endergebnis.

Doch worin besteht dieses Endergebnis? Darin, was wir sein werden. Jesus sagte: „Doch liebt eure Feinde, und tut Gutes, … Und euer Lohn wird groß sein, und ihr werdet Söhne des Höchsten sein“ (Lk 6,35). Wichtig ist das „und ihr werdet … *sein*“. Die Belohnung ist nicht, was wir bekommen, sondern was wir sein werden. Denken wir immer daran: Das Gute oder Schlechte einer Tat wird nicht nur dadurch bestimmt, welche Auswirkungen sie auf andere, sondern auch welche sie auf uns hat. Wenn der Heilige Geist in uns lebt, dann wird er uns nicht nur mit positiven Gefühlen belohnen, sondern uns umgestalten zu Kindern Gottes.

Mein Gott und Vater, hilf mir heute, die richtige Einstellung zu diesem Thema zu finden und gib mir eine Sehnsucht ins Herz, ein Sohn oder eine Tochter des Höchsten zu werden. Darum bitte ich dich im Namen Christi. Amen.

Ps 1,1-6; 92;12-14; Eph 5,9
Was ist der Schlüssel, wenn wir gute Frucht bringen wollen? Was bedeutet „sprossen wie die Palme“ in Psalm 92 in diesem Zusammenhang?

Ohne Liebe keine Frucht

„… die größte aber von diesen ist die Liebe“ (Vers 13).

Zum Lesen & Nachdenken – 1. Korinther 13,1-13

Die Frucht des Geistes ist eines der Merkmale eines geisterfüllten Lebens. Vereinfacht dargestellt, könnte man sagen: Das Wirken des Heiligen Geistes im Leben eines Christen zielt auf zwei grundsätzliche Dinge ab – Reinheit und Kraft. Der Aspekt der Kraft wird deutlich beim Studium der Gaben des Geistes, der Aspekt der Reinheit vor dem Hintergrund der Frucht des Geistes. Beides ist gleichermaßen wichtig. In unseren folgenden Bibelstudien werden wir den Schwerpunkt auf die Frucht legen, was aber nicht heißt, dass ich die Gaben des Geistes in irgendeiner Weise schmälern möchte.

Der Heilige Geist in uns kann vieles bewirken. Etwas vom Wichtigsten ist, wie wir gestern festgestellt haben, die Qualität des Seins – die neun Aspekte der Frucht des Geistes. Der erste davon ist *Liebe*. Dass die Liebe an erster Stelle genannt wird, passt zu der Aussage des Apostels Paulus in 1. Korinther 13: „… die größte aber von diesen ist die Liebe.“

Vergleicht man die Merkmale der in 1. Korinther 13 beschriebenen Liebe mit der Frucht des Geistes in Galater 5, fällt auf, dass hier ein enger Zusammenhang besteht. Alle Eigenschaften der Frucht des Geistes werden, direkt oder durch Synonyme, auch in 1. Korinther 13 erwähnt. Sie alle sind abhängig von der Liebe: „Die Liebe ist langmütig“ – *Langmut*. „Die Liebe ist gütig“ – *Güte*. „Sie neidet nicht“ – *Freundlichkeit*. „Die Liebe tut nicht groß, sie bläht sich nicht auf“ – *Sanftmut*. „Sie benimmt sich nicht unanständig, sie sucht nicht das ihre“ – *Enthaltsamkeit*. „Sie rechnet Böses nicht zu“ – *Friede*. „Sie freut sich mit der Wahrheit“ – *Freude*. „Sie erträgt alles, sie glaubt alles, sie hofft alles, sie erduldet alles“ – *Treue*. Die Liebe vereint in sich alle Aspekt der Frucht des Geistes. Haben wir die Liebe, haben wir auch die Frucht des Geistes. Ohne Liebe keine Frucht.

Gnädiger Vater, ich habe erkannt, dass, wenn die Liebe fehlt, alle anderen Dinge nutzlos sind. Deshalb hilf mir, mein Herz für dich zu öffnen, damit deine Liebe in mir wachsen und reifen kann. Amen.

Kol 3,1-14; Joh 15,9; Eph 5,1-2
Schreibe deine eigene Definition von „Liebe“.
Was gebot Jesus seinen Jüngern?

Gott ist Liebe

„Lasst uns aber die Wahrheit reden in Liebe und in allem hinwachsen zu ihm, der das Haupt ist, Christus“ (Vers 15).

Zum Lesen & Nachdenken – Epheser 4,7-16

Das Wachsen in der Liebe ist das erste Anzeichen für geistliches Wachstum. Ohne Wachstum in der Liebe ist auch kein Wachstum im Glauben an Gott möglich, denn sein Wesen ist Liebe.

Unser heutiger Bibeltext sagt, wir sollen „die Wahrheit reden in Liebe und in allem hinwachsen zu ihm“. Es gibt nur eine Möglichkeit, zu Jesus hinzuwachsen, und das ist „in Liebe“. Wer in der Liebe unreif ist, der wird in seinem ganzen Wesen unreif sein. Wenn unsere Liebe nach innen gerichtet ist und nur auf uns selbst abzielt, zeugt dies von einer unreifen Persönlichkeit. Dasselbe gilt für die Liebe, die sich nur auf bestimmte Personen oder Personengruppen konzentriert.

Geistliche Reife ist also immer mit der Fähigkeit zu lieben gekoppelt. Ein Wachstum, bei dem die Liebe fehlt, trägt keine Frucht. Paulus schreibt im 1. Korintherbrief: „Die Erkenntnis bläht auf, die Liebe aber erbaut“ (1. Kor 8,1). In den heutigen Gemeinden wird viel Wert auf Lehre und Erkenntnis gelegt. Ein Dozent einer führenden britischen theologischen Fakultät schrieb kürzlich: „Das Wichtigste sind die Fakten des Glaubens.“ Ich kenne viele Christen, denen es nicht an theoretischem Wissen mangelt, aber an Liebe. Wissen macht auf den ersten Blick einen guten Eindruck, aber ohne Liebe ist es eine tote, unfruchtbare Wüste.

Lieber Herr, ich merke, dass du mich an einem empfindlichen Punkt getroffen hast. Schenke mir einen langen Atem, denn ich weiß, wenn ich nicht in der Liebe wachse, dann kann ich nicht zu dir hinwachsen. Amen.

Eph 3,1-19; 1. Joh 4,16; Jud 21
Worin sollen wir fest verwurzelt sein?
Was ist Paulus' Wunsch für die Christen in Ephesus?

Welche Liebe drängt uns?

„Denn die Liebe Christi drängt uns …" (Vers 14).

Zum Lesen & Nachdenken – 2. Korinther 5,11-21

Was genau meint die Bibel, wenn sie das Wort „Liebe" verwendet? Im täglichen Sprachgebrauch kann „Liebe" viele verschiedene Bedeutungen haben – von der allumfassenden Liebe Gottes über die Frühlingsgefühle eines Teenagers bis zu der Leidenschaft einer außerehelichen Affäre oder homosexuellen Beziehung. Für alles muss das Wort „Liebe" herhalten.

Das Griechische mit seinen vier unterschiedlichen Bezeichnungen für „Liebe" ist in der Hinsicht wesentlich differenzierter. Da ist zum einen *eros*, die Liebe zwischen Mann und Frau. *Philia* steht für eine herzliche Zuneigung zwischen Menschen. *Storge* meint die Liebe innerhalb der Familie. Doch der ausdrucksstärkste Begriff ist *agape* – die bedingungslose Liebe, wie sie im Herzen Gottes vorhanden ist. Als Paulus schrieb „die Frucht des Geistes ist Liebe", benutzte er das Wort *agape*. Die Liebe, die wir erfahren und weitergeben sollen, wenn der Heilige Geist in uns wohnt, ist nicht irgendeine Liebe, sondern die Liebe, die wir in Jesus verkörpert sehen.

In unserem heutigen Text schreibt Paulus: „Die Liebe Christi drängt uns." Das sollte uns zu denken geben. Welche Liebe „drängt" uns – die Liebe zum Erfolg, zu materiellen Dingen, zu einem bestimmten Menschen, zu uns selbst? Und die Liebe Christi? Im Urchristentum fiel den Feinden der Christen die Liebe auf, die sie einander erwiesen, auch wenn sie sich untereinander nicht oder kaum kannten. Dies war ihr herausragendes Merkmal. Sie konnten nicht anders als lieben, denn das Wesen ihres Glaubens war Liebe.

Vater, wenn ich in mein Herz schaue und mich frage, was mich treibt, möchte ich zu demselben Schluss kommen wie der Apostel Paulus: „die Liebe Christi". Fülle mich mit deiner Liebe, so dass ich sie an andere weitergeben kann. Amen.

1. Petr 1,1-9; Joh 15,13; 1. Joh 3,16
Wie drückt sich Liebe am stärksten aus?
Was war Petrus' Zeugnis der „zerstreuten Fremdlinge"?

Die Liebe Christi

„Er hatte die Menschen, die in der Welt zu ihm gehörten, immer geliebt. Jetzt gab er ihnen einen letzten und äußersten Beweis seiner Liebe“ (Vers 1; Gute Nachricht).

Zum Lesen & Nachdenken – Johannes 13,1-17

Die Liebe, die unsere Herzen erfüllt, wenn der Heilige Geist in uns Wohnung nimmt, ist also eine ganz besondere Liebe – die Liebe Christi. Diese Liebe lässt uns Enttäuschungen oder mangelnde Anerkennung verkraften und setzt erstaunliche Energien frei. Diese erhabene Liebe hatte der Dichter vor Augen, als er schrieb:

Liebe ist keine Liebe,
Die sich mit jeder Veränderung ändert,
Die mit dem Verlassenden das sinkende Schiff verlässt.
Oh, nein! Sie ist vielmehr die Festung auf der Klippe,
Die Stürmen trotzt und niemals wankt.

Rufen wir uns noch einmal die neun Merkmale der Frucht des Geistes in Erinnerung. Sie alle wurden durch das Leben Jesu auf Erden verkörpert. Und der Heilige Geist will sie tief in unsere Seele einprägen, wenn wir in Christus bleiben und eine enge, persönliche Beziehung zu ihm haben. Dann werden wir bereit zu einer echten, tiefen *agape*-Liebe. Eine solche Liebe beruht nicht auf dem Prinzip gegenseitigen Gebens und Nehmens, sondern hat ihren Ursprung im Himmel und gilt jedem Menschen, ganz gleich, ob er sie verdient oder nicht, ob er uns sympathisch ist oder nicht. Christen, die tief in der Liebe Gottes verankert sind, werden feststellen, dass sich in ihrer Fähigkeit zu lieben eine Veränderung vollzieht. Für Menschen, die eine eher pragmatische Einstellung zur Liebe hatten, wird die Liebe zum eigentlichen Lebenszweck, zur treibenden Kraft in ihrem Leben. Eine solche Liebe „ist langmütig“ und „vergeht niemals“.

O Vater, seit ich dich liebe, merke ich, wie es mir immer leichter fällt, Menschen zu lieben, selbst wenn sie meine Liebe nicht erwidern. Liebe kann niemals falsch sein, auch wenn sie nicht zu dem „Ergebnis“ führt, das ich gern hätte. Ich danke dir für meine Fähigkeit zu lieben. Amen.

1. Thess 3,1-12; Joh 13,35; 15,12
Was ist das Merkmal eines Jüngers Jesu?
Was war das Gebet des Paulus für die Gemeinde in Thessalonich?

Vom Blitz getroffen

„Und als sie kamen an die Stätte, die da heißt Schädelstätte, kreuzigten sie ihn dort" (Vers 33; Luther 84).

Zum Lesen & Nachdenken – Lukas 23,32-46

Was können wir tun, damit die Liebe, die im Herzen Gottes wohnt, auch unser Herz erfüllt? Durch eigene Anstrengung können wir nichts bewirken, sondern uns lediglich der Liebe Gottes öffnen. Der berühmte Methodistenprediger Dr. W. E. Sangster sagte einmal: „Die Liebe Gottes ist bei den Menschen am deutlichsten, die von ihr wie von einem Blitz getroffen wurden, der ihre Herzen in Brand setzte."

Wenn dem so ist, wie können wir uns vom „Blitz" treffen lassen? Indem wir uns auf den Weg nach Golgatha machen. Hier wird die Liebe Gottes zu den Menschen offenbar. Vielleicht klingt der Satz „Gott ist Liebe" für uns bereits allzu vertraut und abgegriffen und wir haben verlernt, über dieses Wunder zu staunen. Es ist für uns zur Selbstverständlichkeit geworden. Doch dann, eines Tages, stehen wir unter dem Kreuz, blicken zu Jesus auf, und der Heilige Geist zeigt uns Gottes Liebe so deutlich, dass es uns wie Schuppen von den Augen fällt. Und auf einmal sehen wir die altbekannte Tatsache, dass Gott Liebe ist, aus einer ganz neuen Perspektive. Zum ersten Mal *erkennen* wir sie wirklich.

Gab es in deinem Leben schon einmal eine Situation, in der dich die Liebe Gottes wie ein Blitz traf? Wenn ja, dann hast du vielleicht in diesem Augenblick eine ganz neue, überwältigende Liebe empfangen.

Lieber Vater, ich kann deine Liebe nur in ihrer ganzen Tragweite erkennen, wenn du sie mir enthüllst. Wenn ich heute am Fuß des Kreuzes in Golgatha stehe, dann schenke mir die Erfahrung deiner grenzenlosen Liebe. Darum bitte ich dich im Namen Jesu. Amen.

Jes, Kap. 53; Eph 2,16; Kol 1,20; Gal 6,14
Was haben wir durch das Kreuz erlangt?
Lies Jesaja 53 in verschiedenen Bibelübersetzungen.

Er hat uns zuerst geliebt

„Hierin ist die Liebe: nicht dass wir Gott geliebt haben, sondern dass er uns geliebt … hat“ (Vers 10).

Zum Lesen & Nachdenken – 1. Johannes 4,7-21

Wenn wir erkennen, wie sehr Gott uns liebt, findet eine erstaunliche Veränderung in uns statt: Wir beginnen, so zu lieben wie er. Und das geschieht von selbst. Liebe – *agape* – ist nicht die Frucht eigener Anstrengung, sondern die Antwort auf eine größere Liebe. Am Kreuz von Golgatha, dem Ort, an dem Gottes ganze Liebe gebündelt ist, werden wir seiner Liebe gewahr, und unsere eigene Liebe wird entfacht. Wir lieben, weil er uns zuerst geliebt hat.

Teresa von Avila berichtet, wie ihr Blick eines Tages, als sie in ihr Zimmer ging, auf eine Darstellung Jesu fiel, wie er vor seiner Kreuzigung gegeißelt wurde. Sie war schon hundert Mal an diesem Bild vorübergegangen, doch in jenem Augenblick war es, als sähe sie es zum ersten Mal. Sie sah den leidenden Gott. Er litt aus Liebe – aus Liebe zu ihr. Tief berührt fiel sie auf die Knie und dankte Gott unter Tränen für das, was er getan hatte. Dieses Erlebnis sollte ihr ganzes Leben verändern. Die Offenbarung der Liebe, die sich auf Golgatha zeigt, war der Wendepunkt in ihrem Leben. Sie sprach von einem Gefühl „unbezahlbarer Schuld“ und begann, Gottes Liebe, die sie erfahren hatte, mit anderen zu teilen.

Wir können uns diese Liebe weder erarbeiten noch verdienen noch erkaufen. Wir können sie nur dankbar empfangen, während wir im Schatten des Kreuzes sitzen. Dort werden wir erkennen, dass es keine höhere himmlische Strategie gibt, die göttliche Liebe in sterbliche Herzen auszugießen. Durch diese Liebe sind wir befreit, gereinigt und gerettet.

Gnädiger Vater, mir ist bewusst, dass ich erst dann lieben kann, wenn ich begreife, wie sehr ich geliebt bin. Schenke mir eine Vision deiner großen Liebe, die stark genug ist, die Liebe in meinem eigenen Herzen zu entfachen. Amen.

Röm 5,1-8; Jer 31,3; Eph 2,4-5; 1. Joh 3,1
Wie hat uns Gott seine Liebe erwiesen?
Worin drückt sich die Liebe Gottes aus?

Ein Grund zur Freude

„Rühmt euch seines heiligen Namens! Es freue sich das Herz derer, die den HERRN suchen!“ (Vers 3).

Zum Lesen & Nachdenken – Psalm 105,1-15

Das zweite Merkmal der Frucht des Geistes ist *Freude*. Sie kommt nicht umsonst an zweiter Stelle, direkt nach der Liebe. Denn Freude ist sozusagen ein Nebenprodukt der Liebe. Wer versucht, die Freude einzufangen, dem wird sie sich entziehen. Doch wer Liebe schenkt und empfängt, der wird gleichzeitig Freude empfinden.

Die neun Kriterien der Frucht des Geistes sind keine natürlichen, sondern übernatürliche Eigenschaften. Sie treten in unser Leben, wenn wir dem Heiligen Geist in uns Raum geben. Ich kenne zahlreiche Christen, die sich schwer tun mit der Vorstellung, dass Freude zur Frucht des Geistes gehört. Sie erwarten keine Freude, ja, sie leugnen sie direkt. Einer dieser freudlosen Christen sagte einmal zu mir: „Unser Glaube basiert auf dem Kreuz. Darüber sollten wir weinen, nicht lachen.“

Natürlich hat er Recht, wenn er sagt, dass sich der christliche Glaube auf das Kreuz gründet, und dass Nachfolge bedeutet, sein Kreuz auf sich zu nehmen und sich selbst zu verleugnen. Doch das wird und kann nichts daran ändern, dass Freude zur Frucht des Geistes gehört. Es lässt sich nicht leugnen, dass Christsein zu einem Großteil auch mit Leiden verbunden ist, doch hinter dem Leid verbirgt sich eine Freude, die, wenn wir es zulassen, eines Tages aufbrechen und alles durchdringen wird. Dort, wo keine Freude ist, ist auch der Glaube tot, denn unser Glaube beruht auf der *frohen* Botschaft. Die Freude über das leere Grab erhellt unser trostloses Dunkel. Unser Glaube ist ein Oster-Glaube – es gibt immer einen Grund zur Freude.

Vater, ich bin froh, dass dein Heiliger Geist mit der Erlösung genau an den Wurzeln meines Daseins ansetzt. So kann ich mich immer freuen – selbst im Leid. Dafür bin ich dir unendlich dankbar. Amen.

Lk 10,17-22; 15,4-6; Hebr 12,2
Welchen Grund zur Freude nennt uns Jesus?
Worüber wurde er selbst mit jubelnder Freude erfüllt?

Überschäumende Freude

„Am Abend kehrt Weinen ein, und am Morgen ist Jubel da“ (Vers 6).

Zum Lesen & Nachdenken – Psalm 30,1-13

Freude ist ein zentrales Merkmal des Christseins – dennoch gibt es so viele freudlose Christen in unserer Mitte. Anstatt überschäumender Freude begegnen wir oft verbissenen Gesichtern und von Pflichten und Lasten gebeugten Schultern. Jemand beschrieb solche Zeitgenossen einmal als „aus dem letzten Loch pfeifend … an Körper und Seele, während sie die Straße zur Herrlichkeit entlang hinken“.

Das Wort „Freude“ (griechisch: *chara*) ist ein starkes, kraftvolles Wort. Gemeint ist nicht Resignation mit einem dünnen Lächeln auf den Lippen, sondern eine sprudelnde, überfließende Freude. Der Aufruf, dass wir uns freuen sollen, erklingt nicht weniger als siebzig Mal im Neuen Testament, und das Wort *chara* ist an die sechzig Mal vertreten. Das Neue Testament ist ein Buch der Freude. Dr. William Barclay sagte, Freude sei das Merkmal eines christlichen Lebensstils. Er schrieb: „Man könnte es so ausdrücken: Was auch immer die Bestandteile des Christseins sind und in welchem Verhältnis sie gemischt werden – die Freue gehört unbedingt dazu.“

Selbst im ersten Jahr nach dem Tod meiner Frau spürte ich die wunderbare Gewissheit einer stillen Freude in Christus, die sich langsam aber sicher durch die Schichten meiner Traurigkeit Bahn brach. Die Freude ist im Herzen eines Christen immer präsent. Wir fühlen sie nicht immer – *aber sie ist da*. Und es kommt der Tag, da wird sie durch alle Dunkelheit hindurch an die Oberfläche stoßen, unabhängig von den äußeren Umständen. Ich habe immer behauptet, dass Freude untrennbar zum christlichen Leben gehört. Nun weiß ich es ganz sicher.

Vater, ich danke dir, dass du mich daran erinnerst, dass die Freude, die in dir gegründet ist, eines Tages alle Finsternis durchbrechen wird – ganz gleich, was geschehen ist. Deinem herrlichem Namen sei Lob und Ehre in Ewigkeit. Amen.

Ps 126,1-6; 16,11; Neh 8,10
Welche Auswirkungen hat die Freude auf unser Dasein?
Welche Verbindung besteht zwischen Tränen und Freude?

Geistliche und weltliche Freude

„… ich werde euch wieder sehen, und euer Herz wird sich freuen, und eure Freude nimmt niemand von euch“ (Vers 22).

Zum Lesen & Nachdenken – Johannes 16,17-33

Einer der Gründe, warum so viele Christen keine geistliche Freude erfahren, ist, weil sie auch gar nicht damit rechnen. Eine Frau, die neu zum Glauben gekommen war, sagte: „Merkwürdig, aber ich habe früher nie Gott mit Freude in Verbindung gebracht.“ Es ist schade, dass so viele nicht erwarten, durch ihren Glauben eine tiefe, erfüllende Freude zu erfahren, sondern der Meinung sind, die Freude sei dem Leben in der Ewigkeit vorbehalten. Jesus dagegen machte seinen Jüngern klar, dass diese Freude schon jetzt, im Diesseits, gilt.

Wir können diese überirdische Freude besser verstehen, wenn wir sie von den irdischen Freuden des Lebens abgrenzen, mit denen sie oft verwechselt wird. Die Freude im Herrn ist ganz anderer Natur als irdische Vergnügungen oder irdisches Glück. Denn Letzteres kann auch ein ungläubiger Mensch empfinden, geistliche Freude dagegen nicht. Weltlich geprägte Menschen jagen oft verstärkt Glück und Vergnügungen nach.

Die Freude der Christen ist also nicht mit weltlichem Glück zu verwechseln. Aber wo liegen die Unterschiede? Zunächst einmal *hängt weltliche Freude von den Umständen ab,* von Voraussetzungen wie Gesundheit oder materieller Sicherheit. Allerdings können sich Lebensumstände schnell ändern. Ein Unfall, eine Kündigung, ja, selbst Zahnschmerzen können uns schnell die Freude rauben. Die überirdische Freude dagegen ist unabhängig von äußeren Gegebenheiten. Sie ist tief in der Seele verankert, selbst wenn man uns Haus und Hof wegnimmt, wenn alle Freunde uns verlassen und alles um uns ins Wanken gerät. Von all den Wundern, die ich erlebt habe, scheint mir nichts erstaunlicher als das Wunder der überschäumenden Freude Christi, die selbst dort durchbricht, wo Menschen mit Leid und Verfolgung konfrontiert werden. Die Quelle dieser Freude ist so tief, dass auch die feindlichsten Umstände sie nicht austrocknen können.

Vater, wie kann ich dir genug dafür danken, dass du meine Traurigkeit mit deiner Freude durchdringst, die tief wie ein Brunnen ist, der nie versiegt. Mein Herz ist voll Freude, und diese Freude kann mir niemand nehmen. Amen.

Apg 5,12-42; 16,23-25; 2. Kor 6,10
Wie verhielten sich die Apostel in Zeiten der Verfolgung?
Wie drückte Paulus dies aus?

Immer währende Freude

„Jesus Christus [ist] derselbe gestern und heute und in Ewigkeit“ (Vers 8).

Zum Lesen & Nachdenken – Hebräer 13,1-16

Ein weiterer Unterschied zwischen irdischer und überirdischer Freude ist: *Weltliche Freuden kommen und gehen.* Wenn wir auf unser Leben zurückblicken, werden wir feststellen, dass es im Laufe der Jahre ständig wechselnde Dinge waren, die uns Freude machten: Als Kind war es vielleicht das neue Fahrrad oder die Lieblingspuppe; dann kamen Freundschaften oder Sport; später im Erwachsenenalter kulturelle Interessen, Bücher und Reisen; und als Rentner der bequeme Lehnstuhl – die Liste ließe sich beliebig fortsetzen. Fest steht: Die Quelle unserer Freuden ändert sich mit den Jahren. Die Freude im Herrn dagegen bleibt immer gleich.

Hinzu kommt, dass bei weltlichen Vergnügungen rasch ein gewisser *Sättigungseffekt* eintritt. Es ist menschlich, dass man irgendwann von einer Sache genug hat. Ist ein bestimmter Punkt überschritten, kann das Vergnügen in Langeweile oder sogar Widerwillen umschlagen. Geistliche Freude hingegen erschöpft sich nie. Mit ihr ist es so, wie ein Freund von mir sagte: „Wir haben nie genug, um uns nicht nach mehr zu sehnen.“

Und ein letzter Unterschied: *Irdische Freude bleibt immer an der Oberfläche.* Sie ist vergleichbar mit einer Krönungszeremonie ohne König. Oder mit einer Weihnachtsfeier in einer Familie, wo man sich aus Tradition beschert und die alten Lieder singt, aber den eigentlichen Sinn von Weihnachten nicht versteht. Die Freude in Jesus dagegen ist Teil unserer Persönlichkeit, unabhängig von äußeren Faktoren. Sie ist eine tiefe Quelle, die nie versiegt.

Großer und gnädiger Gott, erfülle mich mit dieser Freude, wenn ich heute meinen Tag beginne. Denn die Welt ist traurig, und ich will sie nicht durch meine eigene Trübsinnigkeit noch trauriger machen. Hilf mir, in allem, was ich heute sage und tue, deine Freude auszustrahlen. Darum bitte ich dich in Jesu Namen. Amen.

Hab, Kap. 3; Hebr 10,34; 1. Petr 4,12-13
Was bezeugt der Prophet Habakuk?
Worauf gründet er seine Aussage?

Freude ohne Risiken und Nebenwirkungen

„Und führte sein Volk heraus in Freude, seine Auserwählten in Jubel" (Vers 43).

Zum Lesen & Nachdenken – Psalm 105,26-45

Ein Pastor erzählte mir von einer Begebenheit, die er beobachtet hatte, als er eines Sonntags vor der Kirche die Gottesdienstbesucher verabschiedete. Es war ein gesegneter Gottesdienst gewesen, in dem die Nähe Gottes deutlich spürbar war. Auch als die Leute sich langsam zerstreuten, lag noch ein Hauch der göttlichen Gegenwart in der Luft. In dem Augenblick hielt auf der Straße neben der Kirche ein Reisebus voll lärmender Menschen, der vom Verkehr aufgehalten wurde. Die Reisenden befanden sich offensichtlich auf einem Betriebsausflug und waren zum Teil schon stark angeheitert. Manche winkten und grölten aus den geöffneten Türen. „He, ihr!", rief einer den Kirchenbesuchern hinterher, „wann lernt ihr endlich, euch zu amüsieren?" Der Pastor sagte zu mir: „Hier trafen zwei völlig verschiedene Welten aufeinander. Dann fuhr der Bus weiter, doch die Frage: ‚Wann lernt ihr endlich, euch zu amüsieren?' hing noch lange in der Luft."

Die Leute im Bus sahen sich in der Rolle der fröhlichen Lebenskünstler, die ihren Spaß hatten, doch in Wirklichkeit konzentriert sich bei einem Christen auf einem Quadratzentimeter mehr Freude als bei weltlich geprägten Menschen auf einem Quadratkilometer. Und zwar reine, ungetrübte Freude ohne Nebenwirkungen. Niemand, der einen Abend bei einer christlichen Veranstaltung in der Gegenwart Gottes verbracht hat, wird morgens mit einem Kater aufwachen und sagen: „Wäre ich bloß gestern Abend kein Christ gewesen! Habe ich einen Brummschädel vom Singen und Beten!" Die Freude in Christus ist nicht vergleichbar mit den kurzlebigen Freuden der Welt. Sie hinterlassen oft einen bitteren Nachgeschmack. Echte Freude im Herrn dagegen ist klar und ungetrübt wie ein frischer Bergquell.

Vater, deine unermessliche Freude wird alle irdischen Freuden überdauern. Sie wird auch dann noch singen, wenn die Musik der Welt längst verklungen ist. Dafür danke ich dir von ganzem Herzen. Amen.

Jes 61,1-10; Ps 126,2; Esr 6,22
Wie drückt Jesaja seine Freude aus?
Wie reagieren Nichtchristen, wenn sie mit dieser geistlichen Freude konfrontiert werden?

Freude pur

„Dies habe ich zu euch geredet, damit meine Freude in euch sei und eure Freude völlig werde“ (Vers 11).

Zum Lesen & Nachdenken – Johannes 15,1-17

Die Worte Jesu in unserem heutigen Text machen deutlich, dass seine Freude und unsere Freude sich nicht fremd sind, nicht zwei verschiedene Dinge, sondern ein und dasselbe. Jesus sagt: „Meine Freude sei in euch“ und „Eure Freude sei vollkommen“. Wir können nicht von seiner Freude erfüllt sein, ohne dass unsere eigene Freude vollendet wird. Wir sind in unserem ganzen Wesen darauf angelegt, die Freude Christi zu empfangen. Wenn sie in uns bleibt, wird es unserer Freude an nichts fehlen.

Im Kolosserbrief lesen wir, dass alles „in ihm“, „durch ihn“ und „zu ihm hin“ geschaffen wurde (siehe Kol 1,16). Daraus geht hervor, dass die ganze Schöpfung die Handschrift Christi trägt – wir sind durch ihn geschaffen und zu ihm hin. Könnten wir ein Gerät konstruieren, mit dem es möglich wäre, in den menschlichen Geist hineinzusehen, würden wir dort die Inschrift entdecken: „Hergestellt von Jesus Christus für Jesus Christus.“

Die grenzenlose Freude im Herrn erwartet uns im Himmel, aber wir können sie schon jetzt erfahren, auf unserem Weg dorthin. Diese Freude entspringt der Einigkeit und Harmonie mit unserem ganzen Dasein und dem „direkten Draht“ zur Freude Jesu. Rendell Harris sagte: „Freude ist die Stärke der Gläubigen und ihr Erkennungszeichen.“ Fehlt dieses Erkennungszeichen, dann fehlt das charakteristische Merkmal der Christen. Doch die beste Definition von Freude, die ich je gehört habe – eine, die unserem heutigen Bibeltext nahe kommt – ist die eines dreizehnjährigen Jungen: „Freude gleich Jesus.“ Darin ist alles enthalten. Jesus ist „Freude pur“!

Herr Jesus Christus, hilf mir Tag für Tag, dir näher zu kommen und damit der Freude in dir. Und decke die Blockaden auf, die mich darin hindern, diese Nähe zu erfahren. Darum bitte ich dich in deinem heiligen und unvergleichlichen Namen. Amen.

Apg 8,1-8; Joh 17,13; 1. Petr 1,8
Was brachte die Freude nach Samarien?
Wie beschreibt Petrus diese Freude?

Keine Chance den geistlichen Viren

„… denn die Freude am HERRN ist eure Stärke“ (Vers 10; Luther 84).

Zum Lesen & Nachdenken – Nehemia 8,1-12

Die Freude gehört in gewissem Sinne zur geistlichen Waffenrüstung eines Christen. So kann sich zum Beispiel Eifersucht leicht in einem unzufriedenen Herzen einnisten. Doch die Freude Jesu schiebt hier einen Riegel vor. Diese besondere Geistesfrucht bewahrt uns also auch vor Versuchungen. Überquellende Freude erstickt jeden Neid im Keim. Stattdessen weckt sie eine Sehnsucht, die gefundenen Schätze mit anderen zu teilen.

Freude hält uns geistlich wachsam und lebendig. Man sagt, dass Krankheitserreger viel leichter den Körper eines Menschen befallen, der psychisch entkräftet und depressiv ist. Seelisch stabile Menschen sind im allgemeinen widerstandsfähiger gegen Infektionskrankheiten. Genauso ist es, wenn „geistliche Viren“ die Seele angreifen wollen. Die Freude lässt ihnen keine Angriffsfläche, macht unsere Seele dagegen immun. Die Freude, zu der wir berufen sind, schützt also auch unsere Gesundheit. Ist diese Freude in unserem Leben blockiert, sollten wir alles daran setzen, um diese Blockaden beiseite zu räumen.

Wenn wir spüren, dass diese tiefe, innere Freude fehlt, dann sollten wir uns fragen: Wo stehe ich? Wie nahe fühle ich mich Gott? Welche Schritte kann ich tun, um meine Beziehung zu ihm zu vertiefen? Wie kann ich mich dem Schöpfer ganz hingeben, mit allem, was ich bin und habe? Damit unsere Freude „völlig werde“, braucht Gott unsere völlige Hingabe. Vor einer Autowerkstatt hing ein Schild: „Hink’ hinein – hüpf’ hinaus“. Genauso ergeht es jedem, der sich in Gottes heilende Nähe begibt. Gott will uns nichts vorenthalten; also sollten wir ihm auch nichts vorenthalten. Und wenn wir Gott begegnen, wird die Freude nicht lange auf sich warten lassen.

O Vater, vergib mir, wenn ich mit den Krücken zweifelhafter Vergnügungen durch den Alltag stolpere, anstatt auf den Schwingen der Freude durchs Leben zu gleiten. Ich möchte mein geistliches Vehikel zur Reparatur in deine Obhut geben – und dann hinaushüpfen. Amen.

Apg 3,1-10; Jes 12,3; 35,10; Joh 16,24
Was bezeugte der Lahmgeborene?
Was müssen wir tun, damit unsere Freude vollkommen wird?

In sich ruhende Freude

„Und der Friede Gottes, der allen Verstand übersteigt, wird eure Herzen und eure Gedanken bewahren in Christus Jesus“ (Vers 7).

Zum Lesen & Nachdenken – Philipper 4,1-9

Nach *Liebe* und *Freude* kommen wir nun zum dritten Aspekt der Frucht des Geistes, dem *Frieden*. Die Reihenfolge ist alles andere als zufällig: Zuerst steht die Liebe, als „die größte unter ihnen“ (1. Kor 13,13; Luther 84); gefolgt von der Freude, einem Ergebnis der Liebe, dann kommt der Friede – Friede ist stille, in sich ruhende Freude. Ein Prediger zog einmal folgenden Vergleich: „Freude ist Friede, der seinen Hut hoch in die Luft wirft; Friede ist Freude, die sich in heiterer Gelassenheit zurücklehnt.“ Welch schönes Bild!

William Barclay erklärte einmal, wie der Begriff „Friede“ (griechisch: *eirene*) Einzug in das Neue Testament hielt. Das griechische Wort ist eine Übersetzung des hebräischen *shalom* (Friede). Im Altgriechischen hatte „Friede“ lediglich die Bedeutung der Freiheit von Kriegen oder Feindseligkeiten, doch im Neuen Testament erhielt das Wort zusätzlich die Facetten von *shalom*, wie etwa „Gelassenheit“ und „Harmonie“. Der Begriff „Friede/n“ erscheint zwischen 100 und 300 Mal (je nach Bibelübersetzung) im Neuen Testament und kommt in jedem Buch der Bibel vor. Das Neue Testament ist also ein Testament des Friedens.

Wie bei den anderen Eigenschaften der Frucht des Geistes, können wir auch den Frieden nicht aus uns selbst heraus erzeugen. Er ist ein Geschenk Gottes – die wunderbare Folge der göttlichen Gegenwart in unserer Seele. Jesus kannte diesen Frieden, und er gab ihn an seine Jünger weiter: „Frieden lasse ich euch, *meinen* Frieden gebe ich euch … Euer Herz werde nicht bestürzt“ (Joh 14,27). Wenn wir in Jesus bleiben, wird uns ein Friede erfüllen, der nicht nur höher ist als alle Vernunft, sondern auch als alle Unvernunft.

Vater, mir ist klar geworden, dass der Friede, den du mir geben willst, in die tiefsten Schichten meines Daseins dringen will. Hilf mir, heute mein innerstes Wesen für dich zu öffnen. In Jesu Namen. Amen.

Ps 55,1-23; 29,11; 119,165
Worum flehte der Psalmist?
Wie erhörte Gott sein Flehen?

Den „Seelenfrieden“ finden

„Er selbst aber, der Herr des Friedens, gebe euch den Frieden allezeit auf alle Weise“ (Vers 16).

Zum Lesen & Nachdenken – 2. Thessalonicher 3,1-16

Es ist einfacher, die Eigenschaften des Friedens herauszuarbeiten, wenn wir versuchen, ihn von anderen Dingen abgrenzen, mit denen er auf den ersten Blick verwandt scheint.

Friede ist nicht mit *Passivität* gleichzusetzen. Es gibt „friedliche“ Leute, die in Wirklichkeit nur extrem träge sind. Das ist Temperamentssache. Die Ereignisse der Welt gehen an ihnen vorüber, anscheinend ohne sichtbare Auswirkungen auf ihr Leben. Man könnte geneigt sein, solche Menschen als besonders geisterfüllt, gelassen und in sich ruhend zu betrachten, doch Passivität ist von wahrem Frieden weit entfernt. Das eine ist menschlich, das andere geistlich.

Friede ist auch keine *geistige Gymnastik.* In der heutigen Zeit haben Vorträge und Kurse Hochkonjunktur, in denen esoterische Gurus und Seelenheiler Harmonie, innere Ruhe, Selbstsicherheit und das Blaue vom Himmel versprechen. Neulich las ich eine Annonce: „Bei uns finden Sie Ihren Seelenfrieden.“ Allein der Begriff „Seelenfrieden“ in diesem Zusammenhang zeigt, wie oberflächlich dieser Ansatz ist. Niemand kann Frieden für seine Seele finden, der nicht etwas Größeres gefunden hat. Denn die Voraussetzung für den Seelenfrieden ist der Frieden in den Tiefenschichten unseres Geistes. Erst dann kann unsere Seele zur Ruhe kommen. Sind sich Seele und Geist uneinig, können wir unmöglich zu einem tieferen Frieden finden. Der Friede, der zur Frucht des Geistes gehört, durchdringt die tiefsten Schichten unserer Persönlichkeit. Nur wenn wir auf der geistlichen Ebene unseres Wesens Frieden finden, werden wir wirklichen Seelenfrieden erfahren. Alles andere ist Stückwerk.

Vater, erfülle meinen Geist mit dem Frieden und der großen Gelassenheit, die deinem Wesen eigen sind, so dass alle, die mir heute begegnen, deinen Frieden spüren können. Amen.

Jes 26,1-3; Ps 4,9; Phil 4,7
Wie gelangen wir zu diesem tiefen Frieden?
Wo lässt uns der Herr wohnen?

Lebendiger Friede

„… die Wellen schlugen in das Boot, … Und er war hinten im Boot und schlief …“ (Verse 37-38).

Zum Lesen & Nachdenken – Markus 4,35-41

Wir wollen den Frieden Gottes weiter ausleuchten, indem wir lernen, ihn von anderen Phänomenen zu unterscheiden. *Friede bedeutet nicht Rückzug.* In wiederkehrenden Zeitabständen wurden innerhalb der Gemeinde Christi diverse Formen des Rückzugs praktiziert, in der Absicht, inneren Frieden zu erlangen.

Die Methodistenkirche zerbrach in ihren Anfängen beinahe an einer Methode, die als „Stille“ bekannt war. Der Grundgedanke war, sich von jeglicher Aktivität abzukehren, um „still vor dem Herrn“ zu werden. Doch diese Art der „Stille“ war nicht zu verwechseln mit dem überirdischen Frieden, den der Geist Gottes in die Herzen der Gläubigen ausgießt. Sie wurde vielmehr aus eigener Kraft produziert. Friede dagegen ist ein Geschenk. Jemand sagte einmal: „Nur der wird sein Leben meistern, dessen Herz weicher, dessen Blut wärmer, dessen Verstand wacher wird und dessen Geist den Weg zum lebendigen Frieden findet.“ Echter Friede muss *lebendig* sein – kein toter Friede, der sich aus falsch verstandener Verantwortung von jeglicher Aktivität lossagt oder sich einkapselt in Teilnahmslosigkeit.

Der Friede Gottes ist, wie die Freude, *gänzlich unabhängig von äußeren Umständen.* Dies wird in unserem heutigen Bibeltext deutlich. Als der Wind das Wasser aufwühlt und die Wellen über Bord schlagen lässt, liegt Jesus friedlich im Heck des Bootes und schläft. Warum wird extra betont, dass er „hinten im Boot“ lag? Ich habe gehört, dort soll es am schlimmsten sein, wenn ein Schiff von hohem Seegang hin und her geworfen wird. Dort, am denkbar ungünstigsten Ort, schlief der Herr – eingehüllt vom Frieden Gottes. Dieser Friede braucht keine günstigen äußeren Umstände. Nichts kann ihn über Bord werfen.

Herr, ich sehne mich nach derselben inneren Ruhe und Gelassenheit, die dein irdisches Dasein kennzeichnete. Das Geheimnis ist wohl: Ich muss lernen, dich in mir immer größer werden zu lassen. Bitte hilf mir dabei – heute und alle Tage. Amen.

Eph 2,1-14; Joh 14,27; 16,33
Was sagte Jesus über seinen Frieden?
Worin muss unser Friede gegründet sein?

Gehorsam und Vertrauen

„Bewährten Sinn bewahrst du in Frieden …,
weil er auf dich vertraut“ (Vers 3).

Zum Lesen & Nachdenken – Jesaja 26,1-12

Ein weiteres Beispiel der absoluten Gelassenheit, wie sie unser Herr an den Tag legte, ist die Tatsache, dass er angesichts seines bevorstehenden Kreuzestodes zu den Jüngern sagte: „Zum Abschied gebe ich euch den Frieden, *meinen* Frieden …“ (Joh 14,27; Gute Nachricht). Weder der Sturm auf dem See Genezareth noch der Schrecken von Golgatha konnten ihm diesen Frieden rauben. Der göttliche Friede ist ein Geschenk, doch damit er von Bestand ist, müssen einige Bedingungen erfüllt sein. Wenn wir zum Beispiel grob über die Stränge schlagen und damit gegen Gottes Gebote verstoßen, werden wir feststellen, dass uns der Friede abhanden kommt. Die Bibel sagt: „Kein Friede den Gottlosen!“ (Jes 57,21). Denn Friede ist an Gehorsam geknüpft.

Unser heutiger Text enthält noch eine weitere Voraussetzung für die Beständigkeit des Friedens: „Bewährten Sinn bewahrst du in Frieden …, weil er auf dich vertraut“. Wir sollen Gott vertrauen und unseren Sinn ganz bewusst auf ihn ausrichten. Auf ihn können wir uns verlassen und ihn anrufen, und zwar zu jeder Zeit, nicht nur in besonderen Notsituationen. W. B. Yeats drückt in den folgenden Versen aus, was geschieht, wenn dieses Vertrauen zu Gott fehlt:

Alles zerfällt, das Zentrum kann's nicht halten;
Chaos wird losgelassen auf die Welt.

Es zerfällt wirklich alles, wenn das Zentrum – unsere Mitte – nicht Jesus Christus ist. Er hält die Welt in seinen Händen. Er allein gibt uns den Halt, den wir brauchen.

O Gott, ich weiß, wenn ich nicht im Zentrum meines Wesens von dir gehalten werde, dann fehlt mir jeglicher Halt. Deshalb sei du mein Halt und meine Mitte, lieber Herr. Darum bitte ich dich in Jesu Namen. Amen.

Hebr, Kap. 4; Ps 116,7; Mt 11,29
Was sagte Jesus über seinen Frieden?
Worin muss unser Friede gegründet sein?

Worauf basiert unser Friede?

„Und Jesus antwortete und spricht zu ihnen: Habt Glauben an Gott!“ (Vers 22).

Zum Lesen & Nachdenken – Markus 11,12-26

Eine andere Voraussetzung, damit der Friede von Bestand sein kann, ist der kompromisslose und vertrauensvolle Glaube an Gott. Christen, die wirklich an Gott glauben – nicht halbherzig – werden auch seinen vollkommenen Frieden erleben. Aber was gehört zu einem echten, tiefen Glauben an Gott?

Christen glauben – und das von ganzem Herzen – dass Jesus Christus Gottes Sohn ist und der auferstandene Herr und Retter der Welt (siehe Röm 10,9). Ferner glauben sie, dass das Universum die unendliche Weisheit und Liebe Gottes widerspiegelt, und dass Gott von Anfang an unser Leben lenkt (siehe Ps 139,16). Und sie glauben, dass nichts in der Welt geschieht, was Gott nicht zulässt. Gäbe es etwas, das Gott nicht zum Guten wenden könnte, er würde es nicht zulassen (siehe Röm 8,28). Im Grunde sagen wir als Christen:

„Was immer auch geschieht,
Dein ist Anfang und Ende.“

Christen glauben, dass Gott die Welt in seinen Händen hält. Er hat den Menschen zwar mit Macht und Freiheit geschaffen, doch beides ist begrenzt. Der Mensch kann weder die Gestirne vom Himmel fegen, die Erde in tausend Stücke sprengen, die Liebe im Herzen einer Mutter ersticken oder verhindern, dass es alle Jahre Frühling wird noch Gottes Erlösungsplan vereiteln. Dies würde Gott nicht zulassen, denn es stünde im Widerspruch zu seinem Plan für die Welt. Der Friede im Herzen der Christen ist daher tief in der Realität verwurzelt und basiert auf dem grenzenlosen Glauben an Gott.

Gnädiger, liebender Vater, hilf mir heute, zu prüfen, wie tief mein Glaube wirklich ist. Ich möchte wirklich voller Vertrauen und aus ganzem Herzen glauben können. Lass mich immer mehr hinwachsen zu dir. Amen.

Hebr, Kap. 11; Ps 37,5; 1. Joh 5,4
In welchen Lebensbereichen trägt dich dein Glaube?
Worin besteht unser Sieg?

Ein ungehorsames Herz

„Der Gott unserer Väter hat dich dazu bestimmt, seinen Willen zu erkennen ..." (Vers 14).

Zum Lesen & Nachdenken – Apostelgeschichte 22,1-16

Was können wir noch tun, um den Frieden Gottes in unseren Herzen zu bewahren? – Uns freudig dem Willen des Vaters beugen. Unter Christen gibt es drei grundsätzliche Reaktionen auf den Willen Gottes: *Resignation*, *Widerstand* und *freudige Annahme*.

Den Resignierenden mangelt es an der Erkenntnis, dass Gott selbst in schwierigen Situationen der Herr ist und Schlechtes zum Guten wenden kann. Sie sind unglücklich, verbittert und hegen einen versteckten Groll gegen Gott. Die anklagende Frage drängt sich auf: „Wie konnte er das zulassen?" Zerknirscht und halbherzig finden sie sich mit den Dingen ab, „die man sowieso nicht ändern kann". Hinter aller Resignation verbirgt sich im Grunde ein ungehorsames Herz.

Wer sich gegen den Willen Gottes auflehnt, der kann eine bestimmte Situation nicht annehmen, sondern erklärt quasi Gott den Krieg und lässt ihn wissen, dass er es hätte besser machen können. Ich habe im Laufe der Jahre zahlreiche Christen getroffen, die diese Einstellung haben. Sie mögen zwar ihre Auflehnung gegen Gott nicht unbedingt im Gebet oder in Gesprächen mit anderen Christen zum Ausdruck bringen, doch dafür schwelt es unter der Oberfläche und kann jederzeit zu einem Vulkanausbruch kommen. Solchen Menschen ist der Friede Gottes fremd, ganz einfach, weil sie Gott nicht zutrauen, dass seine Liebe und Weisheit alle Dinge zum Besten wenden kann.

Himmlischer Vater, dein Wort trifft mich heute ganz tief. Hilf mir, zu erkennen, was dein Heiliger Geist mir sagen will. Ich wünsche mir nicht nur, meine Ansichten neu zu überdenken, sondern sehne mich nach echter Veränderung. Gestalte mich um, o Herr – in dein Bild. Amen.

Eph 6,1-8; Hebr 13,20-21; Spr 16,7
Wie sollten wir den Willen Gottes ausführen?
Was bereitet dir dabei Schwierigkeiten?

Den Willen Gottes umarmen

„Siehe, [ich bin] die Magd des Herrn; es geschehe mir nach deinem Wort!" (Vers 38).

Zum Lesen & Nachdenken – Lukas 1,26-38

Wer den Willen Gottes freudig annimmt, der wird auch seinen himmlischen Frieden erfahren. Dies war die Einstellung Marias. Sie sagte: „Ich gehöre dem Herrn, ich stehe ihm ganz zur Verfügung. Es soll an mir geschehen, was du gesagt hast" (V. 38; Gute Nachricht).

Ein großer Schriftsteller, Franz von Sales, fasste diesen Gedanken in seine Worte: „Freudig den Willen des Herrn zu tun, setzt Mobilität voraus – die Mobilität eines Reisenden, der mit der Bewegung des Schiffes dahingleitet, an dessen Bord er sich befindet. Ebenso setzt es die Abhängigkeit eines Dieners von seinem Herrn voraus, der nur dahin geht, wohin der Meister geht. Es ist die Abhängigkeit eines Kindes, das es seiner Mutter überlässt, für es zu sorgen und zu entscheiden, zufrieden in ihrer sicheren, zärtlichen Obhut." Und der Biograf des bekannten indischen Christen Sadhu Sundar Singh schrieb: „Wie für den Apostel Paulus, so war auch für Sadhu die Beziehung zu Christus ein besonderes Vorrecht, durch das Entbehrungen und Leid von einer bedauernswerten Notwendigkeit in Segen umgewandelt wurden. Darin lag das Geheimnis des Friedens, der Sadhu erfüllte."

Unser Herr Jesus Christus ist das beste Beispiel dafür. Robert Nicoll schrieb: „Er akzeptierte nicht nur den Willen Gottes, als er ihm kundgetan und auferlegt wurde, sondern er ging, um diesen liebenden Willen zu umarmen und zu küssen." Heilige in allen Jahrhunderten haben durch ihr Leben bewiesen, dass dies das Merkmal eines reifen Glaubens ist, der zum wahren Frieden führt.

O Vater, lehre mich die Kunst der Abhängigkeit von deinem Willen. Hilf mir, so zu sein wie Maria – nicht nur gehorsam, sondern mit Freuden gehorsam. Dies erbitte ich in deinem heiligen Namen. Amen.

Ps 40,1-9; 143,10; Röm 12,1
Was war das Gebet des Psalmisten?
Zu welchem Schluss kam er?

„Gute Laune“

„… besser langmütig als hochmütig“ (Vers 8).

Zum Lesen & Nachdenken – Prediger 7,1-12

Die vierte Eigenschaft der Frucht des Geistes ist *Langmut*. Die zentrale Bedeutung dieses Wortes (griechisch: *makrothymia*) ließe sich etwa mit „gute Laune“ übersetzen und beschreibt jemanden, der sich nicht so leicht „auf die Palme bringen“ lässt, sondern in der Hitze des Gefechts Freundlichkeit und einen kühlen Kopf bewahrt.

In einem Kommentar las ich dazu: „Dieses vierte Merkmal der Frucht des Geistes verkörpert die Haltung eines Menschen, der niemals anderen gegenüber die Geduld verliert oder die Hoffnung aufgibt, ganz gleich, wie unvernünftig und unbelehrbar sie auch sein mögen.“ Der Erzbischof Trench definierte „Langmut“ als: „Ein langes Innehalten des Geistes, bevor er einer Handlung oder Gemütsregung nachgibt; die Selbstbeherrschung, die nicht voreilig das Falsche tut.“ Und Moffatt beschreibt sie als „die Beharrlichkeit, mit der sich der Glaube ausstreckt“.

Langmut ist jedoch nicht mit Apathie zu verwechseln. Zur Zeit der ersten Christen gab es eine philosophische Gruppierung, die Stoiker, die Gleichgültigkeit zu einer Tugend erhoben, nach dem Motto: „Nichts ist es wert, dafür zu leiden. Deshalb ist es besser, eine Mauer um sein Herz zu bauen und die Gefühle auszuschließen.“ Die Christen der Urgemeinden teilten diese Meinung nicht, denn sie konnten nicht gleichgültig sein – und deshalb litten sie. Doch durch das Wirken des Heiligen Geistes in ihrem Leben erfuhren sie Stärkung und Langmut, mitten in ihrem Leid. Je engagierter wir sind, desto sensibler werden wir sein für Dinge, die unserem Engagement in die Quere kommen wollen – deshalb ist Langmut eine so wichtige Eigenschaft. Ein Evangelist sah sich in einer Veranstaltung dem Spott einiger Leute ausgesetzt. Leider verlor er daraufhin die Beherrschung – und damit auch einen Großteil seines Publikums. Offensichtlich hatte er wenig mehr zu bieten als leere Worte.

Vater, hilf mir, mich in Langmut zu üben. Erfülle mich mit deiner Geduld, so dass ich ein ruhender Pol in meinem unruhigen Alltag sein kann. Amen.

4. Mo 20,1-13; Lk 21,19; Röm 12,12
Was war die Folge von Moses Ungeduld?
Was wird die Folge unserer Geduld sein?

Gerechtigkeit statt Vergeltung

„Und er blickte auf sie umher mit Zorn …“ (Vers 5).

Zum Lesen & Nachdenken – Markus 3,1-6

Verlor Jesus jemals die Beherrschung? Einige werden diese Frage nach dem heutigen Bibeltext eindeutig mit Ja beantworten. Ich hörte einmal, wie ein Christ seine eigene Unbeherrschtheit mit den Worten entschuldigte: „Wenn in Markus 3 selbst Jesus sein Temperament nicht zügeln konnte, sehe ich nicht ein, dass ich bestraft werden soll, wenn ich mich einmal nicht beherrschen kann!“

Doch das Verhalten Jesu angesichts der Pharisäer war nicht auf einen Wutausbruch zurückzuführen. Der Schlüssel ist vielmehr ebenfalls in unserem heutigen Vers zu suchen. Dort heißt es: „betrübt über die Verhärtung ihres Herzens“. Jesus schaute deshalb so zornig in die Runde, weil es ihn traurig machte, dass diese Leute weil so hartherzig und verbohrt waren. Und wenn er aus der Haut fuhr, dann nicht aus Zorn, sondern aus Kummer. Er war zutiefst betrübt, dass die Pharisäer so verstockt waren und so wenig Verständnis für die echten menschlichen Bedürfnisse hatten. Jesus war nicht etwa eingeschnappt, weil die Pharisäer ihn persönlich hinters Licht führen wollten, sondern weil sie durch ihr Verhalten sich selbst und anderen schadeten.

Wenn wir uns ärgern, dann meistens, weil unser eigenes Ego verletzt wurde. Jesus dagegen ging es um Gerechtigkeit, nicht um Vergeltung. In ihm brannte das Feuer der Liebe und der Versöhnung. Lodert in uns das Feuer der Vergeltung, schaden wir damit nicht nur anderen, sondern auch uns selbst. Langmut, die Frucht des Geistes, hilft uns – wenn wir es wirklich wollen –, unsere Emotionen zu zügeln und schenkt Versöhnung, damit wir die Sonne nicht über unserem Zorn untergehen lassen müssen.

Mein Vater und mein Gott, erfülle mich mit deinem Geist der Langmut und hilf mir, mein Temperament zu zügeln. Bewahre mich davor, dass ich mit meiner Unbeherrschtheit Schaden anrichte und manche mich zu einem geduldigen, besonnenen Menschen. Amen.

Eph 4,1-27, Spr 19,11; Pred 7,9
Was sollen wir tun, wenn wir in Zorn geraten sind?
Warum ist es so wichtig, anderen nichts nachzutragen?

Destruktive und konstruktive Spannungen

„Ich habe aber eine Taufe, womit ich getauft werden muss, und wie bin ich bedrängt, bis sie vollbracht ist!“ (Vers 50).

Zum Lesen & Nachdenken – Lukas 12,35-53

Der Zorn Jesu will niemals verletzen, sondern heilen. Menschlicher Zorn dagegen ist eher destruktiv anstatt konstruktiv. Obwohl Jesus niemals im menschlichen Sinne die Beherrschung verlor, so musste auch er manchmal mit Spannungen leben. In unserem heutigen Bibelvers (Lk 12,50) kommt diese Spannung zum Ausdruck. In der „Gute Nachricht“-Übersetzung sagt er in Bezug auf diese „Taufe“: „... hätte ich sie doch schon hinter mir!“ und bei Hans Bruns lesen wir: „... und wie drängt es mich innerlich, bis sie vollendet ist!“ Jesus musste diese Spannung aushalten, so wie auch wir es manchmal erleben.

Ein gewisses Maß an Spannung gehört zum Leben. Spannung ist nicht unbedingt etwas Negatives. Eine Geigenseite ohne Spannung kann ihren Zweck nicht erfüllen. Erst wenn sie gespannt ist, kann sie Töne hervorbringen, die unser Ohr erfreuen.

Die Spannung, die Jesus empfand, betraf jedoch nicht seine eigene Situation. Er wusste, er hatte eine Mission zu erfüllen – vor ihm lag das Kreuz – und die Spannung würde nicht weichen, bis er die Worte aussprach: „Es ist vollbracht.“ Trotz dieser Spannung war Jesus nicht frustriert und verdrossen, sondern ruhig und gefasst, mit einem Gebet um Vergebung für seine Feinde auf den Lippen. So fand er Frieden darüber – den Frieden der Vollendung und des Sieges. Der Druck, den er aushalten musste, diente dem Plan Gottes und war daher ein konstruktiver Druck. Unsere Spannungen dagegen bringen uns leider allzu oft von Gottes Wegen ab und verleiten uns dazu, eigene Wege zu gehen. Unser eigenes Wohl ist uns wichtiger als die göttlichen Ziele.

Mein Herr und Meister, lehre mich, auch in äußerst angespannten Situationen auf deinem guten Weg zu bleiben und nach deinem Willen zu handeln. Spanne du die Saiten meines Instrumentes, damit es dir zur Ehre singen und spielen kann. Amen.

1. Kor 9,1-16, Joh 9,4; 2. Kor 5,14
Welche Spannung fühlte Paulus?
Was drückt das Wort „Zwang“ in Zusammenhang mit 1. Kor 9,16 aus?

Der Zornige schadet sich selbst

„Denn eines Mannes Zorn wirkt nicht Gottes Gerechtigkeit“ (Vers 20).

Zum Lesen & Nachdenken – Jakobus 1,19-27

Jemand hat einmal gesagt: „Unser menschliches Naturell kann sich zum Guten oder Schlechten wenden, je nachdem was ihm zugrunde liegt.“ Im Englischen haben wir das Wort „temper“, das, für sich allein stehend, die neutrale Bedeutung „Wesen, Naturell“ hat und erst durch die Präfixe „good“ (gut) oder „bad“ (schlecht) genauer definiert wird bzw. eine andere Bedeutung bekommt („good temper“ – gute Laune; „bad temper“ – schlechte Laune.)

Dr. Stanley Jones sagte, es gäbe immer zwei Arten, etwas zu schildern. Die eine will allein auf die Situation aufmerksam machen, die andere ist gefärbt durch die persönliche Meinung des Erzählers. In Amerika sah ich einmal auf einem Auto einen Aufkleber „Hupen Sie ruhig – es ist *Ihr* Magengeschwür!“ Magengeschwüre sind fast immer äußere Zeichen einer inneren Spannung oder Gereiztheit.

Wenn sich diese innere Spannung Luft macht und in einem Wutausbruch äußert, schaden wir damit nicht so sehr den anderen, sondern viel mehr uns selbst. Wer andere angreift, ist mit sich selbst nicht im Reinen. Er überträgt seine Probleme auf seine Mitmenschen und erkennt nicht, dass die Ursache in ihm liegt und nur behoben werden kann, wenn er selbst es will. Ich erlebte einmal, wie ein Mitglied des Gemeindevorstands in einer Sitzung die Beherrschung verlor. Als ihn jemand zu besänftigen versuchte, erhielt er die Antwort: „Aber ich *muss* ja zuerst aus der Haut fahren, damit hier irgendetwas geschieht!“ Unser heutiger Bibeltext ist da anderer Meinung: „Denn im Zorn tut niemand, was vor Gott recht ist“ (Gute Nachricht). Wer seinem Zorn nachgibt und seine Zunge nicht im Zaum halten kann, wird unweigerlich Schaden anrichten.

Vater, hilf mir, aller Unbeherrschtheit mit Gleichmut und Weisheit zu begegnen, allem Hass mit Liebe und aller Missmutigkeit mit Freude. Darum bitte ich dich im Namen Jesu Christi. Amen.

Mt 5,1-26, Ps 37,8; Spr 14,17
Was lehrte Jesus über Zorn?
Überlege, ob du auf jemanden zornig bist und weshalb.

„Ich bin gerettet“

„… werdet voller Geist … Sagt allezeit für alles dem Gott und Vater Dank …“ (Verse 18 u. 20).

Zum Lesen & Nachdenken – Epheser 5,8-21

Der beste Einfluss, um Unbeherrschtheit und Gereiztheit in Gelassenheit und Geduld zu verwandeln, ist der Heilige Geist. In unserem heutigen Text kommt dies deutlich zum Ausdruck. Wenn wir zulassen, dass der Heilige Geist in uns wohnt, dann wird er unser Denken und Handeln bestimmen, so dass wir das Leben mit ganz anderen Augen sehen.

Ein walisischer Bergarbeiter war für seinen Jähzorn bekannt. Er sollte sich um die Grubenpferde kümmern, doch die armen Tiere hatten bei ihm nicht viel zu lachen. Selbst die stärksten Männer gingen ihm aus dem Weg, wenn er wieder einmal „ausrastete“.

Eines Abends kam dieser Mann zu einer Erweckungsveranstaltung, bekehrte sich und erlebte eine überwältigende Begegnung mit dem Heiligen Geist. Am nächsten Tag in der Mine trat ihm eines der Pferde auf den Fuß. Die anderen Arbeiter erwarteten die gewohnte Explosion – doch nichts geschah. Einer der Männer fragte ihn: „Geht es dir heute nicht gut?“ „Doch“, antwortete er, „warum fragst du?“ „Nun ja, ich weiß, wie schnell dir der Kragen platzt, und als dir das Pferd auf den Fuß trat und du ganz ruhig bliebst, da dachte ich, du fühlst dich vielleicht nicht wohl.“ „Ich fühle mich sehr wohl“, sagte der Mann schlicht. „Ich bin gestern Abend von Gottes Heiligem Geist erfüllt worden. Ich bin gerettet.“

Im Leben von König Saul gibt es eine interessante Begebenheit. Als der junge Saul zum König gewählt wurde, wurden die Stimmen der Spötter laut: „Wie soll der uns retten? Und sie verachteten ihn und brachten ihm kein Geschenk.“ Saul jedoch ließ sich nicht aus der Ruhe bringen und „tat, als hörte er es nicht“. (siehe 1. Sam 10,27). Hätte Saul diese Charakterstärke beibehalten, wäre ein großer Mann Gottes aus ihm geworden.

Lieber Vater, erfülle mich mit deinem Heiligen Geist und lass ihn in mir Wohnung nehmen, so dass ich auch in kritischen Situationen nicht die Selbstbeherrschung verliere und so handle, wie es dir gefällt. Dies erbitte ich in Christi Namen. Amen.

Joh 14,1-17; Hes 36,27; 1. Kor 3,16
Was sagte Jesus über den Heiligen Geist?
Was sind wir dadurch, dass der Geist in uns wohnt?

Das letzte Wort ist Schweigen

„… tröstet die Kleinmütigen, nehmt euch der Schwachen an, seid langmütig gegen alle“ (Vers 14).

Zum Lesen & Nachdenken – 1. Thessalonicher 5,12-24

Eine Frau schrieb nach ihrer Bekehrung, wie sie die Veränderung durch den Heiligen Geist erlebt hatte: „Am Abend ging ich hinaus, um die Tür des Hühnerstalles für die Nacht zu schließen. Da sah ich, dass meine Jungen zwar die Tür zugemacht und das Licht ausgedreht hatten, doch die Hühner waren alle noch draußen. Hühner haben schlechte Augen. Sie können im Dunkeln nicht sehen, und leuchtet man sie mit einer Taschenlampe an, werden sie noch verstörter, weil das Licht sie blendet. Vor drei Jahren hätte ich den Jungs eine saftige Tracht Prügel verabreicht und sie hinausgetrieben, um gefälligst die Hühner in den Stall zu bringen. Doch heute Abend hörte ich noch nicht einmal auf zu singen! Ich wollte die Lampe im Stall einschalten und stellte fest, dass die Birne durchgebrannt war. Anstatt mich aufzuregen wie früher v. Chr. (*vor Christus!*) holte ich gelassen eine neue, schraubte sie in die Fassung und trieb die Hühner so ruhig und heiter in den Stall, dass es mich selbst überraschte. Als das letzte Huhn drin war, dankte ich meinem Vater, dass er mir geholfen hatte, die Situation so mühelos zu meistern, indem er mir Selbstbeherrschung und Gelassenheit schenkte.“ Dies ist das Wirken des Heiligen Geistes im Alltag.

In dem Brief einer anderen Frau, die, nachdem sie zum Glauben gekommen war, auf große Ablehnung in ihrer Familie stieß, war zu lesen: „Ich hatte immer schon ein aufbrausendes Temperament. Meine Angehörigen mussten stets aufpassen, was sie zu mir sagten. Außerdem wollte ich immer das letzte Wort behalten. Nach meiner Bekehrung tat meine Familie alles, um mich ganz bewusst zu ärgern. Sie wollten mich auf die Probe stellen. Wäre der Heilige Geist nicht in mein Leben gekommen, ich hätte ihre Bemerkungen nicht kommentarlos ertragen. Ich habe noch immer das letzte Wort – doch das letzte Wort ist Schweigen.“

Himmlischer Vater, hilf mir, mich im Zaum zu halten, wenn andere mich mit ihren Bemerkungen provozieren wollen und lehre mich, dass Schweigen manchmal die beste Antwort ist. Schreibe mir den Gedanken ins Herz, dass derjenige, der die Beherrschung verliert, immer der Verlierer ist. Amen.

Hebr 6,1-15; Jak 1,2-4; 2. Petr 1,6
Wie reagierte Abraham auf die Verheißung Gottes?
Was ist der Lohn des „Ausharrens“?

Wer das Lachen verlernt

„Ein fröhliches Herz bringt gute Besserung, aber ein niedergeschlagener Geist dörrt das Gebein aus“ (Vers 22).

Zum Lesen & Nachdenken – Sprüche 17,17-28

Ich habe oft beobachtet, dass Menschen, die durch den Heiligen Geist von ihrer Unbeherrschtheit geheilt wurden, dafür mit einem wachsenden Sinn für Humor beschenkt wurden. Gott hat uns den Humor gegeben, nicht zuletzt deshalb, um über uns selbst lachen zu können. Natürlich lässt sich nicht alles mit einem Lachen abtun, aber der Humor hilft uns, vieles in die richtige Perspektive zu rücken.

Ein Prediger sagte einmal: „Es ist nichts Gutes an einer Gemeinschaft oder einem Menschen, wenn der Humor fehlt, denn Lachen ist die natürliche Folge der Güte.“ Es ist unnormal, wenn jemand nicht von Zeit zu Zeit in herzhaftes Gelächter ausbrechen kann. Vor kurzem hörte ich von der Bekehrung eines Angehörigen der Irischen Republikanischen Armee. Nachdem er sich für Jesus entschieden hatte, war er vier Wochen lang Gast im Haus eines Pfarrers, der über ihn erzählte: „Es dauerte zwei Wochen, bis ich ihn das erste Mal lächeln sah. Als ich ihn darauf ansprach, sagte er: ‚Mein Job war ein hartes Geschäft. Da gab es keinen Grund zu lächeln‘.“ So etwas ist tragisch. Denn wer das Lächeln verlernt hat, der hat auch das Leben verlernt.

Im Laufe der Jahre sind zahlreiche Gruppen zu unseren seelsorgerlichen Seminaren gekommen. Viele sind gefangen von Ängsten, Schuld und Sorgen. In den Seminaren lernen sie, ihre Ängste mitzuteilen, sie loszulassen und bei Jesus abzugeben. Nachdem dieser Schritt getan ist, lässt meistens das Lachen nicht lange auf sich warten. Im Verlauf der Woche werden sie dann immer gelöster. Und am Ende der Woche können sie über fast alles lachen – einschließlich über sich selbst.

Herr Jesus, von dir heißt es, dass du „mit Freudenöl gesalbt bist vor deinen Gefährten“. Schenke mir dieselbe Salbung der Freude – heute und alle Tage. Dies bitte ich dich in deinem heiligen Namen. Amen.

Spr 15,1-15; Jak 5,13; Ps 126,2
Was kennzeichnet ein fröhliches Herz?
Wie drückt sich dies aus?

Freundlichkeit oder Gefühlsduselei?

„Zieht nun an …: herzliches Erbarmen, Güte, Demut, Milde, Langmut!" (Vers 12).

Zum Lesen & Nachdenken – Kolosser 3,1-15

Das fünfte Merkmal der Frucht des Geistes ist *Freundlichkeit* (griechisch: *chrestotes*). „Freundlichkeit" ist ein sehr schönes Wort. Seine Bedeutung könnte man etwa definieren als „ein freundliches Wesen; ein warmes Wohlwollen anderen gegenüber".

In einem Kommentar las ich, wollte man den christlichen Glauben in einem einzigen Wort zusammenfassen, so hieße diese Zusammenfassung „Freundlichkeit". Ein „unfreundlicher Christ" ist demnach ein Widerspruch in sich selbst. Es gibt Quellen, die belegen, dass im Frühchristentum von Ungläubigen die Worte „freundlich" und „christlich" als Synonyme verwendet wurden. Der Kirchenvater Tertullian sagte: „Diese Begriffe waren so eng verwandt in ihrer Bedeutung, dass eine Verwechslung nicht schaden konnte."

Einmal stellte ich in einem Jugendkreis die Frage, auf welche der Eigenschaften der Frucht des Geistes man wohl am ehesten verzichten könne. Beinahe alle in der Gruppe sagten: „Freundlichkeit". Als ich nach dem Grund fragte, erklärten sie mir, für sie habe das Wort einen Beigeschmack von Schwäche und Gefühlsduselei. Wir sprachen danach über die echte Bedeutung von „Freundlichkeit" und darüber, dass eine freundliche Einstellung nichts mit klebriger Sentimentalität zu tun hat. Freundlichkeit ist vielmehr ein Segen, eine überirdische Tugend, ein Geschenk des Heiligen Geistes, das in uns ein warmes Wohlwollen unseren Mitmenschen gegenüber erzeugt. Und ich frage mich, wie viel davon wohl heute bei uns spürbar ist.

Gnädiger Vater, hilf mir heute, Freundlichkeit „anzuziehen". Mache mich zu einem Menschen, der anderen mit Wärme und Güte begegnen kann. Dies bitte ich dich in deinem eigenen, kostbaren Namen. Amen.

Röm 12,1-10; 1. Kor 13,4; Eph 4,32
Wozu ermahnte Paulus die Gemeinde in Rom?
Was bedeutet „mitleidig"?

Echte Hilfe

„Seid aber zueinander gütig, mitleidig, und vergebt einander …“ (Vers 32).

Zum Lesen & Nachdenken – Epheser 4,17-32

Gestern haben wir gesehen, wie „Freundlichkeit“ mit Sentimentalität und Rührseligkeit auf eine Stufe gestellt wird. Und es ist erstaunlich, wie oft dieses Wort – bei Christen und Nicht-Christen gleichermaßen – missverstanden wird.

Ich habe den Eindruck, manche Christen akzeptieren zwar die Freundlichkeit als biblische Vokabel, haben aber keine Ambitionen, sie zu praktizieren. In weltlichen Kreisen ist das Wort „Freundlichkeit“ zwar in regem Gebrauch, doch, losgelöst von jedem Zusammenhang mit Gott, seiner eigentlichen Bedeutung beraubt. Oft hat es den Beigeschmack von „Gutherzigkeit“ oder „Harmlosigkeit“ – die man ja bekanntlich schamlos ausnutzen darf. Das Wort „Freundlichkeit“ hat sich abgenutzt auf der Bühne der Welt (und auch in manchen christlichen Kreisen). Ich finde, es bedarf einer kräftigen Aufwertung, denn es ist heute so brandaktuell wie damals!

Wir wollen weiter gemeinsam überlegen, was Freundlichkeit als Merkmal der Frucht des Geistes *nicht* ist. Sie ist nicht mit dem Helfersyndrom mancher Menschen zu verwechseln Das griechische Wort meint auch nicht unbedingt *aktive* Hilfsbereitschaft, sondern eine hilfsbereite Einstellung, (die sich natürlich in aktiver Hilfe ausdrücken kann). Freundlichkeit wird vielfach mit der Bereitschaft zu spenden in Verbindung gebracht. Doch das Unterstützen von Menschen in finanzieller Not kann ohne die Leitung des Heiligen Geistes großen Schaden anrichten. Wer zum falschen Zeitpunkt oder aus dem falschen Motiv gibt, kann Menschen etwas Wertvolleres rauben, als die Spende es wettmachen könnte. Hier müssen wir sensibel sein, denn es gibt kaum etwas, worin wir die Leitung des Heiligen Geistes mehr nötig haben als beim Geben.

Vater, hilf mir, weise zu unterscheiden, was echt und was falsch ist. Meine Freundlichkeit soll echte Freundlichkeit sein – die Art von Freundlichkeit, die Menschen echte Hilfe bieten, anstatt sie zu verletzen. Amen.

2. Petr 1,1-7; 1. Thess 3,12; 1. Petr 1,22
Womit soll unsere Frömmigkeit gekoppelt sein?
Überlege, wie du heute jemandem deine Freundlichkeit erweisen kannst.

Unangebrachte Freundlichkeit

„Oder verachtest du den Reichtum seiner Gütigkeit und Geduld und Langmut und weißt nicht, dass die Güte Gottes dich zur Buße leitet?“ (Vers 4).

Zum Lesen & Nachdenken – Römer 2,1-11

Welche anderen falschen Bilder der „Freundlichkeit“ gibt es? Gottes Freundlichkeit ist nicht mit Nachgiebigkeit zu verwechseln. Sie ist vielmehr streng und konsequent – weil Gott uns so sehr liebt. Und dazu gehört manchmal auch ein hartes Nein. Gottes Freundlichkeit lässt nicht locker, bis sie, wie ein Chirurg, alle Tumore der Sünde aus uns entfernt hat, die unsere geistliche Gesundheit gefährden. Und das tut manchmal weh. Doch Gottes Strenge ist immer zu unserem Wohl. Er liebt uns viel zu sehr, um uns so zu lassen, wie wir sind.

„Freundlichkeit“ ist auch nicht mit Gerechtigkeit gleichzusetzen. Ich kann zu jemandem „freundlich“ sein und gleichzeitig jemand anderes verletzen. Die falsche Freundlichkeit – eine, die sich an keine klaren Richtlinien hält – ist ein Hohn für die Gerechtigkeit. Dazu diese (nicht ganz ernst zu nehmende) kleine Geschichte: Ein Geschäftsmann eröffnete seiner Frau, dass er beschlossen habe, den Chauffeur aufgrund seiner allzu rasanten Fahrweise zu entlassen. „Er hat mich beinahe umgebracht“, schimpfte er, „und das war heute schon das dritte Mal!“ Seine „freundliche“ Frau antwortete: „Entlasse ihn nicht gleich, Schatz – gib ihm noch eine Chance!“

Ein weiteres Beispiel für unangebrachte Freundlichkeit stammt aus dem Gerichtssaal: Eine Frau, die wegen Mordes an ihrem Ehemann vor Gericht stand, wurde freigesprochen – größtenteils aufgrund der Bemühungen einer „freundlichen“ Dame in der Jury, die ihre Reaktion nach der Verhandlung mit den Worten erklärte: „Sie tat mir so leid. Schließlich war sie gerade erst Witwe geworden.“ Es gäbe noch viele Beispiele für falsch verstandene Freundlichkeit oder Güte. Oft ist es viel leichter, anderen gegenüber „freundlich“ zu sein als ehrlich, denn die Wahrheit ist oft unbequem.

O Gott, nimm meine Hand und leite mich durch den Nebel und die Verwirrung unserer Welt. Hilf mir zu begreifen, dass echte Freundlichkeit keine falsch verstandene Milde ist, sondern manchmal wehtun muss – weil sie zum Leben führt. Amen.

Jes 63,1-9; Ps 17,7; 26,3; 63,4
Was war das Zeugnis des Psalmisten?
Woraus entspringt Gottes liebende Freundlichkeit?

Die Freundlichkeit Jesu

„Denn er lässt ... regnen über Gerechte und Ungerechte“ (Vers 45).

Zum Lesen & Nachdenken – Matthäus 5,38-48

Das Wort „Freundlichkeit“ wird in der Bibel meistens in Zusammenhang mit Gott gebraucht. William Barclay sagt: „Es ist eine freudige Entdeckung, dass die Bibel Gott als gut bezeichnet und seine Güte nicht nur moralische Unfehlbarkeit bedeutet, sondern Herzensgüte und Freundlichkeit.“

Diese Güte Gottes will uns nicht einschüchtern, sondern uns zu ihm ziehen. Das heißt natürlich nicht, dass Gott unseren Sünden und Übertretungen seiner Gebote gegenüber gleichgültig wäre. Es heißt vielmehr, dass er uns so herzlich zugetan ist, dass er durch das Kreuz einen Weg bereitet hat, um unsere Sünden zu vergeben und ins tiefste Meer zu werfen. In 2. Korinther 10,1 ist von der „Güte und Freundlichkeit“ (Gute Nachricht) Christi die Rede. Ein kleiner Junge erklärte einmal den Unterschied zwischen „Güte“ und „Freundlichkeit“: „Güte ist, wenn meine Mutter mir ein Butterbrot gibt; Freundlichkeit ist, wenn sie mir auch noch Marmelade darauf schmiert.“

Im Neuen Testament hat die Freundlichkeit des Herrn eine andere Qualität als im Alten Testament. Im Philipperbrief kommt dies zum Ausdruck, indem Paulus schreibt: „Habt diese Gesinnung in euch, die auch in Christus Jesus [war]“ (Phil 2,5). Oder, anders ausgedrückt: „Habt im Umgang miteinander stets vor Augen, was für einen Maßstab Jesus Christus gesetzt hat“ (Gute Nachricht). Nicht nur in unseren Handlungen, sondern auch in unserer Gesinnung sollen wir Jesus nacheifern. Daraus folgt, dass Freundlichkeit sich nicht nur in Taten äußert, sondern eine geistliche Grundhaltung ist. Und ich kann mir keine besser Definition von Freundlichkeit vorstellen als diese: *Freundlichkeit ist, so miteinander umzugehen, wie Gott mit uns umgeht.*

Vater, so wie du deine Sonne über Böse und Gute aufgehen lässt, so lass mich heute allen Menschen mit Freundlichkeit begegnen – ganz gleich, wer sie sind. Darum bitte ich dich in Jesu Namen. Amen.

Röm 2,1-4; Ps 25,7; 33,5
Was sollen wir nicht verachten?
Was leitet uns zur Buße?

Ein Stern in einer mondlosen Nacht

„Gewinn für den Menschen ist seine Mildtätigkeit …“ (Vers 22).

Zum Lesen & Nachdenken – Sprüche 19,20-29

Heute wollen wir uns fragen, wie wir unsere eigene Freundlichkeit entwickeln und an dieser Frucht des Geistes wachsen können. Ella Wheeler Wilcox schrieb in einem Gedicht:

So viele Götter, so viele Religionen,
So viele Wege verlieren sich im Raum der Zeit,
Doch alles, was diese traurige Welt braucht,
Ist die Kunst der Freundlichkeit.

Wir brauchen menschliche Freundlichkeit, aber die Freundlichkeit Gottes noch viel mehr. Sie ist es, was „diese traurige Welt braucht“. Wie wichtig Freundlichkeit ist, wird darin deutlich, dass eine erwiesene Freundlichkeit noch lange im Gedächtnis bleibt. Einmal sollte ich in der Colston Hall in Bristol vor einem großen Publikum sprechen. Aufgrund persönlicher Umstände ging es mir damals nicht so gut. Bevor der Vortrag begann, kamen zwei Frauen auf mich zu, die die christliche Organisation „Women Aglow“ vertraten, und überreichten mir eine kleine Schachtel. Darin lag eine wunderschöne Blume, versehen mit einem Zettel, auf dem stand: „Wir möchten Ihnen sagen, wie sehr wir Sie schätzen und dass wir für Sie beten.“ Die Freundlichkeit dieser Frauen leuchtete auf einmal auf wie ein heller Stern in einer mondlosen Nacht. Nie werde ich diese Geste vergessen. Die Erinnerung daran wird mich für den Rest meines Lebens begleiten.

Wenn Freundlichkeit so viel Trost und Ermutigung spenden kann, wie lebenswichtig ist es dann, dass wir Gott bitten, diese Frucht in uns reifen zu lassen. Von den vielen Begleitumständen des Schiffbruchs des Paulus auf Malta, erinnert sich Lukas vor allem daran, dass die Einheimischen ihnen gegenüber „überaus freundlich“ (Apg 28,2; Gute Nachricht) waren.

Lieber himmlischer Vater, hilf mir heute, anderen deine Freundlichkeit zu erweisen, so dass sie an irgendeinem Ort für irgendeinen Menschen zum Licht wird, das seine dunkle Straße erhellt. Amen.

Lk 10,30-37; Mt 23;37; Mk 1,41
Zähle mindestens fünf Beweise der Freundlichkeit in diesem Gleichnis auf.
Was veranlasste den Samariter, so zu handeln?

Freundlichkeit ist nicht gleich Freundlichkeit

„… was ihr einem dieser meiner geringsten Brüder getan habt, habt ihr mir getan“ (Vers 40).

Zum Lesen & Nachdenken – Matthäus 25,31-46

Ob die Freundlichkeit in uns wachsen kann, hängt davon ab, wie fest unser Leben im Herrn gegründet ist. Manche Christen bemühen sich, freundlich zu sein, doch Freundlichkeit als Frucht des Geistes kann niemals aus eigener Anstrengung erreicht werden. Doch wenn wir in Christus bleiben, dann wird die Frucht ohne unser Hinzutun reifen.

Die freundlichsten Christen sind diejenigen, die es nicht darauf anlegen, freundlich zu sein. Das will nicht heißen, dass sie nicht freundlich sein *wollen*, doch ihre Freundlichkeit ist nicht „aufgesetzt“, sondern wird aus einer inneren Quelle gespeist. Nicht ihre persönliche Frömmigkeit ist ihr Ziel, sondern die Sehnsucht, Christus immer ähnlicher zu werden. Ihre Selbstlosigkeit macht sie zu Menschen, auf die die Beschreibung Samuel Barnetts aus Toynbee Hall passen würde: „Er vergaß seine eigene Person so sehr, dass er vergaß, dass er sich selbst vergessen hatte.“

Die große Gefahr des Christseins ist, dass wir in unserem Bestreben, selbstlos zu sein, selbstsüchtig werden. Nur wenn wir uns täglich durch Gebet und Nachsinnen über seinem Wort nach Gott ausstrecken, sind wir vor der Versuchung sicher, uns auf Wachstum um unserer selbst willen zu konzentrieren – anstatt um *seinetwillen*. Menschen, die nur deshalb freundlich sind, weil sie sich dadurch das Lob anderer erhoffen, werden aufgeben, wenn dieses Lob ausbleibt. Und zwar umso schneller, wenn in ihnen die Frage Gestalt annimmt: „Was habe ich eigentlich davon?“ Christen dagegen, deren Freundlichkeit aus der Beziehung zu Jesus Christus gespeist wird, geben niemals auf. Denn die Freundlichkeit ist zu einem echten Bestandteil ihres Wesens geworden.

Vater, hilf mir, mehr Zeit mit dir zu verbringen, so dass du dein Gesetz der Freundlichkeit in mein Herz schreiben kannst. Und dann lass diese Freundlichkeit nicht mehr von mir weichen. Amen.

2. Kor 9,1-6; 5. Mo 15,7-8; Ps 41,2; Apg 20,35
Wie sollen wir säen?
Woran erinnerte Paulus die Ältesten der Gemeinde in Ephesus?

Freundlichkeit ist das Zentrum

„… in Lauterkeit, in Erkenntnis, in Langmut, in Freundlichkeit …" (Vers 6; Luther 84).

Zum Lesen & Nachdenken – 2. Korinther 6,1-13

Wir können nichts *tun*, um einen Mangel an Freundlichkeit wieder gut zu machen. Viele Leute entschuldigen ihre fehlende Freundlichkeit damit, dass sie darauf hinweisen, was sie für andere tun – „Ich arbeite bis zum Umfallen für ihn", usw. Gewiss, doch damit sind unfreundliche Worte nicht aus der Welt geschafft.

Selbst bei Pastoren und anderen Christen im vollzeitlichen Dienst findet man diese Einstellung. Paulus zählt in unserem heutigen Bibeltext über fünfundzwanzig Merkmale eines treuen Dieners Gottes auf, wobei die Freundlichkeit genau in der Mitte steht. Und ich bin der Meinung, es ist kein Zufall, dass „Freundlichkeit" auch bei der Aufzählung der neun Merkmale der Frucht des Geistes schon rein optisch das Zentrum bildet. Darin liegt für mich die Symbolik: Ohne Freundlichkeit sind auch die anderen Eigenschaften kraftlos und schal. Sie erst gibt ihnen die Würze. In der Freundlichkeit zu wachsen, bedeutet also, in den Tugenden zu wachsen, die vom Geist Jesu Christi durchdrungen sind.

Es bleibt jedoch eine Tatsache, dass es zahlreichen Christen an Freundlichkeit fehlt. Manche hoch angesehenen leitenden christlichen Persönlichkeiten haben es bei dieser Frucht des Geistes nicht sehr weit gebracht. Seitdem ist ihr Heiligenschein etwas verrutscht. Viele sind hart und gefühllos geworden. Diszipliniert wie sie sind, werden sie übertrieben kritisch und gesetzlich, denn ihr Gerechtigkeitsdenken macht es ihnen schwer, Sündern gegenüber in Liebe zu begegnen. Jesus achtete die Gesetze Gottes mehr als jeder andere – dennoch wurde er als „Freund der Sünder" (siehe Mt 11,19) bezeichnet.

Mein Gott und Vater, obwohl ich den Ernst der Sünde nicht mindern will, möchte ich in der Lage sein, Menschen, die in Sünde verstrickt sind, mit Freundlichkeit zu begegnen. Darum bitte ich dich in Jesu Namen. Amen.

Lk 6,27-38; Spr 11,25; 22,9
Mit welcher inneren Einstellung sollen wir Freundlichkeit erweisen?
Wie begegnet Gott den Undankbaren und Bösen?

Die warmen Strahlen der Güte

„Jesus von Nazareth, wie Gott ihn mit Heiligem Geist und mit Kraft gesalbt hat, der umherging und wohl tat“ (Vers 38).

Zum Lesen & Nachdenken – Apostelgeschichte 10,34-48

Wir kommen nun zum sechsten Merkmal der Frucht des Geistes: *Güte*. Die meisten Kommentatoren sind sich einig, dass sie am schwierigsten zu definieren ist. Das Wort „gut“ ist so allgemein, dass es beinahe alles und nichts bedeuten kann. Für manche Leute ist jemand schon ein „guter Mensch“, der weder mordet noch stiehlt noch sonst irgendwie mit dem Gesetz in Konflikt kommt.

Der neutestamentliche Gebrauch von „Güte“ bzw. „gut“ (griechisch: *agathosyne*) ist häufiger als von „Freundlichkeit“, wobei sich, je nach Bibelübersetzung, diese beiden Begriffe im Deutschen auch überschneiden. Es ist daher nicht einfach, die genaue Bedeutung dieses Wortes zu bestimmen. Die meisten Kommentatoren sind sich einig, dass sich die Güte als Frucht des Geistes nicht auf das Tun guter Werke beschränkt (obwohl sie es einschließt), sondern eine unserem Wesen innewohnende Eigenschaft ist.

Diese tief verwurzelte Güte ist, wie die Freundlichkeit, nicht in erster Linie ein aktives Handeln, sondern eine Einstellung. Manche Ausleger sind sogar der Meinung, Güte äußere sich eher non-verbal als verbal – sie kommt weniger in Worten zum Ausdruck, sondern vielmehr in unserem ganzen Verhalten. Sie ist eine Eigenschaft, die sich nicht verbergen lässt. Man spürt sie sozusagen als Aura, die ihren Träger umgibt. Ihre warmen Strahlen sind so kräftig, dass kaum jemand in ihrer Nähe sie nicht bemerken würde. Viele Menschen, besonders solche, die Gott nicht kennen, können vielleicht nicht beschreiben, was sie in Gegenwart dieser Güte empfinden, aber sie lässt sie unberührt. Was sie spüren, ist die Liebe Christi, die durch und aus denen strömt, die ihm nachfolgen.

O Vater, ich möchte ein Kanal und nicht bloß ein Auffangbecken deiner Liebe und deiner Segnungen sein. Lass diese Gnade, so wie auch andere, an mir sichtbar werden. Darum bete ich in Jesu Namen. Amen.

Eph 5,1-10; Nah 1,7; Ps 119,68; 145,9
Was ist das Zeugnis des Psalmisten?
Was ist das Ergebnis, wenn wir als „Kinder des Lichts“ wandeln?

Der „geheime Tod“

„Denn wer gestorben ist, ist freigesprochen von der Sünde“ (Vers 7).

Zum Lesen & Nachdenken – Römer 6,1-14

Wir haben festgestellt, dass „Güte“ etwas ganz Elementares ist, etwas, das in unserem innersten Wesen verankert sein muss. William Sangster kommt meiner Meinung nach dem Verständnis dieser Eigenschaft der Frucht des Geistes am nächsten, indem er sagt: „Güte ist die Spur, die ein Christ auf seinem Lebensweg hinterlässt, in seliger Unwissenheit darüber, dass er die Menschen an Jesus erinnert.“ Vielleicht können wir der Definition der göttlichen „Güte“ nicht näher kommen als dadurch – die Menschen an Jesus Christus erinnern. Man achte auch auf die Worte *„in seliger Unwissenheit“*. Christen sind sich dieser Frucht des Geistes, die in ihnen wirkt, zum größten Teil nicht bewusst, da sie sich nicht darum bemühen mussten. Denn auch die Güte entspringt einzig und allein der Beziehung zu Jesus Christus.

Von Georg Müller aus Bristol, der sich um viele Waisenkinder kümmerte, wurde erzählt, dass er die Güte Gottes auf beeindruckende Weise ausstrahlte. Dr. A. T. Pierson beschreibt in der Biografie dieses großen Mannes, wie er eines Tages gefragt wurde, was er als größte Kraft in seinem Dienst betrachte. Zum Erstaunen des Fragestellers begann Müller, über seinen „geheimen Tod“ zu sprechen: „Es gab einen Tag, an dem ich starb – äußerlich starb.“ Er fuhr fort: „Ich starb als Georg Müller, begrub seine Ansichten, Vorlieben und Eigenheiten und seinen Willen. Ich starb der Welt und ihrer Anerkennung oder Kritik, ebenso der Anerkennung oder Ablehnung meiner Geschwister und Freunde; und seitdem trachte ich nur noch nach der Anerkennung Gottes.“ Bei Menschen, die eine solche Güte verkörpern, ist eines ganz offensichtlich: Sie sind ihrer eigenen Interessen „gestorben“ – um fortan nur noch für Christus zu leben.

Gnädiger und liebender Vater, hilf mir, meine eigenen Interessen zu begraben, damit ich von nun an für deine Interessen leben kann. Was immer ich tun muss, um dieses Ziel zu erreichen, will ich tun – und heute damit beginnen. Amen.

Gal 2,1-20; 2. Tim 2,11; Kol 2,20; 3,3
Was bezeugte Paulus?
Weshalb musste er die Kolosser ermahnen?

Heilligung als Krise?

„… ich bin mit Christus gekreuzigt, und nicht mehr lebe ich, sondern Christus lebt in mir …“ (Verse 19-20).

Zum Lesen & Nachdenken – Galater 2,11-21

Paulus beschreibt seinen „geheimen Tod“ in unserem heutigen Bibeltext. Im Allgemeinen gibt es zwei unterschiedliche Ansichten über diese Textstelle. Die eine besagt, dass Paulus sich hier auf seine Auslegungen in Römer 6 bezieht – dass wir durch den Tod unseres Herrn auf Golgatha „mit Christus gestorben“ sind, aber durch seine Auferstehung neues Leben geschenkt bekommen haben. Unser altes Ich und unsere Sünde jedoch wurden mit ihm begraben. Paulus’ Wortlaut „mit Christus gekreuzigt“ bezöge sich auf diese Passage.

Andere Ausleger sind der Meinung, dass Paulus hier auf eine bestimmte Erfahrung in seinem Leben Bezug nimmt, die seiner Bekehrung folgte, als sein „alter Mensch“ (seine fleischliche Natur) „starb“ und damit seine eigenen, menschlichen Interessen. Da nun der „alte Mensch“ gekreuzigt war, konnte Christus an seiner Stelle auferstehen.

Ich persönliche finde beide Erklärungen plausibel. Heiligung ist ein Prozess, der auch einer Krise ähnlich sein kann. Viele Christen können bezeugen, wie Georg Müller, dass sie – selbst wenn sie die Kraft des Heiligen Geistes täglich in ihrem Leben spürten –, an einen Punkt kamen, wo sie mit dem schwierigen Tod des Ego konfrontiert wurden. Nicht jeder erlebt diesen „Tod“ als Krise, doch es ist bezeichnend, dass die meisten Christen, deren Leben von einer tiefen Frömmigkeit gekennzeichnet ist, diese Erfahrung bestätigen. Hören wir in uns hinein, was Gott uns heute sagen will. Vielleicht ist heute der Tag unseres „geheimen Todes“.

Mein Gott und Vater, dein Weg soll mein Weg sein. Wenn du mir heute eine tiefere Erkenntnis schenken willst, wie mein selbstsüchtiges Ich sterben kann, dann will ich diesen Weg gehen. Leite mich, mein Vater, in Jesu Namen. Amen.

Röm, Kap. 6; Gal 5,24; 1. Petr 2,24
Was geschah durch den Tod unseres „alten Menschen“?
Wie sieht dies praktisch aus?

„Pharisäertum im Arbeitskittel“

„… ich danke dir, dass ich nicht bin wie die übrigen der Menschen …“ (Vers 11).

Zum Lesen & Nachdenken – Lukas 18,9-14

Wir haben festgestellt, dass wir uns die Frucht des Geistes nicht aus eigener Anstrengung erarbeiten können, sondern nur dann erlangen werden, wenn wir uns zu Christus halten und zulassen, dass der Heilige Geist uns nach dem Wesen Christi gestaltet.

Viele Menschen haben ein geheiligtes Leben mit ethischen Werten gleichgesetzt, aber ethische Werte sind nicht die Quelle der Heiligung, sondern die Folge davon. Wenn ethische Ziele aus eigener Kraft verwirklicht werden, werden wir stolz auf unsere eigenen Leistungen sein und fallen der Sünde des Pharisäertums zum Opfer. So verlassen wir uns zunehmend auf unsere eigene Kraft anstatt auf unsere Abhängigkeit von Gott. Menschen, die sich bemühen, Güte auszustrahlen, wirken steif und verbissen und verbreiten eine „Moralin getränkte“ Atmosphäre. Wessen Güte jedoch einer engen Beziehung zu Jesus entspringt, durch den leuchtet das Wesen Christi.

Ein ähnlicher Irrtum unterliegt denjenigen, die behaupten, schließlich hätten sie „ihr Leben lang Gutes getan“. Jemand hat diese Einstellung einmal als „Pharisäertum im Arbeitskittel“ bezeichnet. Auch hier steht das Ego im Mittelpunkt. Eine solche Haltung ist gefährlich, nicht, weil etwa die „guten Werke“ schlecht seien, sondern weil ihnen egoistische Motive zugrunde liegen: *Ich* tue das auf *meine* Weise für *meine* Ziele. Die Krankheit der Selbstbezogenheit ist tief im Menschen verwurzelt, und niemand ist völlig frei von ihr. Doch auch hier gilt: Selbsteinschätzung ist der erste Schritt zur Besserung.

Mein Vater, ich weiß, dass ich scheitern werde, wenn ich mit einer solchen Haltung der Arroganz und des Stolzes durchs Leben gehe. Nur wenn ich deinen Willen tue, werde ich ans Ziel kommen. Hilf mir, mit dieser Perspektive zu leben. Amen.

Kol 1,1-27; Eph 3,16-19; Joh 17,23
Was meint Paulus mit der „Hoffnung der Herrlichkeit“?
Was war sein Gebet für die Epheser?

Die Krankheit der Selbstbezogenheit

„So ist nun die Liebe die Erfüllung des Gesetzes“ (Vers 10).

Zum Lesen & Nachdenken – Römer 13,8-14

Die Krankheit der Selbstbezogenheit ist schleichend und manchmal schwer zu erkennen. Vielleicht ist es hilfreich, sie anhand einiger überdeutlicher Beispiele zu illustrieren: Ein Mann wollte gerade seinen Urlaub antreten, als seine Mutter starb, und war daher gezwungen, noch so lange zu Hause zu bleiben, bis die Beerdigung vorüber war. Nach dem Begräbnis sagte er zu dem Pfarrer: „Ich werde meine Mutter sehr vermissen … aber ich habe meinen halben Urlaub verpasst.“

In den Wochen, bevor meine Frau starb, kam mich ein Mann besuchen und fragte: „Wie geht es deiner Frau?“ Doch bevor ich antworten konnte, setzte er zu einer fünfzehnminütigen Rede über die Zahnschmerzen an, die seine Frau die ganze Nacht geplagt hatten.

Während der schrecklichen Zeit des Zweiten Weltkriegs schrieb eine pensionierte Lehrerin, die in einer ländlichen Gegend wohnte, in einem Brief nach London: „Wenn du wüsstest, was wir hier durchmachen. Jede Nacht hören wir die feindlichen Flugzeuge über unsere Köpfe hinweg donnern. Letzte Woche warf eines der Flugzeuge ziellos Bomben ab, worauf unser Küchenfenster zu Bruch ging.“ Die Empfängerin des Briefes in London hatte seit drei Monaten nicht mehr in ihrem eigenen Bett geschlafen, da sie jede Nacht im Luftschutzkeller verbrachte.

Diese Beispiele mögen übertrieben sein, aber Ähnliches hören wir täglich oder sagen es sogar selber. Und wenn wir es nicht sagen, dann denken wir es vielleicht – und das ist auch nicht besser.

Herr, befreie mich von der Neigung, mich um mich selbst zu drehen. Hilf mir, zu dir hin zu wachsen, so dass mein erster Gedanke anderen gilt und nicht mir selbst. Darum bitte ich dich in Jesu Namen. Amen.

4. Mo 11,1-5; Jes 5,8; Mt 27,3
Warum beklagte sich das Volk Israel?
Was waren die Beweggründe des Judas?

Ihr erster Gedanke

„… denn wer im Fleisch gelitten hat, hat mit der Sünde abgeschlossen“ (4,1).

Zum Lesen & Nachdenken – 1. Petrus 3,18-4,8

So oft im Leben gilt unser erster Gedanke uns selbst. Der Mensch ist von Natur aus egozentrisch. Alles hat einen unmittelbaren Bezug zu uns selbst. Der Tod unseres Hundes geht uns näher als der Tod des Kindes unseres Nachbarn. Unsere Selbstbezogenheit ist so tief in uns verwurzelt, dass wir, um sie loszuwerden, unsere gesamte Persönlichkeit umkrempeln müssten. Dennoch gibt es zahlreiche Menschen auf unserem Planeten, deren erster Gedanke nicht sich, sondern dem Herrn und ihren Mitmenschen gilt.

Wie ist das möglich? Weil die Frucht des Geistes in ihnen wächst – und ganz besonders die Güte. Catherine Booth ist ein solches Beispiel. Als sie erfuhr, dass sie an einer tödlichen Krankheit litt, an der sie nach zwei leidvollen Jahren sterben sollte, sagte sie zu ihrem Mann: „Weißt du, was mein erster Gedanke war? Dass ich, wenn du einmal stirbst, nicht mehr da sein kann, um dich zu pflegen.“ Ihr *erster* Gedanke!

Ich besuchte einmal einen Pastor, der an Kinderlähmung erkrankt war. Er sagte zu mir: „Aber wer wird sich um meine Gemeinde kümmern?“ Auch er dachte nicht als Erstes an sich, sondern an andere.

Die Selbstlosigkeit dieser beiden Menschen war nichts, das sie sich aus eigener Kraft hätten aneignen können. Sie war allein auf das Wirken des Geistes Gottes in ihnen zurückzuführen. Es gibt nur eine Erklärung für ihre innere Größe: Der „alte Mensch“ in ihnen war gestorben. Ihr Lebensmittelpunkt hatte sich verlagert – vom Ego zu Christus – und hatte die Frucht der Güte zum Blühen gebracht.

Vater, erfülle mich ganz und gar mit deinem Heiligen Geist, so dass dir mein erster Gedanke gilt – dir und meinen Mitmenschen. Lass das Fleischliche in mir sterben und das Geistliche erblühen. Amen.

Mt 25,31-46; Spr 19,17; Hes 34,4
Wie können wir Jesus etwas Gutes tun?
Warum werden einige die ewige Strafe empfangen?

Die reine Güte

„Wer in mir bleibt und ich in ihm, der bringt viel Frucht …“ (Vers 5).

Zum Lesen & Nachdenken – Johannes 15,1-11

Obwohl es, wie wir gesehen haben, schwierig ist, „Güte“ hinreichend zu definieren, kommen wir ihrer Bedeutung recht nahe, wenn wir festhalten: Güte ist keine Eigenschaft, die wir uns durch eigene Bemühungen „antrainieren“ könnten, sondern ein Geschenk Gottes. Sie ist nichts Äußerliches, sondern kommt aus unserem innersten Wesen. *Reine* Güte wird selbstlos und ohne unser Hinzutun aus uns strahlen. Christen, die sie besitzen, werden ihre Mitmenschen um ihrer selbst willen lieben und ihnen ohne Voreingenommenheiten begegnen.

Ich denke, man kann mit Sicherheit behaupten, dass Güte bis zu einem gewissen Grad in allen Christen vorhanden ist, die täglich mit dem Herrn in Verbindung stehen und in ihm wachsen. In denen aber, die erfahren haben, was es bedeutet, das alte Ego sterben zu lassen, wird die Güte überfließen. Von ihnen strömt Güte aus wie eine nie versiegende Quelle.

John Wallace, der Leiter des Colleges, an dem ich meine theologische Ausbildung machte, pflegte zu sagen: „Güte, die Frucht des Geistes, ist nicht so sehr die Handlung, sondern die innere Haltung, nicht so sehr das Reden, sondern das Vorleben.“ Und ich bin überzeugt, Gott kann einem Sünder – oder einem verstockten Christen – nicht näher kommen als durch das Leben eines Menschen, in dem die Frucht der Güte vollendet ist. Wer sich nach dieser Frucht des Geistes sehnt, darf nicht vergessen, dass er sie nicht in Eigeninitiative anbauen und ernten kann. Aber er wird sie pflücken, wenn er sie von den warmen Strahlen der Güte Gottes reifen lässt.

Herr, ich habe erkannt, dass Güte nicht von außen „aufgepfropft“ werden kann, sondern daraus erwächst, was du in meinem Inneren gesät hast. Lehre mich, das Geschenk der Güte zu ernten. In Jesu Namen. Amen.

Mt 5,1-16; 1. Petr 2,12; Kol 1,9-10
Was wird Ungläubige dazu bringen, Gott zu verherrlichen?
Was war das Gebet des Paulus für die Kolosser?

Treu und ehrlich

„Siehe, du hast Lust an der Wahrheit im Innern …" (Vers 8).

Zum Lesen & Nachdenken – Psalm 51,1-21

Wir kommen heute zum siebten Merkmal der Frucht des Geistes, der *Treue*. Treue (griechisch: *pistis*) ist die Eigenschaft der Zuverlässigkeit oder Vertrauenswürdigkeit, die jemanden auszeichnet, auf den man sich verlassen und auf dessen Wort man bauen kann.

Man sagt, die beste Charakterprüfung sei die Frage: Unter welchen Umständen würde ich lügen? Ich kenne einen Mitarbeiter in der Gemeinde, der äußerst tüchtig und bei jedem Arbeitseinsatz dabei ist, doch leider nimmt er es mit der Wahrheit nicht sehr genau. Seine Unaufrichtigkeit macht das viele Gute zunichte, das er leistet.

In einem Dritte-Welt-Land, in dem die Kirchen verpflichtet sind, ihren Besitz in der Steuererklärung anzugeben, gab es eine Gemeinde, die ein wertvolles goldenes Kreuz besaß. Um nicht so viel versteuern zu müssen, kam man überein, nur einen Bruchteil seines wirklichen Wertes anzugeben. Eines Tages wurde dieses Kreuz gestohlen und später, in Einzelteile zerlegt, von der Polizei aufgefunden. Die Gemeindeleitung versuchte, vor Gericht ihr Eigentumsrecht an dem Kreuz zu beweisen. Der Richter verlangte eine Schätzung des Goldes. Als er den hohen Preis erfuhr, kam er zu dem Schluss, es könne sich unmöglich um das Kreuz der Gemeinde handeln, denn dieses sei, wie aus den Unterlagen hervorging, laut Steuererklärung mit einem viel geringeren Wert eingetragen als das gestohlene Kreuz. Das Gold wurde daraufhin vom Staat konfisziert. Die Gemeinde hatte nicht nur ihr Kreuz verloren, sondern auch ihr Gesicht.

Vater, lass mich in der Erkenntnis wachsen, dass du von mir absolute Ehrlichkeit erwartest, denn du hast mich zur Wahrheit hin geschaffen. Denn lebe ich in Unaufrichtigkeit, dann missachte ich deinen göttlichen Plan. Hilf mir, lieber Herr. Amen.

Eph 4,1-25; Spr 12,19; 3. Mo 19,11; Kol 3,9
Was müssen wir ablegen?
Zu wem sollen wir hinwachsen?

Die Reichtümer des Himmels

„Wenn ihr nun mit dem ungerechten Mammon nicht treu gewesen seid, wer wird euch das Wahrhaftige anvertrauen?" (Vers 11).

Zum Lesen & Nachdenken – Lukas 16,1-13

Auch wenn die Treue als drittletztes Merkmal der Frucht des Geistes in Paulus' Liste erscheint, heißt das nicht, dass sie etwa weniger wert sei als die vorangehenden. Sie ist vielmehr so wichtig, dass Jesus in unserem heutigen Bibeltext sagt: „Wer im Geringsten treu ist, ist auch in vielem treu, und wer im Geringsten ungerecht ist, ist auch in vielem ungerecht" (Vers 10).

Bei manchen jungen Menschen habe ich gedacht, sie hätten viel versprechende Anlagen für einen verantwortungsvollen Posten im Reich Gottes. Doch dann stellte ich hin und wieder fest, dass sie selbst kleine Pflichten nicht zuverlässig erfüllen konnten. Wenn sie sich nicht grundlegend ändern, wird es einigen von ihnen ergehen wie dem Volk Israel in der Wüste – sie laufen immer im Kreis herum.

Betrachten wir noch einmal die Worte Jesu, diesmal in der „Hoffnung für alle": „Geht ihr also schon mit Geld unehrlich um, wer wird euch dann die Reichtümer des Himmels geben wollen?" (Vers 10). Darum geht es im Grunde. Wer in kleinen Dingen unzuverlässig ist, dem wird man niemals etwas Großes anvertrauen. Wer schon das Materielle (den „Mammon") nicht treu verwalten kann, von dem kann man nicht erwarten, dass er dazu in der Lage ist, wenn es um geistliche Dinge (die „Reichtümer des Himmels"), wie etwa die Verkündigung des Evangeliums, geht.

Aber Jesus sagt noch etwas anderes: „Verwaltet ihr das Geld anderer Leute nachlässig, wie kann Gott euch dann das schenken, was euch gehören soll?" (Vers 12, Hoffnung für alle). Wenn wir schon das Eigentum anderer Leute nachlässig verwalten, wie kann uns Gott dann das Wertvolle schenken, was er uns zugedacht hat – das ewige Leben?

Vater, ich weiß, dass du mich täglich im Alltag prüfst, ob ich in kleinen Dingen treu sein kann. Hilf mir, meine Zuverlässigkeit zu beweisen, so dass du mir auch Größeres anvertrauen kannst. Darum bitte ich dich in Jesu Namen. Amen.

Mt 25,14-30; 21,43; Hl 1,6
Was sagte der Herr zu den ersten beiden Knechten?
Was bekennt Salomo in seinem Hohelied?

Lügen haben kurze Beine

„Es ist aber nichts verdeckt, was nicht aufgedeckt, und [nichts] verborgen, was nicht erkannt werden wird“ (Vers 2).

Zum Lesen & Nachdenken – Lukas 12,1-12

Wir und die ganze Weltordnung sind zur Treue und Aufrichtigkeit geschaffen. Gott hat den Menschen und das ganze Universum zur Rechtschaffenheit bestimmt. Wenn wir nicht nach diesen göttlichen Maßstäben leben, stellen wir uns damit nicht nur Gott, sondern seiner ganzen Weltordnung entgegen.

Ich weiß, dass dies in einer Zeit, in der Unehrlichkeit und Korruption an der Tagesordnung sind, vermessen klingen mag. Doch ich bin überzeugt, dass jede Lüge früher oder später an sich selbst zerbricht, vielleicht nicht heute, nicht morgen – doch ganz gewiss irgendwann in der Zukunft. Bei den Tamilen in Südindien gibt es die Redensart: „Selbst die schlaueste Lüge überlebt nur acht Tage.“ Und ein deutsches Sprichwort lautet: „Lügen haben kurze Beine.“ Im Zweiten Weltkrieg wurde es auf Goebbels gemünzt, der ein kürzeres Bein hatte.

Ein erbitterter Gegner des Kommunismus soll gesagt haben: „In unserem Kampf gegen den Kommunismus stehen uns unsere Ehrlichkeit und Anständigkeit im Weg.“ Dabei sind die wirklichen Hindernisse die Unehrlichkeit und Niedertracht, die uns – äußerlich und innerlich – unfrei machen. Die Geschichte hat gezeigt, dass Regierungen, Organisationen und andere Einrichtungen, die mit unlauteren Mitteln arbeiten, im Kern verdorben sind und daran zugrunde gehen. So waren nicht äußere Faktoren verantwortlich für den Untergang des Römischen Weltreichs, sondern es zerbrach an seiner eigenen Korruption. Nichts und niemand kann sich der Weltordnung Gottes entziehen.

Gnädiger und gütiger Gott, zeige mir, wo ich unaufrichtig bin und war und schenke mir durch deinen Heiligen Geist die Kraft, dies zu ändern. Hülle mich ein mit deinem Mantel der Redlichkeit. Amen.

1. Kor 4,1-5; 4. Mo 32,23; Pred 12,14
Was wird bei der Wiederkunft des Herrn geschehen?
Wessen können wir ganz sicher sein?

Das Wesen der Unaufrichtigkeit

„Warum seid ihr übereingekommen, den Geist des Herrn zu versuchen?“ (Vers 9).

Zum Lesen & Nachdenken – Apostelgeschichte 5,1-11

Treue und Ehrlichkeit sind Eigenschaften, die leider auch für viele bekennende Christen keine Selbstverständlichkeit sind. Recht weit verbreitet ist die Meinung, Steuerhinterziehungen oder das Führen von Privatgesprächen im Büro ohne das Wissen das Chefs hätten mit ihrem Christsein nichts zu tun.

Ein Pastor beobachtete einmal eine Amerikanerin, die von einer öffentlichen Telefonzelle auf dem Flughafen ein Ferngespräch führte. Hinterher erzählte sie ihm: „Ich mache immer einen ‚person-to-person call‘ (Anruf mit Voranmeldung); ich rufe mich quasi selbst an und bekomme die Auskunft, dass ich nicht zu Hause bin. Das lässt meine Familie wissen, dass ich sicher angekommen bin, und ich brauche das Gespräch nicht zu bezahlen, da ich mich nicht erreichen konnte.“ Sie fand ihr Vorgehen besonders schlau, doch in Wirklichkeit war sie töricht, denn mit diesem betrügerischen Anruf war eine Hemmschwelle überschritten, in Zukunft vielleicht auch größere Betrügereien und Lügen zu begehen, ohne mit der Wimper zu zucken.

In Madras in Indien kursiert die Geschichte eines Bauern, der, um Milch zu verkaufen, mit seiner Kuh und deren Kalb von Haustür zu Haustür zog. Warum nahm er diese mühselige Tour auf sich? Aus einem einfachen Grund: Niemand traute ihm über den Weg. Die Hausfrauen wussten, dass er die Gewohnheit hatte, die Milch mit Wasser zu verdünnen und verlangten deshalb, dass er die Kuh vor ihren Augen molk. Der Bauer hatte seine Glaubwürdigkeit verloren und musste seine Unehrlichkeit durch erhöhten Arbeitsaufwand wettmachen. Dies ist das Wesen der Unaufrichtigkeit. Sie mag sich nicht immer in äußerlicher Mühsal zeigen, so wie bei dem indischen Bauern, doch sie verursacht immer einen inneren Kraftaufwand. Und das Schlimmste an der Unehrlichkeit ist, selbst der unehrliche Mensch zu sein.

Vater, ich danke dir, dass du mich daran erinnerst, dass keine Unaufrichtigkeit den inneren Konflikt wert ist, den ich als Preis dafür bezahlen muss. Hilf mir, dir, meinen Mitmenschen und auch mir selbst gegenüber immer ehrlich zu sein. Amen.

Mt 23,1-25; Spr 11,1; 21,6; Hos 12,7
Wie beschrieb Jesus die Pharisäer?
Woran hat der Herr sein Wohlgefallen?

Was die Welt zusammenhält

„Ihr seid das Salz der Erde …" (Vers 13).

Zum Lesen & Nachdenken – Matthäus 5,13-20

Wie lautete die erste Lüge des Satans? – „Keineswegs werdet ihr sterben!" (1. Mo 3,4). Seitdem behelligt er sämtliche Nachkommen Adams bis zum heutigen Tag mit dieser abgedroschenen und unglaubwürdigen Lüge. Wenn wir lügen, dann stirbt etwas in uns, nicht zuletzt unsere Selbstachtung. Mit der Unaufrichtigkeit hält auch der Tod in unsere Seele Einzug. Wir werden durch die Sünde selbst bestraft. In einem Buch stieß ich neulich auf die Theorie: „Es gibt zwei Methoden, um politische Macht zu erlangen und zu behalten: (1) Lassen Sie sich Ihren Erfolg durch nichts vereiteln, am allerwenigsten durch Recht und Ehre; (2) Seien Sie treu und verlässlich im Kleinen, aber rücksichtslos und unehrlich in großen Dingen." Was geschieht, wenn ein Politiker diese Ratschläge ernst nimmt? Er wird, wie der blinde Simson, die Stützpfeiler der Gesellschaft niederreißen und sich und andere unter der einstürzenden Last begraben.

Es sind die zehn rechtschaffenen Männer, die uns vor den Sodoms dieser Welt bewahren. Treue ist der Zement, der unsere Gesellschaft zusammenhält. Fehlte die Treue, würde alles auseinander brechen. Vielleicht ist dies eine gewagte Theorie, aber meiner Meinung nach wäre die menschliche Zivilisation schon längst zerfallen, gäbe es nicht den Einfluss der Christen, der aus der Gemeinde Jesu in die Welt hinaus strömt. Ihre Treue und Aufrichtigkeit verhindern, dass alles aus den Fugen gerät.

Lieber Vater, lass meinen Charakter von Treue und Ehrlichkeit gekennzeichnet sein und hilf mir, dazu beizutragen, unsere Welt zusammenzuhalten. Darum bitte ich dich im Namen Jesu Christi. Amen.

Mk 9,38-50; 1. Thess 1,8; Hebr 11,4
Wann ist Salz nutzlos?
Wofür lobt Paulus die Gemeinde in Thessalonich?

Unser Triumph

„Gott aber sei Dank, der uns allezeit im Triumphzug umherführt …“ (Vers 14).

Zum Lesen & Nachdenken – 2. Korinther 2,12-3,6

Einige Facetten der Treue sind, wie wir gesehen haben, Ehrlichkeit, Zuverlässigkeit und Wahrheitsliebe. Ein weiteres Merkmal ist die Fähigkeit, an Gottes Geboten festzuhalten – und bis zum Ende treu zu bleiben.

In Zeiten der Prüfungen, die jeder Christ erlebt, stärkt uns der Heilige Geist und schenkt uns die Kraft zum Durchhalten. Ein Schriftsteller hat die acht härtesten Prüfungen zusammengetragen, mit denen Christen in der Welt konfrontiert werden: (1) Demütigung – heftige Angriffe auf unsere Persönlichkeit. (2) Leiden – sei es körperlich, seelisch oder geistlich. (3) Verlust eines geliebten Menschen – besonders, wenn dieser Mensch „zu früh“ gestorben ist. (4) Enttäuschung, Entfremdung oder Verrat – insbesondere durch enge Freunde oder die Familie. (5) Glaubenszweifel – durch die man in ein dunkles Loch fällt. (6) Versagen – etwa das Scheitern eines Lebenswerks. (7) Das Gefühl, von Gott verlassen zu sein. (8) Ein langsames, qualvolles Sterben.

Glücklicherweise wird nicht jeder Christ all diese Prüfungen zu bestehen haben, aber auch eine einzelne von ihnen ist schwer genug. Wie können Christen triumphieren, inmitten von solchem Leid? Jeder Triumph, den wir in leidvollen Zeiten erleben, ist der Triumph des Heiligen Geistes. Er ist in uns, damit wir aus allen Schwierigkeiten siegreich hervorgehen können. Vielleicht befindest du dich gerade in einer der oben genannten Situationen. Dann fasse Mut – der Heilige Geist ist mit dir und in dir. Er geht mit dir durchs Feuer und führt dich zum siegreichen Ende.

Lieber Herr, ich danke dir so sehr, dass du mir den Heiligen Geist als Tröster und Beistand zur Seite gestellt hast. Selbst in meinen dunkelsten Stunden bist du da, richtest mich auf und führst mich zum Sieg. Amen.

Lk 10,19; Ps 44,5-6; Röm 8,35-37; 1. Joh 5,4
Was versprach Jesus seinen Jüngern?
Welcher Überzeugung war Paulus?

Kein Wachstum ohne Beharrlichkeit

„Das in der guten Erde aber sind die, welche in einem redlichen und guten Herzen das Wort … bewahren und Frucht bringen mit Ausharren“ (Vers 15).

Zum Lesen & Nachdenken – Lukas 8,4-15

Unser heutiger Text lautet in der „Gute Nachricht“-Übersetzung: „Sie nehmen die Botschaft mit gutem und willigem Herzen an, bewahren sie und bringen durch Standhaftigkeit Frucht.“ Nur wer standhaft ist, wird letztendlich Frucht bringen.

Auf die Frage, was seine Gemeinde am notwendigsten brauche, antwortete ein Pfarrer: „Treue und Beharrlichkeit. Fünfzig Prozent unserer Gemeindeglieder sind Trittbrettfahrer; sie nehmen zwar dankbar alle Angebote der Gemeinde an, öffnen aber weder ihr Herz noch ihr Portemonnaie, um uns in irgendeiner Weise zu unterstützen. Fünfundzwanzig Prozent versprechen, sich einzubringen, aber geben nach den ersten Anläufen schnell wieder auf, weil es ihnen an Durchhaltevermögen fehlt. Das ganze Gemeindeleben wird praktisch von den restlichen fünfundzwanzig Prozent getragen.“ Der große amerikanische Evangelist D. L. Moody sagte: „Wenn wir Menschen gewinnen könnten, die ihre Hand an den Pflug legen und sich auch von Wind und Wetter nicht abschrecken lassen, dann hätten wir eine mächtige, wachsende Kirche.“

Und ich frage mich, wie viele von uns in ihrem Leben einen Trümmerhaufen aus gebrochenen Versprechen, unvollendeten Aufgaben und halbherzigen Sachen zurückgelassen haben. Das kann nicht die Schuld des Heiligen Geistes sein, denn er wohnt in uns, um uns die Kraft zum Durchhalten zu schenken – wenn wir ihn lassen. Ob wir beharrliche Christen sind, hängt davon ab, ob wir uns von unserem Anspruch trennen können, Dinge aus eigener Anstrengung zu schaffen und uns stattdessen der Kraft des Geistes unterstellen. Jemand hat einmal gesagt: „Christsein besteht nicht darin, dass wir für alles verantwortlich sind, sondern darin, auf Gottes Verantwortung verantwortlich zu reagieren.“ Und ich denke, der Heilige Geist erweist seine Kraft nie mächtiger und wunderbarer als in der Frucht der Treue.

Vater, mir ist wieder einmal ganz deutlich geworden, dass die Frucht des Geistes nur so gut in mir reifen kann, wie ich mich dir öffne und anvertraue. Schenke mir für alle Aufgaben, die du für mich bereithältst, die notwendige Beharrlichkeit und die Bereitschaft, den Heiligen Geist in mir wirken zu lassen. Amen.

Gal 6,1-9; 5,1; 1. Kor 15,58; 1. Petr 5,9
Welche Voraussetzungen müssen wir erfüllen, damit wir die Ernte einbringen können?
Worin sollen wir fest stehen?

„Bescheidenheit ist eine Zier, ..."

„Nehmt auf euch mein Joch, und lernt von mir! Denn ich bin sanftmütig und von Herzen demütig ..." (Vers 29).

Zum Lesen & Nachdenken – Matthäus 11,20-30

Wir kommen heute zum achten Merkmal der Frucht des Geistes – der *Sanftmut* (griechisch: *praytes*), in der „Gute Nachricht"-Bibel mit „Bescheidenheit" übersetzt, in der „Hoffnung für alle" mit „Besonnenheit". Für das griechische Wort gibt es kein exaktes Synonym im Deutschen, und von den verschiedenen Übersetzungen trifft meiner Meinung nach „Bescheidenheit" im Sinne von „Demut" am ehesten die Bedeutung. „Demut und Sanftmut" (Eph 4,2) werden auch in unserem heutigen Bibelvers in einem Atemzug genannt.

Christen, in denen der Heilige Geist wohnt, sind sanftmütig, demütig und bescheiden. Man sagt, außer ihrer Liebe sei nichts bezeichnender für Christen als ihre Demut. Doch nichts wird häufiger falsch verstanden als gerade diese Eigenschaft. Demut und Bescheidenheit sind Tugenden, die in der Welt nicht besonders hoch im Kurs stehen. Wir alle kennen die Redensart: „Bescheidenheit ist eine Zier, doch weiter kommt man ohne ihr."

Um das Wesen der Demut zu verstehen, bedarf es einer scharfen geistlichen Wahrnehmung. Nach einem Vortrag zum Thema „Demut" kam eine Dame zu mir und sagte: „Ich finde es so wichtig, dass ein Prediger dieses Thema auslegt. Es wird viel zu wenig über Demut gesprochen, dabei ist sie eines der wichtigsten Kennzeichen von uns Christen. Ich möchte gern noch demütiger werden, so dass die Welt sehen kann, wie verdorben sie ist." Irgendwie hatte ich den Eindruck, dass sie, obwohl sie den Pfad der Demut gehen wollte, leicht vom Weg abgekommen war.

Herr Jesus Christus, mein Retter und Erlöser, ich möchte so sein wie du – sanftmütig, bescheiden und demütig. Und hilf mir, dabei nicht vom rechten Weg abzukommen. Darum bitte ich dich in deinem kostbaren Namen. Amen.

Mt 18,1-6; Spr 16,19; Mi 6,8
Wie äußert sich wahre Größe im Reich Gottes?
Was fordert der Herr von uns?

Falsche Demut

„Habt diese Gesinnung in euch, die auch in Christus Jesus [war]" (Vers 5).

Zum Lesen & Nachdenken – Philippus 2,1-11

Mit Ausnahme von wenigen Menschen wurde die Demut in keiner Epoche der Weltgeschichte besonders geschätzt. Die Schriftsteller früherer Jahrhunderte bezeichneten sie als „unterwürfigen, kriecherischen Geist". Und in der heutigen Zeit scheint man nicht viel anders zu denken. Diese fatale Verwechslung von „demütig" und „kriecherisch" war vermutlich auch der Auslöser für die Bemerkung des ehemaligen britischen Premierministers Gladstone: „Demut als Ausdruck höchster Gnade ist eine Erfindung des Christentums."

Auch wenn ich jetzt größtenteils von „Demut" spreche, möchte ich nicht die anderen Übersetzungen und vielfältigen Facetten dieser Frucht des Geistes aus den Augen verlieren, wie „Sanftmut", „Besonnenheit" und „Bescheidenheit". Auch Behutsamkeit und Milde gehören dazu, genauso wie Nachsichtigkeit, Anpassungsfähigkeit und Toleranz. Zusammen ergeben all diese Eigenschaften das Bild eines gütigen, wohlwollenden Geistes ohne jegliche Arroganz, dafür mit dem freudigen Wunsch zu dienen.

Demut wird allerdings nicht nur von der Welt missverstanden, sondern auch von der christlichen Kirche. So wird sie etwa von manchen Christen mit *Selbst-Erniedrigung* verwechselt, die der Meinung sind, indem sie sich selbst herabsetzen oder klein machen, handelten sie besonders demütig. Dabei versuchen sie in Wirklichkeit, sich durch diese „falsche Bescheidenheit" in ein besseres Licht zu setzen. Sie halten sich bewusst auf der niedrigsten Stufe der Rangordnung, weil sie gern „befördert" werden wollen. Sie werten sich ab, weil sie gern von anderen aufgewertet werden wollen. Sie legen keine hohe Meinung von sich an den Tag, in der Hoffnung, dass man ihnen widerspricht. Dies ist keine echte, sondern eine vorgetäuschte Demut – ein unwürdiger Ersatz.

Vater, schenke mir die Gabe, zwischen echter und falscher Demut klar unterscheiden zu können. Hilf mir, meinen Geist für dich zu öffnen und ihn mit deinem Heiligen Geist in Einklang zu bringen. In Jesu Namen. Amen.

Lk 14,1-11; Röm 12,3; 1. Petr 5,5
Was lehrte Jesus die Jünger?
Wie sollen wir von uns selbst denken?

Demut und Größe

„Jesus wusste, dass der Vater ihm alles in die Hand gegeben hatte … Dann fing er an, seinen Jüngern die Füße zu waschen“ (Verse 3-5; Gute Nachricht).

Zum Lesen & Nachdenken – Johannes 13,1-15

Demut ist also keine unterwürfige, kriecherische Haltung, obwohl das leider auch manche Christen so zu sehen scheinen. Philip Brooks, ein bekannter amerikanischer Prediger, sagte einmal: „Wer wirklich demütig sein will, der braucht sich nicht kleiner zu machen als er ist, sondern sollte sich in voller Größe neben etwas Größeres stellen, das ihm seine wirkliche Kleinheit vor Augen führt. Er soll sich so groß machen, wie er nur kann, und zu Christus aufsehen. Danach wird er für immer demütig sein.“ Die wirklich Demütigen sind sich der Größe bewusst, bevor sie sich der Demut bewusst werden. In unserem heutigen Bibeltext heißt es: „Jesus aber wusste, dass ihm der Vater unbegrenzte Macht gegeben hatte, dass er von Gott gekommen war und zu ihm zurückkehren würde. Da stand er vom Tisch auf, legte seinen Umhang ab und band sich ein Tuch um. Er goss Wasser in eine Schüssel und begann, seinen Jüngern die Füße zu waschen und mit einem Tuch abzutrocknen“ (Joh 13,3-5; Hoffnung für alle). Das Wissen um seine Macht und Größe war das Geheimnis der Demut unseres Herrn. Nur die Großen wagen es, demütig zu sein. Die Größe Jesu hatte ihren Ursprung in Gott. Das Verwurzelt-Sein in ihm machte ihn groß – und demütig zugleich.

Ein Hindu sagte einmal zu einem Missionar: „Früher glaubte ich noch an Götter, heute glaube ich, dass ich selbst ein Gott bin.“ Er hatte den Glauben an die Götzen aufgegeben, um sich selbst zu vergöttern. Wer Gott aus den Augen verliert, der verliert auch die Demut aus den Augen.

O Gott, hilf mir zu verstehen, dass echte Demut einem Bewusstsein der Größe entspringt, einer Größe, deren Quelle in dir liegt. Dies erbitte ich im Namen deines Sohnes Jesu Christi. Amen.

Lk 22,24-30; Mt 11,29; Jak 4,10
Was sagte Jesus über wahre Größe?
Was bezeugte er?

Eine gesunde Selbsteinschätzung

„Denn ich sage … jedem, der unter euch ist, nicht höher [von sich] zu denken, als zu denken sich gebührt, sondern darauf bedacht zu sein, dass er besonnen sei …" (Vers 3).

Zum Lesen & Nachdenken – Römer 12,1-8

Demut wird auch oft mit dem traurigen Zustand verwechselt, den wir als „Minderwertigkeitskomplex" bezeichnen. Auf den ersten Blick scheinen hier sogar gewisse Parallelen zu existieren. Dabei gibt es ganz grundlegende Unterschiede:

Demut ist weder das Ergebnis einer falschen Erziehung oder gar Misshandlung in der Kindheit noch ist sie eine nervlich bedingte Krankheit. Sie entsteht auch nicht aus dem krankhaften Zwang, sich anderen anzupassen. Demut ist vielmehr die Fähigkeit, sich selbst aus der Perspektive Gottes zu sehen. Paulus legt uns in unserem heutigen Textabschnitt nahe, dass sich ein Christ nicht über andere erheben und höher von sich denken soll, als es angemessen ist, sondern „darauf bedacht zu sein, dass er besonnen sei, wie Gott einem jeden das Maß des Glaubens zugeteilt hat" (Vers 3).

Dieser Text ist oft so ausgelegt worden, dass wir uns selbst gering schätzen sollten. Aber das sagt der Apostel nicht. Er sagt vielmehr, wir sollen nicht höher von uns denken, *„als zu denken sich gebührt"*, in anderen Worten: „Schätzt euch nicht höher ein, als euch zukommt" (Hoffnung für alle). Umgekehrt heißt das, wir sollen uns auch nicht geringer einschätzen, als es angemessen ist. Hier geht es um eine gesunde, ausgewogene Selbsteinschätzung. Demut entspringt also nicht nur der richtigen Einschätzung Gottes, sondern auch unserer selbst. Dies kann in christlichen Kreisen heutzutage nicht genug betont werden, denn ich bin überzeugt, dass sehr viele Christen sowohl von Gott als auch von sich selbst ein verzerrtes Bild haben.

Mein Vater und mein Gott, ich möchte dich noch einmal um Klarheit in dieser Frage bitten. Korrigiere du, wo nötig, mein Bild von dir – und mein Selbstbild – und lass mich die Dinge in der richtigen Perspektive sehen. Amen.

1. Joh 2,1-17; Spr 11,2; 16,18
Was ist mit dem „Hochmut des Lebens" gemeint?
Was geht mit dem Hochmut einher?

Der lernfähige Geist

„… und nehmt das eingepflanzte Wort mit Sanftmut auf, das eure Seelen zu erretten vermag!“ (Vers 21).

Zum Lesen & Nachdenken – Jakobus 1,17-27

Manche Christen verwechseln Demut mit mangelndem Ehrgeiz. Christen hingegen, in denen die Frucht des Geistes reift, und die eine reiche Ernte einbringen, mag es zwar an *weltlichem* Ehrgeiz mangeln, doch in geistlicher Hinsicht sind sie äußerst ehrgeizig. Sie streben nicht nach materiellem Erfolg, sondern nach dem Reich Gottes. Geld, weltliche Güter und weltlicher Ruhm sind für sie vielmehr Dinge, die Gott ihnen anvertraut hat. Die Erfüllung des Lebens liegt für sie nicht materiellen Dingen, sondern einzig und allein in Gott.

Nachdem wir uns einige Tage lang damit beschäftigt haben, was Sanftmut und Demut *nicht* sind, wollen wir uns nun fragen: Was *ist* Demut? „Demut“, sagt William Barclay, „ist ein sanftmütiger, freundlicher und gehorsamer Geist.“ Um sie richtig verstehen zu können, schlägt er vor, fünf wichtige Bibelstellen heranzuziehen, aus denen sich das Bild dieser Frucht zusammensetzen wird, die der Heilige Geist in unserem Leben zur Vollendung bringen will.

Die erste Stelle ist Jakobus 1,21: „Deshalb legt ab alle Unsauberkeit und das Übermaß der Schlechtigkeit, und nehmt das eingepflanzte Wort mit Sanftmut auf, das eure Seelen zu erretten vermag!“. Sanftmut ist ein *lernfähiger* Geist – eine Einstellung, die sich der eigenen Ignoranz bewusst ist und demütig akzeptiert, dass man ohne Gottes Hilfe die Tiefen seiner Wahrheit nicht verstehen kann. Jeder Christ mit einem guten Bibelverständnis wird mehr oder weniger demütig sein. Allerdings wird sich die Bibel jedem verschließen, der sich ihr mit einer stolzen „Das-weiß-ich-schon-alles-Haltung“ nähert.

O Vater, schenke mir einen solchen lernfähigen Geist – besonders, was das Bibelstudium angeht. Hilf mir, meine eigenen Gedanken und Vorstellungen loszulassen, wenn ich in deinem Wort lese, und mache mir offen für deine Gedanken. In Jesu Namen bitte ich dich. Amen.

2. Tim 2,1-16; Spr 1,7; 5,12-13; 18,15
Wozu ermahnt Paulus Timotheus?
Was ist das Ergebnis eines lernfähigen Geistes?

Besser als rohe Gewalt

„Und was fordert der HERR von dir, als Recht zu üben und Güte zu lieben und demütig zu gehen mit deinem Gott?“ (Vers 8).

Zum Lesen & Nachdenken – Micha 6,1-8

Eine weitere wichtige Bibelstelle ist Galater 6,1: „Brüder, wenn auch ein Mensch von einem Fehltritt übereilt wird, so bringt ihr, die Geistlichen, einen solchen im Geist der Sanftmut wieder zurecht.“ Paulus gibt den Rat, dass wir jemanden, der gesündigt hat, verständnisvoll und mit Nachsicht wieder auf den rechten Weg bringen sollen. Korrektur kann auf eine Weise erfolgen, die verletzend ist – oder den Betreffenden auf ermutigende Art wieder zurechtbringen. Dies schafft nur ein demütiger Geist, denn er wird Hoffnung wecken anstatt Verzweiflung oder Resignation.

Die dritte Textstelle ist 2. Timotheus 2,24-25: „Ein Knecht des Herrn aber soll nicht streiten, sondern gegen alle milde sein, lehrfähig, duldsam, und die Widersacher in Sanftmut zurechtweisen …“. Paulus will uns sagen, dass wir, auch wenn wir mit jemandem eine Meinungsverschiedenheit haben, keinen Druck ausüben, sondern den anderen stets mit Freundlichkeit und Respekt begegnen sollen.

Ein einfaches Beispiel: Angenommen, wir sehen, dass an einem bitterkalten Wintertag die Fensterscheiben von innen gefroren sind. Es gibt zwei Möglichkeiten: Wir können einen Eiskratzer holen und die Scheiben mit Gewalt vom Eis befreien – oder wir machen ein Feuer im Kamin und lassen das Eis von selbst schmelzen. Das Ergebnis mag dasselbe sein, doch das gewünschte Resultat tritt durch die Wärme schonender und unter Umständen sogar schneller ein als durch den mechanischen Kraftaufwand. Wenn wir mit Menschen zu tun haben, die sich uns widersetzen oder die wir zurechtweisen müssen, sind Sanftmut und Güte immer besser als rohe Gewalt. Die Sonne wird einen Mann schneller dazu bringen, seinen Mantel auszuziehen, als der scharfe Wind.

Vater, ich spüre, dass das, was du mich durch dein Wort lehrst, die Erkenntnisse sind, die du mir ins Herz schreiben willst. Hilf mir, lieber Herr, dir immer auf dem Pfad der Demut zu folgen. Dies erbitte ich im Namen Christi. Amen.

Kol 3,1-13; Eph 4,2; 1. Kor 13,7
Was bedeutet es, einander zu ertragen?
Mit welcher Geisteshaltung sollte dies geschehen?

Der „Allergeringste“

„Vor dem Sturz will das Herz des Mannes hoch hinaus, aber der Ehre geht Demut voraus“ (Vers 12).

Zum Lesen & Nachdenken – Sprüche 18,1-13

In 1. Petrus 3,15-16 lesen wir: „Seid aber jederzeit bereit zur Verantwortung jedem gegenüber, der Rechenschaft von euch über die Hoffnung in euch fordert, aber mit Sanftmut und Ehrerbietung!“ Wenn wir Zeugnis geben, sollten wir uns immer der Verantwortung vor Gott bewusst sein und behutsam auf die Fragen der Menschen eingehen, anstatt sie „mit der Holzhammer-Methode“ zu missionieren. Jemand sagte einmal: „Wenn wir Leute gewinnen möchten, müssen wir selbst gewinnend sein.“

Eine weitere zentrale Textstelle in diesem Zusammenhang ist Jakobus 3,13: „Wer ist weise und verständig unter euch? Er zeige aus dem guten Wandel seine Werke in Sanftmut der Weisheit!“ Was uns in Gottes Augen klug und weise macht, ist eine Haltung der Demut und Bescheidenheit, die in unserer ganzen Lebensführung zum Ausdruck kommt. Wer glaubt, er könne nicht über seinen Schatten springen, braucht nicht zu verzweifeln. Denn nichts ist unmöglich, wenn wir zulassen, dass der Heilige Geist uns nach und nach in das Bild Christi verwandelt.

Das geistliche Wachstum des Apostels Paulus lässt sich unter anderem daran erkennen, dass er in 1. Korinther 15,9 sagt: „Denn ich bin der *geringste* der Apostel …“. Später, im Brief an die Epheser (3,8), bezeichnet er sich als der *Allergeringste* – nicht nur von den Aposteln, sondern „von allen Heiligen“. Und an Timotheus schrieb er: „Jesus Christus ist in die Welt gekommen, um die Sünder zu retten. Unter ihnen bin ich selbst der *schlimmste*“ (1. Tim 1,15; Gute Nachricht). Paulus ist der Inbegriff der Demut im Neuen Testament. Im Alten Testament verkündete Gott durch den Propheten Jesaja: „Ich wohne in der Höhe, in unnahbarer Heiligkeit. Aber ich wohne auch bei den Gedemütigten und Verzagten …“ Jakobus sagt: „Gott widersteht den Hochmütigen …“ (Jak 4,6). Die Überheblichen weist Gott zurück. Sie können ihm nicht nahe kommen. Doch den Demütigen wird er sich in Liebe zuwenden.

Herr Jesus, vieles erschöpft sich in meinem Leben, aber du wirst dich nie erschöpfen. Dir kann ich nicht ähnlich genug werden. Von deinem Geist kann ich nie zu viel haben. Fülle mich mit deinem Geist, bis ich überfließe. Amen.

Lk 18,9-14; 1. Kor 4,18; Offb 3,17
Was lehrt uns Jesus in diesem Gleichnis?
Was war die Botschaft an die Gemeinde in Laodizea?

Selbstbeherrschung

„Besser ein Langmütiger als ein Held, und besser, wer seinen Geist beherrscht, als wer eine Stadt erobert“ (Vers 32).

Zum Lesen & Nachdenken – Sprüche 16,20-44

Wir kommen nun zum neunten und letzten Merkmal der Frucht des Geistes – *Enthaltsamkeit* oder *Keuschheit* (Luther 84). In den meisten anderen Bibelübersetzungen ist das griechische Wort *enkrateia* mit *Selbstbeherrschung* wiedergegeben. Dies schließt Selbstdisziplin ein und die Fähigkeit, seine Gefühle im Zaum zu halten.

Bemerkenswert ist, dass Paulus die Selbstbeherrschung als Letztes aufführt. Die meisten – früheren wie heutigen – Denkmuster würden verlangen, diese Eigenschaft an die erste Stelle zu setzen. Verschiedene Philosophien, die Menschen im Laufe vergangener Jahrhunderte fasziniert haben, zielten darauf ab, Glück und Zufriedenheit durch Selbstbeherrschung zu erlangen. Sie proklamierten die Beherrschung der Gedanken, des Atems oder des eigenen Willens. Der christliche Ansatz unterscheidet sich in einem wesentlichen Punkt: Glück und Zufriedenheit werden dadurch erreicht, dass wir uns Christus unterstellen. Die Selbstbeherrschung der Christen ist nicht die Frucht eigener Anstrengung, sondern die der Gnade Gottes und der Unterstützung des Heiligen Geistes, der in uns ist. Wir können Gott, Christus oder den Heiligen Geist nicht durch Selbstbeherrschung gewinnen, sondern wir gewinnen Selbstbeherrschung durch Gott, Christus und den Heiligen Geist.

Wer die Selbstbeherrschung an die erste Stelle setzt, bei dem ist das eigene *Ich* das Zentrum. Wer dagegen, wie Paulus, die Liebe an die erste Stelle setzt, bei dem ist die Motivation seines Handelns nicht auf sich, sondern auf andere ausgerichtet. Der ist frei von dem Zwang, ständig um sich selbst zu kreisen. Was mit Liebe beginnt, das wird in Selbstbeherrschung enden. Aber dies wird keine zwanghafte, ängstliche und ungesunde Selbstbeherrschung sein, sondern eine, die völlig natürlich und unbelastet ist.

Herr Jesus Christus, hilf mir zu verstehen, dass Selbstbeherrschung nicht in erster Linie heißt, dass ich mich selbst unter Kontrolle habe, sondern dass du die Herrschaft über mein Leben hast. Ich vertraue dir mein Leben an, damit du mich lenken und leiten kannst. Amen.

1. Kor 3,1-16; 6,19-20; Spr 25,28; Röm 6,12
Was soll unser Leib sein?
Wie können wir zur Selbstbeherrschung gelangen?

Konzentration auf das Wesentliche

„Trachtet aber zuerst nach dem Reich Gottes und nach seiner Gerechtigkeit! Und dies alles wird euch hinzugefügt werden“ (Vers 33).

Zum Lesen & Nachdenken – Matthäus 6,24-34

Es gibt Menschen, die versuchen, auf der Ebene der Selbstbeherrschung einen Zugang zum christlichen Glauben zu finden. Dies aber ist nur auf der Ebene der Liebe möglich. Mir selbst ist es früher so ergangen. Als Jugendlicher fühlte ich mich eine Zeit lang stark vom Glauben angezogen, war jedoch nicht bereit, mein Leben mit allen Konsequenzen Jesus Christus anzuvertrauen. Ich wachte morgens mit dem guten Vorsatz auf, alles zu tun, was in meinen Kräften stand, um jegliche Sünden zu vermeiden – und ging jeden Abend mit dem Gedanken zu Bett, versagt zu haben. Wie könnte ein kranker Wille eine kranke Seele heilen?

Als ich dann schließlich Jesus mein Leben übergab, geschah etwas Erstaunliches: Seine Liebe durchströmte mich und ich begann, ihn von ganzem Herzen zu lieben. Sämtliche anderen Dinge, die mir wichtig gewesen waren, traten in den Hintergrund. Ein Professor schrieb in einem Aufsatz über Loyalität: „Es gibt nur einen Weg, ein Mensch mit festen ethischen Grundsätzen zu werden: Zu entscheiden, was einem im Leben wichtig ist, und dafür einzutreten. Diese zentrale Loyalität einer bestimmten Sache gegenüber reduziert andere Loyalitäten auf eine untergeordnete Stellung. Dann wird sich das ganze Leben auf das Wesentliche konzentrieren.“

Wenn man dies in einen biblischen Bezug stellt, wird man eine interessante Parallele entdecken: Die „Sache“, für die wir uns entscheiden einzutreten, ist Jesus Christus und das Reich Gottes. Wenn wir danach zuerst trachten, dann wird uns alles andere dazugegeben, einschließlich der Selbstbeherrschung. Das will natürlich nicht heißen, dass wir, kaum dass wir Christen geworden sind, hochgradig selbstbeherrschte Menschen sind. Wir haben das Potential dazu, aber wir müssen uns – Tag für Tag neu – der Herrschaft Christi unterstellen.

Lieber Vater, ich bin so dankbar, dass du dich für mich entschieden hast, als ich mich für dich entschied. Ich bin nur deshalb ein selbstbeherrschter Mensch, weil ich unter deiner Herrschaft lebe. Amen.

1. Kor 9,19-27; 6,12; Röm 8,13
Was brachte Paulus dazu, sich unterzuordnen?
Worin lag bei ihm die Gefahr, zu versagen?

Gefahrenzonen des Lebens

„Gelassenheit der Zunge ist ein Baum des Lebens, aber Falschheit in ihr ist Zerbruch des Geistes“ (Vers 4).

Zum Lesen & Nachdenken – Sprüche 15,1-14

In welchen Bereichen des Lebens ist Selbstbeherrschung am notwendigsten? Ich denke hier vor allem an elementare, zwischenmenschliche Dinge wie Beziehungen oder Sexualität. Ein Sexualleben, das aus den Fugen geraten ist, ist destruktiv. Ich brauche nicht extra zu betonen, dass Sexualität außerhalb der schützenden Grenzen der Ehe unbiblisch ist und nicht zur Erfüllung, sondern zu Leid und Zerstörung der Persönlichkeit führen wird.

Aber auch innerhalb der Ehe geht es nicht ohne Liebe, Respekt und Selbstbeherrschung. Wenn der Partner dazu missbraucht wird, die eigenen Wünsche und Eitelkeiten zu befriedigen, werden Leid und Zerrüttung nicht lange auf sich warten lassen. Die Einstellung zu unserem Ehepartner reflektiert die Einstellung zu uns selbst. Wer seinen Partner aus sexuellen Gründen missbraucht, wird selbst zum Opfer seiner eigenen Sexualität. Sexualität ohne Liebe und Respekt ist erniedrigend.

Ein weiterer Bereich, in dem die Geistesfrucht der Selbstbeherrschung gefordert ist, ist das Hüten unserer Zunge. Jakobus betont, dass man an unseren Worten ablesen kann, wie gut wir uns selbst im Griff haben: „Denn wer seine Zunge beherrscht, der kann auch seinen ganzen Körper beherrschen“ (Jak 3,2; Hoffnung für alle). Es heißt, in der verbalen Kommunikation gäbe es drei Stadien: Impuls, Überlegung und Aussprechen. Viele Leute überspringen das zweite Stadium und fangen nach dem Impuls sofort an zu reden. Ein selbstbeherrschter Mensch dagegen überlegt sich zunächst, was er sagen will. Der Heilige Geist hilft uns – sofern wir ihn lassen – wirklich nur das zu sagen, was wir sagen wollen.

Herr, lehre mich, in Gedanken, Wort und Tat ein disziplinierter Mensch zu sein – vor allem, in dem, was ich denke. Und hilf mir, im richtigen Moment das Richtige zu sagen und im richtigen Moment zu schweigen. In Jesu Namen. Amen.

Jak, Kap. 3; 1,26; Ps 34,13-14; 1. Petr 3,10
Was macht unser Christsein unglaubwürdig?
Woran erkennt man einen weisen Menschen?

Wie viel Luxus ist gesund?

„… sondern ich zerschlage meinen Leib und knechte ihn, damit ich nicht … selbst verwerflich werde“ (Vers 27).

Zum Lesen & Nachdenken – 1. Korinther 9,19-27

Heutzutage vergöttern und verzärteln viele Menschen ihren Körper. Unser Körper ist von Natur aus auf Bequemlichkeit angelegt. Doch zu viel Bequemlichkeit schadet der Seele. Der Mutter von John Wesley wird folgendes Zitat zugeschrieben: „Was immer dazu beiträgt, dass dein Körper gegenüber deinem Geist an Macht und Stärke gewinnt, ist Sünde – so harmlos es an sich scheinen mag.“ Und David Hill hatte ganz ähnliche Gedanken: „Wir alle haben einen Opferaltar vor uns, unsichtbar und dennoch real; auf dem wir uns selbst opfern sollen. Wir sollen unser fleischliches Ego kreuzigen, unsere körperlichen Begierden und unsere menschliche Eitelkeit.“

Was sind die Dinge, nach denen unser Körper schreit? Nahrung zum Beispiel oder Schlaf. Im Allgemeinen essen wir viel mehr, als uns gut tut. Das Schlafbedürfnis ist von Mensch zu Mensch verschieden. Zu wenig Schlaf ist ungesund, aber wir müssen auch aufpassen, dass wir nicht zu viel Zeit im Bett verbringen. Unser Körper genießt es zweifelsohne, im Luxus zu schwelgen. Man sagt nicht zu Unrecht, der Luxus der einen Generation sei für die nächste schon eine Selbstverständlichkeit.

Wir müssen nicht so weit gehen, dass wir den Körper als Feind betrachten, der bekämpft und „geknechtet“ werden muss. Vielmehr hilft die Selbstbeherrschung uns Christen, Gott als Persönlichkeit gegenüberzutreten, die nicht durch Luxus übersättigt und träge, sondern sensibel für seine Führung ist und bereit, seinem Willen zu gehorchen.

Gnädiger Vater, heute möchte ich dich bitten, mich mit deinem Heiligen Geist zu erfüllen und mich von körperlichen Wünschen zu befreien, die mich in meiner geistlichen Effektivität lähmen. Dies erbitte ich in deinem kostbaren und unvergleichlichen Namen. Amen.

Phil 3,10-21; Spr 23,1-3; 25,16
Weshalb fallen manche Christen in ihre alten Gewohnheiten zurück?
Untersuche deine eigenen Essgewohnheiten einmal kritisch.

Der göttliche Pinselstrich

„… was der Reichtum der Herrlichkeit dieses Geheimnisses unter den Nationen sei, und das ist: Christus in euch, die Hoffnung der Herrlichkeit“ (Vers 27).

Zum Lesen & Nachdenken – Kolosser 1,15-29

Ein Christ, in dessen Persönlichkeit die Frucht des Geistes zur vollen Reife gelangt ist, ist ein vollkommenes Beispiel der Heiligkeit. Wie würden wir das Porträt eines Heiligen zeichnen? Manche christliche Gruppierungen schreiben einem Heiligen bestimmte Merkmale zu – Glaube, Hoffnung, Nächstenliebe, Besonnenheit, Gerechtigkeit, innere Stärke, Mäßigkeit – und zwar alles in hoher Dosierung. Andere erkennen in der Aufzählung des Paulus eine von Gott inspirierte Übersicht der Eigenschaften eines Heiligen.

Wie würde Gott das Porträt eines Heiligen zeichnen? Seine Leinwand ist die Bibel – das Wort Gottes. Die Farben, die er auf seiner Palette mischt, sind Liebe, Freude, Friede, Langmut, Freundlichkeit, Güte, Treue, Sanftmut und Selbstbeherrschung. Davon darf keine fehlen, denn jede einzelne Farbe ist wichtig, wenn das Porträt gelingen soll. Dabei handelt es sich nicht um Pastellfarben, sondern um tiefe, kräftige, leuchtende Töne. Sein eigener Sohn steht ihm Modell für das Porträt, der alle diese Eigenschaften in äußerster Vollkommenheit in sich vereint. Selbst jetzt, während du diese Zeilen liest, gleitet Gottes Pinsel unermüdlich über das Papier und malt sanft und liebevoll die Wesenszüge unseres Herrn Jesus auf dein Porträt. Alles, was du zu tun brauchst, ist stillzuhalten und zu vertrauen. Dann wird er sein Bild vollenden können.

Mein Vater und mein Gott, hilf mir, stillzuhalten, während du in mir an dem Porträt eines Heiligen arbeitest. Möge jeder Pinselstrich die strahlende Herrlichkeit deines Sohnes reflektieren. Amen.

1. Joh 4,1-13; Hes 36,27; Joh 14,16-17; Röm 8,11
Erstelle eine Liste der Frucht des Geistes und kommentiere jede Eigenschaft.
Bitte Gott, dass er dich neu mit seinem Heiligen Geist erfüllt.

Die sieben Säulen der Weisheit

Stehlen, Trinken, Faulenzen und Schwören

„… um zu erkennen Weisheit und Zucht, um zu verstehen verständige Worte“ (Vers 2).

Zum Lesen & Nachdenken – Sprüche 1,1-19

Als Nächstes wollen wir einige Themen aus dem reichen Schatz der Sprüche Salomos herausgreifen. Ich kann ohne zu zögern behaupten, dass dieses Buch, was praktische Dinge angeht, mein Denken mehr beeinflusst hat als irgendein anderes Buch der Bibel.

Nie werde ich vergessen, wie mich mein Pastor unmittelbar nach meiner Bekehrung zur Seite nahm und sagte: „Ich werde dir das Stehlen, Trinken, Faulenzen und Schwören beibringen.“ Als er meine Bestürzung sah, fügte er schnell hinzu: „Und zwar, wie du dir jeden Tag etwas Zeit stehlen kannst, um im Buch der Sprüche zu lesen. Von dem klaren, erfrischenden Wasser des Wortes Gottes sollst du trinken lernen und dann faul auf deinem Bett liegen und über seinem Wort meditieren – und schwören, dass du all das Gelernte auch praktisch umsetzen wirst.“

Heute wollen wir uns die Frage stellen: Zu welchem Zweck wurden die Sprüche geschrieben? Unser heutiger Bibelvers ist der Schlüssel dazu. In der „Gute-Nachricht“-Übersetzung heißt es: „Sie zeigen uns, was Weisheit und echte Bildung ist, damit wir merken können, wo mit Einsicht über etwas geredet wird“ (Spr 1,2). Und die „Hoffnung für alle“ überträgt: „Wenn du sie beachtest, wirst du lernen, dich im Leben zurechtzufinden. Sie helfen dir, dich selbst zu beherrschen, und machen dich fähig, gute Ratschläge zu erkennen und anzunehmen.“ Dies sind die Sprüche – Lebensweisheiten und praktische Lebenshilfe. Zahlreiche Menschen wissen zwar, wie man seinen Lebensunterhalt verdient, aber sie wissen nicht zu leben. Je besser man das Buch der Sprüche versteht und seine Weisheiten praktisch umsetzen kann, desto besser wird man im Leben zurechtkommen. Ich kann es aus eigener Erfahrung bezeugen.

Vater, bitte hilf mir, die Weisheit zu begreifen, die mich die Fülle des Lebens lehrt. Ich möchte wissen, was ich tun muss, um zu einem erfüllten Leben zu finden. In Jesu Namen. Amen.

Pred 7,1-29; Ps 104,24; Spr 3,19
Worauf gründet sich Gottes Schöpfung?
Was ist durch Gottes Weisheit entstanden?

Frau Weisheit und Frau Torheit

„Doch wer auf mich hört, wird sicher wohnen, kann ruhig sein vor des Unglücks Schrecken“ (Vers 33).

Zum Lesen & Nachdenken – Sprüche 1,20-33

Wenn man sich in die Sprüche vertieft, wird man bald eine Eigenart bemerken: Die Weisheit und ihr Gegenteil, die Torheit, sind in manchen Bibelübersetzungen (etwa Gute Nachricht und Hans Bruns), personifiziert dargestellt: „Frau Weisheit“ (Spr 9,1) und „Frau Torheit“ (Spr 9,13) – so als ob es zwei Frauengestalten wären, von denen jede versucht, uns auf ihre Seite zu ziehen. Diese Personifizierung ist ein literarisches Mittel des Autors, um seinem Text mehr Ausdruckskraft und Lebendigkeit zu verleihen. Ähnliches begegnet uns in der heutigen Literatur in Bildern wie „Mutter Natur lässt es Frühling werden“. So hat auch König Salomo das Talent, seine Lebensweisheiten in eine blumige, poetische Sprache zu verpacken.

Auch in unserem heutigen Bibeltext wird eine gewisse Personifizierung deutlich: „Die Weisheit schreit draußen; auf den Plätzen lässt sie ihre Stimme erschallen. Wo man am lautesten lärmt, ruft sie. An den Eingängen der Tore, in der Stadt, spricht sie ihre Worte“ (Spr 1,20-21). Einige Kapitel später spricht die Torheit in derselben Weise. Dem Leser wird jedoch deutlich gemacht, dass – trotz der verhängnisvollen Anziehungskraft der Torheit – nur die Weisheit zu echter Freude und Erfüllung führen kann. Sie ist die wahre Braut der Seele, unsere wahre Ratgeberin und Anwältin. Die Weisheit wurde zu unserer Erbauung geschaffen und damit unsere Persönlichkeit immer mehr zu Gott hin wachsen kann.

O Vater, hilf mir zu erkennen, dass du mich geschaffen hast, um einen bestimmten Weg zu gehen – deinen Weg. Und es wäre töricht, irgendeinen anderen Weg einzuschlagen. Erfülle mich, lieber Herr, mit der Weisheit, die von dir kommt. Darum bitte ich dich im Namen Jesu. Amen.

Pred 2,1-26; Hiob 28,28; Dan 2,21
Was wird mit Licht und Finsternis verglichen?
Was schenkt Gott den Menschen, denen er wohlgesonnen ist?

Die Quelle der Weisheit

„Besonnenheit wacht über dir, Verständnis wird dich behüten: um dich zu retten vom bösen Weg …" (Verse 11-12).

Zum Lesen & Nachdenken – Sprüche 2,12-22

Gestern haben wir uns mit der Personifizierung von Weisheit und Torheit im Buch der Sprüche beschäftigt. Auch Jesus bediente sich dieses Stilmittels, als er sagte: „Aber die Weisheit Gottes wird bestätigt durch die Taten, die sie vollbringt" (Mt 11,19; Gute Nachricht) oder, nach der Einheitsübersetzung: „Und doch hat die Weisheit durch die Taten, die sie bewirkt hat, Recht bekommen." In beiden Formulierungen wird die Weisheit als aktiv Handelnde dargestellt. Es gibt Ausleger, die daraus folgerten, die Weisheit müsse eine Person sein, vielleicht ein Wesen in der Hierarchie der Engel, das die Menschen besucht und ihnen göttliches Wissen vermittelt, doch dies ist meiner Meinung nach etwas weit hergeholt. Ich denke, der Schreiber bedient sich hier lediglich eines literarischen Stilmittels.

Dennoch sind sich die meisten evangelikalen Kommentatoren einig, dass diese Personifizierung der Weisheit den Weg bereitet für die prägnante Aussage des Apostels Paulus, Christus sei „Gottes Kraft und Gottes Weisheit" (1. Kor 1,24). Wenn das zutrifft, dann liegt der Gedanke nahe, dass die Sprüche uns nicht nur hilfreiche Lebensweisheiten vermitteln, sondern uns auch darauf hinweisen sollen, dass echte Weisheit ihren Ursprung in einer Person hat. Und diese Person ist niemand anders als unser Herr Jesus Christus.

Die Grundsätze des christlichen Glaubens gehen über die Weisheit Salomos hinaus, der sich mit seinen Lebensregeln an Gläubige und Ungläubige gleichermaßen wendet. Das Wesentliche ist jedoch, dass die höchste Weisheit unserer Beziehung mit dem Einen entspringt, der die Quelle jeglicher Weisheit ist – Jesus. Und es ist ein großer Unterschied, ob wir nur die Prinzipien der Weisheit kennen oder die Person, die alle Weisheit in sich vereint.

Himmlischer Vater, wie kann ich dir genug danken, dass ich durch den Glauben mit der Quelle aller Weisheit verbunden bin – deinem Sohn Jesus Christus? Lass sich mir das Wunder dieser Beziehung – ich bin in ihm und er ist in mir – heute ganz tief in meine Seele einprägen. Amen.

1. Kor 1,18-25; Jes 11,1-5; Mt 13,54
Wie beschreibt Paulus Jesus?
Was bezeugten die Menschen von Jesus?

„Weise Toren“

„Trenne dich nie von der Weisheit, sie wird dich beschützen. Liebe sie, dann lebst du in Sicherheit“ (Vers 6; Gute Nachricht).

Zum Lesen & Nachdenken – Sprüche 4,1-9

Heute wollen wir uns fragen: Was genau ist Weisheit? Wie lässt sie sich definieren? „Weisheit“ wird manchmal als Synonym für „Wissen“ verwendet. Doch in allen Zeitepochen haben Philosophen und Gelehrte darauf hingewiesen, dass zwischen Weisheit und Wissen Welten liegen. Wissen ist die Fähigkeit, Gelerntes zu begreifen und Informationen zu speichern; Weisheit dagegen die Fähigkeit, dieses Wissen auf bestmögliche Art umzusetzen. Wären Wissen und Weisheit dasselbe, dann gäbe es, wie Paul Larsen sagt, „viele weise Toren“. Unsere Universitäten stopfen die Köpfe von Tausenden von jungen Menschen mit Informationen voll, so dass Hochschulabgänger über ein umfangreiches Wissen über Astronomie, Mikrobiologie, Bakteriologie, Psychologie, Physik, Kunstgeschichte und alle möglichen anderen Fachgebiete verfügen. Doch das Wissen allein kann nicht verhindern, dass viele von ihnen mit ihrem Leben nicht klar kommen. An amerikanischen High Schools und Universitäten ist „sophomore“ die Bezeichnung für einen Studenten im zweiten Studienjahr, was aus dem Griechischen stammt und soviel bedeutet wie „weiser Tor“. Wie aufschlussreich! Je mehr Bildung wir aufsaugen, desto mehr haben wir das Gefühl, allwissend zu sein – doch eine solche Haltung zeigt höchstens, wie töricht wir sind.

In den Sprüchen ist nicht derjenige ein „Tor“ oder „Narr“, der bei einer Mathematikklausur durchfällt, sondern der glaubt, alles über das Leben zu wissen, doch in Wirklichkeit überhaupt nichts weiß. Denn wen die Welt für „weise“ hält, der ist, aus göttlicher Perspektive betrachtet, der größte Narr.

Vater, ich kann nun verstehen, was Paulus meinte, als er sagte, wir seien „Narren um Christi willen“. Wie ich als Christ lebe, mag Menschen, die dich nicht kennen, absonderlich vorkommen. Doch hilf mir, nie zu vergessen, dass, was die Welt für töricht hält, in deinen Augen die größte Weisheit ist. Amen.

Pred 10,1-20; 5,3; 2. Tim 3,6-9
Zähle einige typische Eigenschaften eines Toren auf.
Was wird allen deutlich werden?

Die Weisheitsliteratur

„Denn vor den Augen des HERRN [liegen] eines jeden Wege, und auf alle seine Bahnen gibt er acht“ (Vers 21).

Zum Lesen & Nachdenken – Sprüche 5,15-23

Das Buch der Sprüche ist Teil der so genannten „Weisheitsliteratur“ oder „Weisheitsdichtung“ – jener Bücher der Bibel, in denen sich der Unterricht der „Weisen“, die in der damaligen Gesellschaft Israels wichtige Männer waren, poetisch niederschlägt. Das Alte Testament besteht aus drei Teilen: dem Gesetz (die Geschichtsbücher), den Prophetenbüchern und den Weisheitsbüchern. Diese Einteilung entspricht den drei leitenden Berufsgruppen, die in Jeremia 18,18 aufgeführt sind: „Denn nicht geht dem Priester das Gesetz verloren noch der Rat dem Weisen, noch das Wort dem Propheten.“ Zu der Weisheitsliteratur gehören auch die in dichterischer Form verfassten Bücher Psalmen, Hiob, Prediger und das Hohelied.

Während die Propheten und Priester sich dem religiösen Leben in Israel widmeten, wurden die Weisen gerufen, um Rat in eher philosophischen Dingen zu geben. Das Buch der Sprüche kann daher auch als Lehrbuch für das Leben der Gläubigen bezeichnet werden. Es will jedoch nicht intellektuelles Wissen vermitteln, sondern Ratschläge für den praktischen Lebenswandel eines gottesfürchtigen Menschen.

Dieses Werk, das zum größten Teil auf König Salomo als Verfasser zurückgeht, ist eine Fundgrube von guten Ratschlägen für alle Lebensbereiche, und es ist tragisch, dass es nicht als Allgemeinbildung in unseren heutigen Schulen vermittelt wird. Aber die vielleicht noch größere Tragödie ist, dass es selbst bei vielen Christen ein recht stiefmütterliches Dasein fristet. Und ich bin der Meinung, Christen, Hauskreise und Gemeinden täten sich einen großen Dienst, wenn sie anfangen würden, nach den verborgenen Schätzen der Sprüche zu graben.

Gnädiger Vater, bitte hilf mir, meine Liebe zu deiner Weisheitsdichtung zu entdecken. Schenke mir, dass die folgenden Tage zu einer wahren Schatzsuche werden, und lass mich Perlen deiner Weisheit finden. Darum bitte ich dich im Namen Christi. Amen.

Röm 11,33-36; 16;27; Dan 2,20-23
Wie beschreibt Paulus die Weisheit Gottes?
Wofür dankte Daniel Gott?

„Tragbare Medizin“

„… durch einen verständigen, einsichtigen Mann hat das Rechte lange Bestand“ (Vers 2).

Zum Lesen & Nachdenken – Sprüche 28,1-17

Als ich neu zum Glauben gekommen war, wurde ich einige Wochen lang im Buch der Sprüche unterwiesen. Dieses Buch hat mir, vielleicht mehr als jedes andere Buch in der Bibel, geistliche Wahrheiten lebensnah vermittelt und mein Leben bereichert. Bis heute sind mir die Weisheiten der Sprüche Kraft und Inspiration für meinen Predigtdienst und mein Schreiben. Und ich bin der Meinung, besonders junge Leute sollten sich in das Buch der Sprüche vertiefen, denn es gibt in der Weltliteratur keine vergleichbare Sammlung von Richtlinien, die uns so gut auf das Leben vorbereiten.

Alexander McLaren, ein berühmter Prediger aus der Generation unserer Väter, sagte einmal: „Die Sprüche Salomos sind tragbare Medizin für die Krankheiten der Jugend.“ Ein treffendes Bild. Hinzu kommt, dass man, wenn man krank ist, jede Medizin schluckt, unabhängig davon, ob man den Arzt kennt oder nicht. Ich habe viele junge Menschen kennen gelernt, die mir erzählten, sie hätten durch das Buch der Sprüche zum Glauben an Jesus Christus gefunden. Einer sagte: „Als ich die Ratschläge der Sprüche auf mein Leben anwendete und feststellte, dass diese weisen und witzigen Redensarten wirklich ins Schwarze trafen, wollte ich mehr über den Einen wissen, von dessen Gegenwart dieses Buch durchdrungen war. Nachdem ich das Handbuch gelesen hatte, wollte ich den Erfinder persönlich kennen lernen.“

Natürlich wird nicht jeder so reagieren, doch ich bin überzeugt, dass es eine großartige Möglichkeit der Evangelisation wäre, Menschen in unserem Umfeld mit der Weisheit der Sprüche zu konfrontieren.

O Vater, hilf mir, Menschen, die mir nahe stehen, und besonders auch junge Leute zu motivieren, das Buch der Sprüche zu lesen. Lass mich und sie tief in deine Weisheit eintauchen. In Jesu Namen. Amen.

Kol 2,1-8; Lk 2,40 u. 52; Jes 11,2
In wem sind alle Schätze der Weisheit verborgen?
Was geschah, als Jesus an Weisheit zunahm?

Das Handbuch des Lebens

„Glücklich der Mensch, der auf mich hört, indem er wacht an meinen Türen Tag für Tag …" (Vers 34).

Zum Lesen & Nachdenken – Sprüche 8,12-36

Je häufiger wir die Sprüche studieren und ihre Weisheit auf unser Leben anwenden, desto mehr werden wir feststellen, dass sie heute noch genau so aktuell sind wie damals. Das liegt daran, dass Gott sie in weiser Voraussicht zusammengestellt hat, sie sozusagen seiner Feder entstammen. Von C. G. Jung, dem berühmten Psychologen, wird gesagt, er habe über der Tür zu seinem Arbeitszimmer ein Schild gehabt mit den Worten „Hereingebeten oder nicht, Gott ist da". Dies ist zugleich ein Schlüssel zum Verständnis der Sprüche. Denn ob wir Menschen den Schöpfer in unser Leben einladen oder nicht – er erhält uns durch seine kreative, bleibende Weisheit eine Welt, in der seine göttlichen Gesetze von Bestand sind und Regeln für das menschliche Zusammenleben die Jahrtausende überdauern.

Jemand hat die Sammlung der Sprüche einmal als „Sammelalbum der Gnade" bezeichnet. Die Theologie kennt eine „kollektive" Gnade, die Gott in seiner barmherzigen Liebe allen Menschen erweist – ob sie sich zu ihm bekennen oder nicht – um ihnen zu helfen, ihr irdisches Leben zu meistern. „Die Weisheit", sagte Charles G. Martin, „schreibt die Bedienungsanleitung in Gottes Werkstatt. Wenn Menschen die Weisheit missachten, beschmutzen sie das Handbuch des Lebens."

Natürlich wird es immer Leute geben, die bloß deshalb nach Weisheit streben, um ihre eigenen egoistischen Interessen durchzusetzen. Doch der Erzbischof William Temple schrieb: „Die Kunst der Politik ist es, die Dinge so hinzubiegen, dass durch Eigennutz gefördert wird, was die Gerechtigkeit verlangt." Und im menschlichen Leben wäre schon viel gewonnen, würde die Weisheit über die Torheit die Oberhand gewinnen.

Himmlischer Vater, ich danke dir, dass du ein gnädiger Gott bist und deine Liebe zu den Menschen so groß ist, dass du auch denen, die dich nicht kennen, helfen willst, im Leben zurecht zu kommen. Was für ein wunderbarer Gott bist du! Amen.

Mt 7,24-29; Hos 14,10; 1. Kor 2,6-9
Wen bezeichnet Jesus als weise?
Welche Art von Weisheit beschreibt Paulus?

Sieben Säulen

„Die Weisheit hat ihr Haus gebaut, hat ihre sieben Säulen ausgehauen“ (Vers 1).

Zum Lesen & Nachdenken – Sprüche 9,1-9

Nachdem wir nun genug Hintergrundinformationen zum Buch der Sprüche gesammelt haben, wollen wir heute in unser Hauptthema einsteigen: *Die sieben Säulen der Weisheit*. Zur Vorbereitung möchte ich meine Leser ermutigen, wenn möglich, das ganze Buch der Sprüche durchzulesen, am besten in zwei oder drei Sitzungen.

Unser heutiger Bibeltext zeichnet das Bild der Weisheit, die ein Haus gebaut hat. Dieses Haus steht auf sieben prächtigen Säulen. Es gibt zwei Möglichkeiten, diesen Text zu interpretieren. Einmal der Ansatz, sowohl die Weisheit als auch die Torheit hätten ein Haus, in das sie uns Menschen einladen. Das Haus der Weisheit ist allerdings viel größer, denn es ist auf „sieben Säulen“ gebaut – in der Antike ein Zeichen von Wohlstand, Ansehen und Macht. Der zweite Ansatz – den ich im Laufe der folgenden Andachten entwickeln werde – geht mehr in die Tiefe. Er besagt, dass die sieben Säulen für sieben verschiedene Aspekte der Weisheit stehen. Im Buch der Sprüche werden sie allerdings nicht namentlich genannt. Die „sieben Säulen“, die ich vorstellen werde, basieren vielmehr auf persönlichem Bibelstudium und meinen Erfahrungen mit diesem faszinierenden Buch.

Nie zuvor in der Geschichte der Menschheit gab es so viele Probleme, so viel Orientierungslosigkeit und so viele widerstreitende Weltanschauungen und Lebensstile wie heute. Wem es an Weisheit mangelt, dem fehlt das feste Fundament, auf dem er steht, die Basis, von der aus er das Weltgeschehen beurteilen kann. Wir brauchen die Weisheit, um zu überleben. Deshalb ist das Buch der Sprüche so wichtig.

Gnädiger und liebender Vater, in mir ist die Sehnsucht, mehr zu erfahren über das, was du uns im Buch der Sprüche offenbarst. Lass mich täglich von deiner tiefen Weisheit trinken, bis sie mich ganz erfüllt. Darum bitte ich dich in Jesu Namen. Amen.

Hiob 28,1-28; Ps 119,169; Pred 1,13; 8,16-17
Welche Frage bewegte Hiob?
Zu welchem Schluss kam er?

Die erste Säule

„Vertraue auf den HERRN mit deinem ganzen Herzen und stütze dich nicht auf deinen Verstand!" (Vers 5).

Zum Lesen & Nachdenken – Sprüche 3,1-18

Die erste der sieben Säulen, auf denen das Haus der Weisheit ruht, ist *Vertrauen*. Dieses Thema zieht sich durch das ganze Buch der Sprüche, in immer wiederkehrenden Abständen. Das Wort „Vertrauen/vertraut" selbst kommt, je nach Bibelübersetzung, mehr oder weniger häufig vor (in der Elberfelder Bibel zum Beispiel neun Mal), hinzu kommen Synonyme wie „Hoffnung" und „Zuversicht". Nach Rabbi Bar Kappa ist unser heutiger Bibelvers der Dreh- und Angelpunkt, von dem sämtliche wichtigen Grundsätze des Judentums ausgehen. Seiner Überzeugung nach ist in diesem einen Vers die gesamte Lehre des Alten Testaments enthalten, nämlich, dass die wirklich Weisen ihr Vertrauen ungeteilt auf den Herrn setzen und sich an seine Lebensregeln halten.

Doch was genau ist eigentlich „Vertrauen"? Und welche Rolle spielt es im täglichen Leben? Warum treten dieses Wort und seine Synonyme in der gesamten Bibel so häufig auf? Die Lexikondefinition für Vertrauen lautet: „ein fester Glaube an die Zuverlässigkeit, Ehrlichkeit, Wahrheitstreue, Stärke und Gerechtigkeit bzw. Rechtmäßigkeit einer Person oder Sache." Im Grunde ist Vertrauen also die Hoffnung oder Gewissheit, dass wir eine Person oder Sache richtig einschätzen.

Als Christen neigen wir dazu, Vertrauen mit geistlichem Inhalt zu füllen, doch zunächst einmal ist Vertrauen eine Lebenseinstellung, die für den weltlichen Bereich genauso gilt. Und es wäre schwierig, ohne Vertrauen auch nur einen einzigen Tag zu überstehen. Sämtliche Regierungen, Wirtschaftsunternehmen, Organisationen, Ehen und andere zwischenmenschlichen Beziehungen beruhen auf Vertrauen. Niemand kann eine Beziehung aufbauen – weder zu Gott noch zu anderen Menschen – wenn er nicht vertrauen kann.

Vater, mir ist deutlich geworden, dass Vertrauen ein zentrales Thema ist, das alle Lebensbereiche durchzieht. Lehre mich die Kunst des Vertrauens, denn Vertrauen ist eine Kunst. Hilf mir, mich immer wieder vertrauensvoll in deine Arme fallen zu lassen. Amen.

Ps 37,1-11; 115,11; Jes 2,22
In wen sollen wir unser Vertrauen setzen?
Wovor sollen wir uns hüten?

Vertrauen contra Vorsicht?

„Der Einfältige glaubt jedem Wort, aber der Kluge achtet auf seinen Schritt" (Vers 15).

Zum Lesen & Nachdenken – Sprüche 14,14-26

Gestern haben wir festgestellt, dass sämtliche Beziehungen auf Vertrauen gegründet sind. Ohne Vertrauen würden wir früher oder später alle von Wahnvorstellungen verfolgt – getrieben von der Einbildung, dass jedermann uns Böses will. Seelsorger und Psychologen sehen in der Unfähigkeit zu vertrauen ein Zeichen einer seelischen Erkrankung. Der berühmte Psychiater Erik Erikson sagt, dass die menschliche Eigenschaft zu vertrauen das Fundament einer stabilen seelischen Gesundheit ist, und dass Störungen wie chronische Angstzustände, starke Nervosität oder Verfolgungswahn durch ein Unvermögen an Vertrauen verursacht werden. Gesunde Menschen können dagegen sehr wohl einschätzen, dass sich nicht die ganze Welt gegen sie verschworen hat, auch wenn ihr Vertrauen manchmal enttäuscht wird.

Andererseits hört man manchmal auch den Ausdruck „vertrauensseliger Trottel" im Zusammenhang mit einem Menschen, der blindlings vertraut und nicht in der Lage ist, zu durchschauen, wenn jemand Böses im Schilde führt. Erikson sagt weiter: „Wem das gesunde Gleichgewicht zwischen Vertrauen und einem gewissen Maß an Vorsicht fehlt, dem mangelt es an emotionaler Reife." Und in unserem heutigen Bibelvers heißt es: „Der Einfältige glaubt jedem Wort." Das soll jedoch nicht bedeuten, dass das Pendel in die andere Richtung ausschlagen und wir hinter jeder harmlosen Äußerung eine handfeste Lüge zu vermuten haben. Mit dem Vertrauen ist es wie mit dem Balancieren auf einer schmalen Mauer – auf das richtige Gleichgewicht kommt es an. Es ist zwar wichtig, ein gesundes Urvertrauen zu entwickeln und unserem Gegenüber mit einer vertrauensvollen Grundeinstellung zu begegnen; dennoch darf ein Quäntchen Misstrauen – genannt „Vorsicht" – nicht fehlen. Das eine Extrem ist so schädlich wie das andere.

Lieber Vater, hilf mir, eine ausgewogene Persönlichkeit zu sein – jemand, der nicht das Gleichgewicht verliert und ins eine oder andere Extrem abrutscht. Lass mich nie vergessen, dass Fehleinschätzungen immer auf einer ins Extreme verzerrten Wahrheit beruhen. Halte mich fest auf dem Weg deiner Wahrheit. Amen.

Mt 26,20-30; 37-46; 59-68; 27,12-14
Wie reagierte Jesus, wenn sein Vertrauen enttäuscht wurde? In welcher Hinsicht hast du schon einmal das Vertrauen enttäuscht, das Jesus in dich setzte?

Die „falsche Schlange"

„… glücklich der, der dem HERRN vertraut" (Vers 20).

Zum Lesen & Nachdenken – Sprüche 16,10-20

Warum mahnt die Bibel beim Vertrauen auch zur Vorsicht? Die einfache Antwort lautet: Weil wir in einer gefallenen Welt leben. Gott schuf das erste Menschenpaar in jeder Hinsicht vollkommen und bot ihnen einen wunderschönen Garten namens „Paradies" als Lebensraum. Sie vertrauten ihm, und er versorgte sie mit allem, was sie zum Leben brauchten, ohne sie auch nur ein einziges Mal zu enttäuschen. Doch leider gab es da noch eine „falsche Schlange", die einen teuflischen Plan schmiedete, der das Ende der Menschen im Garten Eden sein sollte. Und mit dem Sündenfall rissen sie die gesamte Menschheit mit in den Abgrund.

Seitdem ist das Leben komplizierter geworden. Vor allem auch das Vertrauen hat darunter gelitten. Man kann der Natur nicht mehr vertrauen – in manchen Landstrichen regnet es so viel, dass es zu riesigen Überschwemmungen kommt, während in anderen Gegenden alles verdorrt. Wir können Freunden und unseren Familien nicht mehr völlig vertrauen – manchmal können oder wollen sie uns nicht helfen oder intrigieren gegen uns. Die Sünde hat eine so tiefe Schneise in menschliche Beziehungen geschlagen, dass wir unsere Augen nicht davor verschließen können, dass uns Menschen immer wieder enttäuschen werden.

Seit dem Sündenfall ist grenzenloses, bedingungsloses Vertrauen zwischen Menschen kaum noch möglich. Ein „gesundes Misstrauen" scheint überall angebracht. Wir müssen uns jedoch davor hüten, dieses Misstrauen auf unsere Beziehung zu Gott zu übertragen. Denn in ihn können wir unser ganzes Vertrauen setzen. Bei ihm brauchen wir keine Angst zu haben, dass er uns im Stich lässt. Auf ihn können wir immer zählen. Der Apostel Petrus schrieb: „Wer sich auf ihn verlässt, wird nicht zugrunde gehen" (1. Petr 2,6; Gute Nachricht). Gott wird unser Vertrauen nie enttäuschen.

Mein Vater, ich danke dir für diese Ermutigung, zu wissen: Dir kann ich vertrauen, auch wenn Menschen mich enttäuschen. Hilf mir heute, diese Wahrheit nicht nur mit dem Kopf, sondern auch mit dem Herzen zu begreifen. Amen.

Jes 26,1-12; Ps 118,8; Jes 50,10
Was ist besser, als sich auf Menschen zu verlassen?
Was geschieht, wenn wir Gott vertrauen?

Das Urvertrauen

„Wer auf seinen Verstand vertraut, der ist ein Tor; wer aber in Weisheit lebt, der wird entkommen“ (Vers 26).

Zum Lesen & Nachdenken – Sprüche 28,18-28

Weshalb können manche Menschen so schwer vertrauen? Ganz oft höre ich den Satz: „Mein Problem ist, dass ich nicht vertrauen kann.“ Wem es schwer fällt, auf menschlicher Ebene zu vertrauen, der wird auch Gott nicht ohne weiteres vertrauen können.

Vertrauen ist ein Lernprozess, der beginnt, sobald ein Mensch das Licht der Welt erblickt.

Ein Neugeborenes ist schwach und hilflos und muss, neben vielen anderen Dingen, zuerst lernen, den Menschen, die es versorgen, zu vertrauen. Sind die Eltern liebevoll, verlässlich und ist ihr Handeln vorhersehbar, entsteht beim Kind schon bald der Eindruck: „Diesen Menschen kann ich vertrauen. Sie reagieren zwar nicht immer so, wie ich es gern hätte, doch im Großen und Ganzen sind sie für mich da, wenn ich sie brauche.“ Die Liebe und Verlässlichkeit der Eltern ist wichtig für die Entwicklung des Urvertrauens. Fehlt jedoch in den ersten Lebensmonaten und -jahren eine liebevolle, verlässliche Bezugsperson, entwickelt sich beim Kind die Vorstellung: „Niemandem kann man trauen.“ Und in schweren Fällen, wenn das Kind von seinen Eltern vernachlässigt oder misshandelt wird, ist eine Entwicklung des Urvertrauens sehr schwierig, wenn nicht unmöglich.

In der Seelsorge habe ich oft die Erfahrung gemacht, dass Menschen, die nicht vertrauen können, in ihrer frühesten Jugend unter Liebesentzug, Misshandlung oder Missbrauch zu leiden hatten. Solche Erlebnisse hinterlassen schwere seelische Wunden. Doch kein Schmerz, keine seelische Erschütterung ist so groß, dass Jesus Christus sie nicht heilen könnte. In ihm haben wir eine neue Bezugsperson, die für uns sorgt und der wir grenzenlos vertrauen dürfen. Er wird all unsere Tränen abwischen und alle Wunden der Vergangenheit heilen.

Vater, hilf mir, mich von der Vergangenheit zu lösen und nach vorn zu sehen, denn du bist bei mir. Körperlich bin ich längst den Kinderschuhen entwachsen. Hilf mir, auch geistlich zu wachsen. Darum bitte ich dich in Jesu Namen. Amen.

Röm 8,1-11; Ps 31,20; 32,10; 34,23
Wovon sind Menschen, die Gott vertrauen, befreit?
Was umgibt diejenigen, die dem Herrn vertrauen?

Wie kann ich vergeben?

„Denn das Pressen der Milch bringt Butter hervor, und das Pressen der Nase bringt Blut hervor, und das Pressen des Zornes bringt Streit hervor“ (Vers 33).

Zum Lesen & Nachdenken – Sprüche 30,21-33

Wie können diese Verletzungen heilen, die uns daran hindern, echtes Vertrauen zu Gott und den Menschen zu entwickeln? Als Erstes müssen wir bereit sein, denen, die uns verletzt haben, zu vergeben. „Das ist schwer“, höre ich immer wieder. Ja, es ist sehr schwer, vor allem für jene, denen man Furchtbares angetan hat. Aber es ist nicht unmöglich.

Doch wie können wir vergeben? Wie praktiziert man Vergebung konkret? Denken wir zuerst einmal darüber nach, wie viel *uns* vergeben wurde. Der Schlüssel zur Vergebung ist das Bewusstsein der Vergebung, die uns durch Gott zuteil wurde. Wenn jemand in einem seelsorgerlichen Gespräch zu mir sagt: „Ich kann einfach nicht vergeben“, antworte ich gewöhnlich: „Nein, das ist nicht der Punkt. Viel wichtiger ist, sich klar zu machen, dass Gott uns zuerst vergeben hat.“ Dies ist ganz bestimmt kein leichter Schritt, besonders, wenn jemand tief verletzt wurde. Trotzdem sollten wir uns vor Augen halten, dass nichts, was andere uns angetan haben, vergleichbar ist mit dem, was wir Gott angetan haben.

Das klingt hart, aber so ist es. Das ist die Natur der Sünde. Sünde ist, wenn wir den Schöpfer des Himmels und der Erde links liegen lassen, indem wir zu ihm sagen: „Ich kann mein Leben allein in die Hand nehmen.“ Sünde ist ein kranker Zustand der Seele. Und niemand – kein einziger Mensch – ist frei von Sünde. Aber Gott hat uns in Christus Vergebung geschenkt, uns begnadigt und uns seine Barmherzigkeit zuteil werden lassen. Können wir, ja wagen wir es, angesichts solch liebender Vergebung jemandem unsere Vergebung zu verweigern, der unser Vertrauen missbraucht hat, ganz gleich, wie schlimm unser Schmerz ist?

Vater, dein Wort ist klar und unmissverständlich. Hilf mir, genauso klar und ehrlich darauf zu antworten. Nimm mir jeden nagenden Zweifel, jede Angst und Sorge und lass nicht zu, dass ich mich der Verantwortung entziehe. Amen.

Kol 3,1-14; Mk 11,25; Lk 17,4; Eph 4,32
Wie sollen wir Vergebung üben?
Überlege, ob du vielleicht heute jemandem vergeben solltest.

Wenn Menschen uns fallen lassen

„Da ist ein Weg, der einem Menschen gerade erscheint, aber zuletzt sind es Wege des Todes“ (Vers 12).

Zum Lesen & Nachdenken – Sprüche 14,1-13

Was können wir noch tun, um uns von dem Ballast zu befreien, der uns am Vertrauen hindert? Vielleicht müssen wir uns eingestehen, dass wir nach einer Enttäuschung beschlossen haben, nie wieder jemandem zu vertrauen. Eine solche Reaktion ist durchaus menschlich, doch vom geistlichen Standpunkt aus nicht richtig.

Oft habe ich gehört, wie jemand sagte: „Ich kann zwar Gott vertrauen, aber den Menschen traue ich nicht.“ Aber was wäre unser Christsein ohne die Beziehung zu unserem Nächsten? Ein zentraler Punkt unseres Lebens als Christen sind lebendige Beziehungen. Wir leben nicht isoliert, sondern wir brauchen einander, so wie auch Gott – nach dessen Bild wir geschaffen sind – nicht allein, sondern als vollkommene Dreieinigkeit besteht. Wenn wir aus Furcht vor Verletzungen anderen aus dem Weg gehen, sagen wir damit im Grunde: „Ich traue Gott nicht zu, dass er mich auffängt, wenn Menschen mich fallen lassen.“ Deshalb ist die Aussage, Gott zu vertrauen, aber nicht den Menschen, völlig widersprüchlich. Ehrlicher wäre es zu sagen: „Ich kann weder Gott noch den Menschen vertrauen.“ Wenn wir wirklich verinnerlicht haben, was Jesus uns im Neuen Testament lehrt, werden wir dagegen sagen: „Ich kann tiefe Beziehungen zu Menschen eingehen, denn ich weiß, dass Gott mich hält, wenn ich enttäuscht werde.“

Wer aus Selbstschutz sein Herz verhärtet und sich schwört, nie wieder jemandem zu vertrauen, der beweist, dass es ihm auch an Vertrauen zu Gott mangelt. Dies sollten wir im Gebet vor ihn bringen, Buße tun und unser Vertrauen – unabhängig davon, wie andere mit uns umgehen – ganz neu auf Gott gründen.

Herr, ich muss mir die ehrliche Frage stellen: Traue ich dir wirklich zu, dass du mich hältst, wenn Menschen mich verletzten? Sich aus Selbstschutz zurückzuziehen, scheint mir die logische Konsequenz, und doch ist es falsch. Bitte hilf mir, mein Vertrauen von neuem ganz fest in dich zu setzen. In Jesu Namen. Amen.

Hiob 13,1-15; 1. Chr 28,20; Ps 125,1
Was konnte Hiob schließlich sagen?
Was sagte König David zu seinem Sohn Salomo?

„Hast du mich lieb?"

„Menschenfurcht stellt eine Falle; wer aber auf den HERRN vertraut, ist in Sicherheit" (Vers 25).

Zum Lesen & Nachdenken – Sprüche 29,19-27

In einem Seelsorgegespräch sagte einmal jemand zu mir: „Es wird also von mir verlangt, dass ich mich weiterhin verletzbar mache, nachdem ich enttäuscht und betrogen wurde. Ist das nicht unsinnig und weltfremd? Wie viel Idealismus soll man denn als Christ aufbringen?" Ich verwies, wie gewöhnlich in solchen Situationen, auf Jesus. Wenn er das kann, dann können wir es auch – nicht aus eigener Kraft, aber mit seiner Hilfe. Unser Herr weiß besser als jeder andere, was es heißt, verkauft und verraten zu werden. Auf seinem ganzen Leidensweg bis zum Kreuz gab es wohl keinen größeren Schmerz als den, von seinen eigenen Jüngern verraten und verleugnet worden zu sein. Aber beschloss er deshalb, Petrus nicht mehr zu vertrauen?

Versuchen wir einmal, uns in die damalige Zeit zurückzuversetzen. Simon Petrus, enttäuscht und verstört über die Ereignisse, nimmt seinen alten Beruf als Fischer wieder auf. Doch so leicht lässt Jesus ihn nicht los. Er geht ihm nach und macht sich ein zweites Mal verletzbar, indem er ihm die Frage stellt: „Hast du mich lieb?", wobei er im Urtext das starke griechische Wort *agape* gebraucht. Petrus antwortet: „Ja, Herr, du weißt, dass ich dich lieb habe" (Joh 21,16) und verwendet dabei das schwächere Wort *philia*. Wie würden wir reagieren, wenn wir all unseren Mut zusammengenommen hätten, um jemanden zu fragen: „Liebst du mich?" und die Antwort bekämen: „Naja, ich mag dich ganz gern"?

Ich denke, auch Jesus muss es einen Stich ins Herz gegeben haben. Aber er ließ sich durch den verletzenden, ablehnenden Unterton in Petrus' Worten nicht beirren – und nicht davon abbringen, die Beziehung zu ihm weiter zu pflegen. Er stellte seine Liebe über seine Verletzlichkeit.

Vater, bitte hilf mir, mich in meinen Beziehungen nicht zu verschließen, sondern offen zu bleiben – und damit verletzlich. Dies soll für jede Beziehung gelten, in die du mich gestellt hast. In Jesu Namen bitte ich dich. Amen.

Mt 26,31-35; 69-75; 16,16-20; Joh 21,7-19
Mit welcher Aufgabe wurde Petrus betraut?
Was bezeugte er?

Liebe ohne Gegenleistung

„Wer auf seinen Reichtum vertraut, der wird fallen …“ (Vers 28).

Zum Lesen & Nachdenken – Sprüche 11,25-31

Wie wir feststellten konnten, ist Vertrauen eine wichtige Voraussetzung für unsere Beziehung zu Gott und zu anderen Menschen. Was uns die Kraft gibt, in menschlichen Beziehungen zu vertrauen, ist die Erkenntnis, das es Einen gibt, der unser Leben regiert. Wir können uns anderen gegenüber verletzbar machen, in dem Bewusstsein, dass Er uns auffangen und in seine Arme schließen wird, wenn sie uns enttäuschen. Er wird nicht zulassen, dass wir einen bleibenden Schaden nehmen. Allerdings dürfen wir nicht vergessen: Gott hat uns nie versprochen, uns sämtliche Verletzungen in zwischenmenschlichen Beziehungen zu ersparen. Doch er verspricht, uns davor zu bewahren, dass diese Verletzungen uns zerstören.

Je größer unser Vertrauen zu Gott ist, umso tiefer werden auch unsere menschlichen Beziehungen sein. Weil unser Vertrauen in ihm gegründet ist, sind wir frei von unbewussten manipulativen Methoden. Und da unsere Sicherheit in ihm verwurzelt ist, haben wir eine ganz andere Freiheit, uns für andere zu öffnen. Jemand hat einmal gesagt: „Liebe erwartet keine Gegenleistung.“ Wenn wir dem Herrn vollständig vertrauen, dann werden wir zu einer solchen Liebe fähig sein.

Vielleicht sollten wir heute – vor allem, falls wir es noch nie getan haben – einmal alle Enttäuschungen und Verletzungen der Vergangenheit bei Gott abgeben und dann den Menschen vergeben, die uns verletzt haben. Wir können unsere Augen erheben zu Dem, der uns nie verletzen wird. Schenken wir ihm unser ganzes Vertrauen. Denn Vertrauen ist nicht nur eine positive Einstellung zum Leben, sondern der erste Schritt zur Weisheit.

O Gott, reiße die Schranken nieder, die mich daran hindern, dir voll und ganz zu vertrauen. Ich will die Fenster zu meiner Seele für dich weit öffnen. Hilf mir, dir jeden Tag neu zu vertrauen. Amen.

Ps 52; Jer 17,5-8
Womit vergleicht sich der Psalmist in seinem Vertrauen auf Gott?
Was geschieht mit dem, der sich auf Menschen verlässt?

Bildung ist nicht alles

„Wer in Lauterkeit lebt, lebt sicher, wer aber krumme Wege wählt, muss schwitzen“ (Vers 9).

Zum Lesen & Nachdenken – Sprüche 10,9-17

Heute kommen wir zur zweiten Säule der Weisheit: *Integrität*. Auch dieses Thema taucht in den Sprüchen immer wieder auf. Denn Integrität gehört, wie das Vertrauen, zu den elementaren Voraussetzungen, um im Leben zu bestehen.

Das Lexikon bietet für Integrität die Synonyme: „Ganzheit, Gesundheit, Vernünftigkeit, Vertrauenswürdigkeit, Ehrlichkeit, Aufrichtigkeit, Geradlinigkeit“. Integrität stellt also einen hohen moralischen Anspruch. Moralische Werte sind ein wesentliches Merkmal der Weisheit. Viele Menschen machen den Fehler, Weisheit mit Gelehrtheit, Intelligenz oder Klugheit zu verwechseln. Doch wie oft liest man über Prominente, Wissenschaftler, Politiker und andere Leute, die die Erfolgsleiter erklettert und aufgrund irgendeines Skandals oder einer Affäre wieder abgestürzt sind. Auch im Berufsleben sind viele Menschen unglaubwürdig. Es mangelt ihnen zwar nicht an Sachkenntnis, aber an der nötigen Integrität und Weisheit. Da ist zum Beispiel der Eheberater, dessen eigene Ehe zerrüttet ist, der Vermögensberater, der sein Geld durch Börsenspekulationen verliert oder der Pfarrer, der seine Familie wegen einer jüngeren Frau verlässt.

Intelligenz und eine gute Schul- und Berufsausbildung sind ohne Zweifel wichtig, doch sie reichen nicht aus, um das Leben zu meistern – wie die Buch der Sprüche uns lehrt. Ohne Weisheit ist alles andere nutzlos. Paul Larsen sagte einmal: „Die Einfachheit der Integrität ist die Tiefgründigkeit der Weisheit.“

Vater, schenke mir nicht nur Vertrauen, sondern auch eine echte Integrität. Denn ich möchte nicht nur anderen vertrauen, sondern auch, dass sie mir vertrauen. Du weißt, was ich bedarf und woran es mir mangelt. Führe mich immer tiefer in die Geheimnisse deiner Weisheit. Ich bitte dich in Jesu Namen. Amen.

Ps 41,1-13; 1. Sam 12,3-4; Spr 11,3
Was bewirkt die Integrität eines aufrichtigen Menschen?
Was sagten die Männer Israels von Samuel?

„Lieber im Recht als Präsident“

„Denn Weisheit ist besser als Korallen, und alle Kleinode kommen ihr nicht gleich an Wert“ (Vers 11).

Zum Lesen & Nachdenken – Sprüche 8,1-11

Weder das Universum noch das menschliche Wesen vertragen sich mit Unwahrheit und Unehrlichkeit. Denn Gott hat die Welt und alles, was in ihr lebt, auf das Ziel der Gerechtigkeit hin geschaffen.

Deshalb wenden wir uns nicht nur gegen Gott, sondern gegen seine ganze göttliche Weltordnung, wenn wir von seinen Wegen abweichen. Kein Wissenschaftler wird ohne Integrität besonders weit kommen. Wenn er versucht, die Gesetze des Universums zu manipulieren, wird er sich selbst zum Narren machen. Er muss sich vielmehr den Naturgesetzen beugen und sich der Wahrheitstreue verpflichten, sonst wird er früher oder später scheitern. Fehlt die Integrität, wird die Wissenschaft zum Fluch anstatt zum Segen.

Charles Spurgeon schrieb an den ehemaligen britischen Premierminister William Gladstone: „Sie können sich nicht vorstellen, wie sehr wir es schätzen, wenn ein Premierminister an Gerechtigkeit glaubt. Dies ist uns eine unbeschreibliche Freude. Kein Mensch ist unfehlbar, aber es ist beruhigend, einen Mann von solcher Integrität an der Spitze unseres Landes zu wissen.“ Was uns so misstrauisch gegenüber Politikern macht – obwohl Politik eine verantwortungsbewusste, ehrenwerte Sache sein kann – sind nicht die Fehler der Politiker, sondern ihr Bestreben, um jeden Preis an der Macht zu bleiben. Als Henry Clay dem amerikanischen Kongress einen brisanten Gesetzesentwurf von hohem ethisch-moralischen Gehalt vorlegen wollte, riet man ihm: „Lass es sein. Damit verscherzt du dir jegliche Chance, Präsident zu werden.“ Clay soll darauf geantwortet haben: „Lieber bin ich im Recht als Präsident.“ Und ich sehe förmlich, wie König Salomo dazu anerkennend mit dem Kopf nickt.

Liebender Vater, mein ganzes Wesen sehnt sich danach, von deiner Wahrheit durchströmt zu werden. Mir ist klar geworden, dass es mir so oft an Weisheit mangelt, weil ich noch nicht genug von dir erfüllt bin. Sprich du zu meiner Seele und erfülle mich mit deiner Weisheit. Amen.

2. Sam 18,1-33; 1. Kön 13,8; 2. Kön 5,16
Was ist eines der Merkmale der Integrität?
Wie können wir Integrität zeigen?

Das Wesen der Lüge

„Wer redlich lebt, findet Hilfe; wer aber krumme Wege geht, wird auf einem [davon] fallen“ (Vers 18).

Zum Lesen & Nachdenken – Sprüche 28,18-28

Gestern haben wir festgestellt, dass Unwahrheit und Unehrlichkeit der göttlichen Ordnung und dem menschlichen Wesen widersprechen. Gottes Plan für die Welt ist logisch, unkompliziert und auf Wahrheit gegründet. Natürlich birgt er auch große Geheimnisse, Rätsel, die wir nicht lösen können – aber keine Lügen. Gott lügt niemals. Auch die von ihm geschaffenen Naturgesetze lügen nicht. Die Schwerkraft, zum Beispiel, ist überall gleich; sie gilt in Jerusalem genauso wie in Tokio.

Im Englischen gibt es das Palindrom „live – evil“: Das Wort „live“ (lebend) rückwärts gelesen, ergibt „evil“ (böse). Der Satan freut sich, wenn er Gottes Schöpfung durcheinander bringen und ins Gegenteil kehren kann. Doch der Teufel ist der „Vater der Lüge“ (Joh 8,44; Luther 84). Und Lügen sind eine Sackgasse, denn man verstrickt sich immer tiefer in sie.

Dass Lügen für das menschliche Wesen widernatürlich ist, zeigt sich auch anhand eines einfachen Gerätes namens „Lügendetektor“. Der Lügendetektor-Test funktioniert auf der Basis, dass Menschen beim Lügen, sofern sie es ganz bewusst tun, unwohl ist. Das Gerät macht Erregungsschwankungen sichtbar, die durch falsche Aussagen auftreten. Doch warum löst das Lügen bei uns beklemmende Gefühle aus? Weil wir zur Wahrheit hin geschaffen sind, und jede Abweichung von der Wahrheit hat Auswirkungen in unserem Inneren, die auch äußerlich sichtbar werden. Natürlich ist kein Lügendetektor unfehlbar, und es ist möglich, (wenn auch nicht so leicht), ihn zu überlisten. Was wir allerdings nicht überlisten können, ist unsere Seele.

Vater, ich weiß, ich kann mein Gewissen nicht ausschalten. Ich kann genauso wenig mit einer Lüge leben, wie ich mich aus dem Fenster stürzen und die Schwerkraft ausschalten könnte. Deshalb durchdringe mich ganz und gar mit deiner göttlichen Wahrheit. In Jesu Namen. Amen.

Ps 101,1-8; Mt 17,17; 1. Tim 6,3-10

Zähle einige Merkmale der Integrität auf, die David schildert. Was ist nach Paulus eine große Gefahr für die Integrität eines Menschen?

Kann eine Notlüge gerechtfertigt sein?

„Ein falscher Zeuge bleibt nicht ungestraft, und wer Lügen vorbringt, geht zugrunde“ (Vers 9).

Zum Lesen & Nachdenken – Sprüche 19,1-9

Heutzutage ist eine so genannte „Situationsethik“ an der Tagesordnung, die besagt, dass eine Lüge hin und wieder nützlich und durchaus legitim sei. Solches Gedankengut findet leider auch zunehmend Einlass in die Gemeinde Christi. Doch eine Lüge ist immer verwerflich und vom Teufel inspiriert – ganz gleich, wie wir sie zu rechtfertigen versuchen. „Nicht ein Mensch ist Gott, dass er lüge …“, sagt die Bibel in 4. Mose 23,19, und in 1. Johannes 2,21 lesen wir: „… dass aus der Wahrheit keinerlei Lüge kommen kann“ (Gute Nachricht). Gott lügt nicht, und er wird auch nie jemanden dazu animieren. Wenn Unaufrichtigkeiten unser Leben trüben, denken wir daran, dass Johannes schrieb: „… alle, die sich nicht an die Wahrheit halten, finden ihren Platz in dem See von brennendem Schwefel. Das ist der zweite, der endgültige Tod“ (Offb 21,8; Gute Nachricht).

Befürworter der „Situationsethik“ versuchen, durch alle möglichen Szenarien, die sich ereignen könnten, zu überzeugen, wie etwa: „Stell dir vor, du würdest jemanden in deinem Haus verstecken, der auf der Flucht vor seinen Mördern ist. Wenn dann die Mörder vor der Tür stehen und fragen, ob der Gesuchte bei dir sei, würdest du etwa die Wahrheit sagen?“ Dahinter verbirgt sich das Argument: Wenn es sinnvoll oder unerlässlich scheint, ist eine Notlüge durchaus in Ordnung. Doch dies ist nichts weiter als der Versuch, eine Sünde zu legitimieren.

Die Bibel lehrt nicht, dass eine Sünde durch eine bestimmte Situation gerechtfertigt würde. Aus 1. Korinther 10,13 entnehmen wir, dass Gott in seiner Treue uns nie in Situationen bringen wird, in denen wir lügen müssen, sondern immer einen Ausweg schaffen wird. Gott verlangt von uns nicht, dass wir, um seine Gebote zu halten, eines seiner Gebote brechen.

O Vater, hilf mir, in einer Welt, die ständig nach Entschuldigungen und Ausflüchten zu suchen scheint, mein Leben geradlinig und unbeirrt nach deinen Geboten auszurichten. Denn dein Wille kennt keine Ausnahmen. Deinen guten, göttlichen Regeln will ich folgen. Amen.

Joh 8,31-47; Kol 3,9; Offb 21,6-8
Wo liegt nach Jesu Worten die Quelle des Lebens?
Wozu ermahnt Paulus die Christen in Kolossä?

„Macht euch keine Sorgen, was ihr sagen sollt!“

„Sechs [Dinge] sind es, die dem HERRN verhasst sind … wer Lügen vorbringt als falscher Zeuge“ (Verse 16 u. 19).

Zum Lesen & Nachdenken – Sprüche 6,12-19

Ich möchte noch einmal auf die Fangfrage der Verfechter der „Situationsethik“ zurückkommen. Sollen wir unter bestimmten Umständen lügen – etwa, um jemanden zu schützen? Die Antwort der Bibel ist meiner Meinung nach ein klares Nein.

Die Befürworter der „Notlüge“ arbeiten damit, dass sie uns mit hypothetischen Situationen konfrontieren, in denen man angeblich nicht anders „kann“ als zu lügen, ja, in denen es das einzig „Richtige“ ist. Doch dieses Denken ist gefährlich, denn es suggeriert, dass es „richtig“ sein kann, bewusst zu sündigen. Eine christliche Ethik lehnt daher solche konstruierten Beispiele ab, denn sie weiß, dass damit zwei wichtige biblische Gesichtspunkte außer Acht gelassen werden. Der erste ist Gottes Allmacht. Gott wird denen, die an ihn glauben, immer einen Ausweg zeigen, so dass sie nicht zu sündigen brauchen. Und der zweite: die Kraft des Heiligen Geistes. Als Christen haben wir Gottes Zusage, dass wir uns keine Sorgen zu machen brauchen, was wir in schwierigen Situationen sagen sollen, da es uns im entscheidenden Augenblick vom Heiligen Geist eingegeben werden wird: „… denn es wird euch in jener Stunde gegeben werden, was ihr reden sollt“ (Mt 10,19). Und wir werden ermutigt: „Vertraue auf den HERRN mit deinem ganzen Herzen und stütze dich nicht auf deinen Verstand!“ (Spr 3,5).

Gott weiß sehr wohl, dass seine Gesetze sich manchmal zu widersprechen scheinen. Er konnte voraussehen, dass es Situationen geben würde, in denen es nach menschlichem Ermessen klüger wäre, sich über eines seiner Gebote hinwegzusetzen – daher seine Verheißung in 1. Korinther 10,13. Wer dagegen versucht, das Verstoßen gegen die göttlichen Richtlinien durch die Umstände zu rechtfertigen, der schadet sich selbst und wird den Weg der Weisheit nicht finden.

Vater, vergib uns, dass wir unsere menschliche Weisheit so oft deiner göttlichen Weisheit vorziehen und nach unserem Gefühl entscheiden, was richtig oder falsch ist. Hilf uns, ganz auf dein Wort zu vertrauen, selbst wenn es manchmal im Widerstreit zu unseren Gefühlen steht. Darum beten wir in Jesu Namen. Amen.

Ps 116,1-19; Mi 6,12; Röm 3,13
Zu welchem Schluss kam der Psalmist?
Wie drückt Paulus Gottes Abscheu vor der Sünde aus?

Sand im Getriebe des Lebens

„Ein treuer Zeuge lügt nicht, aber ein falscher Zeuge bringt Lügen vor“ (Vers 5).

Zum Lesen & Nachdenken – Sprüche 14,1-13

Grundsätzlich ist es so, dass im Fall von Unehrlichkeit oder Unwahrheit niemand ungeschoren davonkommt – zu keiner Zeit, an keinem Ort. Seit der Schöpfung ist die Geschichte der Menschheit das beste Beispiel dafür. Die allererste Lüge aus dem Mund des Satans im Garten Eden lautete: „Keineswegs werdet ihr sterben!“ (1. Mo 3,4). Und diese alte, fadenscheinige Lüge wiederholt er bis zum heutigen Tag.

In dem Augenblick, in dem wir die Unwahrheit sagen oder uns unglaubwürdig machen, stirbt etwas in uns. Es ist die Selbstachtung. Mit der Lüge hält auch der Tod Einzug in unser Herz. Wir werden nicht so sehr *für* die Sünde, sondern *durch* unsere Sünde bestraft. In gewissem Sinne ist die Sünde an sich schon die Strafe.

„Unehrlichkeit ist Sand im Getriebe des Lebens“, las ich kürzlich. Und ich würde noch hinzufügen: „Ehrlichkeit und Integrität sind das Öl.“ Wir haben die Wahl, ob wir mit Sand oder mit Öl in unserem inneren Räderwerk leben wollen.

Niemand kann von sich behaupten, er sei immer ehrlich und würde nie lügen. Wir alle sind nur Menschen und daher nicht unfehlbar. Doch es ist gut, sich vor Augen zu halten: Unser ethisches Getriebe wird knarrend zum Stehen kommen, wenn wir unaufrichtig sind. Denn Gott hat uns zur Rechtschaffenheit berufen.

O Vater, du hast mein innerstes Wesen zur Wahrheit und Redlichkeit hin geschaffen. Die Wahrheit führt zum Leben, die Lüge führt zum Tod. Hilf mir, dieses einfache, aber wichtige Prinzip zu verinnerlichen. In Jesu Namen. Amen.

4. Mo 32,16-30; 3. Mo 19,11; Jer 9,1-6
Was ist die Bedeutung von 4. Mose 32,23?
Wozu führt Betrug?

Die Wahrheit bleibt immer die Wahrheit

„Gehaltloses und Lügenwort halte von mir fern!" (Vers 8).

Zum Lesen & Nachdenken – Sprüche 30,1-9

In der heutigen Zeit ist Integrität eher dünn gesät. Ich fragte einmal einen erfolgreichen Geschäftsmann: „Was ist die nötigste Voraussetzung für Ihren Arbeitsbereich?" Er dachte einen Moment nach und sagte dann: „Integrität." Als ich ihn nach dem Grund fragte, antwortete er: „Ich werde beinahe täglich mit Unehrlichkeit konfrontiert und stelle immer wieder fest, dass eine Lüge, so lange sie unbemerkt bleibt, als etwas Normales hingenommen wird." Interessant ist jedoch, dass gerade diejenigen, die Unaufrichtigkeit auf die leichte Schulter nehmen, sich darüber aufregen, wenn sie selbst zum Opfer von Betrügereien werden.

In einem der Bücher meiner Enkel sprang mir folgender Satz ins Auge: „Ein ehrlicher Fischer ist ein ziemlich langweiliger Mann." Ein paar Seiten weiter hieß es: „Es gibt zwei wichtige Dinge, wenn man im Beruf Erfolg haben will – Ehrlichkeit und Klugheit. Wer ehrlich ist, muss sein Wort halten. Wer klug ist, gibt niemandem sein Wort." Wen wundert es da, dass die junge Generation sich zur Situationsethik bekennt? Allerdings muss man der Gerechtigkeit halber dazusagen, dass es, ungeachtet des allgemeinen Trends zur Unehrlichkeit, immer noch Millionen von Menschen gibt, die sich nicht als Christen bezeichnen würden und es dennoch als ihre Pflicht betrachten, aufrichtig zu sein.

Christen dagegen, denen es an Integrität mangelt, blockieren die Verbreitung des Evangeliums in der Welt und werfen ein falsches Licht auf die Botschaft Jesu. Deshalb sollte unser ganzes Denken, Reden und Handeln von Ehrlichkeit geprägt sein. Meiden wir die Situationsethik und lassen wir uns nicht auf „Ausnahmen" ein. Denn die Wahrheit bleibt immer die Wahrheit.

O Gott, mein Schöpfer, ich möchte ein Teil deines großen Planes sein. Gestalte du mein Leben und lass deine Ziele zur Vollendung kommen. Wenn ich vor der Wahrheit weglaufe, laufe ich in Wirklichkeit vor dir weg. Ich will nicht mehr weglaufen, Herr. Halt mich fest. Amen.

Mt 2,1-9; Sach 8,16; Eph 4,25
Was taten die Hohepriester?
Was sollen wir ablegen?

Operation im Selbstversuch

„Kaufe Wahrheit und verkaufe sie nicht, [dazu] Weisheit und Zucht und Verstand“ (Vers 23).

Zum Lesen & Nachdenken – Sprüche 23,15-25

Charles Swindoll beschreibt, wie vor etlichen Jahren ein New Yorker Arzt namens Evan O'Neill die Ansicht vertrat, dass die meisten größeren Operationen unter Lokalanästhesie durchgeführt werden könnten und somit das Risiko einer Vollnarkose vermieden würde. Am 15. Februar 1921 entfernte er sich in einem Selbstversuch unter örtlicher Betäubung den Blinddarm. Die Operation verlief erfolgreich, und es hieß, er habe sich danach schneller erholt, als es bei Patienten mit Vollnarkose der Fall war.

Heute möchte ich dazu einladen, im Selbstversuch und bei vollem Bewusstsein einen chirurgischen Eingriff an der Seele durchzuführen. Dabei lassen wir den Heiligen Geist assistieren und uns das einzige Instrument reichen, das wir für die Operation brauchen – das messerscharfe, keimfreie Skalpell der Schrift. „Denn das Wort Gottes ist lebendig und wirksam und schärfer als jedes zweischneidige Schwert und durchdringend bis zur Scheidung von Seele und Geist, sowohl der Gelenke als auch des Markes, und ein Richter der Gedanken und Gesinnungen des Herzens“ (Hebr 4,12).

Dies ist nicht nur ein Gedankenspiel, sondern die Bibel gebietet uns: „Der Mensch aber prüfe sich selbst ...“ (1. Kor 11,28). Fragen wir uns also heute in Gottes Gegenwart einmal selbst: Bin ich ehrlich? Wie sieht es mit meiner Integrität aus? Stehe ich zu meinem Wort? Nur wir allein können diesen „operativen Eingriff“ an uns vornehmen. Kein anderer Mensch weiß, wie es wirklich in uns aussieht. Wir können unser wahres Ich verbergen und uns unseren Mitmenschen in einem möglichst günstigen Licht präsentieren – uns selbst können wir nichts vormachen, jedenfalls nicht auf Dauer. Und Gott schon gar nicht.

Vater, wenn es mir die Wahrheit mangelt, dann schmerzt das mindestens genauso wie ein entzündeter Blinddarm. Deshalb rüttele mich auf durch dein Wort und deinen Heiligen Geist und entferne alles kranke Gewebe der Unaufrichtigkeit. Um Jesu willen. Amen.

Ps 139,17-24; 1. Chr 28,9; Jer 17,10
Welchen Rat erhielt Salomo?
Wie können wir den Herrn von Neuem suchen?

Das Geheimnis des Gebens

„Wer gern wohl tut, wird reichlich gesättigt, und wer [andere] tränkt, wird auch selbst getränkt" (Vers 25).

Zum Lesen & Nachdenken – Sprüche 11,25-31

Wir kommen nun zur dritten Säule der Weisheit, der *Großzügigkeit* – auch ein Hauptthema im Buch der Sprüche. In unserem heutigen Text ist die Rede davon, dass wir selbst beschenkt werden, wenn wir mit anderen teilen. In einer alten walisischen Redensart heißt es: „Die größte Freude beim Geben ist es, selbst der Gebende zu sein."

Allerdings sollten wir unsere Freigebigkeit nicht als „Mittel zum Zweck" einsetzen, um eine Gegenleistung zu erhalten. Eine solche berechnende Art hat mit echter Großzügigkeit nichts zu tun. Unseren Lohn erhalten wir sozusagen als Nebenprodukt des Gebens. Es gibt Menschen, die werden den heutigen Text genau zerpflücken und danach behaupten, diese und ähnliche Aussagen der Bibel rechtfertigten auf subtile Weise eine Art Egoismus im christlichen Glauben. Die Motivation für das Geben, sagen sie, habe ihre Wurzeln lediglich in dem Drang, sich durch gute Taten selbst aufzuwerten. Das Christsein sei also folglich eine indirekte Selbstsucht. Auch wenn es einige Christen geben mag, auf die dies zutrifft, kann ich mir vorstellen, dass sie immer in der Minderheit sein werden.

Ich liebe die Definition des Gebens von Charles Harthern, einem großen Prediger vergangener Tage: „Manche Christen sind wie ein Schwamm – sie geben nur unter Druck etwas. Manche sind wie der Felsen, an den Mose schlug – sie bedürfen der äußeren Einwirkung. Echte Christen jedoch sind wie ein blühender, duftender Strauch – sie verströmen sich aus Freude am Geben."

Das ist das Geheimnis des Gebens – es macht einfach Freude. Die freigebige Hand braucht ein selbstloses Herz. Kommt Großzügigkeit nicht aus dem Herzen, dann kann die Hand geben, so viel sie will, doch sie wird niemals wirklich großzügig sein.

Gnädiger, liebender Vater, bitte segne mich nicht nur mit Vertrauen und Integrität, sondern auch mit echter Großzügigkeit. Lass mich deinen Segen nicht nur empfangen, sondern ihn auch an andere weitergeben. Amen.

Mt 10,1-8; Röm 12,8; 2. Kor 9,7
Wie sollen wir geben?
Und warum?

Göttliche Logik

„Da ist einer, der ausstreut, und er bekommt immer mehr und einer, der mehr spart, als recht ist, [und es gereicht ihm] nur zum Mangel“ (Vers 24).

Zum Lesen & Nachdenken – Sprüche 11,16-24

Was alle Passagen über die Großzügigkeit im Buch der Sprüche aussagen, ist, dass Selbstsucht letztendlich unglücklich macht und nur Freigebigkeit echte Freude schenken kann. Wir sollen nicht geizen – weder mit unseren Gaben, unseren materiellen Gütern noch mit unserer Zeit.

Manch einer wird sich vielleicht mit dem heutigen Text schwer tun, denn er verletzt die Regeln der Mathematik. Je mehr man gibt, desto mehr hat man; je mehr man spart, desto weniger bleibt übrig – wie kann das sein? Wo bleibt hier die Logik? Bertrand Russell, einer der größten Mathematiker des vergangenen Jahrhunderts, kommentierte: „Mathematik und Logik haben nichts mit der Realität zu tun.“ Und David Rivett, Bilanzbuchhalter und einer der Direktoren von CWR (*Crusade for World Revival*), sagte, dass er, seit er bei einer christlichen Organisation arbeite, festgestellt habe, dass Gottes Buchhaltung anders sei als die weltliche. Nach Gottes Arithmetik sind fünf und zwei nicht sieben, sondern fünftausend. Weil fünf Brote und zwei Fische sich in den Händen Jesu in genug verwandelte, um fünftausend Menschen zu speisen. Und nicht nur das, sondern die Jünger konnten, nachdem alle satt geworden waren, noch zwölf Körbe voller Reste einsammeln.

Man sagt, in der Natur gäbe es keine Leere – jeder Raum wird genutzt. Genauso ist es auf geistlicher Ebene. Freigebigkeit und Großzügigkeit schaffen einen Raum, den Gott mit seiner Liebe füllen kann und unser Herz weit macht, so dass wir gerne geben. Ich kann nicht erklären, wie so etwas „funktioniert“, aber ich habe es wieder und wieder erlebt.

Vater im Himmel, hilf mir, mich heute in Liebe und Großzügigkeit anderen zuzuwenden, so wie du es immer wieder bei mir tust. Gebrauche mich, um das Leben anderer zu berühren. Darum bitte ich dich in deinem heiligen Namen. Amen.

Mt 26,1-13; 25,34-40; Pred 5,13
Wie reagierten die Jünger auf die Frau mit dem Salböl?
Wie reagierte Jesus?

Der Geist des selbstlosen Schenkens

„Wer gütigen Auges ist, der wird gesegnet werden …“ (Vers 9).

Zum Lesen & Nachdenken – Sprüche 22,1-9

Wird ein großzügiger Mensch immer so viel im Überfluss haben, dass er auch viel zu geben hat? Nicht unbedingt. Diese Schlussfolgerung wäre zu einfach. Es gibt andere Stellen in der Bibel, die man diesen Versen in den Sprüchen entgegenhalten sollte, wenn man ein vollständigeres Bild erhalten will. So kann zum Beispiel manchen Christen nicht viel Geld oder irdischer Besitz anvertraut werden, weil sie nicht damit umgehen könnten.

Abgesehen davon muss man nicht reich sein, um ein großzügiger Mensch zu sein. Auch der Arme kann wie ein Prinz geben, vorausgesetzt, er hat die richtige Einstellung. In einer alten jüdischen Redensart heißt es: „Wer mit einem Lächeln gibt, gibt mehr als einer, der mit einem Stirnrunzeln gibt.“ Der Geist des selbstlosen Schenkens hat einen hohen Stellenwert in der Bibel. Jemand hat Großzügigkeit einmal als „Geben mit einer warmen Hand“ umschrieben. Ein treffendes Bild – denn wer ergreift gern eine kalte Hand?

Den Gegenpol zur Großzügigkeit bildet die Selbstsucht. Und genau wie Großzügigkeit ein Bestandteil der Weisheit ist, so ist Selbstsucht ein Merkmal der Torheit. Ein Lehrer sagte einmal zu seiner Klasse: „Selbstlosigkeit heißt, freiwillig auf etwas zu verzichten, das man braucht. Wer kann mir ein Beispiel nennen?“ Ein kleiner Junge hob die Hand und sagte: „Auf ein Bad zu verzichten, auch wenn man dringend eines braucht.“ Wir schmunzeln, doch wie viele von uns machen dasselbe mit der Wahrheit und ziehen sie ins Lächerliche, um ihr den Ernst zu nehmen?

Gütiger Gott, hilf mir, jemand zu sein, der „mit warmer Hand“ gibt. Schmelze das Eis und die Kälte in meinem Inneren und mache mich zu einem großmütigen, freigebigen Menschen. Entfache in mir eine Leidenschaft des Gebens. In Jesu Namen bitte ich dich. Amen.

Lk 6,32-38; Jes 58,10; 2. Kor 9,6
Was lehrte Jesus über das Geben?
Was ist das Prinzip des Säens und Erntens?

Das ungetrübte Auge

„Wer dem Armen gibt, wird keinen Mangel haben …“ (Vers 27).

Zum Lesen & Nachdenken – Sprüche 28,18-28

Nicht nur in den Sprüchen, sondern in der ganzen Bibel finden sich zahlreiche Stellen zum Thema „Großzügigkeit“. Zu den schönsten und ausdrucksstärksten gehören meiner Meinung nach die Worte Jesu in Matthäus 6,22: „Die Leuchte des Leibes ist das Auge. Wenn dein Auge ungetrübt ist, so wird dein ganzer Leib licht sein“ (Bruns). Wenn unser „Auge“ – das bedeutet, unsere Weltanschauung, unsere Einstellung zum Leben – hell und gütig ist, dann wird unsere ganze Persönlichkeit im Licht Gottes erstrahlen. Jesus zeigte diese Güte und Großzügigkeit allen Menschen – auch den Armen, den Verachteten und den Sündern gegenüber – und sein Wesen war voller Licht. Wenn wir eine persönliche Beziehung zu Jesus haben, der die Quelle aller Weisheit ist, dann wird er uns mit derselben Großzügigkeit erfüllen. Dann werden wir das Leben und die Menschen mit demselben „ungetrübten Auge“ sehen.

Großzügigkeit ist das A und O aller guten Beziehungen. Ich war oft in Schweden und Norwegen und habe mich immer gefragt, warum diese beiden Nationen einander so herzlich verbunden scheinen. Es ist so, als seien sie ein Volk, durch ein unsichtbares Band miteinander verknüpft. Dann erfuhr ich, dass Schweden vor vielen Jahren, als Norwegen seine Unabhängigkeit von der schwedischen Herrschaft forderte, in einer Art und Weise reagierte, die von den christlichen Werten der damals regierenden Herrscherfamilie geprägt war. Sie gewährten Norwegen den Status eines freien, eigenständigen Landes – ohne Krieg oder Feinseligkeiten. Diese Großzügigkeit war die Basis einer freundlichen Verbundenheit, die bis heute anhält. Das ungetrübte Auge füllt den ganzen Leib mit Licht. Und Großzügigkeit macht – wie die Liebe – unser Leben hell.

Herr Jesus, dein gütiges, ungetrübtes Auge hat in mir Dinge gesehen, die ich bei mir nie entdeckt hätte. Hilf mir, allen Menschen heute mit Großzügigkeit zu begegnen. Dies bitte ich dich in deinem unvergleichlichen Namen. Amen.

Mt 19,16-24; 3. Mo 25,35; 5. Mo 15,7
Was sagte Jesus zu dem jungen Mann?
Was war seine Reaktion darauf?

Sind wir bereit, Brot und Fische zu teilen?

„Sage nicht zu deinem Nächsten: Geh, komm [später] wieder, und morgen will ich geben! wo du doch hast“ (Vers 28).

Zum Lesen & Nachdenken – Sprüche 3,19-35

Die Bibel ist voller lebendiger Beispiele dafür, dass Großzügigkeit wiederum bei anderen Großzügigkeit erzeugt. Als Hananias, ein potentielles Opfer des Christenhasses des Saulus, dem mit Blindheit geschlagenen Eiferer die Hände auflegte, so dass er wieder sehen konnte, und ihn mit „Bruder Saul“ ansprach, schlug er eine Saite in der Seele des neu bekehrten Jüngers an. Die Warmherzigkeit, mit der Hananias ihm begegnete, tat Saulus gut und war ein kleiner Baustein des großen Plans, den Gott mit ihm vorhatte.

Denken wir noch einmal an die Speisung der Fünftausend. Angenommen, der kleine Junge, der fünf Gerstenbrote und zwei Fische hatte, hätte gedacht: „Ich will unser Essen mit niemandem teilen. Das reicht gerade mal für unsere Familie“, wäre er niemals Zeuge eines der größten Wunder aller Zeiten geworden. Und was wäre wohl geschehen, hätten die Jünger, anstatt Brot und Fische kostenlos zu verteilen, alles auf zwei Stapeln aufgehäuft, um es an die Leute zu verkaufen? Ich bezweifle, dass sie dann als Jünger Jesu und Apostel in die Geschichte eingegangen wären. Vermutlich hätten wir nie wieder etwas von ihnen gehört. Und was wäre gewesen, hätte der Besitzer des Esels, auf dessen Rücken Jesus in Jerusalem einzog, gesagt: „Nein, meinen Esel gebe ich nicht her!“?

Auch wir werden immer wieder vor Situationen gestellt werden, in denen unsere Großzügigkeit und Selbstlosigkeit gefragt sind. Reagieren wir dann egoistisch und berechnend – wer weiß, welche großen Ziele nie verwirklicht, welche Werke nie ins Leben gerufen werden? Gott hat seine Türen für uns geöffnet – versäumen wir nicht, unsere Türen für andere zu öffnen.

Vater, lass deine Liebe und Großzügigkeit durch mich hindurch fließen, anstatt in mir zu versiegen. Wenn ich sehe, wie viel Großes dadurch im Leben anderer geschehen ist, fühle ich mich ganz klein und hilflos. Hilf mir, lieber Vater, ein selbstloser Mensch zu sein. Amen.

Rt 2,1-23; Lk 10,25-37
Wie erwies Boas seine Großzügigkeit?
Welchen Rat gab Jesus dem Gesetzeslehrer?

Echte Großzügigkeit

„Trügerische Waagschalen sind dem HERRN ein Gräuel, aber volles Gewicht hat sein Wohlgefallen“ (Vers 1).

Zum Lesen & Nachdenken – Sprüche 11,1-10

Wie können wir Großzügigkeit in unserem Leben umsetzen? Zunächst sollten wir uns klar machen, dass uns nichts wirklich gehört, sondern dass uns alles, was wir haben, von Gott anvertraut ist. Dies rückt Gott – und uns – in die richtige Perspektive. Unsere Aufgabe ist es, seinen Besitz zu verwalten, und zwar nicht nach unserem Gutdünken, sondern nach seinem Willen. Das ist *echte* Freiheit. Es gibt uns ein Gefühl der Verantwortlichkeit Gott gegenüber. Wir erhalten unsere Lebensregeln nicht aus einer Laune heraus, einer vagen Vorstellung oder durch uns selbst, sondern durch den Einen, der unser Retter und Erlöser ist.

Als Zweites sollten wir prüfen, welche Dinge in unserem Leben wirkliche Bedürfnisse und welche reine Wünsche sind. Gott hat verheißen, unsere Bedürfnisse zu erfüllen – aber unsere Wünsche? In unserem irdischen Dasein brauchen wir nur so viel, was uns – geistlich, seelisch und körperlich – vorbereitet für unsere Aufgabe, Gott zu dienen. Und um die Bedürfnisse derer zu stillen, die unsere Hilfe brauchen. Wie können wir unsere wirklichen Bedürfnisse feststellen? Dabei kann uns niemand helfen, denn wir sind allein Gott Rechenschaft schuldig. In seiner Gegenwart sollten wir jeden Bereich unseres Leben durchgehen und ihn dabei um seine Wegweisung bitten. Natürlich spielen auch Freunde und unsere Familie eine wichtige Rolle, aber wir sollten nichts ohne die Leitung Gottes tun und entscheiden.

Und Drittens: Setzen wir es uns zum Ziel, Großzügigkeit zu üben – nicht weil wir uns dann als besonders „gute Christen“ fühlen können, sondern weil Gott uns für unsere Mitmenschen zum Segen setzen will. Wir sollen uns durch unsere Großzügigkeit nicht etwa Gottes Segen „verdienen“, sondern selbst ein Segen für andere sein.

Vater, ich bin so dankbar, dass du das Fundament meines Lebens bist und mich lehrst, wie ich großzügig sein kann. Hilf mir, von nun an alle Hindernisse auszuräumen, die mir dabei im Weg stehen. Darum bitte ich dich in Jesu Namen. Amen.

Apg 2,41-47; 2. Kor 8,12; Apg 11,29; 20,35
Nach welchem Grundsatz lebte die Urgemeinde?
Auf welche Worte Jesu bezog sich Paulus?

Der Zehnte, unsere Gaben und unsere Zeit

„Wer den Geringen unterdrückt, verhöhnt den, der ihn gemacht hat; aber ihn ehrt, wer sich über den Armen erbarmt“ (Vers 31).

Zum Lesen & Nachdenken – Sprüche 14,27-35

Wir wollen uns weiter damit beschäftigen, wie wir Großzügigkeit in unserem Leben konkret umsetzen können. Ein vierter Punkt ist: Wir sollten uns überlegen, regelmäßig den Zehnten (oder mehr) unseres Einkommens für die Arbeit im Reich Gottes zu spenden. Das Geben des Zehnten wird von vielen als gesetzlich abgetan. Dabei ist der „Zehnte“ lediglich ein Symbol dafür, dass eigentlich neun Zehntel unseres Besitzes dem Herrn gehören. Die Israeliten opferten jeweils den ersten Ertrag ihrer Felder als Zeichen, dass die Ernte ihm gehörte. Manche von uns sind in der Lage, mehr als den zehnten Teil zu geben, aber der Zehnte ist ein guter Anfang.

Fünftens: Wir sollten unser Testament unter der Leitung Gottes machen und ein ausgewogenes Verhältnis zwischen der Verantwortung für unsere Familie und der Arbeit im Reich Gottes anstreben. Dabei sollten wir berücksichtigen, dass unsere Verwandten nicht verschwenden, was Gott uns für den Bau seines Königreichs anvertraut hat.

Sechstens: Denken wir daran, dass das Prinzip der Großzügigkeit nicht nur unseren materiellen Besitz einschließt, sondern auch unsere Zeit und unsere Gaben. Wir sollten Gott täglich bitten, uns zu zeigen, wie wir unsere Gaben und unsere Zeit am Besten für ihn einsetzen können. John Wesley gab den guten Rat: „Tu, was du kannst, spare, was du kannst und gib, was du kannst.“

Siebtens: Nehmen wir jede Gelegenheit wahr, großzügig zu sein, um damit unsere Treue zu beweisen. In dem Gleichnis von den anvertrauten Talenten sagt der Herr zu seinem Knecht: „Über weniges warst du treu, über vieles werde ich dich setzen“ (Mt 25,21). Warten wir nicht erst auf große, spektakuläre Gelegenheiten, um unsere Großzügigkeit zu beweisen, sondern fangen wir im Kleinen damit an. Denn wenn wir uns in kleinen Dingen als zuverlässig erweisen, wird Gott uns auch Größeres anvertrauen.

Vater, genau wie Simon Petrus, der deinem Sohn das Boot lieh, um zum Predigen auf den See hinaus zu fahren, so möchte auch ich dir meinen Besitz, meine Gaben und meine Zeit zur Verfügung stellen. In Christi Namen. Amen.

1. Mo 14,20; 3. Mo 27,30; 2. Chr 31,5; Mt 3,1-10
Nach welchem Grundsatz handelte Abraham?
Welcher Gedanke steckt hinter dem „Zehnten“?

Selbstgefälligkeit oder Fleiß?

„Gierig ist die Seele des Faulen, doch ist nichts da; aber die Seele der Fleißigen wird reichlich gesättigt“ (Vers 4).

Zum Lesen & Nachdenken – Sprüche 13,1-10

Wir kommen nun zur vierten der sieben Säulen der Weisheit: *Fleiß*. Wer weise ist, der ist ausdauernd, der strebt beharrlich nach dem, was gut und richtig ist und lässt sich durch nichts und niemanden davon abbringen. Fleiß ist eine Tugend, die in der heutigen Zeit Mangelware geworden ist – besonders in der jungen Generation. Ein christlicher Pädagoge schrieb: „Junge Menschen lernen Fleiß nicht in Form von theoretischen, moralischen Grundsätzen, sondern vielmehr anhand von Beispielen. In unserer heutigen Welt gibt es zu wenig gute Beispiele, die überzeugend wären.“ Fleiß scheint heute einen weniger hohen Stellenwert zu haben als früher.

Bevor ich zum Glauben kam, war ich ziemlich faul, aus dem einfachen Grund, weil mir nichts so wichtig schien, dass es sich lohnte, sich dafür anzustrengen. Als Teenager vertraute ich Jesus mein Leben an, und damit kam die große Wende. Er riss mich aus meiner Trägheit und Selbstzufriedenheit und forderte mich auf, aktiv zu werden und mich einzubringen. Dies übertrug sich auf alle möglichen Lebensbereiche, und ich holte auch in der Schule kräftig auf. Ein Jahr, nachdem ich Christ geworden war, hörte ich, wie mein Onkel zu meinem Vater sagte: „Ich habe mich ja gefragt, ob an seiner Bekehrung wirklich etwas dran ist, doch jetzt, wo ich sehe, wie fleissig er ist, ist es offensichtlich, dass er Gott gefunden hat.“

Ich weiß nicht, wo ich heute im Leben stünde, hätte ich Jesus damals nicht kennen gelernt. Er hat mich immer wieder ermutigt, durchzuhalten – auch in meinem Predigtdienst und beim Schreiben. Ich lernte Fleiß von dem Einen, dessen Leben und ganzes Wesen der Inbegriff des Fleißes ist – Jesus Christus.

Gnädiger, liebender Vater, ich möchte auch diesen Bestandteil der Weisheit für mich in Anspruch nehmen – den Fleiß. Befreie mich von allem, was mich daran hindert: Trägheit, fehlendes Verantwortungsbewusstsein, Selbstgefälligkeit und Stolz. Dies erbitte ich in Jesu Namen. Amen.

2. Tim 2,1-15; Jak 4,17
Welche Worte richtete Paulus an Timotheus?
Was bezeichnet Jakobus als Sünde?

Den toten Punkt überwinden

„Arm wird, wer mit lässiger Hand schafft, aber die Hand der Fleißigen macht reich" (Vers 4).

Zum Lesen & Nachdenken – Sprüche 10,1-8

Eines Tages sagten die Jünger zu Jesus: „Rabbi, kürzlich erst hätten dich die Leute dort beinahe gesteinigt. Und nun willst du zu ihnen zurückkehren?" Jesus antwortete: „Der Tag hat zwölf Stunden. Wenn jemand am hellen Tag wandert, stolpert er nicht, weil er das Tageslicht sieht" (Joh 11,8-9; Gute Nachricht). Damit wollte er sagen, dass an jedem Tag genug Zeit sei, um alles Wichtige zu erledigen – und dass er weitermachen und seine Sache zu Ende bringen musste. Er würde nicht eher ruhen, bis er am Ziel seiner großen Aufgabe war, für die er auf die Erde gekommen war. Er würde seinen Weg unbeirrt weitergehen, trotz aller Hindernisse.

Natürlich kann jemand auch dann ein fleißiger Mensch sein, wenn er Jesus nicht kennt. Aber wer ihn kennt, der erlebt noch einmal einen ganz anderen Auftrieb, eine neue Motivation und Kraft für die Erfüllung seiner Aufgaben. Als ich Christ wurde, befreite mich Jesus von meiner Faulheit und Bequemlichkeit. Jemand drückte es folgendermaßen aus: „Als Jesus in mein Leben kam, wurde er zum Gewissen meines Gewissens." Und eine Frau mittleren Alters sagte kürzlich: „Christus half mir, im Marathonlauf des Lebens meinen toten Punkt zu überwinden."

Manchmal erreichen wir einen Punkt, an dem wir meinen, es geht nicht mehr weiter und sind kurz davor, alles hinzuwerfen. Manchmal schleicht sich die Trägheit in unser Leben und droht, alles andere lahm zu legen. Dann sollten wir die Hand Jesu ergreifen, der uns aus unserem Tief herausziehen will. Bekennen wir ihm unser Versagen und lassen uns neu mit seiner Kraft erfüllen. Dann können wir mit frischem Schwung weitermachen und die Arbeit vollenden, in die er uns gestellt hat.

Vater im Himmel, ich bin dir so dankbar, dass du mir, wann immer ich an einen toten Punkt in meinem Leben kam, Kraft zum Weitergehen geschenkt hast. Danke für die Gnade, die du mir erweist. Ich möchte sie einsetzen, um deinen Namen zu verherrlichen. Amen.

Hebr 6,1-12; Pred 10,18; 2. Thess 3,11
Was ist die Aussage des Apostels Paulus?
Was wünschte sich der Verfasser des Hebräerbriefes?

Der große Unterschied

„Mehr als alles, was man [sonst] bewahrt, behüte dein Herz! Denn in ihm [entspringt] die Quelle des Lebens“ (Vers 23).

Zum Lesen & Nachdenken – Sprüche 4,10-27

Was ist der Unterschied zwischen Fleiß und Verbohrtheit? Ich kenne Christen, die geistlichen Schiffbruch erlitten haben, weil sie das eine nicht vom andern unterscheiden konnten. Ein Student, der den Unterschied zwischen Beharrlichkeit und Sturheit erklären sollte, schrieb: „Das eine ist ein starker Wille, da andere ein starkes ‚Will-ich-nicht‘.“ Fleiß ist zähe Beharrlichkeit; Sturheit ist beharrlicher Eigensinn und mangelnde Flexibilität.

Ich kenne einen Mann, der mit beiden Beinen im Leben und in einem viel versprechenden christlichen Dienst stand. Heute leidet er unter schweren Depressionen. Er hatte sich damals für ein Projekt eingesetzt, von dem er dachte, dass es Gottes Wille sei. Als das Projekt zu scheitern drohte, hielt er es nicht für nötig, verstärkt die Weisung Gottes zu suchen, sondern trieb die Sache aus eigener Kraft voran. Menschen, die ihm nahe standen und sich ein objektives Urteil bildeten, rieten ihm, aufzugeben, denn sie hatten erkannt, dass sein Handeln nicht mehr dem Willen Gottes entsprach. Doch er ließ sich nicht beirren. Es mangelte ihm an Weisheit zu sehen, dass seine Verbohrtheit mit Beharrlichkeit oder Fleiß nichts mehr zu tun hatte.

Als er seinem Kreuzestod auf Golgatha entgegensah, sagte Jesus: „Ich habe dich verherrlicht auf der Erde; das Werk habe ich vollbracht, das du mir gegeben hast, dass ich es tun sollte“ (Joh 17,4). Wichtig ist hier das Wort „du“. Es gab viele, die Jesus gern dazu gebracht hätten, dies oder jenes zu tun, hier oder dorthin zu gehen. Er jedoch handelte ausschließlich nach dem Willen des Vaters. Fleiß ist, Ja zum Willen Gottes zu sagen und seinen Plan zu erfüllen. Alles andere ist falsche Verbissenheit.

Vater, mir ist klar geworden, wie wichtig es ist, den Unterschied zwischen Fleiß und Verbohrtheit zu kennen. Hilf mir, weise zu unterscheiden, was dein Wille ist und was nicht, so dass ich am Ende meines irdischen Daseins sagen kann: „Ich habe das Werk vollbracht, das du mir aufgetragen hast.“ Amen.

Mt 25,14-30; 7,26; Jak 2,14
Was will uns Jesus durch das Gleichnis von den anvertrauten Talenten sagen?
Weshalb wurden die gelobt, die noch dazugewonnen hatten?

Die Hoffnung der Herrlichkeit

„Fleiß führt zu Macht, Faulheit macht zum Sklaven“ (Vers 24; Gute Nachricht).

Zum Lesen & Nachdenken – Sprüche 12,11-28

Es gibt Menschen, die keine Christen sind, aber sich viele Gedanken über den Sinn des Lebens machen. Sie haben den Wert der Weisheit erkannt und dass es sich lohnt, weise zu leben. Durch logisches Denken und Intuition sind sie zu dem Schluss gelangt, dass Fleiß unerlässlich ist, um das Leben zu meistern.

Viktor Frankl ist so ein Mensch. Frankl ist Jude und überlebte den Holocaust im Zweiten Weltkrieg. Im KZ wurde er zum Leibarzt mehrerer SS-Offiziere ernannt. Das rettete ihm das Leben. Während seiner Jahre in Haft widmete er sich der Aufgabe, herauszufinden, woran es lag, dass einige Menschen trotz furchtbarster Umstände überlebten, während andere ihren Lebenswillen verloren und starben. Er kam zu dem Schluss, dass diejenigen, die überlebten, ihren Sinn im Leben gefunden hatten – etwas, wofür es sich zu leben lohnte, wie etwa die Hoffnung, einen geliebten Menschen wieder zu sehen. Dieser Gedanke hielt sie aufrecht, während die anderen resignierten und starben.

So hatte Frankl durch seine Beobachtungen entdeckt, was ein anderer Jude – der Apostel Paulus – durch göttliche Offenbarung entdeckte: Um Ausharren zu können, brauchen wir eine Hoffnung. Paulus geht noch einen Schritt weiter als Frankl, indem er schreibt: „Christus in euch, die Hoffnung der Herrlichkeit“ (Kol 1,27).

O mein Vater, wie kann ich dir genug dafür danken, dass Christus in mir ist? Seine Gegenwart erfüllt mich mit einer Hoffnung, die mich selbst in den dunkelsten Stunden des Lebens trägt. Dafür bin ich dir ewig dankbar. Amen.

Gal 6,1-9; Hebr 12,1; Jak 5,11
Worin sollen wir nicht müde werden?
Wie sollen wir laufen?

Ermutigend und enttäuschend zugleich

„Indem du der Weisheit dein Ohr leihst, dein Herz dem Verständnis zuwendest … wirst du die Erkenntnis Gottes gewinnen“ (Verse 2 u. 5).

Zum Lesen & Nachdenken – Sprüche 2,1-11

Viktor Frankl ist heute ein bekannter, angesehener Psychiater. Über den Sinn des Lebens entwickelte er folgende Philosophie: „Der Grund, weshalb so viele Menschen unglücklich sind, ist der, dass sie nicht verstanden haben, was das menschliche Dasein ausmacht. Erst dann, wenn wir begreifen, dass es nicht nur darum geht, unser Leben zu genießen, sondern darum, die Aufgabe zu erfüllen, die jedem von uns zugeteilt ist, werden wir den Sinn im Leben finden und wirklich glücklich sein.“ Frankl kam zu dem weisen Schluss, dass ein Leben ohne Sinn trist und leer ist. Doch den nächsten Schritt – zu folgern, dass der Sinn und die wahre Erfüllung nur in Christus zu finden sind – kann er nicht vollziehen. So ist und bleibt seine Ansicht ermutigend und enttäuschend zugleich. Er hat zwar erkannt, dass das Leben auf Ziel und Zweck ausgerichtet ist, doch es ist schade, dass ihm die Perspektive Gottes fehlt.

Das Leben besteht nicht nur aus Spaß, sondern jeder von uns hat nach dem göttlichen Plan eine Aufgabe, die es zu erfüllen gilt. Dies ist nicht immer leicht, manchmal scheint es nahezu unmöglich. Deshalb ist es so wichtig, dass wir uns auf einen Herrn verlassen können, der das Zentrum unseres Lebens ist und der uns dabei hilft.

Viktor Frankl und Salomo, der Verfasser der Sprüche, weisen beide darauf hin, dass wir uns einer Sache mit ganzem Einsatz und Fleiß widmen sollen. Dennoch ist ihr Ansatz völlig verschieden. Warum fühlte sich König Salomo von Gott geführt, die Weisheit zu personifizieren? Um die Menschen darauf vorzubereiten, dass die echte Weisheit kein abstraktes Gedankengebäude ist, sondern eine konkrete Person – Jesus Christus.

Vater, es ist traurig, wenn Menschen, die durchaus gute Ansätze in ihrem Denken haben, dich nicht anerkennen. Sie mögen so nahe dran sein – und machen doch im entscheidenden Moment einen Rückzieher. Sprich du zu ihnen und zeige ihnen, was echte Weisheit bedeutet. Und hilf mir, meinen Beitrag dazu zu leisten. Amen.

Kol 2,1-5; Joh 2,24; 16,30
Was konnten die Jünger von Jesus bezeugen?
Was bezeugte Paulus den Kolossern?

Wozu überhaupt Beharrlichkeit?

„Die Pläne des Fleißigen [führen] nur zum Gewinn; aber jeder, der hastig ist, erreicht nur Mangel“ (Vers 5).

Zum Lesen & Nachdenken – Sprüche 21,1-15

Heute wollen wir uns fragen: Was haben wir davon, wenn wir fleissig und ausdauernd sind? Warum ist unsere Beharrlichkeit gefragt? Ein Grund ist, dass nur durch Ausdauer unser Charakter geformt werden kann. In den Widrigkeiten des Alltags zeigt sich, ob wir mehr und mehr dem Wesen Jesu ähnlich werden und seine Weisheit in uns ersetzt, was Charles Swindoll als „dünne, zerbrechliche, innere Theologie“ bezeichnet.

Der Apostel Paulus schreibt in Römer 5,3-4: „… sondern wir rühmen uns auch in den Bedrängnissen, da wir wissen, dass die Bedrängnis Ausharren bewirkt, das Ausharren aber Bewährung, die Bewährung aber Hoffnung.“ Da das Leben immer eine Herausforderung an uns ist, der es sich zu stellen gilt, brauchen wir Kraft, um unsere Aufgaben in Angriff zu nehmen. Wir können dem Leben nicht entfliehen. Wenn alles um uns ins Wanken gerät, wenn unsere christlichen Freunde uns enttäuschen, Pastoren unglaubwürdig leben; wenn die Fixpunkte unserer Gesellschaft verschwinden, uns der Boden unter den Füßen weggerissen wird und der eisige Wind des Lebens uns mit aller Macht ins Gesicht peitscht, dann brauchen wir Fleiß und Beharrlichkeit. Dann brauchen wir die Bereitschaft, den Dingen ins Auge zu sehen, die feste Entschlossenheit, standhaft zu bleiben, die Gewissheit, dass Jesus mit uns und in uns ist, und die Fähigkeit, in allem, was uns begegnet, die Hand des Herrn zu sehen. Diese Ausdauer wird uns vor dem Scheitern bewahren. Durch sie werden wir überleben.

Herr, du stattest mich mit allem aus, was ich zum Leben brauche. Lass mich erkennen, wie wichtig Ausdauer und Beharrlichkeit sind, und dass das, was ich durch sie gewinne, unendlich viel größer ist, als die Opfer, die ich dafür bringe. Amen.

2. Kor 11,16-33; Hiob 17,9; Gal 6,9; Jak 1,12
Mit welchen Hindernissen sah sich Paulus konfrontiert?
Was ist der Lohn der Beharrlichkeit?

Die vier geistlichen Missverständnisse

„Im Winter pflügt der Faule nicht; sucht er zur Erntezeit, dann ist nichts da“ (Vers 4).

Zum Lesen & Nachdenken – Sprüche 20,1-13

Heute wollen wir einmal „vier geistliche Fehler“ unter die Lupe nehmen – typische, weit verbreitete Missverständnisse über das Leben als Christ:

Fehler Nummer eins: Bist du erst einmal Christ geworden, wird alles im Leben glatt gehen, und du wirst nie wieder Probleme haben. – Das stimmt nicht. Im Gegenteil, die Schwierigkeiten können sich noch verstärken. Wichtig ist jedoch: In all unseren Problemen und Konflikten ist Jesus uns nahe, er hilft uns tragen und führt uns letztendlich zum Sieg.

Fehler Nummer zwei: Probleme im Leben sind ein Zeichen, dass mit deinem Glauben etwas nicht stimmt. – Das mag für manche Dinge zutreffen, lässt sich aber ganz bestimmt nicht verallgemeinern. Ich habe tief gläubige Menschen kennen gelernt, die von harten Schicksalsschlägen gezeichnet waren. Denken wir zum Beispiel einmal an Hiob!

Fehler Nummer drei: Gestehe dir deine Probleme nicht ein, sonst wird dein Leben von Negativismus geprägt sein. – Das ist glatter Unsinn. Wer die Dinge nicht offen beim Namen nennt, der macht sich selbst etwas vor, wird letztendlich unglaubwürdig und verliert seine Integrität.

Fehler Nummer vier: Für jedes Problem gibt es zur Lösung die richtige Bibelstelle. – Leider nicht. Ich habe viele unbeantwortete Fragen und verstehe längst nicht immer, warum Gott mit diesen oder jenen Weg führt. Bei manchen Fragen weiß ich, dass Gott sie mir wahrscheinlich erst in der Ewigkeit beantworten wird. In unserem irdischen Dasein sind wir zwar reif genug, um Fragen zu stellen, aber nicht reif genug, die Antworten zu verstehen. Alles, was wir tun können, ist beharrlich an unserem Glauben festzuhalten.

Vater, bitte mach mich frei von solchen Missverständnissen und lass mich beharrlich festhalten an dir, auch wenn ich nicht immer alles verstehe. Schenke mir die Gnade, auch dann deinen Weg weiterzugehen, wenn ich mit unbeantworteten Fragen leben muss. Darum bitte ich dich in Jesu Namen. Amen.

2. Kor 4,1-18; Hiob 23,10; Ps 66,10; Jes 48,10
Was bezeugte Paulus?
Welcher Überzeugung war Hiob?

Beharrlichkeit zahlt sich aus

„Dort wuchsen statt Reben nur Dornen und Disteln, wild wucherndes Unkraut bedeckte das Land“ (Vers 31; Gute Nachricht).

Zum Lesen & Nachdenken – Sprüche 24,23-34

Worum geht es bei Beharrlichkeit und Fleiß? Sie sind die Voraussetzungen, um den göttlichen Auftrag an uns zu Ende zu führen, ungeachtet aller Hindernisse und Rückschläge.

Beharrlichkeit zahlt sich aus. Es waren einmal zwei Frösche, die fielen in eine Kanne voller Sahne. Verzweifelt versuchten sie, zu entkommen, doch an den glatten, hohen Wänden rutschten sie immer wieder ab. Nach einer Weile sagte der erste: „Es ist zwecklos. Hier kommen wir nie wieder raus“, hörte resigniert auf zu schwimmen und ertrank. Der zweite Frosch dagegen strampelte beharrlich weiter um sein Leben, bis er plötzlich festen Boden unter den Füßen spürte. Die Sahne war zu Butter geworden, und er hüpfte glücklich in die Freiheit.

Jemand hat Beharrlichkeit einmal als „vorsintflutliches Wort“ bezeichnet. Es mag sein, dass es in der heutigen Zeit nicht mehr sehr gebräuchlich ist, doch in der Bibel spielt es eine große Rolle. Alle Männer und Frauen der Bibel, die für Gott Großes geleistet haben, besaßen diese Eigenschaft. Eines der besten Beispiele ist der Apostel Paulus, was sich in seinen Worten zeigt: „In allem sind wir bedrängt, aber nicht erdrückt; keinen Ausweg sehend, aber nicht ohne Ausweg; verfolgt, aber nicht verlassen; niedergeworfen, aber nicht vernichtet“ (2. Kor 4,8-9). Paulus war beharrlich in seinem Auftrag, auch dort, wo andere schon längst aufgegeben hätten.

Und von Winston Churchill wird folgende Begebenheit berichtet: In seinen letzten Lebensjahren richtete er einmal das Wort an eine Gruppe Studenten: „Ich will euch nur einen einzigen Satz sagen: Gebt niemals auf. Gebt niemals, niemals auf. Gebt niemals, niemals, niemals auf.“ Als er sich setzte, brandete ein begeisterter Beifall auf.

Vater, ich habe erkannt, dass es im Leben auf Fleiß und Durchhaltevermögen ankommt. Bitte rüste auch mich damit aus, so dass ich beharrlich festhalte an allen Dingen, die du mir aufträgst. In Jesu Namen. Amen.

Joh 17,20-26; 19,30
Was wird Jesus beharrlich weiter tun?
Was sprach Jesus am Kreuz?

Die Macht der Worte

„Eine Quelle des Lebens ist der Mund des Gerechten, aber der Mund der Gottlosen birgt Gewalttat“ (Vers 11).

Zum Lesen & Nachdenken – Sprüche 10,9-17

Heute geht es weiter mit der fünften Säule der Weisheit – der *Kunst, unsere Zunge im Zaum zu halten.* Ein wirklich weiser Mensch weiß, welch großen Einfluss seine Worte haben können. Auch das Buch der Sprüche hat über dieses Thema ziemlich viel zu sagen – es ist zweifellos ein weiteres Schwerpunktthema dieses Buches. Aus unserem heutigen Text geht hervor, dass durch weise Worte die Weisheit von einem Menschen zum anderen weitergegeben wird. Unser Mund ist eine „Quelle des Lebens“. Böse, taktlose oder demütigende Worte dagegen können großen Schaden anrichten.

Verletzende Worte hinterlassen seelische Narben. Wie viele Erwachsene leiden heute noch unter den Auswirkungen liebloser Worte, die sie als Kind zu hören bekamen – „Du machst aber auch alles falsch!“; „Du wärst besser nie geboren worden!“ –, und eine Bemerkung des Ehepartners wie: „Ich hätte dich nie heiraten sollen!“ ist so schlimm wie ein Schlag ins Gesicht. Worte können zerstören oder aufbauen, verletzen oder heilen, fluchen oder segnen, demütigen oder Trost spenden.

In fernöstlichen Religionen hat das Schweigen einen hohen Stellenwert. Lao-tse, der berühmte chinesische Philosoph, sagte: „Das gesprochene Wort ist nicht das göttliche Wort; das göttliche Wort ist das Schweigen.“ Ich dagegen glaube, dass die Beziehung den höchsten Stellenwert hat – die Beziehung zu einem Gott, der mit uns spricht. Gott brach das Schweigen der Ewigkeit mit den Worten: „Es werde Licht.“ Lao-tse kannte nur das Schweigen, er wusste nichts von einem sprechenden Gott. Gottes Worte haben große Macht. Er schuf die Welt allein durch sein Wort. Aber auch unsere Worte sind weitaus mächtiger, als wir denken. Auch wir schaffen durch unsere Worte eine Welt – eine Welt der Ordnung oder Unordnung, der Liebe oder des Hasses, der Kreativität oder des Chaos. Deshalb hüten wir uns vor achtlos dahingesagten Worten.

Vater, du hast die Welt ins Leben gerufen – durch dein Wort. Du hast auch uns Menschen die Sprache gegeben. Schenke mir die Weisheit, verantwortungsvoll mit meinen Worten umgehen, zu bauen anstatt niederzureißen, zu heilen anstatt zu verletzen. Amen.

Kol 4,1-6; Pred 10,12; Tit 2,7-8
Wie sollen wir über den Glauben sprechen?
Wozu ermahnt Paulus seinen Mitarbeiter Titus?

Verletzende und erbauliche Worte

„Da ist ein Schwätzer, [dessen Worte sind] Schwertstiche; aber die Zunge der Weisen ist Heilung“ (Vers 18).

Zum Lesen & Nachdenken – Sprüche 12,11-28

Manche Worte oder Namen können uns ein Leben lang belasten. Ich kannte einmal eine Frau, die sich aus der Gebundenheit eines Namens nicht selbst befreien konnte. Ihr Vater hatte sie als Kind „Teufelstochter“ genannt. Erst viel später, als sie zum Glauben gekommen war, erfuhr sie Befreiung durch Seelsorge und einen stundenlangen Gebetskampf.

Böse Worte sind wie tödliche Geschosse. Sie durchdringen den Schutzwall der Seele und reißen eine klaffende Wunde in unsere Persönlichkeit, die manchmal Jahre braucht, um zu heilen.

Ermutigende Worte dagegen erfrischen und erbauen die Seele auf erstaunliche Weise. C. E. Macartney beschrieb, wie er einmal auf einer Bank einen alten Pfarrer sitzen sah, den er von früher kannte. Inzwischen war er so gebrechlich geworden, dass er aus dem Predigtdienst ausscheiden musste. Macartney schreibt: „Ich sprach ihn an, wie es ihm ginge und erwartete, gesundheitliche Klagen oder wehmütige Erinnerungen an die guten, alten Zeiten zu hören, doch ich sollte eines Besseren belehrt werden. Stattdessen erzählte er mir, dass soeben eine Frau vorbeigekommen sei, ihn wieder erkannt und ihm gesagt habe, sie sei vor vielen Jahren durch eine seiner Predigten zum Glauben gekommen. Nie werde ich das Leuchten in seinen Augen vergessen.“

Ist es nicht wunderbar, was wir mit unseren Worten bewirken können? Vielleicht gibt es heute jemanden, dem wir genau das aufmunternde Wort sagen können, das er braucht, das ihm hilft, seine Last leichter zu tragen und einen Lichtstrahl der Herrlichkeit Gottes auf sein Leben fallen lässt. Versuchen wir's!

O Vater, ich habe in den Spiegel deines Wortes geblickt und das Bild gesehen, nach dem du mich umgestalten willst. Hilf mir, heute ein Licht zu sein in dieser Welt und die Dunkelheit eines Menschen zu erhellen, den du mir über den Weg schickst. Amen.

Jak 3,1-18; Pred 9,17; Jes 50,4
Was sagt Jakobus über die Zunge?
Welche Gabe hatte der Herr dem Propheten Jesaja geschenkt?

Worte des Todes und Worte des Lebens

„Tod und Leben sind in der Gewalt der Zunge …" (Vers 21).

Zum Lesen & Nachdenken – Sprüche 18,1-24

Wir dürfen nicht glauben, unsere Worte wären schnell wieder vergessen. Ich kann mich noch genau an die Worte eines Lehrers erinnern, der mich vor der ganzen Klasse aufstehen ließ, um mich zu tadeln. Was er sagte, schnitt mir damals tief ins Herz. Der Schmerz ist inzwischen vergangen und die Vergebung hat das übrige getan, doch die Erinnerung brannte noch jahrelang wie Feuer in meiner Seele. Jeder Psychologe oder Seelsorger wird bestätigen, dass grausame, demütigende Worte in der Seele eines Kindes großen Schaden anrichten. Unsere – negativen wie positiven – Äußerungen prägen ein Kind sein ganzes Leben lang.

Ein Seelsorger erzählte mir von einem zweiundvierzigjährigen Mann, der bis zum Umfallen arbeitete – „ein Workaholic, der sich in Arbeit flüchtete und bei der leisesten Kritik explodierte". Es stellte sich heraus, dass der Vater dieses Mannes ihm in seiner Kindheit immer wieder gesagt hatte: „Du wirst es nie zu etwas bringen." Der Sohn litt noch dreißig Jahre später an den Folgen dieser seelischen Misshandlung. Seine Arbeitswut war eine Reaktion auf den psychischen Druck, den der Vater auf ihn ausgeübt hatte. Die Erfahrungen seiner Kindheit trieben ihn dazu, es seinem Vater „beweisen" zu wollen.

Natürlich gibt es auch Gegenbeispiele: Ein anderer Mann erzählte mir, sein Vater habe ihn regelmäßig umarmt und ihm gesagt: „Du bist etwas ganz Besonderes für mich. Niemand auf der ganzen Welt könnte dich jemals ersetzen." Dieser Mann erfuhr in seiner Kindheit eine Stärkung seiner Persönlichkeit und wuchs mit einem gesunden Selbstvertrauen auf. Die Sprüche haben Recht: „Die Zunge hat Macht über Leben und Tod" (Gute Nachricht). Worte des Todes zerstören, Worte des Lebens erbauen und schenken uns neuen Mut.

Vater, vergib mir für die vielen achtlos dahingesagten Worte, mit denen ich jemanden verletzt habe, ohne es zu merken. Hilf mir von heute an, besser darauf zu achten, was ich sage und lass nur Worte über meine Lippen kommen, die auch aus deinem Munde kommen könnten. In Jesu Namen. Amen.

1. Mo 50,1-21; Hiob 4,4; Jer 52,32
Wie sprach Josef mit seinen Brüdern?
Was sagte Elifas über Hiob?

Heilende Worte

„Heilende Worte helfen zum Leben …" (Vers 4).

Zum Lesen & Nachdenken – Sprüche 15,1-15

Freundliche, ermutigende Worte haben eine heilende Kraft. Als Sigmund Freud feststellte, dass Symptome emotionaler Not dadurch gelindert werden konnten, dass er auf bestimmte Art mit den Patienten sprach, war er fasziniert. Aufgrund seines Arbeitsansatzes des „medizinischen Modells" hatte er bisher den Menschen als rein biologische und chemische Einheit wahrgenommen, dessen Probleme auf körperliche Störungen zurückzuführen sind.

Hätte Freud sich Zeit genommen, das Buch der Sprüche zu lesen, hätte ihn die Entdeckung, dass Worte einen so starken Einfluss haben, sicherlich weniger überrascht. Heute basieren die meisten psychotherapeutischen Methoden auf Gesprächen. Wenn Menschen lernen, ihre Gefühle in Worte zu fassen, scheint es, als lösten sich allein durch das Sprechen viele angestauten Emotionen. In den USA gibt es eine spezielle Telefonnummer, die man anrufen und – nach Angabe der Kreditkartennummer – sich drei Minuten lang von einer Person am anderen Ende der Leitung Trost und Ermutigung zusprechen lassen kann. So wie mir bekannt ist, ist die Nachfrage tendenziell steigend.

Wenn ich darüber nachdenke, welche heilenden Worte mein Leben am meisten berührt haben, fällt mir ein guter Freund ein, der nach der Beerdigung meiner Frau zu mir sagte: „Ich werde heute den ganzen Tag an dich denken." Welch ein Unterschied zu den üblichen, sicherlich wohlmeinenden Worten: „Du musst jetzt sehr tapfer sein."

Worte, die wir gestern gesprochen haben, lassen sich nicht mehr rückgängig machen. Doch wir können an all die Gelegenheiten denken, die sich morgen und übermorgen bieten. Warten wir nicht zu lange – und danken wir Gott, dass er uns heilende Worte geschenkt hat.

Lieber Vater, lege mir heute heilende Worte in den Mund und lass mich die Gelegenheiten erkennen, wo ich sie aussprechen kann. Ich sehne mich nach deinen Worten des Lebens. Amen.

Ps 37,25-31; Jak 1,26
Was erzeugt das Gesetz Gottes in unseren Herzen?
Wenn wir weise und gerechte Worte sprechen wollen, was für Menschen müssen wir dann sein?

„Jesus wohnt jetzt hier“

„Nordwind gebiert Regen, und eine heimliche Zunge verdrießliche Gesichter“ (Vers 23).

Zum Lesen & Nachdenken – Sprüche 25,21-28

Es ist immer wieder erstaunlich, was Worte bei unserem Gegenüber auslösen können. Deshalb greift auch der Verfasser der Sprüche dieses Thema so oft auf und ermahnt uns, unsere Worte sorgfältig zu wählen.

Wie gewichtig ein kleines Wort sein kann, zeigt sich am Beispiel des einfachen Satzes „Ich verpasste ihm gestern einen Nasenstüber“. Setzt man das Wörtchen „nur“ ein, bekommt der Satz drei verschiedene Bedeutungen, je nachdem wo „nur“ platziert wird.

Jemand hat einmal eine Liste der am meisten mit Emotionen beladenen Worte zusammengestellt. Hier ein kleiner Auszug: Das schmerzlichste Wort – „einsam“. Das am meisten verehrte Wort – „Mutter“. Das am stärksten gefürchtete Wort – „Tod“. Das kälteste Wort – „nein“. Das wärmste Wort – „Freund“. Und so weiter. Das ausdrucksstärkste, kraftvollste Wort für mich ist – „Jesus“.

Charles Colson, einer der engeren Berater Präsident Nixons, der sich nach der Watergate-Affäre im Gefängnis auf wunderbare Weise zu Jesus bekehrte, erzählte von einem Mann, den er in der Todeszelle besuchte. Der Gefangene hatte seit Monaten nur noch apathisch und in fetaler Lage zusammengekrümmt auf seinem Bett gelegen und mit niemandem gesprochen. Charles las ihm aus der Bibel vor, erzählte ihm von der rettenden Botschaft Jesu Christi und bat ihn, nur ein einziges Wort zu sagen: „Jesus“. Als er eine Woche später wiederkam, saß der Mann auf seinem Stuhl, war gewaschen und rasiert, und seine Zelle war sauber und aufgeräumt. Als Charles Colson fragte, was geschehen sei, antwortete der Verurteilte: „Jesus wohnt jetzt hier.“ Der Tod durch den elektrischen Stuhl blieb ihm nicht erspart, doch seine letzten Worte vor seiner Hinrichtung waren: „Ich gehe nach Hause zu meinem Herrn.“

Vater, wenn ich den Namen „Jesus“ ausspreche, geht etwas in meinem Inneren vor, das ich nicht erklären kann. Es ist wie ein Lobgesang in zwei Silben, wie eine zu einem einzigen Wort zusammengefasste Bibliothek. Ich möchte die ganze Kraft in diesem Namen begreifen und auf mein Leben anwenden. Amen.

2. Petr 2,1-18; Mal 3,13; 1. Thess 2,5; 3. Joh 10
Auf welche Sorte Worte beziehen sich diese Bibelstellen?
Welcher biblischer Satz bringt dir die Gegenwart Gottes besonders nahe?

Die „Sprechmaschine"

„… wer aber seine Lippen zügelt, handelt klug" (Vers 19).

Zum Lesen & Nachdenken – Sprüche 10,18-32

Ich bin Gott dankbar, dass er dafür gesorgt hat, dass unser heutiger Vers im Buch der Sprüche aufgenommen wurde. Reden ist wichtig, aber zu viel Reden ist genauso schädlich wie Dauerschweigen. Die Sprüche halten uns dazu an, unsere Worte genau zu dosieren

Von dem großen Erfinder Thomas Edison wird folgende Geschichte erzählt: Bei einem feierlichen Empfang brachte man vor dem Essen ein Toast auf ihn aus, in dem seine verschiedenen Erfindungen gewürdigt wurden, insbesondere die „Sprechmaschine" (Anm.: gemeint ist der Phonograph, ein 1877 erfundenes Tonaufnahmegerät). Danach stand Edison auf und sagte: „Vielen Dank für Ihre lobenden Worte, aber ich muss eine Tatsache korrigieren. Die Sprechmaschine hat bereits Gott erfunden. Ich habe nur die erste gebaut, die einen Knopf zum Ausschalten hat."

Ein Arzt bat seine Patientin, ihm die Zunge zu zeigen, während er ein Rezept ausstellte. Als er fertig war, sagte sie empört: „Aber Sie haben sich meine Zunge überhaupt nicht angesehen!" „Das war auch nicht nötig", erwiderte der Arzt, „ich wollte Sie nur zum Schweigen bringen, damit ich in Ruhe mein Rezept schreiben kann."

Trotz dieser humoristischen Einlagen heute sollten wir uns darauf besinnen, was der Bibeltext uns sagen will: Kommunikation ist wichtig, aber wer seinen Redefluss nicht beherrschen kann, läuft leicht Gefahr, sich schuldig zu machen, indem er zur falschen Zeit das Falsche sagt. Ein unbekannter Dichter gibt uns den Rat:

Wer seine Zunge will bewahren,
Sich fünf Dinge merken kann:
Von wem er spricht, und wie,
Mit wem er spricht, und wo und wann.

Weise Menschen erkennt man daran, dass sie ihre Zunge im Zaum halten. Auf diesem Gebiet müssen die meisten von uns noch viel lernen. Bitten wir Gott um seine Hilfe, denn eine ungezügelte Zunge kann schweren Schaden anrichten.

Vater, mir ist bewusst, dass es mir oft sehr schwer fällt, meine Zunge im Zaum zu halten. Bitte, hilf mir dabei. Ich unterstelle dir meine Zunge – übernimm du die Zügel. Darum bitte ich dich im Namen Jesu. Amen.

Mt 12,30-37; Tit 1,1-10; Hiob 11,13
Wofür werden wir uns am Tag des Gerichts verantworten müssen?
Was meinte Paulus mit „hohle Schwätzer" (Tit 1,10)?

Der Ausdruck verstärkt den Eindruck

„Wer seinen Mund und seine Zunge bewahrt, bewahrt vor Nöten seine Seele“ (Vers 23).

Zum Lesen & Nachdenken – Sprüche 21,16-31

Warum haben unsere Worte so großes Gewicht? Weil der Ausdruck einer Sache den Eindruck verstärkt. Ein ausgesprochenes Wort wird Fleisch – in uns. Wir werden zur Inkarnation dessen, was wir ausdrücken. Jesus sagte: „… aus deinen Worten wirst du gerechtfertigt werden, und aus deinen Worten wirst du verdammt werden“ (Mt 12,37). Durch unsere Worte entscheiden wir über unsere Zukunft. Wir werden, was wir sagen. Nachdem ich das begriffen hatte, sah ich diesen Vers mit ganz neuen Augen. Wer lügt, der wird selbst zur Lüge. Und die schlimmste Strafe für eine Lüge ist, dass man selbst derjenige ist, der lügt. Und wer häufig lügt, dem wird bald keiner mehr vertrauen.

Im Gegensatz dazu verstärkt sich natürlich auch der Eindruck der positiven Dinge – liebevolle, ermutigende Worte, Worte aus der Bibel –, die wir ausdrücken. Indem wir sie aussprechen, prägen sie sich ein, dringen vom Kopf ins Herz und führen zu größerem Verständnis. Ein junger Physiker hielt seiner Frau, die nichts von Physik verstand, oft Vorträge über sein komplexes Fachgebiet. Einmal sagte er zu einem Freund: „Ich beschreibe ihr bis ins Detail, was ich tue, und sie versteht kein Wort. Doch mir werden dadurch manche Zusammenhänge klarer.“

Wenn es stimmt – und davon bin ich überzeugt –, dass wir zum Inbegriff dessen werden, was wir ausdrücken, wie viel mehr sollten wir dann darauf achten, dass unsere Worte von Wahrheit, Rechtschaffenheit und Güte bestimmt werden! Denn jedes gesprochene Wort aus unserem Mund wird Fleisch – in uns.

O Vater, wie überwältigend ist der Gedanke, die Inkarnation dessen zu werden, was unsere Worte ausdrücken. Ich bitte dich: Mache meine Seele rein, so dass auch meine Worte rein sind. In Jesu Namen. Amen.

1. Tim 4,1-12; Ps 34,13; Phil 4,8
In welchen Bereichen sollte Timotheus ein Vorbild sein?
Worauf sollen wir unsere Gedanken richten?

Der Ton macht die Musik

„Freundliche Worte sind Honig, Süßes für die Seele und Heilung für das Gebein" (Vers 24).

Zum Lesen & Nachdenken – Sprüche 16,21-33

Genauso wie es darauf ankommt, *was* wir sagen, ist es auch wichtig, *wie* wir etwas sagen. Nicht umsonst heißt es im Volksmund: „Wie es in den Wald hineinruft, so tönt es zurück" oder „Der Ton macht die Musik". Und ich glaube, die meisten Unstimmigkeiten in zwischenmenschlichen Beziehungen entstehen nicht unbedingt durch unsere Worte, sondern durch den Ton, den wir anschlagen. Unsere Worte sind Träger unserer Gedanken; Tonfall und Stimmlage dagegen verraten unsere Gefühle. Wie leicht ist es, „Ich liebe dich" zu sagen, in einem Tonfall, der das Gegenteil ausdrückt.

Die Sprüche fordern uns auf, „freundliche Worte" zu gebrauchen. Dabei sollte diese Freundlichkeit auch wirklich von Herzen kommen; denn natürlich kann man auch Dinge in einem freundlichen Tonfall sagen, ohne dass echte Gefühle dahinter stehen. Deshalb legt uns die Bibel nahe, nicht nur unser Verhalten zu ändern, sondern uns von Jesus im Kern unseres Wesens verändern zu lassen. Veränderung muss immer von innen geschehen, sonst ist sie keine echte Veränderung. Nehmen wir noch einmal das scharfe, durchdringende Skalpell des Geistes – das Wort Gottes – und lassen es vordringen bis zu unserer Zunge und unserem Innersten von Seele und Geist, zu den „Gedanken und Gesinnungen des Herzens" (Hebr 4,12).

Welches Fazit ziehen wir nun aus den vergangenen acht Tagen? Vielleicht dieses: Die Macht der Worte ist stärker als wir denken. Ein weiser Mensch ist sich bewusst, dass seine Worte andere – zum Guten oder Schlechten – beeinflussen können. Daher wird er darauf achten, dass nur Worte über seine Lippen kommen, die, wie Paulus sagte, „zur notwendigen Erbauung" dienen (Eph 4,29).

O Gott, ich bitte dich noch einmal: Hilf mir, im richtigen Moment zu reden und im richtigen Moment zu schweigen. Ich weiß, dass meine Zunge Gutes und Böses hervorbringen kann, doch nicht beides zur selben Zeit. Hilf mir, jederzeit meine Worte weise zu wählen. Amen.

1. Kor 13,4-7; Spr 15,1; Eph 4,2
Wovon sollten unsere Worte inspiriert sein?
Lies 1. Korinther 13 und ersetze dabei „Liebe" durch „meine Worte".

Zwei Körper, eine Seele

„Wer Reinheit des Herzens liebt, wessen Lippen wohlgefällig [reden], dessen Freund ist der König“ (Vers 11).

Zum Lesen & Nachdenken – Sprüche 22,10-16

Die nächste Säule der Weisheit, auf die wir unsere Aufmerksamkeit richten wollen, ist die *Freundschaft*. Weise Menschen wissen, wie man Freundschaften knüpft und pflegt. Das Buch der Sprüche deckt das breite Spektrum zwischenmenschlicher Beziehungen ab – die Liebe in der Ehe, Respekt vor den Eltern und so weiter – doch die Freundschaft wird ganz besonders hervorgehoben. Warum ist Freundschaft ein so wichtiges Thema der Sprüche? Was genau ist Freundschaft? Wie steht es mit unserer Aufgabe, gute Freundschaften zu pflegen? Dies sind einige der Fragen, die uns in den nächsten Tagen beschäftigen werden.

Doch zuerst – was ist eigentlich Freundschaft? Vor vielen Jahren veranstaltete eine christliche Zeitschrift einmal ein Preisausschreiben, bei dem es um die beste Definition von Freundschaft ging. Von den Tausenden von eingesandten Antworten gewann diese den ersten Preis: „Ein Freund ist jemand, der dich begrüßt, wenn die ganze Welt sich verabschiedet hat.“ Meine eigene Definition lautet: „Freundschaft ist das Verknüpft-Sein einer Seele mit einer anderen, so dass beide durch ihre Verbundenheit gestärkt werden.“ Und ein Philosoph aus der Antike definierte das Wesen der Freundschaft als „eine Seele, die in zwei Körpern wohnt“.

Das Wort „Freundschaft“ bezieht sich gewöhnlich auf nicht-sexuelle Beziehungen zwischen Menschen gleichen Geschlechts sowie ebensolche Beziehungen zwischen Männern und Frauen. Und es ist für mich selbstverständlich, dass das Element der Freundschaft auch in romantischen Beziehungen und in der Ehe eine entscheidende Rolle spielt. Es ist traurig, wenn Ehepartner nicht zugleich gute Freunde sind. Ich finde, der eigene Lebenspartner sollte immer auch der beste Freund sein.

Vater, unterweise mich in der Kunst der Freundschaft. Hilf mir, zu erkennen, dass es nicht in erster Linie darauf ankommt, einen guten Freund zu haben, sondern ein guter Freund zu sein. Bewahre mich davor, mir ein falsches Bild von Freundschaft zu machen. In Jesu Namen bitte ich dich darum. Amen.

Pred 4,1-10; Ps 119,63-64
Weshalb ist Freundschaft wichtig?
Welche Ansicht vertrat der Psalmist?

Die zusätzliche Kraft

„Zwei sind besser daran als ein einzelner … und eine dreifache Schnur wird nicht so schnell zerrissen“ (Verse 9 u. 12).

Zum Lesen & Nachdenken – Prediger 4,1-12

Der Grund, weshalb ich heute vom Buch der Sprüche abschweife und mich dem Prediger zuwende (ein Buch, das ebenfalls zur Weisheitsdichtung gehört) ist, dass dieser Text uns besser als jeder andere in der Bibel verdeutlicht, warum Freundschaft so wichtig ist. Hier lesen wir: Es ist gut, einen Freund zu haben, denn wir der eine hinfällt, kann der andere ihm aufhelfen oder sie können sich gegenseitig wärmen, wenn es kalt ist.

Dabei liegt die Betonung stets auf *zwei* Freunden – „zwei sind besser daran als ein einzelner“, „wenn zwei [beieinander] liegen“ – doch am Ende unserer Textstelle fügt der Prediger den seltsamen Satz an: „Eine dreifache Schnur wird nicht so schnell zerrissen.“ Die meisten Kommentatoren sehen in diesem Vers nichts weiter als ein Stilmittel, um die Gemeinschaftlichkeit zu betonen. Aber dahinter steckt noch mehr, denn diese Worte enthalten eine erstaunliche Aussage:

Wenn wir mit jemandem eng befreundet sind, empfangen beide nicht nur das, was der andere ihm in der Freundschaft gibt, sondern noch eine dritte Qualität – eine Kraft und Dynamik, die aus der Beziehung erwächst und die man nie kennen gelernt hätte, wäre man allein geblieben. Mit anderen Worten: Wenn zwei Menschen in Freundschaft miteinander verschmelzen, entdecken sie eine Kraft, die allein in der Beziehung liegt. Unsere Kraft plus die Kraft eines Freundes ergibt eine zusätzliche, noch größere Kraft.

Vater, ich erkenne nun die Bedeutung und die Dimension der Freundschaft. In ihr liegt eine Kraft, die größer ist als die Summe ihrer Teile. Lehre mich mehr darüber, lieber Vater. Ich bitte dich in Jesu Namen. Amen.

Joh 5,1-15; 1. Sam 18,1-4; 20,42
Was sagte der Kranke zu Jesus?
Was verband David und Jonatan?

Synergismus

„Ein Freund liebt zu jeder Zeit, und als Bruder für die Not wird er geboren“ (Vers 17).

Zum Lesen & Nachdenken – Sprüche 17,1-17

Wir wollen an die gestrige Erkenntnis anknüpfen, dass durch Freundschaft eine neue Dynamik, eine neue Energie entsteht. Ein Begriff, mit dem man dieses Phänomen beschreiben könnte, ist „Synergismus“, was, allgemein gesagt, ganz einfach bedeutet, dass das Ganze mehr ist als die Summe seiner beiden Teile.

Synergie lässt sich überall in der Natur entdecken. Setzt man zwei Pflanzen nebeneinander, werden ihre Wurzeln miteinander verwachsen und die Bodenqualität verbessern, so dass beide davon profitieren und besser gedeihen, als wenn sie allein stünden. Legt man zwei Holzstücke übereinander, tragen sie ein viel höheres Gewicht als die Summe des Gewichts, das sie einzeln tragen könnten. Eins plus eins ist gleich drei oder vier. Ein Fremdwörterlexikon beschreibt Synergismus folgendermaßen: „Das Zusammenwirken von Substanzen oder Faktoren, die sich gegenseitig fördern“. Wenn man dies zu Ende denkt, bekommt Freundschaft eine beinahe unheimliche Dimension, weil man nie genau weiß, welche Kräfte frei werden, wenn „dicke Freunde“ zusammen sind. Christen, die ihre Freundschaften der Autorität und dem Wort Gottes unterstellen, brauchen sich darüber keine Sorgen zu machen, denn sie haben – oder sollten es zumindest – eine innere Gewissheit im Herrn, dass er ihre Freundschaft in die richtigen Bahnen lenkt.

Eine intensive Freundschaft kann beängstigend, aufregend und manchmal anstrengend sein. Doch sie kann auch neue Möglichkeiten, neue Wege, neue Abenteuer und neue Horizonte erschließen. Ein Leben ohne Freunde ist ein trauriges Leben.

Vater, ich habe erkannt, dass ich für Beziehungen geschaffen bin, nicht für das Alleinsein. Hilf mir, das Prinzip des Synergismus zu verstehen und wie es deinem Königreich dienen kann. Dies erbitte ich in dem kostbaren und unvergleichlichen Namen Jesu. Amen.

?

2. Tim 1,1-16; Röm 16,1-16; Phil 1,3-5
Was sagt Paulus über Onesiphorus?
Wie beschreibt er seine Beziehung zu der Gemeinde in Philippi?

„Freunde mit zwei Beinen"

„Eisen wird durch Eisen geschärft, und ein Mann schärft das Angesicht seines Nächsten" (Vers 17).

Zum Lesen & Nachdenken – Sprüche 27,17-27

Manchmal höre ich Christen sagen: „Wozu brauche ich Freunde? Gott ist mein Freund – genügt das nicht?" Hier besteht ein grundlegendes Missverständnis, was den Sinn und Zweck menschlicher Beziehungen angeht. Natürlich soll Gott unser Freund sein – unser engster und vertrautester Freund – aber wir brauchen, wie ein kleiner Junge einmal sagte, auch „Freunde mit zwei Beinen."

Denn zwischenmenschliche Beziehungen halten uns einen Spiegel vor. Der bekannte Theologe Paul Tillich drückte es so aus: „Nur in einer Beziehung lernen wir uns wirklich kennen." Würde uns nie jemand korrigieren, unsere Ansichten in Frage stellen, uns widersprechen, uns ermutigen, über Probleme zu reden, dann würden viele Facetten unserer Persönlichkeit unentdeckt bleiben. Natürlich können nicht nur Freunde, sondern auch andere Leute diesen Part übernehmen, aber besser ist es, wenn uns jemand wirklich gut kennt.

Meine Lieblingsdefinition von „Freund" ist: „Jemand, der dich in- und auswendig kennt und dich trotzdem liebt." Wenn ich auf mein Leben zurückblicke, stelle ich fest, wie wertvoll meine Freunde für mich waren. Weil ich Vertrauen zu ihnen hatte, konnte ich mich ihnen öffnen und über meine innersten Gefühle sprechen und lernte mich dadurch besser kennen. Bei einer oberflächlichen Beziehung zu Bekannten ist dies nicht möglich.

Ja, wir brauchen Gott als Freund, aber wir brauchen auch menschliche Freunde. Und je tiefer unsere Beziehungen auf der horizontalen, menschlichen Ebene sind, desto tiefer wird auch die Beziehung auf der vertikalen Ebene sein, zu unserem himmlischen Freund.

Vater, ich danke dir für das Geschenk der Freundschaft und möchte meine Freundschaften ganz und gar dir unterstellen. Hilf mir, ein guter Freund zu sein, der für seine Freunde eine Stütze ist und das Beste in ihnen zum Leuchten bringt. Ich bitte dich in Jesu Namen. Amen.

Joh 11,1-36; 13,23; Jak 2,23
Wie war Jesus' Beziehung zu Lazarus?
Wie wird Abraham beschrieben?

Schritte zur Freundschaft

„Manche Gefährten schlagen sich, aber mancher Freund ist anhänglicher als ein Bruder“ (Vers 24).

Zum Lesen & Nachdenken – Sprüche 18,1-24

Jeder Mensch, ganz gleich, ob er allein lebt oder in einer Partnerschaft, braucht einen Freundeskreis. Wer keine Freunde hat, dem geht etwas Wesentliches verloren. Wenn Freundschaft so wichtig ist, wie kann man Freunde gewinnen? Der erste Schritt ist – selbst freundlich zu sein. Allerdings ist Ichbezogenheit dabei das falsche Motiv, denn es geht, wie wir bereits sagten, nicht so sehr darum, einen Freund zu gewinnen, sondern ein Freund zu sein. Berechnende Freundlichkeit wird man uns abspüren; sie führt nicht zum Ziel.

Freundlichkeit ist vielmehr eine Lebenseinstellung. Sie ist die Kunst, auf andere zuzugehen und ihnen unsere Wertschätzung zu zeigen. Dale Carnegie schreibt in seinem Buch *How to Win Friends and Influence People*, einer weltlichen Betrachtung des Themas, aber mit viel gesundem Menschenverstand gewürzt: „Indem Sie sich für andere Menschen interessieren, können Sie in zwei Monaten mehr Freunde gewinnen als in zwei Jahren, in denen Sie versuchen, andere für sich zu interessieren.“ Die Hauptgründe, weshalb jemand keine Freunde hat, sind Egoismus und Desinteresse am anderen.

Der zweite Schritt ist: Gib einer Freundschaft Zeit, sich zu entwickeln. Wenn sich Türen nicht sofort öffnen, dann erzwinge nichts, sondern stehe, wie Jesus in der Offenbarung, vor der Tür und klopfe an. Nur wenn sich die Tür von innen öffnet, sollten wir hineingehen. Manche Beziehungen werden trotz aller Bemühungen an der Oberfläche bleiben. Ärgere dich nicht darüber. Wenn wir offen und freundlich bleiben, dann wird Gott uns zeigen, wo sich tiefe Freundschaften entwickeln können.

Vater, lehre mich Geduld in Beziehungen. Schenke mir eine freundliche Einstellung zu anderen und hilf mir, ein Freund zu sein, der warten kann und leise an die Tür klopft, anstatt mit der Tür ins Haus zu fallen. Amen.

?

Lk 7,36-50; Mt 11,19; Lk 19,7
Wie zeigte Jesus seine Freundlichkeit?
Wie wurde dies von anderen beurteilt?

Luft zum Atmen

„Ein Freund bleibt dein Freund, auch wenn er dir wehtut ..." (Vers 6; Gute Nachricht).

Zum Lesen & Nachdenken – Sprüche 27,1-9

Wir knüpfen an gestern an und fragen uns weiter: Worauf kommt es noch an, wenn wir echte Freundschaften entwickeln und pflegen wollen? Ein dritter Punkt ist: Wir sollten darauf gefasst sein, dass wir auch verletzt werden. Wir leben im Diesseits und nicht im Paradies – daher ist keine Beziehung nur rein und ungetrübt. Die „perfekte" Freundschaft gibt es nicht. Wer sich von Schmerz und Enttäuschung im Leben fernhalten will, der sollte besser keine Freundschaften eingehen. Freundschaft verlangt, dass wir uns aus unserer vertrauten Umgebung in eine unbekannte Wildnis vorwagen. Es wird nicht ausbleiben, dass unsere Worte oder Reaktionen missverstanden werden, doch dies ist kein Grund, sich schmollend zurückzuziehen. Denn echte Freundschaft zeigt sich darin, dass Freunde sich näher stehen und fester zusammenhalten als Geschwister.

Viertens: Eine Freundschaft sollte eine so stabile Basis haben, dass wir ruhig einmal anderer Meinung sein und unserem Freund widersprechen können, wenn wir den Eindruck haben, dass etwas nicht in Ordnung sei. Wir sollten uns stets die Frage stellen: Bin ich bereit, diese Freundschaft – im Interesse der Wahrheit – notfalls auch aufzugeben? Wenn nicht, dann ist es keine echte Freundschaft im Sinne Gottes, sondern eine, die auf egoistischen Interessen basiert. In einer Freundschaft sollten wir keine Scheu haben, einander, wenn nötig, auch zu korrigieren. Fällt uns beim anderen etwas auf, was in Gottes Augen nicht richtig ist, dann müssen wir es ansprechen – allerdings in Liebe und mit viel Einfühlungsvermögen. Denn dazu sind Freunde da – sie öffnen uns die Augen für Dinge, die wir selbst übersehen.

Und Fünftens: Freundschaft ist niemals ausschließlich. Unsere Freunde dürfen, ja sollen, neben uns ruhig auch noch andere Freunde haben. Denn wer sich zu sehr an den einen Freund klammert, der nimmt dem anderen die Luft zum Atmen, und die Freundschaft wird früher oder später ersticken. Dies ist die häufigste Ursache für das Scheitern von Beziehungen. Wer eine Freundschaft dominieren will, zerstört sie. Deshalb geben wir der Freundschaft Raum – und unseren Freunden die Freiheit, auch andere Kontakte zu pflegen. Und bleiben wir selbst offen dafür, neue Leute kennen zu lernen. Dies wird auch die alte Freundschaft neu beleben und bereichern.

O Vater, bewahre mich davor, meine Freunde zu dominieren oder einzuengen. Und festige meine Beziehung zu dir, so dass ich – bevor ich dich verleugne – den Mut habe, notfalls die Freundschaft aufs Spiel zu setzen. In Jesu Namen. Amen.

Joh 15,1-17; 11,16; 13,1
Womit verglich Jesus seine Jünger?
Welchen Auftrag gab er ihnen?

Jeder ist einzigartig

„Verlass deine Freunde nicht …" (Vers 10; Gute Nachricht).

Zum Lesen & Nachdenken – Sprüche 27,10-16

Freunden sollte man treu bleiben und ihnen mit Liebe begegnen. Allerdings mag es Situationen geben, in denen wir ganz klar Stellung beziehen müssen, etwa wenn unsere Freunde eine Sünde begehen (siehe Matthäus 18). Es gibt Dinge – wie Ehebruch –, die wir nicht hinnehmen dürfen, sondern unsere Freunde darauf ansprechen müssen. Vielleicht ist es auch notwendig, eine Zeit lang von dieser Freundschaft Abstand zu nehmen. In diesem Fall bedeutet Treue und Liebe, für den Freund oder die Freundin zu beten – und zwar nicht nur hin und wieder, sondern gezielt und ausdauernd.

Was ist das Gegenteil von Freundschaft? Beziehungslosigkeit und Einsamkeit – die Ursache großen seelischen Leids. „Die Welt ist so leer", schrieb Goethe, „denkt man nur an Berge, Flüsse und Städte; doch hier und dort einen Menschen zu kennen, der so denkt und fühlt wie wir und uns, obgleich fern, im Geiste nahe ist, macht die Erde zu einem bewohnten Garten."

Gott hat uns als Beziehungswesen geschaffen und es entspricht seinem Willen, dass wir Freundschaften pflegen. Jeder Freund ist einzigartig, ein Individuum. Je mehr Freunde wir haben, desto reicher sind wir beschenkt. Dr. Lawrence Crabb sagte: „Jeden Morgen, wenn wir aus dem Haus gehen, sollten wir sagen: Herr, hilf mir, auf Menschen zuzugehen und heute jemanden in seinem innersten Wesen anzurühren, nicht, damit ich mich als guter Christ fühlen, sondern damit ich ein Segen sein kann."

Dies entspricht dem Handeln und Leben Jesu. Vielleicht wurde er deshalb der „Freund der Zöllner und Sünder" genannt. Jesus hasste die Sünde, aber er liebte die Sünder.

Herr Jesus, mir ist deutlich geworden, dass weise Menschen wissen, wie sie Freunde gewinnen und für ihre Freunde zum Segen werden können. Sei du mein Vorbild in meinen Beziehungen, denn du bist der beste Freund. Amen.

1. Joh 1,1-7; Apg 2,42; Phil 1,3
Wie pflegte die Urgemeinde Gemeinschaft?
Was ist die Basis echter Gemeinschaft?

Vorsicht ist besser als Nachsicht

„Halte fern von ihr deinen Weg …“ (Vers 8).

Zum Lesen & Nachdenken – Sprüche 5,1-14

Heute kommen wir zur siebten und letzen Säule der Weisheit: *Persönliche Reinheit*. Auch dies ist eines der vorherrschenden Themen in den Sprüchen. Immer wieder stoßen wir auf Passagen, die uns auffordern, in unseren Beziehungen – insbesondere in denen zum anderen Geschlecht – rein, keusch, tugendhaft und diszipliniert zu sein.

Wir leben in einer Zeit, in der die biblische Lehre der Keuschheit ins Lächerliche gezogen und vorehelicher Geschlechtsverkehr als normal betrachtet wird. Auch manche christlichen Kirchen sind „tolerant“ geworden und billigen sexuelle Beziehungen außerhalb der Ehe, vorausgesetzt sie basieren auf Liebe und gegenseitigem Respekt. Eine solche Haltung ist meiner Meinung nach unbiblisch und beziehungsfeindlich. Unser heutiger Text beschreibt deutlich die Gefahren außerehelicher sexueller Beziehungen. Ehebruch wird grundsätzlich als zerstörerisch betrachtet.

Die zweite Hälfte des Kapitels beschreibt, wie erfüllend die sexuelle Beziehung in der Ehe sein kann. Der ganze Textabschnitt ist zugleich eine Warnung vor Versuchungen und rät, Situationen zu meiden, die zur Anfechtung werden könnten. Die Worte „halte fern von ihr deinen Weg“ sagen deutlich: „Meide eine fremde Frau, die dir eindeutige Angebote macht, wie die Pest.“ Ein Mann, der Ehebruch begangen hatte, schüttete einmal dem großen Prediger D. L. Moody sein Herz aus. „Was hätten Sie denn getan“, sagte er, „wenn Sie in meiner Situation gewesen wären?“ „Ich hätte“, antwortete Moody, „versucht, zu vermeiden, dass ich in eine solche Situation gerate.“ Das ist nicht nur gesunder Menschenverstand, das ist echte Weisheit.

O Gott, hilf mir, mich nicht in Situationen hinein zu manövrieren, die unausweichlich ins Verderben führen. Denn es reicht nicht, dich hinterher zu bitten, mich aus meiner misslichen Lage zu befreien. Lieber möchte ich solche Situationen von vornherein vermeiden. Amen.

Mt 5,21-32; 5. Mo 5,18; Hiob 31,1
Was sagte Jesus über Ehebruch?
Was für einen Bund schloss Hiob?

Betreten verboten!

„Lass deine Augen geradeaus blicken und deine Blicke gerade vor dich gehen!“ (Vers 25).

Zum Lesen & Nachdenken – Sprüche 4,10-27

Es gibt Versuchungen, die lassen sich nicht von vornherein ausschalten; andere dagegen schon. Anatole France beschreibt in einer Geschichte, in der sich Gott und der Teufel über eine schöne junge Frau unterhalten. Gott fragte: „Wie wagst du es, ein so wunderbares Geschöpf zu versuchen?“ Der Teufel erwiderte: „Nun, sie wagte es, mein Territorium zu betreten.“ Und R. W. Everrood erzählte folgendes Märchen: „Ein junger Mann zog in die Welt, um sein Glück zu machen. Dabei führte ihn sein Weg auch durch die Wüste. In einer Oase sah er ein hübsches Mädchen, das an einem Webstuhl ihr Garn spann. Als er sie um einen Schluck Wasser bat, sagte sie: ‚Aber gern. Doch dafür musst du mir helfen, die Fäden zu halten, die ich spinne. Lass sie mich dir um die Handgelenke wickeln.‘ Der junge Mann hatte nichts dagegen. Nachdem er das Wasser getrunken hatte, fiel er in einen tiefen Schlaf. Als er erwachte, sah er, dass er mit dicken, starken Seilen gefesselt war, und das schöne Mädchen hatte sich in eine hässliche, alte Hexe verwandelt.“

Die beste Art, mit Versuchungen umzugehen, ist, sich nach Möglichkeit nicht in Gefahr zu begeben. Paulus gab dem jungen Timotheus den Rat: „Fliehe diese Dinge!“ (siehe 1. Tim 6,11). John Ruskin sagt: „Niemand kann Gott guten Gewissens bitten, ihn von Versuchungen zu befreien, der nicht sein Bestes gegeben hat, ihnen aus dem Weg zu gehen.“ Deshalb – machen wir einen weiten Bogen um das Territorium des Teufels.

Herr, schärfe mein Auge für die Gefahren, die am Wegesrand lauern und lass in meinem Herzen alle Warnglocken klingeln, wenn ich ihnen zu nahe komme. Ich weiß, du leistest deinen Part; hilf mir, den meinigen zu leisten. In Jesu Namen bitte ich dich. Amen.

1. Thess 4,1-12; Hebr 13,4; Eph 5,1-5
Welche Anweisungen gibt Paulus, was den Willen Gottes betrifft?
Was sagt er über die Dinge, die man heimlich tut?

Körperliche Leidenschaft

„Bewahre, mein Sohn, das Gebot deines Vaters, verwirf nicht die Weisung deiner Mutter!“ (Vers 20).

Zum Lesen & Nachdenken – Sprüche 6,16-26

Außerhalb der Ehe ist es schwierig, die wahre Bedeutung der Sexualität zu verstehen. Von jungen Leuten höre ich immer wieder: „Warum soll Sex vor der Ehe so schlimm sein? Was hat die Bibel dagegen? Ist Sexualität nicht etwas Schönes, Erfüllendes?“

Doch, das ist sie. Und Gott legt kein Veto dagegen ein, weil Sexualität an sich etwas Schlechtes wäre, sondern weil er uns davor bewahren will, etwas, das in den Schutz der Ehe gehört, in einem falschen Rahmen zu tun. Sexualität ist Teil einer verbindlichen Ehebeziehung, und erst in der Ehe beginnt man, den Sinn dieses göttlichen Gebots zu begreifen.

Christen sind Menschen – oder sollten es zumindest sein – die Gott uneingeschränkt glauben und vertrauen. Es macht wenig Sinn, sich zur Nachfolge Christi zu bekennen, wenn man sein Wort nicht für bare Münze nimmt, sondern beginnt, es nach eigenem Gutdünken zu verdrehen. Es war nie einfach, mit körperlicher Leidenschaft richtig umzugehen, doch Weisheit und Sinnlichkeit müssen im richtigen Verhältnis zueinander stehen. Um uns zu einer reifen Persönlichkeit zu entwickeln, ist es notwendig, dass wir lernen, mit dem Prinzip des Triebverzichts zu leben. Ein Kleinkind verlangt die sofortige Befriedigung seiner Bedürfnisse und wird so lange quengeln und weinen, bis es seinen Willen bekommt. Erst ein älteres Kind lernt, sich zu beherrschen und seine Wünsche aufzuschieben. Das ist entscheidend für unser späteres Leben, denn wer dies nie gelernt hat, der wird sich nie zu einer reifen Persönlichkeit entfalten können. Doch wer lernt, seine Körperlichkeit zu beherrschen, der wird sie später – zu richtigen Zeit und im richtigen Rahmen – umso erfüllender genießen können.

Vater, nimm mich bitte bei der Hand, damit ich mich nicht im Dschungel der Befriedigung meiner Wünsche verliere. Denn wenn ich hier von Weg abkomme, gerate ich immer tiefer in einen undurchdringlichen Sumpf. Hilf mir und halte mich fest. In Jesu Namen. Amen.

2. Petr 3,1-14; Ps 24,3-4; Mt 5,8
Was sollen wir anstreben?
Wer darf die „heilige Stätte“ sehen?

Bereiten wir uns vor!

„Geh hin zur Ameise, du Fauler, sieh ihre Wege an und werde weise!“ (Vers 6).

Zum Lesen & Nachdenken – Sprüche 6,1-11

In unserem heutigen Bibeltext wird, auf die Tierwelt übertragen, das Prinzip verdeutlicht, seine Bedürfnisse aufzuschieben. Die Ameise verbringt nicht ihre ganze Zeit mit der Nahrungsaufnahme. Stattdessen müht sie sich ab und schleppt Vorräte von hier nach dort, um den Winter überleben zu können.

Dieses Beispiel von den emsigen Ameisen sollten wir immer im Gedächtnis behalten. Es ist eines der Bilder, das gleichnishaft in das Wort Gottes eingestreut ist. Junge Menschen machen gewöhnlich viele Pläne für die Zukunft. Was auch immer wir planen – sei es privat oder beruflich – wir sollten alle unsere Pläne Gott unterstellen und von Dingen Abstand nehmen, bei denen er klare Grenzen gesetzt hat. Und das Wichtigste: Bereiten wir uns im Gebet und durch Bibelstudium darauf vor!

Eine gute innere Vorbereitung auf einen Dienst in der Gemeinde oder in der Öffentlichkeit – wie zum Beispiel predigen oder einen Vortrag halten – ist auch, in der Zeit davor sämtliche Zerstreuungen, wie etwa Fernsehen, zu meiden und sich ganz auf die vor uns liegende Aufgabe zu konzentrieren. Seit Jahren bereite ich mich auf das Schreiben vor, indem ich Herz und Geist mit dem Wort Gottes fülle. Immer durfte ich erleben, dass dann, wenn die Zeit reif war, Gott mir die Gedanken eingab, die ich zu Papier bringen sollte. Oft werde ich gefragt: „Woher nehmen Sie nur Jahr für Jahr immer wieder neue Ideen?“ Ich weiß, dass dies nie möglich wäre, hätte ich nicht gezielt auf manche Dinge verzichtet, um mich auf meine Aufgabe vorbereiten zu können. Wozu auch immer Gott uns beruft, nehmen wir es nicht als selbstverständlich hin, dass er uns dabei segnen wird, sondern bereiten wir uns vor.

Vater, wenn du mich zurechtweist, dann nur, weil du es gut mit mir meinst. Vergib mir, dass ich so vieles als Selbstverständlichkeit hinnehme und mich nicht von ganzem Herzen für die Aufgabe einsetze, die du mir zugedacht hast. Hilf mir, mich verantwortungsvoll darauf vorzubereiten. Amen.

Mt 16,21-28; Mk 8,34; Lk 9,23
Was sagte Jesus zu seinen Jüngern?
Gibt es Bereiche in deinem Leben, in denen du bewusst Verzicht üben solltest?

Selbstdisziplin und Selbstverleugnung

„Nehmt an meine Zucht und nicht Silber, und Erkenntnis lieber als auserlesenes Gold!" (Vers 10).

Zum Lesen & Nachdenken – Sprüche 8,1-11

Manche Menschen tun sich schwer mit dem Gedanken, momentane Bedürfnisse aufzuschieben. Halten wir uns einmal vor Augen, wie sich Sportler auf einen wichtigen Wettkampf – oder gar die Olympischen Spiele – vorbereiten. Athleten und Athletinnen verlangen sich mit äußerster Kraftanstrengung Höchstleistungen ab, um für sich selbst, ihren Verein oder ihr Land einen Preis zu gewinnen. Das Training ist hart und beileibe kein Zuckerschlecken. Warum nehmen sie das auf sich? Sie demonstrieren damit das Prinzip des „Triebaufschubs". Sie ertragen Schmerz und Erschöpfung in der Gegenwart, um in der Zukunft die Früchte ihrer Arbeit zu ernten. Der psychische Druck, der Verzicht auf Vergnügungen, die extreme Selbstdisziplin, das harte Training – all das verblasst im Licht der Hoffnung auf den zukünftigen Sieg.

Dieses Prinzip gehörte schon zum Gedankengut Platos und Sokrates'. Viele große Denker aller Jahrhunderte haben sich damit beschäftigt. Die griechische Philosophie spricht davon, seine Leidenschaften durch Selbstdisziplin zu beherrschen und befürwortet die Entwicklung der Tugend durch Selbstverleugnung.

Das Christentum lehrt, dass Gott in der Person seines Sohnes Jesus Christus auf die Erde kam, um uns vor dem Ort der ewigen Finsternis zu retten. Das heißt allerdings nicht, dass wir uns nun bequem zurücklehnen und uns auf den Lorbeeren unserer Erlösung ausruhen können. Wir sind vielmehr gerettet, um zu dienen. Wenn Nicht-Christen Verzicht auf ihre unmittelbaren Wünsche üben können, um ein höheres Ziel zu erreichen und alles Erdenkliche tun, um einen Preis zu gewinnen, wie viel mehr sollten wir, die wir dem Auferstandenen dienen, dazu bereit sein? Können wir guten Gewissens daneben stehen und beobachten, welchen Einsatz sie für eine Medaille aus Metall leisten, wenn uns die Selbstdisziplin fehlt, diesen Einsatz für Gott zu erbringen?

Vater, du nimmst mich in eine harte Schule. Deine Unterweisung ist streng und konsequent, doch letztendlich meine Rettung. Hilf mir, deine Ziele zu meinen Zielen zu machen und mich mit ganzer Kraft dafür einzusetzen, sie zu erreichen. Amen.

Lk 6,1-13; Mt 10,1; 28,19; Joh 6,66
Welche Aufgaben hatten die Jünger? Was gehörte zu ihrer Berufung?
Zähle, wie oft in den Sprüchen das Wort „Zucht" vorkommt.

Der Bund der Ehe

„Wer aber Ehebruch treibt mit der Frau [seines Nächsten], ist ohne Verstand. Nur wer sich selber vernichten will, der mag das tun“ (Vers 32).

Zum Lesen & Nachdenken – Sprüche 6,27-35

Wir haben bereits über Keuschheit gesprochen; heute wollen wir uns mit der Treue beschäftigen. Keuschheit ist Reinheit vor der Ehe; Treue ist Reinheit in der Ehe. Für Gott gehören Aufrichtigkeit und Treue untrennbar zur Ehe. Wenn Gott Liebe ist, dann heißt das gleichzeitig, dass er treu ist, denn nur eine Liebe, die das Element der Treue in sich trägt, ist echte Liebe.

Wenn zwei Menschen heiraten, sprechen wir vom „Bund der Ehe“, den sie schließen. Für viele Leute ist die Eheschließung heutzutage eine reine Formalität, die Trauung eine leere Zeremonie, die Heiratsurkunde ein Stück Papier. Aber ist das alles? Wenn das Leben im Wesentlichen auf Beziehungen beruht und Liebe die einzige reine Beziehung ist; wenn Liebe Treue bedeutet, dann ist der Bund der Ehe etwas vom Kostbarsten überhaupt. Sowohl im Neuen wie im Alten Testament wird der bündnishafte Aspekt der Liebe betont. Und wenn man die Textstellen studiert, in denen Gott mit seinem Volk einen Bund schließt, wird man feststellen, dass er stets treu sein Versprechen hielt – auch dann, wenn der Bund von der anderen Seite immer wieder gebrochen wurde. Die Beziehung zwischen Jahwe und Israel wird oft mit einer Ehe verglichen, wobei Israel die launische, untreue Frau ist, die Ehebruch begeht. Doch Gott steht treu zu seinem Bund: „Ich werde meinen Bund mit euch nicht brechen in Ewigkeit“ (Ri 2,1).

Viele Leute betrachten es heute als nicht mehr zeitgemäß, eine verbindliche Beziehung einzugehen. Toleranz und Freiheit in der Liebe sind gefragt. Doch ich bin überzeugt, dass jeder, der an die „freie Liebe“ glaubt, sich selbst betrügt. Es gibt keine freie Liebe, nur freie Ausbeutung. Liebe bedeutet Hingabe, Rücksichtnahme und Respekt. Und wer Ehebruch begeht, der bricht nicht nur das Gesetz Gottes, sondern auch Gottes Herz.

O Vater, hilf mir, in einer Zeit, in der alles erlaubt ist, für meine Umgebung ein lebendiges Zeugnis deiner Nachfolge zu sein. Hilf mir, alle meine Beziehungen rein zu halten. Darum bitte ich dich in deinem teuren Namen. Amen.

Mk 10,1-9; 1. Mo 2,24; Eph 5,25
Welcher Gedanke liegt der Ehe zugrunde?
Wie sollen die Männer ihre Frauen lieben?

Sirenengesang

„Wenn keine Offenbarung da ist, verwildert ein Volk …“ (Vers 18).

Zum Lesen & Nachdenken – Sprüche 29,1-18

Auch über das Thema der romantischen Liebe haben wir gesprochen – der Leidenschaft zwischen Mann und Frau. Vor der Ehe sollte diese Leidenschaft gezügelt werden und innerhalb der Ehe sich auf einen einzigen Partner konzentrieren – den eigenen Ehemann bzw. die eigene Ehefrau. Aber wie können wir unsere Leidenschaft steuern? Aus der griechischen Mythologie stammt die Geschichte von Odysseus, dessen Schiff sich, als er mit seinen Leuten in fremden Gewässern unterwegs war, der Insel der Sirenen näherte – Wesen mit Vogelkörpern und Frauenköpfen, die für ihren betörenden Gesang bekannt waren. Damit lockten sie vorüberfahrende Schiffe in die Nähe der zerklüfteten Küste, wo sie an den Felsen zerschellten. Als Odysseus an der Insel vorübersegelte, bat er Orpheus, den besten Harfenspieler des Landes, für ihn zu spielen, und seine Musik war viel schöner als der Sirenengesang. So wurde eine Leidenschaft durch eine andere außer Kraft gesetzt.

Christen finden diese Leidenschaft, die alles andere übertrifft, in Gott. Wenn er unser Leben berührt und wir von seinem lebendigen Wasser trinken, wird unser Herz von einer Leidenschaft erfüllt, die uns hilft, alle anderen Leidenschaften zu beherrschen. So muss es Josef ergangen sein, als die Frau des Potifar versuchte, ihn zu verführen, und er sagte: „Wie sollte ich dieses große Unrecht tun und gegen Gott sündigen?“ (1. Mo 39,9).

Wenn Christus, der die Weisheit und die Kraft Gottes ist, zu unserem Lebensmittelpunkt wird, dann sorgt er durch seine Leidenschaft dafür, dass jede andere Leidenschaft dort bleibt, wo sie hingehört – unter Kontrolle.

Herr Jesus Christus, halte heute ganz neu Einzug in mein Leben und entzünde in mir das Feuer der Leidenschaft für dich, das größer ist als jede Leidenschaft, die mich zu beherrschen droht. Dir allein will ich die Ehre geben. Amen.

2. Kor 5,1-14; 1. Kor 9,16
Wie beschreibt Paulus seine Leidenschaft für Gott?
Welche Leidenschaft erfüllt dein Herz?

Zu guter Letzt

„Die Furcht des HERRN ist der Weisheit Anfang; und Erkenntnis des [allein] Heiligen ist Einsicht“ (Vers 10).

Zum Lesen & Nachdenken – Sprüche 9,10-18

Zu guter Letzt bleibt mir nur zu hoffen, dass dieser kurze Querschnitt durch das Buch der Sprüche sein Ziel nicht verfehlt und den Leser zum Stehlen, Trinken, Faulenzen und Schwören ermutigen wird. Ich meine natürlich, sich täglich etwas Zeit zu stehlen, um im Wort Gottes zu lesen; regelmäßig von dem lebendigen Wasser zu trinken; faul auf dem Sofa zu liegen und über biblische Inhalten zu meditieren und bei der Gnade Gottes zu schwören, seine Weisheit praktisch umzusetzen.

Wer der Meinung ist, dass ich einige wichtige Aspekte der Sprüche außer Acht gelassen habe, dem kann ich nur beipflichten. Meine Auslegungen sollten keine vollständige Abhandlung aller darin enthaltenen Themen sein, sondern ein Einstieg, um zum weiteren Studium anzuregen. Die beschriebenen „sieben Säulen der Weisheit“ beruhen auf meinen persönlichen Beobachtungen, andere Ausleger mögen da anderer Meinung sein. Deshalb lohnt es sich, das Buch der Sprüche komplett durchzulesen und sich ein eigenes Urteil zu bilden.

Ich bete darum, dass dir diese Andachten eine Ermutigung sein mögen, deinen Weg mit Christus weiterzugehen und nicht aufzuhören, dich nach göttlicher Weisheit auszustrecken. Suche dabei nicht die Weisheit um der Weisheit willen, sondern, um Jesus zu dienen und in dieser Welt Botschafter seiner Liebe zu sein. Sei auf der Hut, überall dort, wo Gesetzlichkeit sich einschleicht, diese gefährliche Haltung, der es um leblose Prinzipien geht anstatt um den lebendigen Gottessohn. Und wenn du Jesus noch nicht in dein Herz aufgenommen hast, dann zögere nicht länger, ihm deine Sünden zu bekennen und ihm dein Leben anzuvertrauen. Unser Dasein in die Hände Gottes zu legen, ist der Anfang der Weisheit; bei ihm zu bleiben und ihm zu vertrauen, führt zu ihrer Vollendung.

Vater, ich bitte dich um deine Weisheit – weder, um anderen gegenüber im Vorteil zu sein noch um meine eigenen Ziele voranzutreiben, sondern, um dich und deinen Plan für mich besser kennen zu lernen und meine Liebe zu dir zu vertiefen. In Jesu Namen. Amen.

1. Kön 3,1-28; 4,29-34
Was wünschte sich König Salomo von Gott?
Wie erfüllte ihm Gott diese Bitte?

Index

Bitte beachten Sie auch die Hinweise des Verlages
auf den folgenden Seiten.

Für den, der den ersten Band noch nicht kennt

Selwyn Hughes

Jeder Tag mit Jesus 1

Im ersten Band der „Jeder Tag mit Jesus“-Reihe behandelt Selwyn Hughes die Themen:
„Die Vision Gottes“, „Von Verwirrung zu Vertrauen“, „Die Seligpreisungen“, „Die Kraft einer neuen Perspektive“, „Das Weizenkorn, das nicht sterben will“, „Erweckung, die der Himmel sendet“

400 Seiten, gebunden mit Lesebändchen, Bestellnummer 147525

ASAPH VERLAG

Von Selwyn Hughes ist außerdem
im ASAPH-Verlag erschienen

Dein persönlicher Ermutiger

Zuspruch aus der Bibel für schwierige Zeiten

Eine verletzende Bemerkung, scheiternde Pläne, Angst und Zweifel. An wen wenden Sie sich dann um Hilfe? Dieses Buch hilft Ihnen, Ermutigung und Zuspruch *aus Gottes Wort* zu empfangen. Verständnis für die Situationen, sorgfältig erwogener Rat und passend ausgewählte Bibelstellen helfen , das Vertrauen auf neu Gott zu setzen.
Hilfreich zur eigenen Ermutigung als auch zum Dienst an anderen.
96 Seiten, Taschenbuch, Best.-Nr. 147501

ASAPH VERLAG

Weitere Andachtsbücher im ASAPH-Verlag

EDELSTEINE – TÄGLICHE STILLE ZEIT

Andachtsbuch,
Bibelleseplan und Hilfe
zur Stillen Zeit in einem Band! Der Leser kann wählen, ob er nur eine Andacht/Auslegung haben möchte, ob er zudem noch die neutestamentliche Lesung (oder noch die alttestamentliche) durcharbeiten möchte und so in einem Jahr durch das NT (oder sogar die ganze Bibel) kommt. In gleicher Ausführung ist auch der Band für das Alte Testament erhältlich. Die Bände haben jeweils 416 Seiten, sind fest gebunden und haben ein Lesebändchen. Zudem ist als Leseprobe ein Auszug aus dem NT-Band erhältlich. Darin geht es in 30 Tagen durchs Markus-Evangelium.

EDELSTEINE – Tägliche Stille Zeit – Neues Testament, Best.-Nr. 147511

EDELSTEINE – Tägliche Stille Zeit – Altes Testament, Best.-Nr. 147512

EDELSTEINE – Leseprobe (bis 5 Expl. kostenlos), Best.-Nr. 147513

ASAPH VERLAG